高等学校教师教育系列教材

学校管理学

（慕课版）

主　编　吕银芳
副主编　杨令平

南京大学出版社

图书在版编目(CIP)数据

学校管理学 / 吕银芳主编． — 南京：南京大学出版社，2020.8(2022.7 重印)
ISBN 978-7-305-08653-3

Ⅰ. ①学… Ⅱ. ①吕… Ⅲ. ①学校管理－高等学校－教材 Ⅳ. ①G47

中国版本图书馆 CIP 数据核字(2020)第 148112 号

出版发行	南京大学出版社
社　　址	南京市汉口路 22 号　　邮　编　210093
出 版 人	金鑫荣
书　　名	学校管理学
主　　编	吕银芳
责任编辑	钱梦菊　　编辑热线　025-83592146
助理编辑	陆思洋
照　　排	南京南琳图文制作有限公司
印　　刷	南京百花彩色印刷广告制作有限责任公司
开　　本	787×1092　1/16　印张 15.5　字数 350 千
版　　次	2020 年 8 月第 1 版　2022 年 7 月第 3 次印刷
ISBN	978-7-305-08653-3
定　　价	40.00 元

网址：http://www.njupco.com
官方微博：http://weibo.com/njupco
官方微信号：njupress
销售咨询热线：(025) 83594756

* 版权所有，侵权必究
* 凡购买南大版图书，如有印装质量问题，请与所购图书销售部门联系调换

前 言

教材最大的特征是简明扼要、通俗易懂,能够帮助学习者快速地切入某一领域,认识它的基础理论、概念范畴、方法规范,等等,是初学者的导航图,还是专家、学者的良师益友。同样,《学校管理学》教材对于那些想了解教育管理和学校管理的学习者来说,无疑是最为有效的工具。新中国成立以来,《学校管理学》教材不仅数量上增加了,质量也提高了。但随着国家教育事业的不断发展,特别是新时代推进国家治理体系和治理能力现代化的需要,对学校治理体系和治理能力现代化提出了明确的要求,因此编写《学校管理学》新教材就显得尤为重要和紧迫。

一是适应新时代国家经济社会发展对教育提出的新要求,更好地推进建设教育强国。新时代,我国发展面临的挑战都和教育息息相关,这就需要我们加强教育现代化,建设教育强国,不断改革创新,促进教育公平,全面提升国民素养,为世界、人类命运共同体做出更多贡献。科教兴国、人才强国,高校教师要有家国情怀,要有社会责任与担当,努力培养更多的优秀人才。

二是建设高素质专业化创新型教师队伍的需要。教育大计、教师为本;教师大计、培养为本。新时代,国家提出了要建设高素质专业化创新型教师队伍,这是实现我国"两个一百年"奋斗目标的奠基工程。卓越的领导力是21世纪人才的一项核心竞争力,也是高素质专业化创新教师的重要表征之一。"学校管理学"是高校师范专业学生必修的教师教育类课程之一,编写一部体系科学、实践性强、内容精练、逻辑严密的教材,有助于激发学生的学习动机,促进学生对基本理论和技能的掌握,从而为建设高素质专业化创新型教师队伍做出贡献。

基于以上两点考虑,《学校管理学》教材以习近平新时代中国特色社会主义思想为指导,全面贯彻党的教育方针,落实立德树人根本任务,坚持正确的政治方向,充分体现党和国家对教育的基本要求,为培养德智体美劳全面发展的社会主义建设者和接班人提供有力支撑。本教材从阐释学校管理的基本管理理论,特征、类型、功能入手,系统简明地介绍和阐释了学校管理的基本理论,并努力反映学校管理实践研究的新进展。

第一章 学校管理理论基础。主要梳理和介绍了古典组织管理理论、人际关系理论、行为科学管理理论和现代管理理论的主要观点,重点就其对学校管理的启示做了阐述。

第二章 学校内部管理。主要就学校内的学生管理、校长负责制、教师聘任制、教师绩效工资制、学校管理的基本原理、学校管理的基本方法等内容做了介绍。

第三章 学校组织管理。主要就组织及其理论发展、学校组织性质、学校组织结构、学校组织的变革等问题进行了阐述。

第四章 学校教学管理。教学是学校的中心工作。本章主要就教学工作管理、教学组织管理、教学内容管理、教学过程管理、教学质量管理、教学评价等进行了介绍。

第五章 学校执行力管理。围绕学校战略执行力管理、学校团队执行力管理、学校制度执行力管理和学校章程执行力管理等内容，对其执行能力建设进行了介绍。

第六章 学校文化管理。主要就文化管理与学校管理、学校文化结构、学校文化建设等内容进行了介绍。

本书力求体现以下几大特点：

一是编写理念新。新时代，我国教育改革发展出现了许多新理念、新趋势、新要求，这些都对学校管理变革提出了新的要求。本教材在编写过程中，力求将近年来特别是习近平教育思想的新论断、新要求、新思想、新理念贯穿于学校管理的始终，并力求与固有的管理思想有机融合。

二是内容体系新。作者在内容体系上也做了大胆的突破和创新，紧紧围绕"立德树人"这一根本任务，积极探索"课程思政"的育人元素，在显性知识的传授过程中，通过隐性知识无声育人，更加有利于教师的教学，以提高应用型人才培养质量。教材建设聚焦新时代高素质专业化创新型中小学教师的管理素养，融管理理论、课堂思考、案例分析、课外阅读于一体，探索构建课程思政育人体系，全方位、多角度提升中小学教师的管理思维、创新精神与实践能力。

三是呈现方式新。本教材是陕西省一流专业小学教育和省级一流课程"学校管理学"建设成果，特在目录页设置二维码，配有完整的慕课、课外阅读（以国家最新的政策、文件为主）、教学课件等数字资源，促进学习者有效学习。

本教材的两位编者长期从事"学校管理学"的教学和研究，具有较为丰富的教育管理理论，积累了大量的教学经验，对"学校管理学"的教学从理念、内容、过程到评价具有一些独到的体悟，特别是对于如何"理实一体"培养高素质专业化创新型教师的管理素养，有着较为丰富的实践体验。这也是本教材区别于同类教材的一大特点。

本教材由吕银芳确定整体思路和大纲，并负责第一章至第五章的撰写，杨令平负责第六章的撰写并梳理案例分析和课外阅读。配套慕课由吕银芳、杨令平共建。本教材在编写过程中参考了大量国内外同行的研究成果和案例资料，在此表示感谢。特别感谢南京大学出版社钱梦菊编辑为本书的出版所付出的努力。囿于编者的理论水平和能力，难免有不足之处，希望得到同行的批评和斧正。

编　者

2020 年 5 月

目录 CONTENTS

微信扫码
配套慕课课程
配套课外阅读

第一章　学校管理理论基础 ……………………………………………… 1
　　第一节　古典组织管理理论 …………………………………………… 1
　　第二节　人际关系理论 ………………………………………………… 11
　　第三节　行为科学管理理论 …………………………………………… 13
　　第四节　现代管理理论 ………………………………………………… 26

第二章　学校内部管理 …………………………………………………… 38
　　第一节　学生管理 ……………………………………………………… 38
　　第二节　校长负责制 …………………………………………………… 45
　　第三节　教师聘任制 …………………………………………………… 54
　　第四节　教师绩效工资制 ……………………………………………… 65
　　第五节　学校管理的基本原理 ………………………………………… 75
　　第六节　学校管理的基本方法 ………………………………………… 82

第三章　学校组织管理 …………………………………………………… 91
　　第一节　组织及其理论发展 …………………………………………… 91
　　第二节　学校组织性质 ………………………………………………… 100
　　第三节　学校组织结构 ………………………………………………… 109
　　第四节　学校组织的变革 ……………………………………………… 117

第四章　学校教学管理 124
　　第一节　教学工作管理 124
　　第二节　教学组织管理 130
　　第三节　教学内容管理 137
　　第四节　教学过程管理 141
　　第五节　教学质量管理 145
　　第六节　教学评价 152

第五章　学校执行力管理 162
　　第一节　学校战略执行力管理 163
　　第二节　学校团队执行力管理 173
　　第三节　学校制度执行力管理 189
　　第四节　学校章程执行力管理 197

第六章　学校文化管理 204
　　第一节　文化管理与学校管理 204
　　第二节　学校文化结构 210
　　第三节　学校文化建设 224

参考文献 242

第一章
学校管理理论基础

配套数字资源

学习目标

1. 了解古典组织管理理论的代表人物,理解不同人物的管理思想和主要观点。
2. 了解人际关系学说的主张,明确人际关系理论对学校教育人员管理的主要影响。
3. 理解行为科学管理理论的代表人物及其主要激励理论,明确各种激励对学校管理的重要影响。
4. 理解现代管理理论对学校教育管理实践的具体影响。

管理活动自有人群出现便有之,与此同时管理思想也逐步产生。如果我们以泰勒(F. W. Taylor)的名著《科学管理原理》(1911年)以及法约尔(H. Fayol)的名著《工业管理与一般管理》(1925年)为管理学诞生的标志,那么现代意义上的管理学至今不过经历了90多年。近百年来,管理学的研究者、学习者、著作文献等等均呈指数级增长,管理学有了长足的进步与发展。

哈罗德·孔茨曾经写过两篇著名的论文《论管理理论的丛林》(1961年)和《再论管理理论的丛林》(1980年),对1980年之前出现管理学领域内精彩纷呈的理论、主张等做过一个精辟的归纳和分析。他认为到1980年为止,管理学至少发展有十几个学派,典型的有古典学派、行为科学学派、社会系统学派、决策理论学派、系统管理学派、经验主义学派、权变理论学派、管理科学学派、组织行为学派、社会技术学派、经理角色学派、经营管理学派等。这些学派尽管各有自己对管理的看法,各有自己的理论主张,但从内容来看不超出三大内容:即组织、管理方式以及经营。

第一节 古典组织管理理论

古典组织管理理论产生于19世纪末20世纪初,是随着自由资本主义向垄断资本主义过渡而出现的。这个时期,随着近代大机器工业的发展,管理活动日益居于重要地位。为了适应复杂的管理活动,专业管理人员需要改变过去经验式传统管理,寻求新的管理方法。因此,在总结前人管理经验的基础上,为适应社会化大生产的需要创建了以管理为研

究对象的最初的管理理论,即古典组织管理理论。这个时代有三位杰出的管理学家合力撑起了古典组织管理理论的大厦,也奠定了现代管理理论的基础。这三位管理学家分别是科学管理之父——弗雷德里克·温斯洛·泰勒(Frederick Winslow Taylor,1856—1915)、管理理论之父——亨利·法约尔(Henri Fayol,1841—1925)、组织管理理论之父——马克斯·韦伯(Max Weber,1864—1920)。古典组织管理理论开创了人类对管理进行系统研究的先河,摆脱了传统经验管理的束缚,而组织管理的核心是提高组织效率。

一、泰勒的科学管理理论

科学管理的产生是管理发展史中的重大事件,也是管理从经验走向科学的第一步,它对管理的发展产生了巨大的推动力量。科学管理理论是19世纪后半期由美国人泰勒所提出的,主要尝试解决的问题是通过提高工人的生产效率而提高大型机械化生产企业中的生产效率。泰勒所定义的"管理"为:"确切了解你希望工人干什么,然后设法使他们用最好、最节约的方法完成它。"[1]在泰勒的眼里,管理就是指挥他人能用其最好的工作方法去工作,所以他在其著作《科学管理原理》中就讨论和研究,第一,员工如何能寻找和掌握最好的工作方法以提高效率? 第二,管理者如何激励员工努力地工作以获得最大的工作业绩。事实上,泰勒的科学管理原理本质上可以归结为一种管理方式或方法,因为人的科学工作和协调及对人的激励与效率关系的研究实为相应的管理方式方法而已。

(一) 科学管理的兴起

19世纪末美国的工业迅速发展,资本雄厚,但劳动力缺乏,企业管理落后。突出的表现是:工人的劳动时间长、强度大、生产效率低、工人工资低、劳资关系紧张。这些情况引起了许多管理人员和技术人员的关注,他们试图用当时的科学技术去解决这些问题,泰勒是这些人中的典型人物。泰勒22岁到米德维尔钢铁公司当学徒,他从一名普通的工人做起,经历了职员、机工、机工班长、车间工长、负责全场修理和维修的总技师,最后成为总工程师,只用了六年时间。由于泰勒的身份,他近距离观察到了工人的生产过程,了解到工人群体对生产生活的看法,切身体验到工人面对工作的困难、困惑和焦虑;也看到了他周围"不好的工作状况",包括工人磨洋工、管理低劣以及劳资之间缺乏融洽的气氛等等。[2]泰勒的经历使他对生产现场很熟悉,对生产基层很了解。他认为单凭经验进行管理的方法是不科学的,必须加以改变。但是,当时守旧的势力很大,工人是自己决定制造方法,工厂主是自己决定管理方法,各人所掌握的技艺和积累的经验对别人都严守秘密。虽然处在这样僵化和守旧的环境中,泰勒还是利用自己取得的地位开始了管理方面的革新活动。

(二) 科学管理理论的核心

泰勒于1911年出版了《科学管理原理》,在这本书中,他全面叙述了他的管理思想与理论,概括出来主要包括以下四个方面。

---

① 丹东尼·A.雷恩.管理思想的演变[M].李柱流,等译.北京:中国社会科学出版社,1997:149.
② 丹东尼·A.雷恩.管理思想的演变[M].李柱流,等译.北京:中国社会科学出版社,1997:140.

（1）对工人提出科学的操作方法，以便合理利用工时，提高工效。在管理实践中，要对工人工作的各个组成部分进行科学的分析，以科学的操作方法替代陈旧的操作方法。建立各种明确的规定、条例、标准，使一切科学化、制度化是提高管理效能的关键。具体做法是从执行同一种工作的工人中，挑选出身体最强壮、技术最熟练的一个人，把他的工作过程分解为许多个动作，在其最紧张劳动时，用秒表测量并记录完成每一个动作所消耗的时间，然后按照经济合理的原则加以分析研究，对其中合理的部分加以肯定，不合理的部分进行改进或省去，制定出标准的操作方法，并规定出完成每一个标准动作的标准时间，制定出劳动时间定额。

（2）在工资制度上实行差别计件制。按照作业标准和时间定额，规定不同的工资率。对完成和超额完成工作定额的工人，以较高的工资率计件支付工资；对完不成定额的工人，则按较低的工资率支付工资。

（3）对工人进行科学的选择、培训和提高。泰勒曾经对经过科学选择的工人用上述的科学作业方法进行训练，使他们按照作业标准工作，以改变过去凭个人经验选择作业方法及靠师傅带徒弟的办法培养工人的落后做法。这样改进后，生产效率大为提高。

（4）使管理和劳动分离，把管理工作称为计划职能，工人的劳动称为执行职能。组织中必须设立专门的计划层，他们每天要给工人分配具体任务，并附有该项工作的详细的书面指示及确切的有限规定，还要承担具体的组织、指导工作，并做好统计记录。按照不同的职能，分别由不同的工人完成不同的任务，重点强调管理人员和工人都必须对各自的工作负责。

为了实施这一理论，泰勒进一步提出了具体的步骤。

一是对工作环境进行分析。其中着重分析要做的工作是什么？谁来做？管理者应该怎么管？

二是对工作任务进行分析。如何根据工作的需要和工人的技能分配合适的工作？

三是要给每一项工作制定工作任务，制定具体的定额，根据这一工作性质和任务的要求，精心挑选具有这种技能的工人去承担这项工作。

四是工人的工作安排就绪后，管理者就要与工人密切合作，要督促工人完成自己的任务，并要能做好本范围的各种调配工作和计划工作。

（三）科学管理理论的贡献

科学管理的产生是管理从经验走向理论的标志，也是管理走向现代化、科学化的标志，其意义绝不亚于蒸汽机发明导致的工业革命。科学管理对管理理论体系的形成与发展有着巨大的贡献，具体说，有以下几个方面。

1. 时间和动作研究

科学管理对管理最大的贡献是提出了时间和动作的科学研究方法，并指出选定最适合于完成这一作业的工具、机械，决定最适当的作业程序，消除错误的动作、慢动作、无用的动作，找到最有效的作业法，使其标准化是生产效率提高的重要方面。此外，通过累计上述方式得出的最基本动作所需要的时间，加上不可避免的迟缓而延误的时间，规定一种作业的标准时间，并由此决定作业标准。

科学管理理论认为,这样得到的作业标准是"科学的事实和法则",劳资双方都必须服从这个标准,既不允许利用工会的力量来修改作业标准,也不允许企业家像过去那样任意降低以标准时间为基础规定的工资率。应该说,时间和动作研究发现了工人在不增加劳动强度的情况下,能最轻松最有效率地进行作业的方法,至今它仍然是组织管理的重要基础。

时间和动作研究是解决人机关系协调的重要方面,它为员工找到了科学、合理、最有效的操作工具和机械程序、规范、动作。反过来,如果人们已经找到的这些程序、规范和动作仍然不够有效,不能降低员工劳动强度,那就意味着机器和工具的设计尚可改进,或者可通过工具和机器的改良,使现有的作业标准值进一步降低,使人机系统更为和谐,生产效率进一步提高。

2. 任务管理

科学管理理论所提出的任务管理是由科学地规定作业标准、实行标准化、实行激励工资等原理构成的,对今天的学校管理依然有很大的现实意义。

科学的作业标准是在对每个员工进行了时间研究之后做出的,但并不是把每项工作的几个操作人员所需要的时间平均值作为基础,而是以效率高的第一流员工的操作时间为基础。由于组织中一流的员工未必很多,这样制定的标准时间对一般员工来说就显得较高。他们如果不加努力,甚至努力后也可能还达不到这一标准。为此,组织有必要一开始就选拔优秀的员工,或者对已有的员工进行严格的培训,这一思想在现在看来是组织对人力资源实施开发的重要观点。

实行标准化除了要求员工操作动作应达到作业标准外,还必须从作业方法到材料、工具、机器等方面实行标准化。标准化一方面是每个员工工作努力的目标,另一方面又是产品质量的保证。此外,为了让每个员工最大限度地发挥身体和精神的能力以达到标准,组织要因人而异地给他们安排适当的职务,规定责任的权限。

任务管理假定员工是"经济人",其行为受经济因素影响最大。为此,为了使员工尽量达到作业标准,就要实施奖励工资制。这一制度就是我们所说的超额奖励工资制,其特点是工资随效率而变动,完成作业标准的员工给予30%~60%的奖励工资,完不成的则要根据规定减少他的工资。任务管理的基本思路是如何使员工达到已制定的科学的作业标准,从而提高生产效率。为此提出标准化范围的工资激励手段,其有效性则建立在员工是"经济人"的这一假设上。

3. 作业人员与管理者的分工与协调

科学管理产生之前的企业管理是一种随意性、不规范、经验式的管理,往往将企业中工作的责任都推到工人身上,认为工人必须严格管束,科学管理理论则认为,管理人员与作业人员分别有自己的工作职责,企业效率的责任,应两者分摊并相互协作,即管理人员通过承担其固有的计划职能,支持作业人员行使执行职能,使双方配合默契。

科学管理理论认为,管理人员要用时间研究等管理技术来确定劳资过程中的科学法则,科学地选拔和培养工人,通过管理的科学发展来支持工人进行作业等新的工作任务;作为第一线的员工及作业人员,要按照管理人员确定的科学法则进行作业,通过定向计划

报告工作情况来支持管理人员，有效地进行管理。

在泰勒看来，计划部把所有的"计划和脑力工作"从现场作业的工作和工人的工作中分离出来，并集中到一个部门，从而形成计划部制定所有的计划，并发出工作的指令。这样一来，就不是由一个管理者来进行管理，而是由一个管理组织进行管理。这个计划部的职能包括：时间研究、标准化工作、资产和成品的库存登记以及成本的记录和分析、组织的维持和改善、雇用和监督等劳务管理、有关销售和采购的分析等，范围极广。这种分离使得管理人员与作业工人分工明确，各司其职，更加有利于生产效率的提高和资源的优化配置。科学管理在此基础上提出管理人员和作业工人的协调，实际上已经涉及企业内员工之间的人际关系协调，为以后的管理理论的发展奠定了基础。

二、法约尔的行政管理理论

法国人亨利·法约尔毕生从事企业管理，在几十年的工作经历中悟出了管理的要义，通过对管理过程的研究创立了第一个有关行政管理的理论，对管理的定义有重大的影响，被称为管理理论之父。法国的法约尔和泰勒虽是同时代人，但个人经历不同。法约尔曾在较长时间内担任法国一个大煤矿公司的领导工作和总经理职务，积累了管理大企业的经验。与此同时，他还在法国军事大学任过管理教授，对社会上其他行业的管理进行过广泛的调查。他在退休后，还创办了管理研究所。法约尔的经历决定了他的管理思想要比泰勒开阔。他的管理理论发表在1916年法国工业协会的刊物上。1925年出版的《工业管理与一般管理》一书是他的代表作。

（一）行政管理理论的背景

法约尔认为，管理是所有的人类组织（不论是家庭、企业或者是政府）都有的一种活动，这种活动由五项要素组成：计划、组织、指挥、协调和控制。计划包括预测未来和拟定一个行动计划；组织包括建立一个从事活动的双重机构（人的机构和物的机构）；指挥包括维持组织中人员的活动；协调就是把所有人的活动和工作结合起来，使之统一并和谐；控制则注意使所有的事情都按照已有的计划和指挥来完成。法约尔的这一看法，使人相信当你在从事计划、组织、指挥、协调和控制工作时，你便是在进行管理，管理就等同于计划、组织、指挥、协调和控制。

与泰勒类似，提高企业效率仍是法约尔所要解决的首要问题，但与作为工程师的泰勒强调管理者作为生产控制者的视角不同，法约尔从一个总经理的角度看到了泰勒没有考虑过的问题，即相对于技术活动，管理活动的独立性问题。

（1）管理与生产职能定位不清。法约尔认为，企业并不是只有生产部门，如果其他部门不能与生产部门协调工作，再好的工作方法也不能提高整个工厂的生产效率。他认识到管理与生产职能的混淆，不利于企业规模的扩大发展，也不适用于大规模、多部门企业。在他看来，管理工作是与生产截然不同的两个工种，管理人员需要做的是井井有条地安排，并把这个组织的生产、销售、财务以及会计职能一体化。

（2）管理人员和工程师角色一体化。在法约尔以前，由于将管理职能定为制度设计和工作方法研究，故大多数管理者都由工程师担任。法约尔认识到管理与生产各为独立的不同分工,也就同时认识到工程师并不能完全胜任管理岗位,因为管理是对包括生产在内的各个环节的组织与协调。

(3) 管理能力和知识技术的混淆。管理与生产职能的混淆导致对管理能力和技术知识的混淆。法约尔强调管理在活动中的作用并没有完全被理解,"对于一个企业而言,一个管理能力不错而技术水平上平庸的领导人一般要比一个技术上出色而管理能力平庸的领导人有价值得多"。根据这一观点,组织的成功更多地取决于领导人的管理能力而不是技术知识。①

(4) 管理理论的缺乏。法约尔认为在管理实践中,有很多人有经验见解,但由于这些人从事的工作不同、视角不同、管理的组织也不同,因此,这些经验在很大程度上是局限的、不成系统的,甚至是相互矛盾的。这种情况不利于管理理论的产生和在课堂上的传播,针对这个问题,法约尔提出每一种组织都需要管理,虽然管理与技术不同,但也像技术一样,可以作为一种研究,可以作为理论得以整理和发展,并在大学中传授。

(二) 行政管理理论的核心

(1) 管理的职能。要经营好一个企业,不仅要改善生产现场的管理,而且应当注意改善有关企业经营的六个方面的职能:① 技术职能:即设计制造;② 经营职能:即进行采购、销售和交换;③ 财务职能:即确定资金来源及使用计划;④ 安全职能:即保证员工劳动安全及设备使用安全;⑤ 会计职能:即编制财产目录,进行成本统计;⑥ 管理职能:包括计划、组织、指挥、协调、控制五项。

(2) 管理的原则。法约尔提出在一般组织的管理事务中普遍适用的 14 条基本管理原则。这些原则是他在管理中所能应用到的"最频繁"的自身经验,但这些原则没有一条是绝对的,因为"管理事务中没有任何东西是一成不变的"。

① 分工。劳动专业化是各个机构和组织前进和发展的必要手段。由于减少了每个工人所需掌握的工作项目,故可以提高生产效率。劳动的专业化,使实行大规模生产和降低成本有了可能。同时,每个工人工作范围的缩小,也可使工人的培训费用大为减少。

② 权力与责任。权力即"下达命令的权利和强迫别人服从的力量"。权力可区分为管理人员的职务权力和个人权力。职务权力是由职位产生的;个人权力是指由担任职务者的个性、经验、道德品质以及能使下属努力工作的其他个人特性而产生的权力。个人权力是职务权力不可缺少的条件。他特别强调权力与责任的统一。有责任必须有权力,有权力就必然产生责任。

③ 纪律。纪律的实质是遵守公司各方达成的协议。要维护纪律就应做到:对协议进行详细说明,使协议明确而公正;各级领导要称职;在纪律遭到破坏时,要采取惩罚措施,但制裁要公正。

④ 统一命令。一个员工在任何活动中只应接受一位上级的命令。违背这个原则,就会使权力和纪律遭到严重的破坏。

---

① 法约尔.工业管理与一般管理[M].中国社会科学出版社,1980:10.

⑤ 统一领导。为达到同一目的而进行的各种活动,应由一位首脑根据一项计划开展,这是统一行动、协调配合、集中力量的重要条件。

⑥ 员工个人要服从整体。法约尔认为,整体利益大于个人利益的总和。一个组织谋求实现总目标比实现个人目标更为重要。协调这两方面利益的关键是领导阶层要有坚定性和做出良好的榜样。协调要尽可能公正,并经常进行监督。

⑦ 人员的报酬要公平。报酬必须公平合理,尽可能使职工和公司双方满意。对贡献大、活动方向正确的职工要给予奖赏。

⑧ 集权。集权就是降低下级的作用。集权的程度应视管理人员的个性、道德品质、下级人员的可靠性以及企业的规模、条件等情况而定。

⑨ 等级链。"等级链"即从最上级到最下级各层权力连成的等级结构。它是一条权力线,用以贯彻执行统一的命令和保证信息传递的秩序。

⑩ 秩序。秩序即人和物必须各尽其能。管理人员首先要了解每一工作岗位的性质和内容,使每个工作岗位都有称职的职工,每个职工都有适合的岗位。同时还要有条不紊地精心安排物资设备的合适位置。

⑪ 平等。即以亲切、友好、公正的态度严格执行规章制度。雇员们受到平等的对待后,会以忠诚和献身的精神去完成他们的任务。

⑫ 人员保持稳定。生意兴隆的公司通常都有一批稳定的管理人员。因此,最高层管理人员应采取措施,鼓励职工尤其是管理人员长期为公司服务。

⑬ 主动性。给人以发挥主动性的机会是一种强大的推动力量。必须大力提倡鼓励雇员们认真思考问题和创新工作,同时也应使员工的主动性受到等级链和纪律的限制。

⑭ 集体精神。职工的融洽、团结可以使企业产生巨大的力量。实现集体精神最有效的手段是统一命令。在安排工作、实行奖励时不要引起嫉妒,以免破坏融洽的关系。此外,还应尽可能直接地交流意见等等。

法约尔的贡献是在管理的范畴、管理的组织理论、管理的原则方面提出了崭新的观点,为以后管理理论的发展奠定了基础。

(3) 管理的要素。管理的第一要素是计划,其作用是"抵御最终可能偏离企业目标的偏差和极细微的变化"。第二个要素是组织,所谓组织是指"一个企业为该组织提供一切有助于实现其职能的东西:原料、工具、资金、人员"。组织结构的安排必须要保证公司在实现其目标时能进行统一领导。适当的组织结构将会对工作的职责做出明确规定,鼓励发挥主动性和承担责任,而且能协调活动和努力。第三个要素是指挥,指挥是"一种以某些人品质和对管理的一般原则的了解为基础的艺术"。第四个要素是协调,协调是以"一种平衡行动,使支出和收入相等,使设备现状与现实生产目标,以及销售和生产之间相协调一致"。第五个要素是控制,控制是"检查所进行的一切活动是否符合于制定的计划、发出的指示和既定的原则"。

在法约尔的管理五要素中,他认为计划和组织是管理中的重点。"计划和组织通过预测、制定行动计划、建立组织以及挑选人员而做好一切准备工作。"①指挥使计划得以执行,使组织开始工作;协调使组织的各个部门协调一致;控制则根据过去的执行情况和指示进行检查;当根据过去的执行情况制定新的计划时,管理的循环即重新开始。②法约尔提出的管理五要素的运行过程已经具有了现代管理理论中的管理过程的雏形。

三、韦伯的科层管理理论

德国人马克斯·韦伯不仅是著名的管理学家,而且也是西方社会学界公认的四大鼻祖之一,20世纪后期,韦伯与马克思、爱因斯坦一起被德国评为三个最杰出的德国人。科层管理理论又被称为官僚集权理论,主要针对19世纪后半期大型组织和大规模企业的"组织效率"问题。他的研究主要集中在组织理论方面,主要代表作是《社会组织与经济组织理论》。他对管理理论的贡献主要在于提出了理想的行政组织体系并提出了权威结构理论。

(一) 科层管理理论提出的背景

(1) 大规模组织在资本主义发展过程中的广泛出现。1904年韦伯访问美国,美国被他认为在当时是最资本主义化的国家,他发现美国的经济发展与德国不同,美国的制造业和营销业与通信和交通网络相结合成为大型企业。而在德国,这种大规模的企业仅仅出现在某几个特定的行业中。韦伯认识到,大规模组织是资本主义发展的趋势,是资本主义生产的基本单元。如何使大规模组织适合高生产效率的需要?这是韦伯思考组织问题的出发点。

(2) 科学管理的思想传播到德国并在一些企业内运用。科学管理在德国企业中得到了进一步应用的同时,韦伯根据其在美国观察到的以生产技术和生产过程为核心的管理方式,敏锐地察觉到要使资本主义能够继续高速前进,大型组织的管理必须与其高效率的生产方式相匹配。而这是需要对大型组织管理进行理性化和系统化改造才能完成的,也是对大型组织加以管理的合理性需要。

(3) 社会对以机械化、标准化、规范化为特征的大工业生产方式的崇拜。在泰勒的科学管理思想已传播到德国的背景下,韦伯认识到标准化、规范化、机械化的生产是大规模组织高效率的基础。同时,他在考虑另一个问题,如何将组织自身的运转效率提高作为生产效率提高的保障?如果标准化、规范化、机械化可以保证生产效率,那么这三个原则是否也能保证组织的效率?有没有一种普适的组织类型可以使任何一种大规模组织更为系统化地发挥作用?

(二) 科层管理理论的核心

(1) 组织的权力基础。权力在科层管理理论中具有重要地位。该理论中权力被认为

---

① 丹东尼·A.雷恩.管理思想的演变[M].李柱流,等译.北京:中国社会科学出版社,1997:253.

② 丹东尼·A.雷恩.管理思想的演变[M].李柱流,等译.北京:中国社会科学出版社,1997:253.

是组织能够得以存在的支撑点,也是组织内部劳动力分工和组织分层的前提条件。韦伯认为,任何一种组织都是以某种形式的权力为基础的,没有权力,组织就不能实现其目标。权力能消除混乱带来的秩序。① 没有权力行使,就没有组织的存在。权力的来源和保障以及行使权利的方式方法,都决定了组织存在的基本形式。

(2)权力的种类和组织的类型。韦伯对组织理论的贡献,主要在于他提出了权威结构理论。首先,韦伯区分了权力与权威,指出权力是无视人们反对,强迫人们服从的能力;权威则是人们出于自愿而接受命令,这就是权威的合法化。他认为,古往今来的一切组织无非是建立在三种权威之上的:一是世袭的权威;二是神授的权威;三是合理—合法的权威。只有合理—合法的权威,才是现代社会中最有效、合理的组织形式的基础。通过对人类社会组织类型的分析,他认为人类社会存在以下三种权力类型为基础的三种组织,三种组织各具特点。

① 魅力型权力和魅力型组织。魅力型权力来源于对"个人的明确而特殊的尊严、英雄主义或典范的品格的信仰"②,它表现为对领袖的个人魅力的崇拜,甚至是对领袖超自然能力的信仰。以魅力型权力为基础的组织即魅力型组织,其特点是:坚决服从领袖命令,不允许怀疑领袖权威;内部管理非专业化,没有专门的管理职位组织;缺乏经常的、合理的经济支持;没有程序规则;有强烈的革命性;组织具有不稳定特征。

② 传统型权力和传统型组织。传统型权力来源于社会固有的习俗、惯例、经验和祖训。"以古老的传统神圣不可侵犯的信念,以及对其下属行使权力的人的地位的合法性为基础。"③以传统权力为基础的组织即传统型组织,其特征为:权力来源于传统的固有的尊严——特殊身份;统治者拥有绝对的权力,但这种权力被惯例和习俗所限制;所遵从的规则,是社会传统的习俗和惯例,而不是法律制度;管理效率低下;组织行为缺乏经济理性的考虑。

③ 法理型权力和法理型组织。法理型权力来源于规章制度和行为规则的合法性,它是以"法律"或者"升上掌权地位的那些人……发布命令的权力"为基础的。④ 以法理型权力为基础的组织即法理型组织,也称为科层制组织或官僚组织。这就是韦伯针对组织效率问题所给出的答案。在法律和规章制度规定下的合理性权力为管理的连续性提供了基础,它使不同的管理者权力的行使有据可依,有据可查;法理型权力保障了管理人员地位的合理性,因为承担任务管理职务的人员都是按照他完成任务的能力挑选的;权力来自法律,同时就保障了管理者具有行使权力的法律手段;在法律保障下,组织所有的权力都有明确的规定。组织职位中所固有的权力是影响力的唯一源泉。他相信,管理者是充满权威的。影响力和职权是统一的,管理者在组织中的职位越高,他拥有的影响力也就越高。

---

① 丹东尼·A.雷恩. 管理思想的演变[M]. 李柱流,等译. 北京:中国社会科学出版社,1997:256.
② 丹东尼·A.雷恩. 管理思想的演变[M]. 李柱流,等译. 北京:中国社会科学出版社,1997:255.
③ 丹东尼·A.雷恩. 管理思想的演变[M]. 李柱流,等译. 北京:中国社会科学出版社,1997:255.
④ 丹东尼·A.雷恩. 管理思想的演变[M]. 李柱流,等译. 北京:中国社会科学出版社,1997:255.

(三) 韦伯的科层组织体系

(1) 明确的劳动分工。把全部工作划分为各项基本工作任务,系统地分配给组织中各个成员承担。严格规定每个职位的权利与义务,并把这些权利与义务作为正式职责而使之合法化。

(2) 等级严密。按职权组织体系将所有职位构成从上到下的权力结构和指挥体系,即按职位高低层层监督、控制,建立井然有序、权责分明的组织体系。

(3) 规范录用。组织中的所有成员必须根据职务要求,通过正式考试或训练和教育获得任用技术资格,不得徇私,不得任人唯亲。在职人员必须各司其职,且受法律保障,不能任意免职。

(4) 实行任命制。所有担任公职的人员皆由上级委任,不采取选举方式。

(5) 管理职业化。行政官员领取固定的薪金,按明文的升迁制度提薪,专职从事管理工作。

(6) 公私有别。行政官员在组织中的职务活动应当与私人事务区别开来,公私事务应有明确界限。行政官员不是所管辖企业的所有者,他们只是雇员。

(7) 遵守纪律。行政管理人员必须严格遵守组织的规则、纪律和制约,这些规则、纪律和制约不受任何人的感情支配。

四、古典组织管理理论对学校管理的影响[①]

一是注重提高教育管理效率。科学管理理论的传播,在教育管理界形成了一种追求效率的思潮。在古典组织管理理论"经济人"的假设下,管理者将学校看成是一个与企业、工厂没有区别的社会组织,都是按照标准化和程序化生产自己的产品,都需要追求效率;教育管理的一切目的就是为了标准化,并以此达成管理的效率目标;教育管理技能是可以通过学习提高的,教育管理活动是可以控制的:通过设计一个合理的组织结构,编制一套完善的规章制度,遵循一系列科学的管理原则,再辅之以严格的奖惩手段,学校组织就可以在有限的条件下实现最佳的管理目标。为此,劳动分工、工作责任制、工作的科学程序、工作任务和作业水平的科学度量、适当的控制幅度、能力主义等,成为学校管理的有效手段,学校的工作效率以及教师的教学效率和学生的学习效率受到普遍重视,并把学校经费的分配与教学成本相联系。

二是把科层管理作为学校管理的组织基础。古典组织管理理论强调权力等级结构,致力于通过组织实现权力和职责从最高决策层到下级员工的直接性和连续性;强调学校组织分工的专业化特点;强调学校内部严格的纪律和规章制度;人员根据需要被安排到各个部门行使自己应有的职能,按照自己的职务、责任、工作量领取工资。

[①] 萧宗六.学校管理学[M].5版.北京:人民教育出版社,2018:12-18.

第二节 人际关系理论

20世纪初,企业普遍接受科学管理理论,把由科学管理带动的"效率主义"应用到极致。企业管理高度的劳动机械化的生产方式、规范化的生产流程、效率至上的思想使工人成为机器的附庸。劳动生产率在科学管理实践前期快速提高后,增长速度开始逐渐下降。与此同时,随着社会的发展,在生产实践中,也日益显示出人的积极性对提高劳动生产率的影响和作用,发挥人的作用和潜力的重要性逐渐被管理者所认识。新的管理思想与理论也正在孕育之中,这就是人际关系理论,它的产生源于有名的"霍桑实验",研究重点在于如何调动工人自身的积极性而达到提高生产效率的目的。

一、霍桑实验

1929年,美国哈佛大学的心理病理学教授梅奥(George Elton Mayo,1880—1949)率领哈佛研究小组到美国西屋电器公司的霍桑工厂进行了一系列的实验或观察,其中比较著名的有:

(1) 照明实验(1924—1927),目的在于调查和研究工厂的照明度与作业效率的关系。结果发现,照明度和作业效率没有单纯的直接关系,但生产效率仍然与某种未知因素有关。

(2) 继电器装配室实验(1927—1932),目的是要发现休息时间、作业时间、工作形态等作业条件的变化同作业效率的变化有什么样的关系。结果发现,生产效率的决定因素不是作业条件,而是职工的情绪。情绪是由车间的环境,即车间的人群关系所决定的。

(3) 面谈计划(1928—1930),主要目的是了解如何获取职工内心真正的感受,倾听他们的诉说对解决问题的帮助,进而提高生产效率。结果是:一是离开感情就不能理解职工的意见和不满;二是感情容易伪装;三是只有对照职工的个人情况和车间环境才能理解职工的感情;四是解决职工不满的问题,将有助于生产效率的提高。

(4) 车间里除了存在按照公司的编制建立的正式组织外,还存在着由于某种原因形成的非正式组织,这些非正式组织有时会严重地影响工作效率的发挥。

二、人际关系理论的核心

通过调查与实验,梅奥等人发现科学管理中对人的假设有问题,把人看作一种工作更是有问题,因为工作的物质环境和福利的好坏,与工人的生产效率没有明显的因果关系;相反,职工的心理因素和社会因素对生产积极性的影响很大。梅奥教授在1933年出版了《工业文明中的人》一书,奠定了人际关系理论的基础。在书中梅奥教授提出了以下见解:

(1) 古典组织管理理论把人假设为"经济人",认为金钱是刺激积极性的唯一动力;霍桑实验证明人是"社会人",是复杂的社会关系的成员,因此,调动工人的生产积极性,还必须从社会、心理方面去努力。霍桑实验中,研究者发现由于人们不是受事实和逻辑所激励的,所以有关对社会价值事物的情绪就在同人们打交道中具有非常重大的力量。①

(2) 古典组织管理理论认为生产效率主要受工作方法和工作条件的制约,霍桑实验证实了工作效率主要取决于员工的积极性,取决于职工的家庭和社会生活及组织中人与人的关系。

(3) 古典组织管理理论只注重组织机构、职权划分、规章制度等,霍桑实验发现除了正式团体外,职工中还存在着非正式团体,这种无形组织有它特殊的感情和倾向,左右着职工的行为,对生产效率的提高有举足轻重的影响。研究发现"工厂部门中的社会团体能对各个成员的生产行为进行强有力的控制"②。

(4) 古典组织管理理论把物质刺激作为唯一的激励手段,而霍桑实验发现在工人所要满足的需要中,金钱只是其中一部分,大部分的需要是感情上的安全感、和谐、归属感,因此,新型的领导者应能够提高职工的满足感,善于倾听职工的意见,使正式团体的经济需要与非正式团体的社会需要取得平衡。

(5) 古典组织管理理论对工人的思想感情漠不关心,管理人员单凭自己个人的复杂性和嗜好进行工作,而霍桑实验证明,管理人员,尤其是基层管理人员应像霍桑实验人员那样重视人际关系,设身处地地关心下属,通过积极的意见交流,达到感情的上下沟通。

梅奥指出,在企业经营管理当中,经常存在以下三个问题。

其一,把科学和技术应用到某些物质的产品上;系统地安排工序;组织团体协作。他把前两个问题称作处理技术的能力,把后一个问题称作处理人事的能力。处理人事的能力主要包括能使下属成员之间相互了解与合作,领导者与其下属成员之间相互了解合作,使其领导能为下属所接受,从而使一个社会组织成为"有效的合作体系"。梅奥把这种能力称为"新的领导能力"。

其二,"新型管理者"必须是这样的人,他通过人们对社会团结需求的认识而有效地恢复人们在工作和生活中协作的机会。

其三,"新型管理者"与传统管理者相比,最大的差别在于传统管理者认为工业问题的答案在于技术效率,而事实上它却是一个社会和人的问题。

三、人际关系理论对教育管理实践的影响

人际关系理论对教育管理实践的影响最早发生在20世纪40年代,其影响如下:

(1) 教师和学生作为被管理者在教育管理关系中的主体地位日益加强。教师和学生逐渐作为管理工作的重要参与者参与到学校决策的过程中。

(2) 重视学校中的非正式组织的作用,把非正式组织看作学校组织中不可缺少的一部分。关注学校中各种因素对个体或群体行为的影响。

(3) 强调人的主观能动作用,增强自我激励、自我调控、自我完善的能力。教师和学生的自主管理逐渐重新回到教育管理研究者的视野。

---

① 丹尼尔·A.雷恩. 管理思想的演变[M]. 李柱流,等译. 北京:中国社会科学出版社,1997:322.
② 丹尼尔·A.雷恩. 管理思想的演变[M]. 李柱流,等译. 北京:中国社会科学出版社,1997:317.

(4) 从改善人际关系入手,提高教师的工作士气,重视教师和学生的社会心理的满足而不片面追求教学过程和教育成本的使用效率。

(5) 形成了对管理者本身素质的研究领域,如学校领导研究、校长和教师胜任模型的研究等。

第三节 行为科学管理理论

霍桑实验之后,大批的研究者和实践者继续从心理学、社会学、人类学和管理科学的角度对人际关系进行综合研究,从而建立了关于人的行为及其调控的一般理论。1949年,美国一些从事人际关系研究的管理学者正式采用"行为科学"一词,并成立了"行为科学高级研究中心",进一步开展对人的行为规律、社会环境和人际关系与提高工作效率关系的研究。行为科学的产生,使企业的管理者重新认识到员工的地位,员工已不是一般意义上与资本、土地等相同的生产要素,而是具有相当重要意义的主动因素,这对工人人身地位在企业中得到一定的尊重也有很大的帮助,在某种程度上也缓解了企业中的劳资关系。因此,从这些方面看来,行为科学作为现代管理的重要组成部分也是非常重要的。

管理学中的激励理论主要基于心理学、行为科学、社会学等领域对人的需要、动机以及行为的比较丰富的研究成果,迄今已形成相对完整的理论体系。从理论研究的侧重点看,可以划分为几种不同类型:① 内容型激励理论,着重探讨决定激励效果的各种基本要素,研究人的需要的复杂性及其构成,包括需求层次理论、双因素理论等;② 过程型激励理论,侧重于研究激励实现的基本过程和机制,包括期望理论、公平理论等;③ 结果反馈型理论,主要研究对一个人行为评价所产生的激励作用,有强化理论等。

激励是激发和鼓励人朝着所期望的目标采取行动的过程,它是整个管理活动中至关重要的一项内容。管理的核心在于人,组织的生命力来自组织中每一个成员的热忱,如何激发和鼓励员工的创造性和积极性,是管理人员必须解决的问题。只有把人的积极性真正调动起来,管理的目标才能够达到。而人的积极性和最大潜能的发挥,离不开有效的激励。

激励(motivation),就是激发人的动机,使人有一股内在的动力,朝着所期望的目标前进的心理活动过程。从组织行为学的角度看,激励就是激发、引导、保持、归化组织成员的行为,使其努力实现组织目标的过程,而组织成员的努力是以能够满足个体的某种需要为前提条件的。① 大多数管理学者认为,激励就是主体通过运用某些手段或方式让激励客体在心理上处于兴奋和紧张状态,积极行动起来,付出更多的时间和精力,以实现激励主体所期望的目标。激励的目的就是调动组织成员工作的积极性,激发他们工作的主动性和创造性,以提高组织的效率。

由于人的需求有这样的层次,因此,当人处于某一需求为主的条件下,其行为动机和

---

① Stephen P. Robbins. Managing Today![M]. Prentice Hall, Inc., 1997:388.

行为便会带有此种需求未得到满足的特征,为此,管理主体可以根据该特征去满足员工的这一需求而使其得到真正的激励。行为科学理论对激励过程和激励模式进行了分析与概括,如图1-1所示。

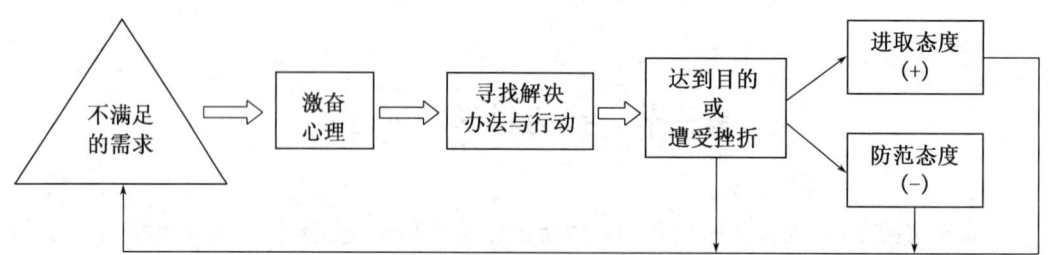

图 1-1 激励模式框架图

行为科学作为新一轮管理学说的发展替代了科学管理而风行一时。我们后来看到了许多行为科学的大家以及非常著名的行为科学理论,如马斯洛(Abraham H. Maslow,1908—1970)的"需要层次理论",道格拉斯·麦格雷戈(Douglas Mc Gregor,1906—1964)的"X理论-Y理论",弗雷德里克·赫茨伯格(Fredrick Herzberg,1923—2000)的双因素激励理论,亚当斯的公平理论,弗鲁姆的期望理论。

一、马斯洛的需要层次理论

美国心理学家马斯洛是一位早期的"人本心理学家",1943年在其著名的著作《人的动机理论》一书中提出了需要层次理论,他将人的需要从低到高依次分为生理需要、安全需要、归属和爱的需要(也称社交需求)、尊重需要和自我实现需要。① 马斯洛从理论上提出了由五种需要组成的等级系列,如图1-2所示:

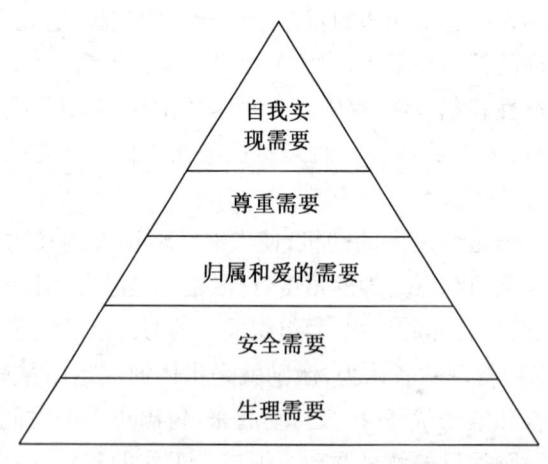

图 1-2 马斯洛需要层次示意图

---

① [美]戴维·霍瑟萨尔.心理学史[M].4版.郭本禹,等译.北京:人民邮电出版社,2011:507-508.

1. 生理需要(physiological needs)

包括人体生理上的主要需要,即衣食住行等生存方面的基本需要,这是最低层次的需要。在一切的需要中,生理需要是最优先、最基本的。

未满足生理需求的特征:什么都不想,只想让自己活下去,思考能力、道德观明显变得脆弱。例如:当一个人极需要食物时,会不择手段地抢夺食物。例如:人为报酬而工作,以生理需求来激励下属。

激励措施:增加工资、改善劳动条件、给予更多的业余时间和工间休息、提高福利待遇。

2. 安全需要(safety needs)

指对人身和财产、工作和生活环境安全等的追求以及规避各种社会性、积极性损害的倾向。如收入稳定、福利条件好、法制健全等。

缺乏安全感的特征:感到自己受到身边事物的威胁,觉得这世界是不公平或是危险的。认为一切事物都是危险的而变得紧张、彷徨不安,认为一切事物都是"恶"的。例如:一个孩子,在学校被同学欺负、受到老师不公平的对待,而开始变得不相信这社会,变得不敢表现自己、不敢拥有社交生活(因为他认为社交是危险的),借此来保护自身安全。一个成人,工作不顺利、薪水微薄、养不起家人,而变得自暴自弃,每天利用喝酒、吸烟来寻找短暂的安逸感。

激励措施:强调规章制度、职业保障、福利待遇,并保护员工不致失业,提供医疗保险、失业保险和退休福利,避免员工受到双重的指令而混乱。

3. 归属和爱的需要(social needs)

包括对社会交往、友谊、情感以及归属感等方面的需要。人都是社会人,他需要与社会交往,成为"社会的一员";希望获得友谊和爱情,得到关心与爱护。

缺乏社交需要的特征:因为没有感受到身边人的关怀,而认为自己没有价值活在这世界上。例如:一个没有受到父母关怀的青少年,认为自己在家庭中没有价值,所以在学校交朋友,无视道德观和理性地积极地寻找朋友或是同类。

激励措施:提供同事间社会交往的机会,支持与赞许员工寻找及建立和谐温馨的人际关系,开展有组织的体育比赛和集体聚会。

4. 尊重需要(esteem needs)

包括两个方面,一是内在的尊重需求,如自尊、自律、自主等;二是外在的尊重要求,如社会地位、社会认可、受他人尊敬等。

无法满足尊重需求的特征:变得很爱面子,或很积极地用行动来让别人认同自己,也很容易被虚荣所吸引。例如:利用暴力来证明自己的强悍,富豪为了自己的名利而赚钱或是捐款。

激励措施:公开奖励和表扬,强调工作任务的艰巨性以及成功所需要的高超技巧,颁发荣誉奖章、公布优秀员工光荣榜等。

5. 自我实现需要(self-actualization needs)

努力促使自我成长,尽力发挥自己的潜能,做出力所能及的最大成就的需要,这是最高层次的需要。自我实现需要会产生巨大的动力，使其努力去实现目标。

缺乏自我实现需求的特征：觉得自己的生活总是被空虚推动着，要自己去做一些身为一个"人"应该在这世上做的事，极需要有让他能更充实自己的事物，尤其是让一个人深刻地体验到自己没有白活在这世界上的事物。也开始认为，价值观、道德观胜过金钱、爱人、尊重和社会的偏见。例如：一个真心为了帮助他人而捐款的人；一位武术家、运动家把自己的体能练到极致，让自己成为世界一流或是单纯只为了超越自己；一位企业家，真心认为自己所经营的事业能为这社会带来价值，于是为了比昨天更好而工作。

激励措施：设计工作时运用复杂情况的适应策略，给有特长的人委派特别任务，在设计工作和执行计划时为下级留有余地。

马斯洛把五种需要分为高层次需要和低层次需要，生理需要和安全需要是较低层次的需要；归属和爱的需要、尊重需要和自我实现的需要是较高层次的需要。这样的划分是建立在这一前提条件下：高级需要通过内部使人得到满足，低级需要则主要通过外部使人满足。其中底部的三种需要也称为缺乏型需要，只有在满足了这些需要后个体才能感到基本上舒适。顶部的两种需要可称之为成长型需要，因为它们主要是为了个体的成长与发展。五种需要像阶梯一样，从低到高，个体顺着需要层次的阶梯前进。这五种需要不是都能得到满足的，越是靠近顶部的成长型需要，满足的百分比越小。同一时期，个体可能同时存在多种需要，因为人的行为往往是受多种需要支配的。每一个时期总有一种需要占支配地位。

在动机方面，马斯洛指出，每个需要层次必须得到实质的满足后，才会激活下一个目标。一旦某个层次的需要得到实质的满足，就不再是激励因素，下一层次的需要就会成为主导需要。个体的需要是逐级上升的，大多数人的需要结构很复杂，无论什么时候都有许多需要影响他的行为，尽管没有一种需要会完全彻底地得到满足，但只要大体上得到满足，就不再有激励作用。满足较高层次需要的途径多于满足较低层次需要的途径。接受马斯洛观点的管理者，如果想激励员工，就必须了解这个员工目前处于哪个需要层次上，并重点满足这一层次或这个层次之上的需要。

马斯洛的理论在实际的管理工作中得到了广泛的认可。后来有学者对其理论进行了丰富：缺乏型需要几乎人人都有，而成长型需要并不是所有人都有的，尤其是自我实现的需要，相当部分的人没有；满足需要时不一定先从最低层次开始，有时可从中层或高层开始；有时个体为满足高层次需要而牺牲低层次需要；任何一种需要并不因为满足而消失，高层次需要发展时，低层次需要仍存在。在许多情境中，各层次需要相互依赖与重叠。但马斯洛本人对自己的理论没有提供实证材料，后来的研究者未能对该理论提供验证性的支持。

二、克雷顿·奥尔德弗的"ERG"理论

尽管马斯洛的需要层次理论广为流传，但在后续的大量实证研究中，并没有得到非常有力的支持。为了克服该理论的局限性，美国耶鲁大学心理学家、行为主义学家克雷顿·奥尔德弗（Clayton Alderfer）在马斯洛需要层次理论的基础上，进行了更接近实际经验的

研究,于1969年提出一种与马斯洛理论密切相关但不同的人本主义需求理论。他把人的需求分为三类:即存在(Existence)、关系(Relatedness)和成长(Growth)的需要,因此该理论又称"ERG"理论。

(1) 存在需要,指关系到人的机体存在或生存的基本物质性需求,包括衣食住行及组织提供的相应手段等。它实际上包括了马斯洛层次理论中的"生理需要"和"安全需要"两个层次。

(2) 关系需要,指人保持和发展人际关系的需要,它包含了马斯洛理论层次中的"归属和爱的需要"以及"尊重需要"中的外在部分。

(3) 成长需要,指个人固有的内在的自我发展和自我完善的需要,它包括了马斯洛理论中"尊重需要"的内在部分和"自我实现需要"。

"ERG"理论还提出了一种叫作"受挫—回归"的思想。当一个人在某一更高等级的需要层次受挫时,作为替代,他的某一较低层次需要会有所增加。与传统的需要层次理论相比较,该理论能够更为准确地描述人的需要和激励之间的相互关系,并不强调需要层次的顺序,认为并不存在严格的阶梯式的由低到高追求需要满足的倾向,[①]ERG 理论强调并不是只有当低层次需要得到充分满足后才去追求更高层次的需要,对不同层次需要的要求可能同时并存。例如,甚至在存在和关系需要没有得到满足的情况下一个人也可以为成长而工作。

"ERG"理论认为:因受教育的水平、家庭背景、价值观、个性特征、年龄以及社会文化环境的差异,某种需要对某个特定的人的重要程度或对其产生的驱动力是不同的。不同文化修养的人对于各需要层次重要程度的认识也可能不尽相同。各个层次的需要得到的满足越少,则这种需要越为人们所渴望。如满足生存需要的工资越低,人们越渴望得到更多的工资;较低层次的需要越是能够得到较多的满足,对较高层次的需要就越渴望。员工的生存需要越是得到满足,对人际关系的需要以及工作成就的需要就越强;较高层次的需要满足得越少,则对较低层次的需要的渴望也就越多。成长发展的需要得到的满足越少,则对人与人关系的需求就越大,即"受挫—回归"。

需要本身就是激发动机的原始驱动力,一个人如果没有什么需要,也就没有什么动力与活力。反之,一个人只要有需要,就表示存在着激励因素。由于每一层次包含了众多的需要内容,具有相当丰富的激励作用,因而可供管理者设置目标、激发动机、引导行为。而且低层次需要得到满足后,又有上一层次需要继续激励,因而人的行为始终充满着内容丰富多彩、形式千变万化的激励方式。因此,管理者要想对员工进行有效的激励,提高企业运作的有效性和高效性,就要将满足员工需要所设置的目标与企业的目标密切结合起来,不仅要掌握充满活力的需要理论,还要善于运用激励员工的管理策略。

---

① 斯蒂芬·P. 罗宾斯等. 管理学[M]. 7版. 孙健敏,等译. 北京:中国人民大学出版社,2008:454.

三、麦克利兰的成就动机理论

美国哈佛大学教授戴维·麦克利兰(David McClelland，1917—1998)是当代研究动机的权威心理学家。他从20世纪40至50年代起就开始对人的需求和动机进行研究，提出了著名的"三种需要理论"，并得出了一系列重要的研究结论。他认为马斯洛过分强调个人的自我意识和内在价值，而忽视了人的社会性。成就动机理论认为人的生理需要在基本得到满足的前提下，还有三种基本的激励需要：成就需要(need for achievement)、权力需要(need for power)与合群需要(need for affiliation)。

1. 成就需要

成就需要，即争取成功希望做得最好的需要。急需成就的人，一般喜欢表现自我，对成功有一种强烈的需求。他们愿意接受挑战，给自己树立具有一定难度的目标。对待风险采取一定的现实主义的态度，愿意承担所做工作的个人责任，对他们正在进行工作的情况，希望得到明确而又迅速的反馈。

成就需要是一种内驱力，促使个体追求卓越，实现自身目标，争取获得成功。通过调查、研究，麦克利兰发现，有一些人强烈地渴望获得成功，他们追求个人的成就，渴望将工作做得比以前更好或更有效率。这类人，麦克利兰称之为高成就需要者。他们寻求这样的环境：在这一环境中，他们能够承担责任，可以获得对自己绩效的反馈以便改进，可以设置中等难度的目标并努力实现。高成就需要者不喜欢偶然性很高的赌博，他们喜欢为自己设置中等难度的目标，在这一目标的激励下，他们可以接受困难的挑战，可以承担相应的责任，可以凭自己的实力而不是运气获取成功，由此获得充分的成就感。他们不喜欢那些非常容易或非常困难的任务，两者都难以带来满足感。用概率的形式表示，高成就需要者最喜欢任务成功的概率为 0.5，也就是说他们有 50% 成功的机会，这时，他们的工作绩效最高。此时，成功和失败的概率非常接近，这是一个人通过努力获得自身成就感的最佳时机。

2. 权力需要

权力需要，影响或控制他人且不受他人控制的需要。权力需要是通过自身拥有的权力对别人的行为施加影响，使别人的行为与其他条件有所不同的需要，实际上是一种控制、支配别人的欲望。麦克利兰发现，具有较强权力欲的人，对施加影响和控制表现出极大的关心，这样的人一般寻求领导者的地位；他们十分健谈、好争辩、直率、头脑冷静，善于提出要求、喜欢演讲，并且爱教训别人。

3. 合群需要

合群需要，建立友好亲密的人际关系的需要。急需社交的人通常从友爱中得到快乐，并总是设法避免因被某个团体拒之门外带来的痛苦。作为个人，他们往往喜欢保持一种融洽的社会关系；与周围的人保持亲密无间和相互谅解；随时准备安慰和帮助危难中的伙伴，并喜欢与他人保持友善的关系。

在大量研究的基础上，麦克利兰对成就需要与工作绩效的关系进行了有说服力的推断。首先，高成就需要者喜欢能独立负责、可以获得信息反馈和中度冒险的工作环境，他们会从这种环境中获得高度激励。在小企业的经理人员和在企业中独立负责一个部门的管理者中,高成就需要者往往会取得成功。其次,在大型企业或其他组织中,高成就需要者并不一定就是一个优秀的管理者,因为高成就需要者往往只对自己的工作绩效感兴趣,并不关心如何影响别人去做好工作。再次,合群需要与权力需求和管理的成功密切相关,最优秀的管理者往往是权力需求很高而合群需要很低的人。如果一个大企业的经理的权力需求与责任感和自我控制相结合,那么他就很有可能成功。最后,可以对员工进行训练来激发他们的成就需求。如果某项工作要求高成就需要者,那么,管理者可以通过直接选拔的方式找到一名高成就需要者,或者通过培训的方式培养自己原有的下属。麦克利兰认为,成就需要高的人大都属于中产阶级经理、自由职业者、专家学者等。麦克利兰特别关注三种需要对于管理者的意义。他认为,这三种需要对于一个成功的管理者来说缺一不可。

四、道格拉斯·麦格雷戈的"X理论和Y理论"①

道格拉斯·麦格雷戈在1960年发表的《企业的人性方面》一文中,详细阐述了X理论和Y理论,这两大理论是麦格雷戈最重要的贡献。X理论和Y理论建立在两种完全不同的人性假设基础上,X理论主要代表了一种消极的人性观念,以传统的"胡萝卜加大棒"式软硬兼施的思维方式为主要特征,Y理论提供了一种积极的人性观点,它的假设基础是——人想干活,他们需要工作。

1. "X"理论和"Y"理论的主要内容

麦格雷戈的X理论主要观点有:一般的人,天性就是好逸恶劳,而且只要他们能够做到,就设法逃避工作;绝大多数人都必须用强迫、控制、指挥并用处罚、威胁等手段,使他们做出适当的努力去实现组织目标;员工逃避责任,并且尽可能寻求指导;员工相对地缺乏进取心,而把个人的安全看得最重要。

因此,企业管理的唯一激励办法,就是以经济报酬来激励生产,只要增加金钱奖励,便能取得更高的产量。这种理论特别重视满足职工生理及安全的需要,同时也很重视惩罚,认为惩罚是最有效的管理工具。麦格雷戈是以批评的态度对待X理论的,他指出:传统的管理理论脱离现代化的政治、社会与经济来看人,是极为片面的。这种软硬兼施的管理办法,其后果是职工的敌视与反抗。针对X理论的错误假设,麦格雷戈提出了相反的Y理论。

Y理论认为:员工认为工作中消耗的体力和脑力,正如游戏或休息一样是自然的;外力的控制和处罚的威胁都不是促使人们为组织目标做出努力的唯一手段,人们在为承诺的目标服务中,将会实行自我指导和控制;在适当的条件下,一般的人不仅可以学会接受任务,而且也学会寻求承担组织任务;人们普遍具有创造性决策能力,而不只管理层次的核心人物具有这种能力。

麦格雷戈对这两种理论的态度,可以从马斯洛的需要层次找到表述,X理论假设低级

————————
① 周三多等.管理学原理与方法[M].上海:复旦大学出版社,2008:74.

需要主导个体行为,Y 理论假设高级需要决定个体行为,麦格雷戈个人认为 Y 理论的实现前景是美好的,有助于人类向"美好社会"前进。因此,他倡导实行员工参与决策,为员工提供有挑战性和责任感的工作,建立良好的群体关系,认为通过这些手段可以极大地调动员工的工作积极性。

2."X 理论和 Y 理论"对管理活动的影响

(1)分权与授权。随着企业规模的不断扩大,授权管理逐渐成为一种必需,管理人员能对其工作积极性进行有效监督和对其进行决策的下属的人数是有限的,一旦超过这个限度,上级就应该把职权授予下属,由下属在他们指定的范围内做出决策。可见,这种管理是建立在对下属相当程度信任的基础上的,它把人们从传统组织的控制中解脱出来,给人们一定程度的自由来支配他们自己的活动,承担责任,更重要的是,满足他们自我实现的需要。

(2)员工参与管理。参与管理是指在不同程度上让员工参加企业的决策和各级管理工作的研究和讨论。在平等气氛下商讨企业的重大问题,可以体现出上级对下级的充分信任,让下级体会到自己的利益和企业发展密切相关,从而产生强烈的责任感和成就感。实践表明,在适当的条件下,参与式和协商式管理可以鼓励员工为实现组织目标而进行创造性劳动,在做出与他们的工作有直接关系的决策时,给他们提供某些发言权,员工的积极性会更高,对企业更忠诚,生产效率更高,对他们的工作更满意。

(3)鼓励职工对自己的工作成绩做出评价。按照 X 理论,是由上级给下级成绩做出评价。这种做法实际上把职工看成装配线上受检验的产品。通用电气公司、安瑟化学公司等试行过一种新的管理方法,要求职工为自己制定指标或目标,每半年或一年对工作成绩进行一次自我评定。在这种新的管理方法中,上级仍然起着重要的领导作用,而事实上它比传统的方法对领导提出了更高要求。但对许多管理人员来说,他们宁愿担任这种新的领导角色而不愿像以前那样做"审判者"和"监督者"。最重要的是,这种新方法鼓励个人对制订计划和评价自己对组织目标所做的贡献承担更大的责任,有助于职工充分发挥自己的才能,满足自我实现的需要。

五、赫茨伯格的"双因素"激励理论

这一理论是在 20 世纪 50 年代末,由美国心理学家、行为科学家弗雷德里克·赫茨伯格提出来的,又称激励—保健双因素理论。赫茨伯格曾获得纽约市立学院的学士学位和匹兹堡大学的博士学位,在美国和其他 30 多个国家从事管理教育和管理咨询工作,是犹他大学的特级管理教授。他的主要著作有:《工作的激励因素》(1959,与伯纳德·莫斯纳(Bernard Mausner)、巴巴拉·斯奈德曼(Barbara Snyderman)合著)、《工作与人性》(1966)、《管理的选择:是更有效还是更有人性》(1976)。

赫茨伯格对 9 个企业中的 203 名工程师和会计师进行了 1844 人次的调查,发现使受访人员不满意的因素多与他们的工作环境有关,而使他们感到满意的因素通常是由工作本身所产生的。如表 1-1 所示,左半部分表示,在 1844 件被调查者感到非常不满意的事件中,导致他们产生工作不满意(消极的工作态度)的因素(按出现频率由高到低排列);右

半部分表示在1753件让被调查者感到非常满意的事件中,导致他们产生积极的工作态度的因素(按出现频率由高到低排列)。在所有导致工作不满意感(消极的工作态度)的因素中,69%是保健因素,31%是激励因素;所有导致工作满意感(积极的工作态度)的因素中,81%是激励因素,19%是保健因素。

表1-1 赫茨伯格激励—保健双因素统计分析

所有导致工作不满意的因素中保健因素占69%	所有导致工作满意感的因素中激励因素占81%
政策与行政因素	成就
监督	获得认可
与主管的关系	工作挑战性
工作条件	责任
薪酬	晋升机会
同事间的人际关系	成长
个人生活	
与下属的关系	
地位	
安全保障	

资料来源:F. Herzberg,"One More Time, How Do You Motivate Employees?" Harvard Business Review,1987.

赫茨伯格发现,对于工作感到满意的因素与不满意的因素是有明显分别的。当被调查者对工作满意时,他们倾向于认可与工作内在有关的因素,诸如富有成就感、工作成绩得到认可、工作本身具有挑战性、负有重大责任、充满晋升机会、具有良好的成长发展前景等。而当感到不满意时,他们则倾向于抱怨那些属于外在条件的因素,如公司的政策不合理、监督管理不恰当、与主管的关系不协调和工作条件有问题等等。根据调查结果,赫茨伯格提出了激励—保健双因素(motivation-hygiene factor)理论,①其主要的观点如下:

(1)"满意"的对立面是"没有满意","不满意"的对立面则是"没有不满意"。赫茨伯格修正了传统的认为满意的对立面就是不满意的观点,认为满意、不满意是质的差别。他把影响人的工作动机的种种因素分为两类,能够使员工感到满意的因素,称为激励因素;会使员工感到不满意的因素,称为保健因素。激励因素多是与工作本身的性质有关的,多与工作内容联系在一起,包括成就感、得到认可和赞赏、工作本身的挑战性和趣味性、个人的成长与发展、责任、晋升等等。保健因素是指防止人们产生不满的因素,多与工作的环境和工作条件相关,比如公司的政策、上司的监督、薪酬、人际关系、工作条件等等,这类因素若不改,就会导致员工对工作不满;满足了员工这方面的需要,就会消除不满。

---

① 斯蒂芬·P. 罗宾斯等. 管理学[M]. 7版. 孙健敏,等译. 北京:中国人民大学出版社,2008:454.

（2）激励的确要以满足需要为前提，但并不是满足需要就一定能产生激励作用。给予赞赏、责任和发展的机会（有激励因素），员工会感到满意；不表扬、不授权（无激励因素），员工也不会感到不满意，而只是没有满意感。工作有报酬（有保健因素），员工不会感到满意，而只是没有不满意感，但若光让干活却无报酬（不具备保健因素），员工就会不满意。由此可见，保健因素（hygiene factor）的满足只能防止人们产生不满情绪，消除了工作中的"不满意"因素并不必然带来工作满意。

（3）激励因素的满足，才能真正激发人的积极性。激励因素是以人对工作本身的要求为核心的，如果通过激励因素的改善使工作本身富有吸引力，那么往往就能给职工以很大程度的激励。因此，具有强化成就感、认可、敬业精神、责任心和晋升机会等这样令人"满意"的"激励因素"（motivation factor），才能发挥有效的激励作用。

可以看出，赫茨伯格的双因素理论与马斯洛的需要层次理论是兼容的，他所说的保健因素和激励因素分别相当于马斯洛的前三个层次的需要和后两个层次的需要。双因素激励理论实际上可以看作在一般性研究的需要层次的基础上，进一步实证分析了哪些需要才能真正成为引导人们提高工作效率的"动机"。

激励—保健双因素理论告诉我们：满足各种需要所引起的激励强度和效果是不一样的，在工作中一些基本的需要满足是必要的，缺乏它们会导致员工"不满"，但这些"保健因素"仅仅构成激励的基本前提。管理激励的核心问题在于如何最大程度上挖掘和发挥真正的"激励因素"的作用。对于哪些属于激励因素，哪些属于保健因素，赫茨伯格是根据对美国20世纪50年代末部分工程师和会计师的调查得出的，并不一定符合各国的实际。对于每一个人来说，不仅需要因人而异，而且激励因素和保健因素也会各不相同，对一个人来说是激励因素，而对另外一个人则可能是属于保健因素。因此，在实际管理实践运用中，应区分对待不同人的保健因素和激励因素，才能提高激励效果。

六、史坦斯·亚当斯的公平理论

公平理论又称"社会比较理论"，是美国行为科学家史坦斯·亚当斯（J. Stancy Adams）在其1965年《社会交换中的不公平》中提出的，该理论侧重于研究工资报酬分配的合理性、公平性及其对职工生产积极性的影响。

公平理论的基本要点是：人是社会人，一个人的工作动机和劳动积极性不仅受其所得报酬绝对值的影响，更重要的是受到其相对报酬多少的影响。人们都有一种将自己的投入和所得与他人的投入和所得相比较的倾向。其中，投入包括工龄、性别、所受的教育和训练、经验和技能、资历、对工作态度等方面。而所得主要报酬包括薪酬水平、机会、奖励、表扬、提升、地位及其他报酬。每个人都会把自己所得的报酬与付出的劳动之间的比率同其他人的比率进行社会比较，也会把自己现在的投入与所得比率同过去的投入与所得比率进行历史比较，并且将根据比较的结果决定今后的工作行为。

人的工作积极性不仅与个人实际报酬多少有关，而且与人们对报酬的分配是否感到公平更为密切。人们总会自觉或不自觉地将自己付出的劳动代价及其所得到的报酬与他人进行比较，并对公平与否做出判断。公平感直接影响职工的工作动机和行为。因此，从某种意义来讲,动机的激发过程实际上是人与人进行比较,做出公平与否的判断,并据以指导行为的过程。

假如当事人 A 以 B 为参考进行比较,其过程如下:

第一种情况:$\left(\dfrac{Q}{I}\right)A < \left(\dfrac{Q}{I}\right)B \longrightarrow$ 不公平感 $\longrightarrow$ 工作行为改变

第二种情况:$\left(\dfrac{Q}{I}\right)A > \left(\dfrac{Q}{I}\right)B \longrightarrow$ 不公平感 $\longrightarrow$ 工作行为改变

第三种情况:$\left(\dfrac{Q}{I}\right)A = \left(\dfrac{Q}{I}\right)B \longrightarrow$ 公平感 $\longrightarrow$ 不改变工作行为

其中,Q 是指产出数量,I 是指投入数量,A 是指当事人,B 是指比较对象。

基于公平理论,员工将自己的所得和付出的比值与参照对象的所得和付出的比值进行对比而感到不公平有两种情况。第一种情况,和参照对象比较报酬太低,员工可能要求增加自己的收入或缩小自己今后的努力程度,以便和参照对象趋于相等;或者他可能要求组织减少参照对象的收入或者让其今后扩大努力程度以便趋于相等;他还可能另外找人作为比较对象,以便达到心理上的平衡。第二种情况,和参照对象相比报酬太高时,员工可能要求减少自己的报酬或在开始时自动多做些工作,但久而久之,他会重新估计自己的技术和工作情况,终于觉得他确实应当得到那么高的待遇,产量便又会回到过去的水平。

除了横向比较之外,人们也经常做纵向比较,即把自己目前投入的努力与目前所获得报偿的比值,同自己过去投入的努力与过去所获报偿的比值进行比较。只有相等时他才认为公平。纵向比较感到不公平有两种情况,一是和过去比报酬太低,人会有不公平的感觉,可能导致工作积极性下降;二是和过去相比报酬高时,员工不会因此产生不公平的感觉,但也不会觉得自己多拿了报偿而主动多做些工作。

公平理论提出的基本观点是客观存在的,但公平本身却是一个相当复杂的问题,这主要由以下原因引起:

一是与个人的主观判断有关。上面公式中无论是自己的或他人的投入和报偿都是个人感觉,而一般人总是对自己的投入估计过高,对别人的投入估计过低。

二是与个人所持的公平标准有关。上面的公平标准是贡献率,也有以需要率、平均率为标准的。如有人认为助学金应改为奖学金才合理,有人认为应平均分配才公平,也有人认为按经济困难程度分配才适当。

三是与绩效评定有关。我们主张按绩效付报酬,并且各人之间应相对均衡。但如何评定绩效?是以工作成果的数量和质量,还是按工作中的努力程度和付出的劳动量?是按工作的复杂、困难程度,还是按工作能力、技能、资历和学历?不同的评定办法会得到不同的结果。最好是按工作成果的数量和质量,用明确、客观、易于核实的标准来度量,但这在实际工作中往往难以做到,有时不得不采用其他的方法。

四是与评定人有关。绩效由谁来评定,是由领导者评定还是群众评定或自我评定,不同的评定人会得出不同结果。由于同一组织往往不是由同一个人评定,因此会出现松紧不一、回避矛盾、姑息迁就、抱有成见等现象。

但无论如何,公平理论强调在管理激励的过程中,管理者必须对员工的贡献(投入)给予恰如其分的承认,否则员工就会产生不公平感。员工感受到"不公平感"的不同就可能会产生逆向的或者消极的行为,以消除由此而产生的紧张与不安。例如,"怠工""相互拆台""窝里斗"或者干脆"走人"等等。公平感是影响人行为倾向和激励强度的一个极为重要的因素,在管理激励的过程中,必须给予高度重视。

七、维克托·弗鲁姆的期望理论

期望理论又称作"效价—手段—期望理论",是由北美著名心理学家和行为科学家维克托·弗鲁姆(Victor H. Vroom,1932—)于1964年在《工作与激励》中提出来的激励期望理论。该理论侧重从组织目标与个人目标相关联的角度,研究激励实现的基本过程和机制,基本观点是:

(1) 人是理性的,一个人决定采取何种行为与这种行为能够带来什么结果以及这种结果对他来说是否重要紧密相关。个人从事某项工作的动机强度是由其完成该项工作的可能性、对获取相应外在报酬的可能性(期望值)的估计和这种报酬的重要程度(效价)来决定的,即人们的努力与其期待的最终奖酬有关。

(2) 激励效应取决于个人通过努力达成组织期望的工作绩效(组织目标)与由此而得到的满足个人需要的奖酬(个人目标)相一致、相关联的程度。一致程度或关联性大,则激励效应就越大,反之就小。

(3) 激励是一个动态的过程,当一个人对期望值、效价的估计发生变化时,其积极性也将随之变化,如图1-3所示。

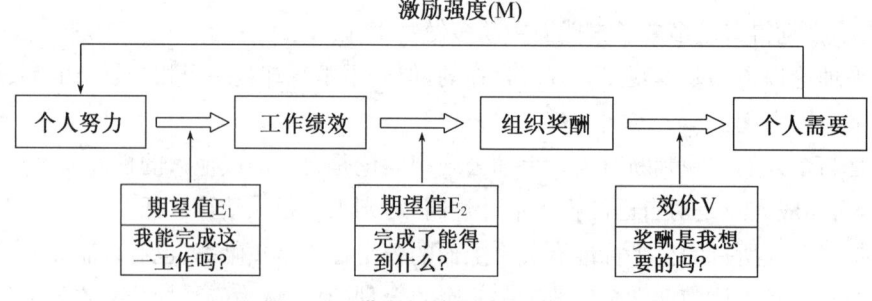

图1-3 弗鲁姆的激励—期望理论

期望理论是以三个因素反映需要与目标之间的关系的,要激励员工,就必须让员工明确:工作能提供给他们真正需要的东西;他们欲求的东西是和绩效联系在一起的;只要努力工作就能提高他们的绩效。①

弗鲁姆的激励—期望理论模型可表示为:$M = V \cdot E = V \cdot (E_1 \cdot E_2)$。

弗鲁姆的期望模型提供了一个关于激励过程的具有较大综合性和应用价值的理论框架。激励的期望告诉管理者:激励强度的大小取决于个人努力行为与组织工作绩效及吻合个人目标的奖酬三者之间的关系。奖酬设置因人而异,因为不同的人的绩效维度范围

---

① 斯蒂芬·P.罗宾斯等.管理学[M].7版.孙健敏,等译.北京:中国人民大学出版社,2008:465.

和权重取值是不同的,管理者应关注大多数成员认为效价是最大的激励措施,设置激励目标时尽可能加大其效价的综合值。根据效价大小的不同,适当调整期望概率与实际概率的差距以及不同人实际所得不同下的难易程度,拉开和加大组织的期望值与非期望行为的差异,这样会增强激励效应。

弗鲁姆认为,期望的东西不等于现实,期望与现实之间一般有三种可能性,即:期望小于现实,期望大于现实,期望等于现实。这三种情况对人的积极性的影响是不同的。

期望小于现实,即实际结果大于期望值。在正强化情况下,如奖励、提职、提薪、分房子等,当现实大于期望值时,有助于提高人们的积极性,能够增强信心,激发力量。而在负强化情况下,如惩罚、灾害、祸患等,期望值小于现实,就会使人感到失望,因而产生消极情绪。

期望大于现实,即实际结果小于期望值。在正强化情况下,便会产生挫折感,对激发力量产生削弱作用。如果在负强化的情况下,期望值大于现实,则会有利于调动人们的积极性,因为这时人们做了最坏的打算和准备,而结果却比预想的好得多,这自然对人的积极性期望是一个很大的激发。

期望等于现实,即人们的期望变为现实,所谓期望的结果是预料之中的事。在这种情况下,也有助于提高人的积极性。如果从此以后,没有继续给以激励,积极性则只能维持在期望值的水平上。

行为科学管理理论对学校管理实践的影响如下:

一是注重人的积极性的调动。行为科学强调满足人的需要,建立和谐的人际关系氛围,增强群体的凝聚力,激发群体成员的责任感,强化管理者的领导影响力,主张使用激励手段来激发被管理者的积极性,以提高工作效率。这些对学校管理都有很好的借鉴意义。

二是拓展学校管理研究的视野。行为科学综合运用人类学、社会学、心理学、政治学、经济学等多种学科知识研究人类的行为,为学校管理研究提供了一定的借鉴,突破了传统学校管理研究的封闭视野。特别是人际关系理论以及相随而来的民主管理思想,对当时的欧美学校管理产生了积极的影响,推动了学校民主管理的研究和深化。

三是实证研究手段突破了经验模式。行为科学的实证研究手段被大量运用到教育管理领域之后,打破了以前的学校管理研究的"根据常识的价值判断"研究范式,使得学校管理的研究更为严谨和科学。由于采用了行为科学的理论和研究方法,学校管理学的学科建设出现了极大改变,科学的成分大大增强,学科的体系也日趋严密和完善。

四是把学校视为开放系统。行为科学把组织作为一个开放的系统,注重研究系统内部因素和外部环境的相互作用。系统管理的思想深化了人们对学校和外部环境密切关系的认识。

第四节 现代管理理论

现代管理理论是指 20 世纪 70 年代开始至今的管理新理论,它是科学管理、行为科学和管理科学三阶段演进之后的必然产物,同时又具有不同于前者的特征。这种特征首先在于时代的特征与现代企业的发展状况。这一时期,典型管理理论学派有决策理论学派、经验主义学派、社会系统理论学派和权变理论学派等。

一、决策理论学派

20 世纪 60 年代末 70 年代初,美国心理学家、卡内基梅隆大学知名教授赫伯特·亚历山大·西蒙(Herbert Alexander Simon,1916—2001)在他的《管理行为》一书中提出"决策理论"。西蒙 1978 年获得诺贝尔经济学奖,研究领域涉及认知心理学、计算机科学、公共行政、经济学、管理学和科学哲学等多个方向,被称为"人工智能之父"。该理论扎根于统计学和行为科学领域之上,目标是在制定决策中减少艺术成分而增加科学成分。主要观点是:管理就是决策,决策贯穿于整个管理过程,管理者最重要的角色就是制定决策;组织就是决策,组织是由作为决策者的个人所组成的系统;把决策分为程序性决策和非程序性决策,并认为组织内部层次不同,所遇到的决策类型也会有所不同。西蒙认为,决策前提可以分为价值前提和事实前提。在他看来,决策的价值前提相当于目的,事实前提相当于选择手段,"判断决策正确与否的方法只有一个,这就是说,为了实现目的手段是否为恰当的手段,这纯粹是事实性的问题"[①]。

西蒙教授研究了决策的过程,认为决策的有效性和科学性需要三个条件:第一,提出所有的替代战略;第二,预测这些战略各自产生的所有结果;第三,根据一定的价值体系比较这些结果。三个条件的有效存在,在于决策人不应该是"经济人",而是"管理人"。所谓"管理人"不是孤立的个人,而是这样的人物形象:他作为组织的一员,通过利用组织克服对决策合理性的制约,从而实现合理性。在提出"管理人"概念之后,他对管理人的决策模式,尤其是决策的心理过程与行为过程做了进一步研究,得到了一些重要的结论,如"管理人"的决策特征、组织本身等对决策的影响等。西蒙教授在决策理论上的贡献,使他获得了诺贝尔经济学奖。

(一)行为决策理论的主要内容

(1)人的理性介于完全理性和非理性之间,即人是有限理性的,这是因为在高度不确定和极其复杂的现实决策环境中,人的知识、想象力和计算能力是有限的。

(2)决策者在识别和发现问题中容易受知觉上的偏差的影响,而在对未来的状况做出判断时,直觉的运用往往多于逻辑分析方法的运用。所谓知觉上的偏差,是指由于认知

---

① H. A. 西蒙. 管理行为[M]. 北京:北京经济学院出版社,1998:49.

能力的有限,决策者仅把问题的部分信息当作认知对象。

(3) 决策者只能了解有限多的备选方案。由于受决策时间和可利用资源的限制,决策者及时充分了解和掌握有关决策环境的信息情报,也只能做到尽量了解各种备选方案的情况,而不可能做到全部了解,决策者选择的理性是相对的。

(4) 决策者对风险的态度是第一位的。在风险决策中,与经济利益的考虑相比,决策者对待风险的态度起着更为重要的作用。决策者往往厌恶风险,倾向接受风险较小的方案,尽管风险较大的方案可能带来较为可观的收益。

(5) 决策者在决策中往往只求满意的结果,而不愿费力寻找最佳的方案。导致这一现象的原因有多种:决策者不注意发挥自己和别人继续进行研究的积极性,只满足于在现有的可行方案中进行选择;决策者本身缺乏有关能力,在有些情况下,决策者出于个人某些因素的考虑而做出自己的选择;评估所有的方案并选择其中的最佳方案,需要花费大量的时间和金钱,这可能得不偿失。

(二) 管理者与决策者类型

实践证明,基层管理者必须了解管理决策与战略决策,时刻将业务决策与组织愿景目标体系相结合,才能做出合理的业务决策。在民主性的组织中,基层管理者经常参与战略决策和管理决策。中层管理者在做出管理决策时,为使决策合理,必须对战略决策有深入的理解;同时他们也必须指导和帮助基层的管理者进行业务决策,使全体员工接受决策的结果,职工参与决策和管理民主化,是提高管理效率的有效途径。高层管理者除制定战略决策之外,还通过战略决策来示范并引导管理决策和业务决策,从而促进战略决策的贯彻实施。此外,高层管理者往往具有丰富的经验与超人的洞察力,当下属制定管理决策或业务决策,遇到困难时,他们能给予有力的帮助。

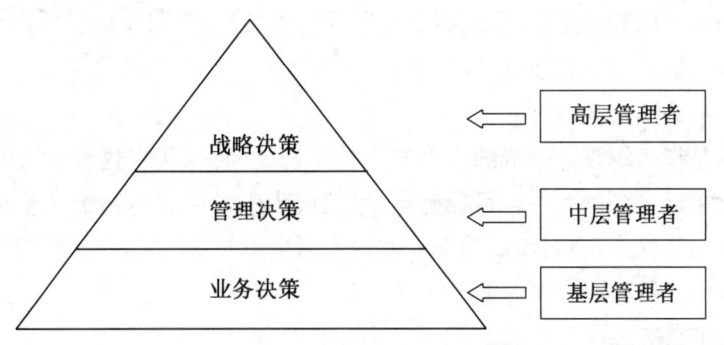

图 1-4　管理者与决策者类型

(三) 决策理论的优缺点

信息本身以及人们处理信息的能力都是有一定限度的,现实中的人或组织都只是"有限理性"而不是"完全理性"的;决策一般基于"满意原则"而非"最优原则";组织设计的任务就是建立一种制定决策的"人—机系统"。决策理论片面地强调决策的重要性,但决策不是管理的全部。

二、经验主义学派

彼得·德鲁克(Peter F. Drucker, 1909—2005)被称为现代管理学之父,是20世纪管理实践领域公认的大师。他提出了目标管理(MBO),强调一个组织不是有了工作才有了目标,恰恰相反,是有了目标才能确定工作。所谓目标管理是指"管理者的工作就应该是以完成企业目标的任务为基础……管理者应该受他所要完成的目标的指挥和控制,而不是受制于老板"。目标管理将取代驱使管理,控制是来自自我的控制而不是上级的控制。①

德鲁克强调在组织确定生产目标和评估结果时需要界定清楚8个关键领域。即市场地位(相对于市场潜力来衡量);创新(在产品与服务,或提高产品与服务的制造与送达方面的创新);生产率(不断提高的目标尺度);物质及金融资源(界定需求、计划和获得情况);赢利能力(投资回报率);管理者的业绩和发展(目标管理及自我控制);员工的表现和态度(员工关系);公共责任(对社会负责的参与度)。② 随着竞争等市场要素引入教育管理领域,学校同样也面临着争取市场、争取生源、提高资本利用率和生产率、提高教师业绩、创办学校特色、承担更多的社会责任等问题,而这些和德鲁克的界定完全一致。

(一) 目标管理的核心内容

目标管理是一种综合的以工作为中心和以人为中心的系统管理方法。它是一个组织中上层管理人员同下级管理人员,以及同员工一起共同制定组织目标,并把其具体化到组织中的每个部门、每个层次、每个成员,与组织内每个单位、部门、层次和成员的责任和成果相互密切联系,明确地规定每个单位、部门、层次和成员的职责范围,并用这些措施来进行管理、评价,决定对某个单位部门层次和成员的贡献和奖励报酬等一整套系统化的管理方式。

目标管理的中心思想就是让具体化展开的组织目标成为组织每个成员、每个层次、每个部门等行为的方向和激励导向,同时又使其成为评价组织、每个成员、每个层次、每个部门等工作绩效的标准,从而使组织能够有效运作。德鲁克强调,凡是涉及影响组织健康成长的所有方面都必须建立目标。

组织目标是指组织预计达成的未来的一种状态、一种结果。这种状态和结果通常可用一系列数量指标来刻画。一旦目标确定,它就成为引导组织行为的一个重要的激励和方向。一个好的目标,将会对组织和个人的行为产生引导和激励的重要作用,同时也明确了组织和个人的具体努力方向,如图1-5所示。

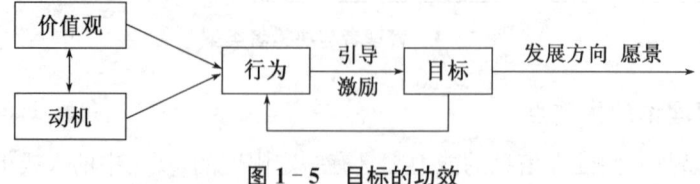

图1-5 目标的功效

---

① 丹尼尔·A.雷恩.管理思想的演变[M].李柱流,等译.北京:中国社会科学出版社,1997:471.
② 丹尼尔·A.雷恩.管理思想的演变[M].李柱流,等译.北京:中国社会科学出版社,1997:471.

研究表明,明确的目标要比只要求人们尽力去做会有更高的业绩,而且高水平的业绩和高水平的意向是有关联的。许多人也注意到,如果在组织中目标设定方面发生改变,组织生产效率就会不断地增加。当然,激励组织成员行为的因素绝不仅仅只有目标一个,但它却是一个重要的因素。作为重要激励因素的目标和行为方向的目标设定是有一定的要求的。

目标必须是经过努力可以实现的;目标实现后,应有相应的报酬配合;目标的表述应明确清楚,切忌含糊不清;目标最好是由自己首先提出来的;目标符合组织的共同愿景;本单位、本部门、个人的目标应与其他有关方面和成员的目标相协调与配合;目标易于考核评价。

在组织目标层次体系中,越是上层的目标越抽象,越是下层的目标越具体,也正是如此,每个组织成员可以用一个组织要求的具体目标来指导自己的工作,来要求自己。从目标层次的展开来看,实际上下一层次的目标是上一层次目标实现的手段,即只有下一层次目标完成才有上一层次目标的实现。因此,目标的展开中必须有这么一个关联,否则组织目标的实现依然是不可能的。

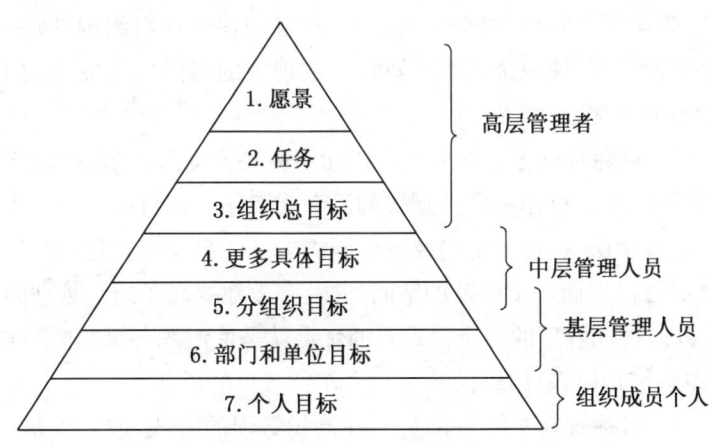

图 1-6 目标层次与组织层次的关系

(二) 组织目标的分解与考核

(1) 自上而下的方法。自上而下的方法是指由组织最高层次的管理者根据共同愿景确定组织总目标,然后为其下一级确定目标,当然,这些目标就是组织总目标的分解。每一级在得知自己的目标后再为自己的下级确定具体的目标来保证自己这一层级目标的实现。

(2) 自下而上的方法。自下而上的方法是指先由每个组织成员根据共同愿景、总任务,确定自己的目标,上报给自己的上级;上级归纳起来形成本层级或本部门的目标,再上报更高一级,这样层层上报最后形成组织的总目标。

这两种目标体系形成的方法各有优缺点,具体与组织成员的素质、自我管理能力有关。实际上,组织目标的实现有赖于组织全体成员共同的努力,是组织全体成员分工合作的结果。然而,组织成员因分工处在不同的岗位上,其努力程度和工作的进度都可能不一

致,目标管理可以使组织成员在既定的时间中恰好地完成自己的工作,同时又能恰好地实现组织目标。

(3) 绩效考评。绩效考评是目标管理全过程中的最后一环。一个组织如果能够正确公正地判断每个组织成员的业绩和工作努力程度,那么这个组织一定是无往不胜的,因为光公正的评价就已经成为组织成员的激励。目标管理过程中的业绩考评可以有两种方式:一种是组织各层次、各部门、各成员的自我考评,即自己对照目标和自己所取得的工作业绩来判断自己做得如何,另一种是组织的上级部门对下级部门组织成员进行考评,考评过程也是对照工作业绩与下达的目标进行分析评判。实际上这两种方式各有利弊,在组织成员自觉性高、自我管理能力强时可以采取第一种方式,反之可以采取第二种方式。有时可以两种方式同时采用,即先由组织成员自我评价,然后由上级部门复评,务必公正客观,实事求是。

(三) 目标管理的优点

(1) 形成激励。当目标成为组织的每个层次、每个部门和每个成员自己未来时期内达成的一种结果,且实现的可能性相当大时,目标就成为组织成员的内在的激励。目标管理以目标为中心,强调系统管理、以个人为中心,其目的在于让组织内的每一个人对目标的制定和实施都有发言权,使每个人都了解自己在规定的时间内要完成的工作任务及可能得到的相应的报酬和奖励。

(2) 有效管理。目标管理方式的实施可以切切实实地提高组织管理的效率。目标管理是一种结果式管理,不仅仅是一种计划式的活动式工作。在目标管理方式中,一旦分解目标确定且不规定各个层次、各个部门及各个组织成员各自完成各自目标的方式手段,反而给了员工在完成目标方面一个创新的空间,这就有效地提高了组织管理的效率。

(3) 明确任务。目标管理的一个很重要的优点就是使组织各级主管及成员都明确组织的总目标、组织的结构体系、组织的分工与合作及各自的任务。

(4) 自我管理。目标管理实际上也是一种自我管理的方式,或者说是一种引导组织成员自我管理的方式。在实施目标的管理过程中,组织成员不再只是做工作、执行指示、等待命令和决策,组织成员此时已成为有明确规定目标的单位或个人。在一定意义上,目标管理至少可以算作自我管理的方式,是以人为本管理的一种过渡性方式。

(5) 控制有效。目标管理方式本身也是一种控制的方式,通过目标分解后的实现最终保证组织总目标实现的过程,就是一种结果控制的方式。这种方法有利于以最经济有效的方法统一每个成员的思想、意志和行动;有利于总目标与分目标之间以及分目标与分目标之间的相互支持、相互保证,形成互相支援的目标网络体系,从而保证目标的整体性和一致性;有利于将个人需求与组织目标相结合,实现个人与组织的共同发展。

三、社会系统理论学派

在霍桑研究以后,人际关系成为管理者关注的焦点,这就不可避免地将组织研究聚焦在人际行为上。这样的研究基于一种假设,即"所有的组织行为都包括某种人类的'倍加作用'"①。由于人际关系论者相信人处于和他人的相互作用中,其行为会变得复杂,因此更多的研究开始关注微观的个人在群体中的行为规律。人际关系理论逐渐被行为科学理论所取代,成为社会人研究的支撑。

代表人物是美国的切斯特·巴纳德(Chester Barnard,1886—1961),代表作《经理人员的职能》。他被誉为"现代管理理论之父"。在心理学的个体研究方法盛行的背景下,巴纳德受到帕累托(Vilfredo Pareto,1848—1923)的社会系统论的影响,强调组织不单纯是个人与个人之间相互机械影响的结果,而是一个有机体在各个部分相互作用下的发展进化的过程。随着巴纳德研究影响的日益深远,逐渐形成了社会系统学派。巴纳德的组织理论具有深远的影响力,"几乎在所有论述到组织问题的文献目录中都要提到巴纳德"②。

(一)社会系统学派的主要观点

(1) 组织的实质。组织是一个系统,是由人的行为构成的、整体的协作系统的一部分和核心。这一协作系统由人的系统、物的系统和社会系统所组成。

(2) 组织要素。作为一个组织,必须具备三个要素:协作的意愿;共同的目标;成员间的信息沟通。经理人员是组织成员协作活动相互联系的中心。他的基本任务是:建立整个组织的信息系统并保持其畅通;保证其成员进行充分协作;确定组织目标。

(3) 权限接受论。权力来源:权力来源于生产资料的占有者;权力大小的确定:权力发出后被接受的程度,即不是上级授予,而来自下级接受的程度。

(4) 组织平衡论。组织对内平衡:组织对个人的诱因要大于或等于个人对组织所做的贡献;组织对外平衡:组织内部效率产生外部效能,它与外部环境间的平衡。

(二)协作系统的组织必须满足三个条件

(1) 协作的意愿。协作的意愿是形成协作系统的前提。协作意愿的作用是使独立、分散的个体凝聚成为一个有着共同目标而统一行动的组织成为可能。组织中协作意愿的强弱直接决定了组织成员对实现组织目标做出贡献意愿的强弱。这就涉及一个矛盾,即个体的人为什么要为共同的组织目标做贡献?换言之,个体为什么要加入某一个组织?首先,我们必须意识到,个体加入组织是一种对个人权利的让渡,个人必须要放弃自由的权利而不得不遵守组织的规则以实现组织的目标。因此,巴纳德说,所谓协作的意愿就是"自我克制、交付出个人行为的控制权、个人行为的非个人化"③。加入组织的个体为何要做出这些牺牲?根据理性人的观点可以推测,成员做出牺牲是因为加入这个组织可以满足他某种重要的需要,而这些是在这个组织以外所不能获得的。因此,组织满足成员需要的多少也就直接决定了成员协作意愿的强弱。巴纳德说,管理者需要有意识地为组织成员提供一些刺激,使他们保持协作意愿的强度,比如客观上的物质、金钱、地位、权力,也可能是主观上的个人价值认知的改变。

---

① 丹尼尔·A.雷恩.管理思想的演变[M].李柱流,等译.北京:中国社会科学出版社,1997:58.
② C.I.巴纳德.经理人员的职能[M].孙耀君,等译.北京:中国社会科学出版社,1997:序.
③ C.I.巴纳德.经理人员的职能[M].孙耀君,等译.北京:中国社会科学出版社,1997:66.

(2)共同的目标。成员具有共同的目标是协作意愿的必然推论。① 组织只有具有了一个核心目标才有存在的价值和可能。而这个组织目标对于每个组织成员来说,都是外在的、客观的、对个体需要的满足是间接的。组织目标的实现与组织成员需要满足相关性的高低直接影响着组织化成员协作意愿的强弱水平。因此,巴纳德认为,作为管理者的一个重要工作就是不断通过各种方法增强组织目标实现与个人需要满足之间的相关性,可以通过反复灌输组织目标的方式,加强成员对组织目标的认同,使组织目标最大限度地内化为组织成员个人目标的一部分。

(3)信息交流。巴纳德的组织概念更强调组织的一种动态特征,强调组织成员的协作行为、过程及结果。因此,前两个要素,协作意愿和共同目标,还不能达到这种动态特征的要求。组织的过程可以看作成员因为协作的意愿而形成协作的系统,最后完成共同目标的过程。这一系列过程之所以能动起来,正是通过成员间信息的流动而将个体的、孤立的、静态的组织要素串接起来。为了使信息交流畅通无阻,巴纳德确定了一些组织内信息流动的原则,建立起客观信息流通体系。比如:信息交流的渠道要清楚地为大家所知道,使人人都了解自己的职务、权限和义务;客观权威要求组织中的每一个成员有一个明确的正式的信息交流渠道,确保正式组织中的每个人都同组织建立起正式的关系;信息交流的线路必须尽可能地直接和短捷,信息交流的线路越短,信息交流的速度就越快,错误就越少。② 组织的效率与效力在强调组织成员协作意愿强弱时,巴纳德提出了与前人截然不同的组织效率概念。由于巴纳德以前的组织理论并没有考虑到成员个人目标在组织中的实现问题,因此一般定义组织效率是以组织目标的完成作为基本指标。但巴纳德提出,组织效率应该是指组织成员的协作效率的结果,因此组织效率的大小取决于个人需要在组织中的满足程度。而组织目标的实现则被他界定为组织效力。如果一个组织没有效率,则一定没有效力。

巴纳德成功地将社会系统理论引入组织当中,组织从以前静态的、封闭的属性逐渐转化成为动态的、开放的、系统内外各部分相互作用的以协作关系为核心机制的有机体。巴纳德构建了组织的"效力—效率"框架,尝试将不可回避的组织成员的个人目标纳入组织理论体系,他是第一个将"个体为什么要加入某一个特定组织"这一问题作为组织问题起点的研究者。这种把正式组织的要求同社会—人群系统的需求联结起来的企图,是管理思想上的一个里程碑,并一直沿用到现在。③ 巴纳德被称为现代管理理论之父,他对现代管理理论的影响不仅在于他奠基了社会系统理论学派,同样也因为他对梅奥和其他霍桑研究者以及整个现代管理理论发展的重要影响。

四、权变理论学派

权变理论又称为领导情境理论。该理论的基本观点是:不同的情境需要不同的领导,

---

① 丹尼尔·A.雷恩.管理思想的演变[M].李柱流,等译.北京:中国社会科学出版社,1997:351.
② C. I. 巴纳德.经理人员的职能[M].孙耀君,等译.北京:中国社会科学出版社,1997:139.
③ 丹尼尔·A.雷恩.管理思想的演变[M].李柱流,等译.北京:中国社会科学出版社,1997:349.

领导者的行为方式和行为有效性取决于其所处的具体情境。这一观点可以转化为一些具体的理论假设:不存在所谓最好的领导方法,在不同的情境中,每种领导品质、风格、行为都可能是有效的;个人和情境因素均能影响领导的有效性,进行领导研究要同时关注领导者和情境;领导活动对情境具有反作用,能够造成群体和组织效益的差异。

权变理论的代表性观点有三种。①

(一) 菲德勒权变模型(Fiedler contingency model)

菲德勒(Fred E. Fiedler)认为"有效的群体绩效取决于与下属作用的领导者的风格,以及情境对领导者的控制和影响程度之间的合理匹配"。他概括出对领导有效性影响最大的三个情境因素:一是领导者与下属的关系(leader-member relations),当领导者与下属之间关系融洽,下属充分信任、尊重和支持领导者的时候,领导活动比较有效。二是任务结构(task structure),如果任务明确、目标清晰、标准合理,下属也对任务抱有较强的责任心,那么领导环境比较好,领导行为更有效。三是职位权力(position power),领导者职位赋予其的法定权力越大,所控制的权力范围越大,领导环境也就越好。根据三个因素不同程度的强弱组合,菲德勒划分出八种不同的领导情境。每种不同的领导情境适用于不同的领导类型,而领导风格是导致领导能否取得预期效果的重要原因之一。

权变理论强调有效的领导取决于外界环境情况与领导者行为的相互作用,没有一种具体的领导方式可以在任何场合下都有效,为此需要根据具体的情况创设新的领导方式。权变理论指出,组织是一个开放系统,应当进行"有机"管理,以便满足和平衡内部需要并适应环境状况;在不确定和动荡的环境中运营的组织需要有更高程度的内部差异性,同时组织需要适当整合,将这些差异部门维系起来。环境与组织的依赖关系如图 1-7 所示。

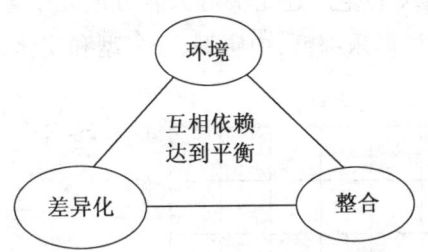

图 1-7 环境与组织的依赖关系

(二) 领导的"路径—目标"理论

"路径—目标"理论由埃文斯(Martin G. Evans)首先提出,后经其同事豪斯(Robert J. House)等人加以扩充和发展。"路径—目标"理论主张,领导者的工作是帮助追随者达到他们的目标,并提供必要的指导和支持以确保各自的目标与群体或组织的总体目标相一致。为了达到组织目标,领导者必须采用不同类型的领导行为以适应特殊环境的客观需要。领导者的基本职能在于:阐明对下属工作任务的要求,帮助下属排除实现目标的障

---

① 褚宏启,张新平.教育管理学教程[M].北京:北京师范大学出版社,2013:208-210.

碍,并在实现目标的过程中满足下属的需要和成长发展的机会。领导者的工作效率是以能激励下属达到组织目标并且在工作中得到满足的能力来衡量的。

"路径—目标"理论归纳出四类不同的领导类型。一是指令型,领导者明确告知下属任务目标、完成任务的时间,并提供完成任务的具体工作指导。二是支持型,领导者关怀下属的需要,友好平等对待下属,创造组织的和谐氛围。三是参与型,领导者鼓励下属参与组织决策,征求与采纳下属意见。四是成就型,领导者为下属设定有挑战性的工作目标,激励下属发挥最大潜能达到目标。"路径—目标"理论认为针对不同的环境因素应采用不同类型的领导行为,尤其是考虑下属和工作环境两个随机变化的因素:下属因素主要指下属能力、控制点、需求和动机;而工作环境因素主要指任务结构、组织的权力系统和工作群体。

(三)赫塞-布兰查德的情景领导理论(Situational leadership theory)

行为科学对领导问题做了深入的研究,分析了组织中的领导问题,发现领导是个复杂的过程,它同许多理论和模式有联系。行为科学认为,领导是一个个人向其他人施加影响的过程。影响的基础在于权力,一个领导者可以对下属施加影响在于他拥有五种不同的权力:强制权、奖励权、法定权、专长权和个人影响权。

(1)性格理论。即领导者个人性格与其领导行为关系的理论。吉赛丽提出了领导者应有的八种个性特征与五种激励特征,认为个人性格对管理的成功有很大的相关性和重要性。

(2)个人行为理论。即依据个人品质或行为方式(风格)对领导风格进行分类的理论,以及管理有效性与行为关系的理论。其中比较著名的理论是罗伯特·R.布莱克和简·S.穆顿的"管理方格图理论"。两位专家将关心生产还是关心人各分成九个等级进行组合便有五种具体的领导方式,即贫乏型、乡村俱乐部型、中庸型、任务型和团队型,并认为团队型是最有效的领导方式。

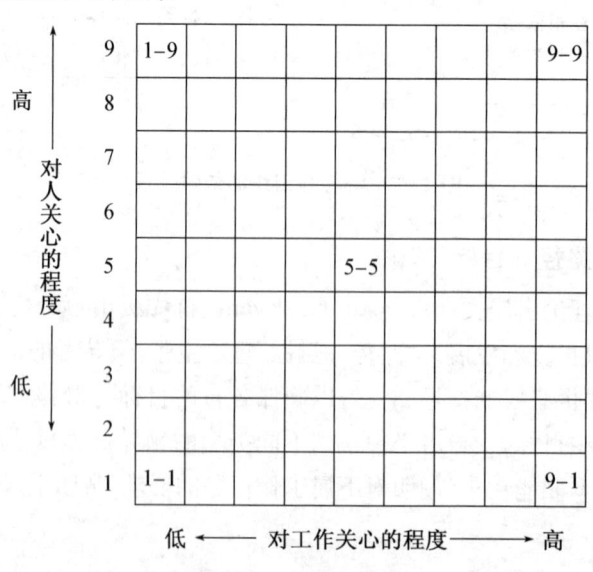

图 1-8 管理方格图

1-1：贫乏型管理：对必需的工作付出最小的努力以维持恰当的组织成员关系。1-9：乡村俱乐部型管理：对员工的需要关怀备至；创造一种舒适、友好的组织氛围和工作基调。5-5：中庸型管理：通过保持必须完成的工作和维持令人满意的士气之间的平衡，尽可能实现组织的绩效。9-1：任务型管理：由于工作条件的安排而达到高效率的运作，使人的影响因素降到最低。9-9：团队型管理：工作的完成来自员工的努力奉献，由于组织目标的共同利益关系而形成了相互的依赖，创造了信任和尊重的关系。

赫塞-布兰查德的情景领导理论是由俄亥俄州立大学的科曼（A. Korman）首先提出，并由保罗·赫塞（Paul Heresy）和肯尼思·布兰查德（Kenneth Blanchard）予以发展的一种领导权变理论。这是一个重视下属成熟度的权变理论，依据下属的成熟度水平选择正确的领导风格会取得领导的成功。赫塞和布兰查德将成熟度（maturity）定义为：个体对自己的直接行为负责任的能力和意愿。它包括两项要素：工作的成熟度和心理的成熟度。前者包括一个人的知识和技能，工作成熟度高的个体拥有足够的知识、能力和经验完成他们的工作任务，而不需要指导；后者指的是一个人做事情的意愿和动机，心理成熟度高的个体不需要太多的外部鼓励，他们靠内部动机激励。情景领导模式使用的是任务行为和关系行为作为两个领导维度，划分了命令型领导、说服型领导、参与型领导和授权型领导四种不同的领导方式。同时将下属依据成熟度划分为四个阶段，从而形成四种不同的领导风格。第一阶段：下属对于执行某任务既无能力又不情愿，他们既不能胜任工作又不能被信任。这时需要命令型领导（高任务—低关系），即领导告诉下属应该干什么、怎么干以及何时何地去干。第二阶段：下属缺乏能力，但愿意执行必要的工作任务，他们有积极性，但目前尚缺乏足够的技能。这时需要说服型领导（高任务—高关系），领导在管理同时提供指导性的行为与支持性的行为。第三阶段：下属有能力，却不愿意干领导者希望他们做的工作。这时需要参与型领导（低任务—高关系），领导与下属共同决策，领导者的主要角色是提供便利的条件与沟通。第四阶段：下属既有能力又愿意干让他们做的工作。这时需要授权型领导（低任务—低关系），领导者提供极小的指导与支持。

情景领导理论对领导基本理论的发展贡献较大。一方面，尊重领导现象的复杂性，比较全面地探讨了领导特质、领导行为与领导情景等要素之间的相互关系，创建了一整套较为完善的领导理论体系；另一方面，拓展了研究领导现象的新途径，提供了提高领导效能的新方法，很大程度上拉近了领导理论与领导实践的距离，满足了实际工作对领导理论的需要。

情景领导理论也具有一定的局限性。首先，该理论用简单的模型描述多重复杂的领导实践的做法过于简单化，尤其是忽视了"人"这一决定性的因素，未能把"人"作为领导权变理论基础中的能动变数，从而制约了管理理论的发展与创新；其次，情景领导理论的经验主义倾向比较严重，在解释现实的过程中将特殊情况和普遍趋向对立起来，将具体和一般对立起来，强调特殊性、否认普遍性，强调个性、否认共性；最后，对关键概念的解释不够精确和科学，诸如"下属发展水平能力"和"承诺"等概念比较模糊，概念之间缺乏统一性，从而使理论与实践缺乏科学统一的解释标准。

五、现代管理理论对学校管理实践的影响

一是重视人本管理。传统教育以事为本，忽视人性关怀。现代管理理论强调教育应以"完整的人"的发展为最基本的价值取向，以培养充满活力、和谐发展的人为最基本的教育目的。把人视为最重要的资源，学校管理要释放人的潜能，以能力为本位。学校管理的方法多样化，更重视用民主对话、合理授权、文本解构、意义重建、非线性变革等方式解决所面临的问题。

二是强调系统管理。把学校视为一个开放系统，重视学校与环境的物质、能量和信息交换；注重内部要素及其结构的关系，以实现组织功能的最大化。

三是强调校本管理。学校组织面对的是复杂多变的人和环境，有效的管理就在于独立自主、权宜应变，政府应降低管理的重心，使学校及社区具有更大的权力管理学校事务，更好地为学生服务。

四是重视学习型组织的建设。未来最成功的组织将是学习型组织。学习型组织的核心是在组织内部建立"组织思维能力"，其精神是学习、思考和创新，其基本价值在于解决问题，其关键特征是系统思考；强调学校建立可以凝聚组织成员意志力的愿景，透过集体思考和分析，找出个人弱点，强化团队向心力，通过团队学习和标杆学习，改变心智模式，系统思考，自我超越，有所创新。

五是重视学校的可持续发展。重视战略生态，强调学校战略管理应适应环境变化，学校组织结构应追随战略的思想；从过分重视组织中物的要素和过分理想化的研究方法转变为重视组织中人的因素、文化因素及非理性因素，重视战略研究方法的方向性和有效性，认为优良的战略应该具有创造性和灵活性，学校的竞争优势取决于其拥有的有价值的资源，学校资源是战略目标的各种要素组合，组织的核心能力是可持续竞争的优势源泉。

课堂讨论

1. 简述古典组织管理理论的代表人物及其思想观点。
2. 简述人际关系学说的主张及其对学校管理的影响。
3. 简述行为科学管理理论的代表人物及其对学校管理的影响。
4. 简述现代管理理论对学校教育管理实践的影响。

案例分析

下午的签到该不该取消

某小学为加强教师考勤管理，制定了上、下午上班签到的考勤制度，并且每天由值班领导亲自给教职工签到。这项制度已经实行了几年，基本上制止了教师迟到、早退和无故缺勤现象的发生。随着学校考核评价等一系列管理办法的实施和教学成绩的不断提高，学校声誉越来越好,然而教师所承受的各种压力却越来越大。在一次骨干教师座谈会上,老师们提出能否取消下午考勤签到的问题,理由是:"老师们很累,下午第一节如果没有课,中午可以踏踏实实休息一会儿,缓解一下。如果有签到,就不敢休息,有时刚睡着就惊醒,这样下去总得不到充分的休息,对身体健康很不利,也不能精力充沛地投入工作。"有位主管领导说:"签到是我校实行了多年的制度,如果取消就会给一些对自己要求不严格的人带来可乘之机,就会产生由于少数人的不自觉而影响整个教职工群体的现象,会造成严重的后果,所以签到不能取消。"那么下午的签到到底该不该取消呢?

思考题:

1. 根据本案例,你认为这所中学下午的签到该不该取消?
2. 请对学校制定并实施上、下午上班签到的考勤制度进行评析。
3. 请运用教育管理学的相关理论,对这所学校主管领导的学校管理理念进行分析。
4. 根据本案例,对学校如何进行考勤制度的建设进行讨论。

课外阅读

1. 习近平:把权力关进制度的笼子里。
2. 冷万里:理国要道,在于公平正直。
3. 李希贵校长的教师激励政策。
4. 何为制度化管理?

第二章
学校内部管理

配套数字资源

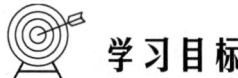 **学习目标**

1. 理解学生管理的主要理念和管理内容,明确学生法治教育的重要性。
2. 理解校长负责制的本质和内涵,掌握促进校长专业发展的主要途径。
3. 了解教师聘任的基本原则、程序,掌握教师专业发展的主要途径。
4. 了解教师薪酬的内涵、形式,理解我国教师工资制度和福利保障制度的演进与发展,明确教师岗位绩效工资制的重要导向。
5. 掌握学校管理的基本原理与方法。

学校管理学一般研究三个方面的问题,即学校管理谁来管、管什么和怎么管,也就是所谓学校管理的主体、客体和手段问题。学校内部管理体制主要介绍学校内部所要管理的具体事务和事项,包括四个方面的内容:一是学生管理;二是校长负责制;三是教师聘任制;四是教师绩效工资制。新时代,学校更加重视治理体系和治理能力现代化,管理者不仅要遵循观察问题、处理问题的基本准则,也要探索怎么管、如何管等手段问题。

第一节 学生管理

学生是学校管理工作的主要对象,学生管理是学校管理活动的有机组成部分,各级各类学校都配备了专门人员从事学生管理工作,对学生管理是否得法、是否符合学生身心发展特点,将直接影响到教育教学质量,影响人才培养的质量。

21世纪世界各国及相关国际组织都高度重视学生核心素养的培养,美国、新加坡、芬兰、欧盟等发达国家和国际组织构建了相应的核心素养框架,以期通过学生核心素养的培养,优化和提高教育质量。① 2016年9月,我国也颁布了《中国学生发展核心素养》,其中文化基础方面包含文化传承、科学精神素养;自主发展方面包含学会学习、健康生活素养;

---

① 宋灵青,田罗乐."互联网+"时代学生核心素养发展的新理路[J]. 中国电化教育,2017(1):78-82.

社会参与方面包含责任担当和实践创新素养①。2018年3月,受世界教育创新峰会委托,北京师范大学的中国教育创新研究院首次发布了《21世纪核心素养5C模型研究报告》,提出"打下中国根基、兼具国际视野"的人应该具有的包括"文化理解与传承(Culture Competency)、审辩思维(Critical Thinking)、创新(Creativity)、沟通(Communication)、合作(Collaboration)"的"21世纪核心素养5C模型"②。学生管理是学校管理中重要的组成部分,是学校对学生在校内外的学习和活动进行计划、组织、协调、控制的总称。它是学校管理者组织和指导学生按照教育方针所规定的教育标准,有目的、有计划、有组织地使学生在德智体美劳各方面得到发展,成长为社会主义事业接班人的过程。新时代,学生管理要以培养学生创新素养,培养学生个性特长,提高学生综合素质为重点,明确学生管理的性质和价值追求,围绕安全管理、健康管理、学习管理、生活管理和自我管理五个方面更新管理理念和创新管理模式,加强学生法治教育,落实三全育人理念,凸显管理育人的宗旨。

一、学生管理的性质

目前关于学生管理的概念,在理论上尚难以达成共识。如果不对这一基础性概念进行准确的界定,无疑会影响到人们对于学生管理理论研究和实践活动的深入认识。在美国,学生管理主要指"学生事务"(student affairs),是与"学术事务"(academic affairs)相对应的概念。学术事务通常涉及学生的"学习""课程""教室"和"认知发展"等,而学生事务则涉及"课外""学生活动""住宿生活""感情或个人问题"等。③ 在我国,人们通常将学生管理理解为:学生管理是学校对学生在校内外的学习和活动进行计划、组织、协调、控制的总称。相比较而言,上述概念基本上反映出了学生管理的本质,两种概念既有相同之处,也有不同之处。区别之处在于:前者主要指课堂教学以外的,作用于学生生活和成长的手段和方式方法的总和,是对学生实施课外教育的途径和载体;后者则涵盖校内外学生学习和活动的全部内容,而且强调学生管理是教务管理的组成部分。联系在于:两者都反映出了学生管理的基本内涵,即学生管理主要是指学校通过专门的组织和人员对学生施加教育影响,以规范、指导和服务学生,丰富学生校园生活,促进学生成长成才的组织活动。

为了进一步理解这一概念,在这里,需要对此定义做如下解释:

其一,学生管理是学校管理的一个重要组成部分,它需要有相对稳定的组织系统、明确的指导思想和组织目标、一定数量的专职人员和一定的要想实现预期的学生管理目标,必须协调好校内外学生管理系统横向和纵向、上下各方的关系。

其二,学生管理的主体是学校,这里包括专门机构、专职人员和特定条件下由管理者授权或聘任的参与学校管理的学生或其他人员(如心理咨询指导者)。学生管理的客体既指人也指事,它既指学生,又指与学生有关的活动和事务。

---

① 核心素养研究课题组. 中国学生发展核心素养[J]. 中国教育学刊,2016(10):1-3.
② 中国网. 北师大发布核心素养5C模型[EB/OL]. http://edu.china.com.cn/2018-03/30/content_50776631.htm,2018-03-30.
③ 蔡国春. 高校学生事务管理概念的界定[J]. 扬州大学学报(高教研究版),2000(2).

其三，学生管理对学生成长成才具有保障和支持作用，是学校实现教育目的的重要途径。当然这种作用和目的是通过规范学生、指导学生和服务学生得以实现的。与教学和课程等学术影响有别，学生管理侧重于为学生的成长和成才创设良好的氛围，促进学生在社会、职业、情感、道德、精神等方面的发展，从而直接服务于学校培养人才的使命。

其四，学生管理是学校实施德育的一个重要途径，但是它不只单纯服务于学校德育工作，它同时对智育、体育等诸方面都有相应的影响，因此学生管理与德育工作既有联系又有区别，二者不能完全等同。

二、学生管理的价值追求

1. 学习力：学业基础扎实，认知能力出众，学业成绩优异

学习力是指能扎实掌握各学科基础知识和基本技能；在分析、综合、评价和创造等高阶认知能力方面有出色表现；学习习惯良好、学业水平出众、树立终身学习意识、养成终身学习的习惯和能力。通俗地说，学习力就是"爱学习、乐学习、会学习"。

2. 创造力：勤于学以致用，善于解决问题，勇于创新求异

创造力是指能整合性、创造性地将所学知识、技能加以灵活运用，来解决实际问题甚至创生出新的知识和能力形态；具备旺盛的求知欲、学术兴趣、创新精神、实践热情，以及科学严谨、求真务实、肯吃苦、不服输、遇到逆境不屈不挠、坚持不懈的精神品性和人格特质等。

创造力的培养是学校必须去承担的社会责任和历史使命。未来社会人工智能、大数据、机器人等现代技术将取代很多"执行性"工作，如果没有创新能力和创新意识，学生进入社会后是很难适应的，以后许多工作（职业）都可以被机器替代，只有创新、创造是不能被取代的。

3. 领导力：深具责任担当，主动奉献服务，自觉引领风尚

21世纪的学生应该胸怀家国天下，具有强烈的社会责任心、历史使命感；有远大的理想，树立国家、民族利益高于一切的意识；有一种发愤图强、敬业奉献、服务社会、矢志报国、振兴中华、造福人类的家国情怀和人类命运共同体意识；并将这种理想、情怀、意识落实于从当前开始的日常点滴行为中，脚踏实地、勤奋好学、关心社会，积极参加校内外各种志愿行动、社区服务和社会实践，以自己的担当、奉献和创造去正面影响周围的人、环境和社会风尚。领导力其实就是一种出色的组织、说服、管理、引领等对他人的影响力，其核心特征是一个人的责任担当和奉献服务。学校应该提供各种各样的培养学生领导力的机会。

4. 审美力：明辨是非美丑，涵育高雅情趣，修炼文体爱好

审美力指学生能树立正确的人生观、价值观，在各类信息面前保持清醒的头脑，能明辨是非美丑，能筛选和汲取优质信息，能做到不人云亦云、不随波逐流，热爱生活、精神明亮，具有高雅的情趣和高洁的情怀……审美力还能有效激发和提升个体的学习力、创造力和领导力。很多的经验、案例可以证明，比如爱因斯坦曾坦言他在科研上的灵感常常来自他的艺术爱好，如拉小提琴。

5. 自治力：人格独立健全，自主自律自信，个性魅力彰显

所谓自治力就是人格独立健全，自主自律自信，个性魅力彰显。自治力就是要独立自主，具有较强的自我管理和发展的能力，自我概念清晰，对自己的兴趣、性格、能力和价值观等个人特质有较为完整全面的认识，并且在这基础上能够进行合理的自我设计，能科学规划并有效执行自己的生涯进程，确保自己成为个性鲜明、特长突出、人格健全，能由内而外地散发出独特的个性魅力的人。

自治力从字面上理解就是"自己管理自己"的能力，我们说人生最重要的使命就是发现和成就自己的独特性，这是个人先天遗传和后天习得糅合而成的具有标志性和辨识度的独特样态，所以学生应该有自我探索、自我管理、自我超越、自我实现的意识和行动，能够珍视和保护自己的个性、特长、优势，并且使之成为个人特质，成为自己适应社会，为社会创造财富和价值的强大的武器，同时也成为自己收获幸福和成功的可靠的朋友。

三、学生管理的基本内容

（一）安全管理

学生安全管理是对校内和校外集体活动中学生的人身和财产安全管理，学校通过管理的手段，以保护学生安全为目的，进行相关决策、计划、组织和控制等方面的工作，以控制事故、消除隐患、减少损失，从而维护学生的合法权益，维持学校的正常秩序，为学生创造一个安全的学习生活环境。安全管理的主要内容：

（1）教学过程中的学生伤害事故。教学过程中的学生伤害事故，是指学生在上体育课、实验课、课外或校外专题活动课等过程中的安全事故。学校应制定一系列的教学操作规章制度，有效防止学生在教学过程中发生意外。近年来，我国中小学多次发生在上下楼梯或其他大规模活动中的学生拥挤踩踏导致伤亡的事故，各校要结合自身的实际情况制定合理的管理制度，防止类似事故的发生。

（2）学生上学、放学路上的交通安全。交通安全同样是学生安全管理的重要部分，主要包括上学、放学途中的安全，学校应根据自身的情况制定一系列的制度。

（3）传染疾病的防控工作。学校要积极配合卫生部门，定期对学生进行健康检查，对于患有传染病的学生应建议积极治疗，并与其他学生隔离。学校还应做好对学生进行的各种疾病疫苗的接种工作，采取多种措施防止各种传染性疾病在学生之间的传播。

（4）校园突发事件。学校应设立相应规模的保卫机构，加强校园常规的安全管理和保卫工作，制定并严格执行校园的出入制度，做好校园的巡查工作，确保校内师生的人身及财产安全。学校在教学区和生活区都应配备完善的消防设备，组织学生学习消防知识并进行实践。遇到突发事件，正确判断事件性质；果断启动应急机制；确保学生安全；执行正确的通报程序；采取防止恐慌措施，稳定人心。

（5）校园欺凌。校园欺凌是指一个或多个学生有意地、反复地、持续地对受害者施以负面行为，并造成身体和心理上的伤害或不适应。校园欺凌类型表现多样，有语言欺凌、关系欺凌、身体欺凌、性欺凌、网络欺凌等。教育部于2016年颁布了《关于防治中小学生欺凌和暴力的指导意见》，并于2017年联合十一部委印发《加强中小学生欺凌综合治理方

案》。防治校园欺凌应以协调治理为要。校园欺凌的产生有个人原因、同伴交往、家庭环境、学校教育和社会价值观等多种因素。治理校园欺凌问题,应对其产生根源进行系统分析,分层次厘清校园欺凌产生的原因。有些校园欺凌来自暴力模仿、压力宣泄、法律意识淡薄、情绪管理能力欠缺等,也有来自同伴的不良交往、从众的群体压力和自我保护意识淡薄等,还有一些欺凌行为源自家庭结构欠缺、不良的教养方式、家庭关系冲突等。当然,校园文化不和谐、师生关系不和睦等,也会滋生校园欺凌问题。因此,校园欺凌应以学校为治理主体,协同各方进行治理。

学校设置学生欺凌综合治理委员会,成员包括校长、法制副校长、德育主任、安全主任、教职工代表、辅导员、家长委员会代表,还有校外专家如司法人员、特殊教育者、精神健康工作者、社会工作者和心理咨询人员等,形成学校—家庭—社区联动机制。学校与社区联合开展反欺凌教育和培训,帮助改善家庭教育系统;建立学警协同合作机制,欺凌行为严重,已经涉嫌犯罪的,由警方出面合作解决;加强教育与检察机关、综治、妇联和司法社工、志愿者、公益组织等合作,做好法律援助、司法救助、心理干预等相关救助工作。

(二) 健康管理

世界卫生组织关于健康的定义:"健康乃是一种在身体上、精神上的完美状态,以及良好的适应力,而不仅仅是没有疾病和衰弱的状态。"这就是人们所指的身心健康,也就是说,一个人在躯体健康、心理健康、社会适应良好和道德健康四方面都健全,才是完全健康的人。

教育是提高全民族素质、促进社会文明和进步的重要举措,做好学生的健康管理工作,是培养全面发展合格人才的重要一环。

学校的健康管理工作,不仅要重视学生的生理健康,还要重视学生的心理健康,一些学生群体比较特殊的学校(如单亲家庭子女较多的学校),则更应该重视学生的心理健康。

(1) 制定并实施有效的健康管理制度。每所学校都应该从自身的实际情况出发,制定卫生工作条例,安排各种日常健康管理的工作制度,设置相应的机构和责任人员,建立责任制,具体任务落实到人,并不断完善健康管理的相关制度,这是做好学生健康管理工作的前提。

(2) 加强学生的健康教育。加强对中小学生的健康教育可以从以下几个方面着手。一是学校应成立一个健康教育工作领导小组(或委员会),这对推动学校健康教育的发展和全面管理学校健康教育工作是十分重要的。委员会成员除学校员工代表和学校领导外,还应包括学生、家长和学校所在社区人员等。二是学校和教育行政部门都要建立良好的健康教育环境,加强健康宣传,为学校健康教育的顺利开展提供便利。三是学校设置一定的健康教育课程,这是传授健康知识和技能的最为直接的途径。

(3) 设置心理健康中心。心理健康中心是对学生进行心理健康教育和提供心理咨询服务的常设机构,为学生提供适当的心理服务,定期或不定期地对学生进行心理健康教育,与他们进行必要的交流和沟通,对他们的心理进行适时的关注和了解,及时发现心理的各种变化并排解学生的不良情绪,引导学生健康地发展。目前许多学校都设有学生心理咨询中心或心理咨询室,并配有专业的心理咨询教师,为学生提供诸如提高学生的社交技能与人际关系的理解技能、提供感情支持及危机干预等方面的服务。

(4) 建立学生健康档案。健康档案是学生在生长发育过程中的健康状况的真实记录,它为学校制订健康管理计划提供科学依据。学生的健康管理是一个长期的过程,相关信息随着学生年龄的增长而不断增加,学生的健康信息也需要记录并长期保存,因而建立学生健康档案是对学生进行健康管理的重要途径,也是学校健康管理工作水平的重要体现。

(三) 学习管理

学习管理包括考勤工作(检查、登记、统计学生的出勤、迟到、早退、缺课、旷课等情况及办理请假事宜)、课堂管理(确定课堂学习方法,维持课堂学习纪律)、课外辅导(以个别、小组或集体的方式,对学生进行针对性的辅导)和学习成绩考查等等。

(1) 入学管理。入学管理包括学生年龄、成绩、所在地等入学条件的规定,学区规定与招生学校、招生政策的宣传,报名、考试和录取工作的安排,以及转学生、借读学生的接收等等。

(2) 学籍管理。学生学籍管理主要涉及对取得学籍资格的学生进行学籍的登记、建档和异动管理,包括学生入学注册、学生基础信息登记、学习纪律与考勤记载、学业信息记载(成绩、课外活动、奖励与处分)、学籍变更审核与登记、颁发毕业证书、学生信息归档、毕业文凭的电子注册与补办等方面。

(3) 课外活动管理。课外活动管理包括课外学习活动(组织读书会、诗歌朗诵会、书法比赛、参观展览和第二课堂等等)、课外娱乐活动(组织话剧社、摄影社、音乐会、春游和秋游等等)、课外体育活动、课外志愿者服务活动等内容的管理。

(4) 就业指导与管理。许多学校的学生都面临着就业与升学的双重选择,尤其是职业院校、高等院校的学生对于就业指导的需求更为强烈。为了帮助学生获得满意工作机会,以及提高学生的职业规划能力,目前许多学校都设立就业指导中心或其他相应的机构,负责学生的职业生涯规划和就业管理工作,其任务是引导学生进行自我评价和职业定向,提供就业信息,开设就业指导课,传授求职择业技巧,推荐介绍毕业生参加就业与职业交流洽谈会,组织校园招聘与面试活动等。

(四) 生活管理

生活管理主要包括住校学生食宿的管理、走读学生在校饮食的管理,以及对学生课外生活的指导等等。

(1) 宿舍管理。20世纪80年代以后,我国大部分学校设立专门的机构开始参与学生宿舍管理,学生宿舍的管理从主要提供房间、家具、水电供给扩大到对人的管理。宿舍的育人功能得到重视,学生宿舍的"管理育人"和"服务育人"的功能受到进一步重视。

(2) 日常行为规范和奖惩管理。世界上任何一个国家,各级各类学校对学生行为规范和纪律管理由来已久,都无一例外地将学生日常规范和奖惩管理作为学生生活管理的一项重要内容。一般认为,制订和执行校园行为规范的目的在于引导、约束和修正学生的行为。对表现突出的学生和集体,实行物质奖励和精神奖励相结合的原则;对违规的学生的处罚一般有警告、记过、留校察看、退学和开除学籍等。

(五) 学生自我管理

学生的自我管理指学生对自己的生活、学习、交往等进行设计、安排和调控的活动。学生自我管理主要包括两个方面:一是学生自己能够做的事情,通过建立健全团、队、学生会、班委会等学生组织,支持与指导学生自主进行管理;二是学生自己不能够独立完成的事情,要通过相应方式听取学生的意见,让学生参与到学校管理中来。

四、加强青少年法治教育

学校教育,德育为先。"立德树人"思想在中华民族数千年文明史中源远流长。《管子》说,"授有德则国安"。《孟子·告子上》说:"恻隐之心,仁也;羞恶之心,义也;恭敬之心,礼也;是非之心,智也。仁义礼智,非由外铄我也,我固有之也。"立德树人是学校教育的根本任务,道德教育重在立心,学会善待他人、学会关心,重视同理心的培育是学校学生管理的重中之重。

2014年10月23日,党的十八届四中全会通过《中共中央关于全面推进依法治国若干重大问题的决定》,明确提出"把法治教育纳入国民教育体系,从青少年抓起,在中小学设立法治知识课程"。这是中央文件首次采用"法治教育"的表述,也是首次强调把法治教育纳入国民教育体系。2016年6月28日,教育部、司法部、全国普法办联合印发《青少年法治教育大纲》,要求法治教育要以宪法教育和公民基本权利义务教育为重点,覆盖各教育阶段,形成层次递进、结构合理、螺旋上升的法治教育体系。《大纲》对义务教育、高中教育和高等教育等不同阶段的法治教育提出了不同的目标,并分学段细化了教学内容与要求。2017年9月,义务教育《道德与法治》统编教材开始在全国所有地区小学一年级和初中一年级使用。2019年9月,普通高中《思想政治》统编教材率先在北京、上海、天津、山东、海南、辽宁六省市投入使用,其他省份陆续推进,2022年前将全部使用新教材。同时,义务教育《道德与法治》统编教材实现所有年级全覆盖。

学者普遍认为,青少年法治教育的目标主要概括为"知识""能力""理念"三个方面。所谓"知识",即法律常识,它是现代公民参与公共事务的规则,而青少年法治教育就是要让将来会承担社会责任、做国家主人的孩子们懂得规则;所谓"能力",是指青少年有能力按照上述规则解决生活中的各种纠纷,从而维护自己的合法权益;而"理念"是指在好的教育培养下,青少年将以社会主义核心价值观为主的理念内化,他们看待世界的眼光、分析问题的角度也随之发生变化。青少年法治建设的终极目标就是教会青少年做一个现代公民。

法治中国建设的四个重要方面,是科学立法、严格执法、公正司法和全民守法。其中全民守法是实现难度最大的。全民守法的核心是树立全民法治意识,青少年是其中的重点,也是很好的切入点。《大纲》明确规定了青少年法治教育的目标,包括"普及法治知识,养成守法意识""规范行为习惯,培育法治观念""践行法治理念,树立法治信仰"等三方面。青少年法治教育工作要"以贴近青少年实际、提高教育效果为目的",并要求"更多采取实践式、体验式、参与式等教学方式,与法治事件、现实案例、常见法律问题紧密结合,注重内容的鲜活,注重学生的参与、互动、思辨"。义务教育《道德与法治》统编教材围绕学生学习活动设计不同的栏目,包括自我反思、观念交流、经验分享、论辩思考、调查研究等类型;高中《思想政治》统编教材则设置了"综合探究"内容,通过创设丰富多样的情境,让学生采用多种形式围绕议题,综合运用相关学科知识和技能,分析问题、解决问题。

第二节　校长负责制

任何组织都要建立相应的领导结构才能运行。纵观百年来世界各国学校领导体制,教育事业的成功都离不开德才兼备的领导者,领导者是决定教育效能的关键因素。新时代,校长的管理不能满足于经验层面的巩固,而要超越现实,超越经验模式。超越是校长的掌校之本,是学校生存的逻辑之"魂";校长的管理不能满足于时间层面的滞留,而要提升思想追寻。思想力是校长的理政之本、是校长的权力之"魂";校长的管理不能满足于固有经验的继承,要与时俱进。创新能力是校长的成就之本,是校长的权威之"魂"。

一、校长负责制的含义

我国公办中小学实行校长负责制的领导体制。校长负责制指在上级教育行政部门领导下,校长全面负责学校的日常教育教学和科研活动,校长对外代表学校,是学校的法人代表,对内各项工作具有决策权、指挥权、人事权和财务权。具体包括:学校在校长的领导下,承担贯彻国家的教育方针,执行国家教育教学标准,保证教育教学的质量,维护受教育者、教师及其他职工的合法权益的责任;学校在校长的领导下,依照办学章程自主管理,组织实施教育学籍管理、教育教学活动,招生并对学生实施奖励或处分,对学生的学业成绩进行评定并颁发相应的学业证书,聘任学校教职员工并实施奖惩,学校有权管理、使用本校的设施和经费;根据国家法律法规的规定,学校应当组织以教师为主体的教职工代表大会、党支部等多种民主管理形式,充分发挥教职工的工作积极性,使教职工真正成为学校的主人,保障全体教职员工民主参与学校的管理,对学校工作进行监督。

(一) 我国的中小学校长负责制

依据我国教育法律法规的规定,我国的中小学校长负责制主要包括校长全面负责、党组织保证监督和教职工民主参与管理三个方面。[①]

1. 校长全面负责

校长对学校的管理承担全面责任。校长是学校的法人代表,根据相关的规定行使职权履行职责并且对外代表学校。学校的教学和内部行政管理工作,由校长负责。具体来说,校长对学校工作全面负责所行使的权力主要包括决策指挥权、干部任免权、教职工奖

---

① 吴志宏等.新编教育管理学[M].上海:华东师范大学出版社,2008:64.

惩权和学校财经权等。

决策指挥权：指校长在国家各项教育法律法规的范围内，有权对学校开展的教学工作、思想道德教育工作和日常管理工作进行决策和统一指挥。干部任免权：校长在听取教职工意见并经党组织考察的基础上，可以提名任免学校的副校长、教学主任、教导主任等学校中层干部，并报上级教育行政部门备案批准。教职工奖惩权：校长根据教育法规政策以及学校各项规章制度，并听取党组织和工会的意见，依据工作成效对教职工进行奖惩。学校财经权：根据国家财经法规，合理支配与使用学校经费、设施及学校其他财产。当然，校长负责制不是校长独裁制，在行使上述四方面权力的过程中必须听取教职工的意见和建议，在发挥党组织的权力的同时，校长也要承担相应的决策失误、管理不当的责任，实现权力和责任的对等。

2. 党组织保证监督

在校长全面负责学校工作的同时，党组织在学校的政治核心地位依然不能忽视，学校应在校长的领导下充分发挥党组织对学校各项工作的监督和保障作用，从而确保学校全面贯彻党和国家的各项方针政策。一般而言，党组织的保证监督主要包括以下几方面的工作：

一是按照党章规定的职责和国家有关教育工作的法律法规精神，认真参与学校的重大问题包括学校发展规划、学校工作计划、学校改革方案、师资队伍建设、内部管理制度等的决策，在参与决策的过程中要保证上级部门的工作要求得到真正的贯彻落实，要保证决策的科学性与可行性，还要考虑教职工和学生的可接受程度，保证教职工和学生的利益不受损害。一旦形成决议，党组织就应支持配合行政的工作，要发挥党组织的优势，发动党团员和群众努力工作，保证决策的最终落实。

二是加强对学校教育教学工作的监督和保障，保障党和国家的教育方针、政策得以落实，保障办学的社会主义方向，通过组织干部、党员、教职工开展政治学习、党团组织生活、党团课、社会实践活动等，提高广大教职员工的思想认识，确保党的各项路线方针政策在学校的贯彻落实。

三是对学校领导干部的管理行为进行监督，在学校干部的任免、教职工奖惩以及学校经费的使用方面发挥党组织的监督和保障作用，防止校长滥用权力，应畅通言路，加强交流和沟通，在学校中创造宽松和谐的工作氛围。

四是加强党对知识分子工作的监督与指导，加强对民主党派的联系和协调工作，从而促使学校的办学行为不断规范，完成上级党委的各项工作要求。

五是在党组织的保障和监督下，加强工会、教代会的作用，实现学校的民主管理和民主监督。

3. 教职工民主参与管理

1993年10月通过的《中华人民共和国教师法》明确提出教师有权"对学校教育教学、管理工作和教育行政部门的工作提出意见和建议，通过教职工代表大会或者其他形式，参与学校管理"。教职工代表大会是学校的教职工参与学校管理、行使自己民主权力的基本途径和主要方式。学校教职工代表大会在校党委领导下，在校行政和广大教职工的支持下,紧密围绕学校的中心任务开展工作,履行听取讨论、审议通过、讨论决定、民主评议四方面的职权。

听取讨论、民主评议学校校务公开情况,包括学校发展规划和学年度目标任务,即学校发展规划,学年度、学期工作计划和干部责任目标的情况;审议通过、讨论决定学校重大决策事项,包括学校的建设、改革、发展、教育、教学和人事调动方面的重大决策;民主评议领导干部和干部任免有关事项,包括制定民主评议标准、评议程序,发布评议结果。

(二) 我国中小学校长负责制的演变

校长负责制是学校内部管理体制的核心部分。从新中国成立至今,校长负责制的确立与发展几经曲折,最终成为我国公办中小学普遍实行的学校领导体制。

新中国成立至1952年初,人民政府接管学校以后,为了对学校进行社会主义改造,成立了校务委员会、经济委员会和生活指导委员会。校务委员会对学校各项工作具有最终的决定权,学校行政和教学的方针、工作计划均由校务委员会决定,校长负责执行。

1952年3月,教育部颁布《中学暂行规程(草案)》和《小学暂行规程(草案)》,规定"中小学实行校长责任制";1954年,政务院在《关于改进和发展中学教育的指示》中,再次规定"校长对学校工作应全面负责"。校长负责制在全国范围内逐步确立。

1958年开始,"由于党对阶级斗争形势的错误估计,开始强调党在学校领导中占据核心地位"[1]。

1963年3月,教育部颁布《全日制中学暂行工作条例(草案)》及《全日制小学暂行工作条例(草案)》,规定:"校长是学校行政负责人,在当地党委和主管教育行政部门领导下,负责领导全校工作。"

1966年5月,"文化大革命"开始。学校原有的管理体制被全盘否定,向学校派驻"工宣队""贫宣队",并由"工宣队"或军代表兼任学校革委会主任,不顾学校管理原则和教育规律,给学校造成严重混乱,校长负责制也遭到破坏。

1978年9月,教育部重新修订和颁布《全日制中学暂行工作条例(试行草案)》和《全日制小学暂行工作条例(试行草案)》,规定学校管理体制实行"在党支部领导下的校长分工负责制",学校一切重大问题,必须经过党支部讨论决定,党支部统一领导学校各方面工作。1984年教育部在《关于普通中学领导班子调整工作的几点意见》中,又将"党支部领导下的校长分工负责制"改为"党支部领导下的校长负责制"。这一体制的确立对加强党对学校的统一领导发挥了积极作用,但是也出现了学校党政不分、政府对学校管得太多、体制僵化、校长作用不能得到发挥的问题,学校内部管理的活力不足。

1985年5月,中共中央颁布的《关于教育体制改革的决定》指出:"学校逐步实行校长负责制,有条件的学校要设立由校长主持的、人数不多的、有威信的校务委员会,作为审议机构。要建立和健全以教师为主体的教职工代表大会制度,加强民主管理和民主监督。学校中的党组织要从过去那种包揽一切的状态中解脱出来,把自己的精力集中到加强党

---

[1] 劳凯声.中国教育改革30年——政策与法律卷[M].北京:北京师范大学出版社,2009:75.

的建设和加强思想政治工作上来;要团结广大师生,大力支持校长履行职权,保证和监督党的各项方针政策的落实和国家教育计划的实现。"至此,改革开放以后我国中小学校长负责制再次被重申和确立。

1993年2月中共中央国务院颁发的《中国教育改革和发展纲要》、1995年3月通过的《中华人民共和国教育法》、2006年6月修订实施的《中华人民共和国义务教育法》等重要政策法规均确认了在中小学实行校长负责制。当前,校长负责制已经成为我国学校内部管理体制的基本制度。

(三) 国外中小学校长负责制①

校长负责制是现阶段中小学校管理中采取的主要模式。目前,世界各国基本都采取这种模式来管理中小学,但是在校长负责制实施的过程中,不同的国家有不同的侧重点,采取的模式也不尽相同。比较典型的有美国的三级管理下的校长负责制,英国董事会领导下的校长负责制,以及俄罗斯、日本各具特色的校长负责制。

1. 美国的中学校长负责制

在美国,中等学校实行的是校长负责制,中等学校内部的管理是三级管理。中等学校校长是最高一级,是通过学区公开招聘选拔任免的,除了要具备一般教师资格外,还要取得教育行政与管理方面的学分。副校长或助理校长以及行政助理或指导员是中间层次。副校长或助理校长分管学校的课程教学与学生工作;行政助理或指导员则负责对学生的指导与管理。一般还设立一名执行秘书来协助校长完成工作。学系或学科教研室是学校的基层,学系是分科而设的教学管理单位,教研室是由同一学科专业教师组成的教学管理组织。

2. 英国的中小学校长负责制

英国的中小学在管理上实行学校董事会领导下的校长负责制。董事会的成员包括:校长、教师代表、家长代表和社区管理人员代表、地方教育当局的代表以及由董事会指派的代表等。学校董事会以提高学校的教育质量和绩效作为首要管理目标,是学校的决策机构、法人代表。其具体职责主要包括:决策、课程的安排与教学管理、与教师及其他教辅人员签订雇佣合同、学生管理、与家长的沟通和协作、学校教学条件的改善、学校资源的开发和利用、学校经费的预算和支出。

中小学校长是学校董事会的成员,也是学校日常事务运作的指挥者和组织者。作为学校的最高行政人员,校长肩负着艰巨的责任与使命。因而,也需要严格的选拔条件。

3. 俄罗斯的中小学校长负责制

苏联实行校长负责制,俄罗斯继承了这一制度。校长由学校集体选举产生,也可以由学校委员会聘任,还可以由创办人任命。但校长负责制得到充分体现,校长既是校务委员会的主席,也是学校的最高执行长官。由于俄罗斯明确学校独立的办学实体的法人地位,校长还是学校的法人代表,负责组织学校的日常教育教学活动和对外交流。

---

① 马健生. 比较基础教育[M]. 南京:江苏教育出版社,2008:35-36,73-74,198,248.

现今的俄罗斯秉承学校自治和民主管理内部事务的办学原则。学校管理的主要权限有三项：学校贯彻执行国家教育政策和教育标准，并向上级机关负责；学校在教学活动、人事、经济、社会服务、国际交流合作等方面享有自主权；学生、家长、教师以及社会各界人士都可通过多方组成的学校委员会参与学校管理。

4. 日本的校长负责制

日本学校实行校长负责制，学校的教职工成员包括校长、教头、教谕、养护教谕及办事员等。校长负责贯彻学校教育法，负责校务，并且负责所属教职员的工作；教头协助校长掌握教务和儿童教育，并且在校长缺席的时候代理校长的职责；教谕负责掌管学生的教育；养护教谕负责学生的健康管理。必要时，学校还要聘请办事员，专门负责处理学校行政事务。

国外中小学校长负责制对我国校长负责制改革的启示如下①：

一是重视校长权力的合法性来源，建立清晰的权力结构。西方大多数国家中小学校长的产生分为两个步骤：公开聘任或民主选举，再由政府或教育行政部门任命。其权力首先来源于公众赋予和竞聘者自身的专业权，然后是政府确认。重视在学校管理中形成横向平行型的权力结构。

二是健全校长权力运行机制。校长一人掌握了学校的人事、教学和财务各项权力，由于制约校长权力的民主监督机制还不完善，容易产生校长专权专断、党组织的监督保障作用降低、教代会的民主权利萎缩等问题。西方国家中小学校长权力运行依赖其制衡机制："一长制"与委员会制相配合，注重学校内部权力的分散和参与，多元利益和权力主体互相制衡，家长、教师、学生、社区、社会知名人士等以合法身份参与学校管理，校长权力结构趋于合理，使校长权力处于多方面利益主体的制衡中。

三是完善中小学校长管理制度。实行校长公开选拔、竞聘上岗，探索实行校长职级制，并出台专门法律如《学校法》来规范学校基层党组织、教职工代表大会、教师工会等机构与校长负责制的关系，在保障校长负责制的前提下有效约束和监督学校管理，是完善校长负责制的未来发展趋势。

二、校长的角色与专业

苏联教育理论家和教育实践家苏霍姆林斯基曾说过："一位好校长就是一所好学校。一所好学校必然拥有一位好校长。"显然，一位素质高、业务精、能力强、有人格魅力的校长在很大程度上决定着学校的生存与发展。

(一) 校长的角色

校长工作是多方面的，与这些工作对应的角色也是多样的。斯佩克(M. Speck)对校长角色做了迄今为止最经典的划分，即校长有三个职业角色：管理者、教育者和领导者。②

---

① 张东娇.中国与西方国家中小学校长职位权力的比较分析——兼论"校长负责制"和"校长管理制度"[J].比较教育研究,2005(7):53-54.

② M. Speck. The Principalship[M]. Prentice Hall Inc., 1999:33.

校长作为管理者的主要职责包括：筹备与计划学校各项工作；对具体工作进行命令、指挥和协调，组织教职员工实施各项工作；通过循环反馈系统对教育教学工作进行控制；对教职员工和工作效果进行评价，并指导工作改进。

校长作为教育者的主要职责包括：审查研究计划和示范性的教育活动方案；督促教育教学计划实施；对教师教学工作进行视导；指导并促进教学研究；建设学习型教师团队，改进对学生的服务质量；监测学生发展情况。

校长最重要的角色是领导者。校长由管理者向领导者转变是教育新使命和新课程改革的必然要求，是教育行政管理改革的必然要求，是现代学校管理的必然要求。[①] 校长作为领导者又可以划分为五个分角色：

第一，发展战略的引领者。作为发展战略的引领者，校长要做好学校长期的发展规划和不同阶段的工作计划，同时要营造有利于发展的学校文化。校长需要准确判断学校自身的优势与劣势，科学论证并制订合理可行的学校发展规划；善于把握教育形势的发展变化，明确各阶段的工作重点，提出适当的工作策略和有力的行动措施；继承发扬学校的优良传统，形成独特的学校文化，建设优雅的校园环境。

第二，管理机制的创设者。作为管理机制的创设者，校长应在校内建立以"科学管理、民主管理和依法管理"为特征的管理机制。科学管理要求搭建一个结构合理、素质过硬的领导班子，形成科学的集体决策机制；民主管理要求校长能够充分发挥党支部、工会、教代会等机构的民主监督功能，保证各项决策在教职工中获得较高的认可度；依法管理要求校长领导学校制订规范的办学章程，不断完善各项规章制度，根据形势变化进行制度创新，严格按照有关规章制度开展具体工作，保证制度执行到位。

第三，人力资源的开发者。作为人力资源的开发者，校长要努力打造两支队伍，即专职教师队伍和行政管理人员队伍。对于专职教师队伍，校长需要有效引导教师提高师德水平，准确了解教师的专业发展需求，合理指导教师制订职业生涯规划，为教师提供丰富的专业发展机会，科学评价教师工作，建立特定教师群体的培养机制；对于行政管理人员队伍，校长需要根据每名教职工的特长与优势安排、调整管理岗位，设计合理的学校后备干部培养和选拔机制。

第四，教学活动的引领者。作为教学活动的引领者，校长要积极推进教育改革、指导教师教学活动和组织教师进行教学科研。校长要掌握先进的教育教学理念，积极推动课程与教学方法改革；抓住教学管理各个环节的要点，科学指挥教学活动，有效监控教学质量；定期听评课，指导教师的课堂教学实践；积极组织教师申报教研课题，有效指导教师从事教学研究活动。

第五，内外资源的保障者。作为内外资源的保障者，校长应合理统筹和利用校内资源、获取广泛的社会资源。前者要求校长合理安排、使用和监控校内各种资源，最大效度地发挥其效能。后者要求校长注重优化学校的外部环境，密切家校合作关系，争取上级主管部门的支持，促进校际交流，充分挖掘和获取社会办学资源。

---

① 褚宏启，刘传沛.校长的管理智慧[M].北京：教育科学出版社，2011：9.

(二) 校长的专业素养

校长的专业素质是指从事教育领导工作应该具备的身心品质。有学者提出校长应具备广阔的视野、宽厚的胸襟、阳光的心态、法治的精神、规范的操守、渊博的知识、专业的能力和健康的体魄。①

也有学者对美英等国校长素质要求进行比较,指出各国普遍重视的校长专业素养包括:校长职业品质、专业知识、实践经验和教育领导能力。

对于校长来说,系统而明确的专业知识体系是专业素养的重要维度之一。衡量校长专业知识是否达标有三个标准:一是效用标准——"有用",即能为校长工作提供有效的智力支持,有助于校长提高工作效率和效能;二是数量标准——"够用",即建构起完整、系统、全面的知识体系;三是质量标准——"好用",即知识体系中的知识在逻辑上具有内在一致性,不能相互矛盾。数量标准和质量标准是效用标准的具体化。

从专业知识结构来看,应该包括教育理论知识、教学和学科知识以及领导与管理学知识三个方面,具体包括政治理论知识与国情知识、教育政策法规知识、领导学知识、管理学知识、学科教学知识、教学论知识、教育学原理知识以及与学校教育有关的自然科学、人文社会科学等基础知识。

从知识的类型来看,校长需要的是实践性知识,而不是学术性知识。前者是以现实为导向,以问题为中心;后者以理论为导向,以建构为中心。校长专业知识应该由实践性知识而不是学术性知识构成。诚然学术性知识具有重要的理论价值,但必须经过转换成为实践性知识才能成为校长专业知识的构成要素。

专业能力主要是指教育领导者有效开展领导或管理工作所必备的个性心理特征和实际技能。具体来看,校长应该具备四项核心专业能力:一是领导策划能力。有抱负、使命、计划和价值观,深信所有学生皆有学习能力,并具备引领改革及处理变革的能力。二是领导教学工作的能力。提高学与教的课程的质量,加强教职员工的持续专业发展和问责精神,善于根据数据做出决策的能力。三是领导组织的能力。重视人际关系、文化建立、分权问责、团队协作、沟通、资源规划和管理能力。四是协调社区关系的能力。了解学校在社区所发挥的作用,与家长和其他社区人士保持紧密联系,善于利用社区资源,培养学生具有国际视野。

专业知识和专业能力解决教育领导者"会不会"和"能不能"的问题,专业精神强调教育领导者"愿不愿意"的问题。专业精神包括专业道德、专业理想、专业自我。校长作为学校领导者一定要有"想干事、能干事、干成事"的精神,三者缺一不可。专业道德是校长为更好地履行职责,维护其专业地位和声音制订的自我约束的行为规范,体现为良好的个人品德与修养、责任感、职业道德与奉献精神。专业理想是使教育领导者成为专业人员的支柱,具体包括领导观、管理观、教育观、课程观、教学观、教师学生观等职业观念。专业自我是保证校长不断自觉地促进自我专业发展的内在主观动力,包括执着的职业追求和强烈

---

① 张俊华. 教育领导学[M]. 上海:华东师范大学出版社,2008:53-60.

的专业发展意识,不断学习的意识和较强的学习能力。

(三) 校长的专业标准

专业标准是衡量职业是否发展成熟成为一门专业的标志和尺度。校长的专业标准能够明确校长工作的重要领域以及相应的知识、态度和行为等内在结构,为制定校长资格、聘任、培训、考核、晋升、薪酬等校长管理制度提供依据,并为校长专业发展提供目标愿景、行动框架和评价标准。20世纪90年代,美国、英国、新西兰先后建立起校长专业标准,这些国家的校长专业标准具有一定的共性:一是各国标准都要求校长成为有力的教学领导者,为学生提供高质量的教育水平;二是标准涵盖了校长的职责、角色、知识、能力四个核心维度;三是标准直接用于指导校长专业发展活动。2013年,我国教育部颁布《义务教育学校校长专业标准》,主要包括以德为先、育人为本、引领发展、终生学习四个基本理念以及引领学校发展、营造育人文化、引领课程教学、引领教师成长、优化内部管理、调试外部环境六个核心维度和18个二级指标、60个观测点。

表 2-1 各国校长专业标准对照表

国别标准	校长专业标准的主要内容	所设指标(单位:项)	结果的运用
中国	引领学校发展;营造育人文化;引领课程教学;引领教师成长;优化内部管理;调试外部环境	能力与行为(24项);知识与方法(18项);理解与认识(18项);共计60项	本标准是对义务教育学校合格校长专业素质的基本要求,是制定义务教育学校校长任职资格标准、培训课程标准、考核评价标准的重要依据
美国	创建学习愿景;领导教学;学校组织管理;学校公共关系;校长个体行为典范;校长与社会互动	知识(43项);态度(43项);绩效(96项);共182项分指标	被广泛接受并推向了全国,30多个州用于改进学校领导者的培训项目、评价等
英国	规划未来;指导学习和教学;自我发展和与人合作;管理组织;承担责任;加强与社区的联系	知识(49项);专业素养(52项);行动(48项);共149项分指标	将用来招聘校长以及制定绩效管理流程。它们也将被用来在全国校长专业资格框架内评估校长的绩效,是用于指导和管理校长专业教育行为的整体资源的一部分
新西兰	专业领导;学校战略;人力资源管理;学校公共关系管理;学校财务管理;其他工作要求	没有设置分指标。六项标准内容下列举工作表现共22项	专业标准直接并入所有校长的职责履行协议当中,作为校长绩效考核的部分评价标准,并以此作为校长薪水增长的依据

三、校长的专业发展

(一) 校长专业发展内涵与特征

校长是履行学校领导与管理工作职责的专业人员。校长专业化主要体现在校长个体与群体两个层面。从职业群体的角度看,校长专业化就是指校长职业由准专业阶段向专业阶段不断发展的过程;从个体角度看,校长专业化就是校长专业发展,是校长内在专业结构不断更新、演进和丰富的过程。① 校长专业发展具有五个特征:第一,校长专业发展是终生的,校长专业发展贯穿职业生涯始终,应针对不同的校长专业发展阶段设计不同的专业发展内容,采用不同的引领方式;第二,校长专业发展的阶段性,校长的成长需经历"新手校长—熟练校长—能手校长—教育家"的演化过程;第三,校长专业发展的自主性,校长不仅是校长专业发展的对象,更是自身专业发展的主人,有权决定自身发展的内容、形式、速度和程度;第四,校长专业发展的多样性,校长们对本职工作有着不同的认识和理解,在本职工作中形成了各具特色的实践智慧,自然会对自己如何发展进行不同的设计与计划;第五,校长专业发展的全面性,校长专业发展不仅要关注校长专业知识和专业能力的拓展,更要关注校长专业道德、专业情意等专业素养、专业品质方面的发展。

校长专业化发展是内、外因共同作用的结果。根据辩证法,外因通过内因起作用,内因是校长专业发展的根本动力。校长专业发展的根本途径是通过外在因素,激发校长自主专业发展意识,从而形成持续的内在专业发展动力。一方面,校长应该学会自我学习,最主要的途径是依据知识理论,优化学习方式;另一方面,注重外在因素对校长专业发展的促进作用,最直接的方式是校长培训和校长管理制度。

(二) 校长职级制

校长职级制是近年来校长人事管理制度改革的重要探索。校长职级制是人事分类管理制度的具体形式,是根据校长专业发展程度的差异,对具备不同德识、知识、能力和业绩的校长进行科学分类,从横向上将校长与教师、学校内部的行政管理人员以及行政机关公务员进行区分,形成独立的职务体系;从纵向上划分为若干等级,形成一定结构和跨度的职业阶梯,对不同等级的校长实施不同管理方式的制度。② 校长职级制整个制度体系包括四个核心:一是根据校长的能力、德识、业绩划分校长职级序列;二是设计评价指标体系,规定评价方法和评价程序对校长职级进行评定;三是依据职级结构制订配套的晋升制度;四是设定与校长职级序列相匹配的校长职级待遇。上述四项工作核心分别对应校长职级分类与标准、校长职级评价制度、校长职级晋升制度和校长职级薪酬制度。其中,分类标准与评价制度是晋升制度和薪酬制度的依据,而晋升制度和薪酬制度组合成为典型的激励制度。

导向功能与激励功能是决策者赋予校长职级制的使命。校长职级制的导向功能体现为帮助校长明确校长的地位和角色,为校长提供思想与行为模式,使其充分适应校长的场域,为校长的发展提供目标机制,为校长的活动提供方向指引,将校长引向专业化发展的道路,同时通过确立校长分类标准,为校长管理制度体系的完善提供依据。校长职级制的激励功能体现为,通过多元激励手段的运用对校长利益进行重新分配进而支配校长的行为,规范校长的行为方式选择,鼓励与促进校长工作积极性与专业发展行为。

深化我国校长职级制改革的关键在于设计科学完备的职级制制度方案,保证多取向

---

① 褚宏启,杨海燕等.走向校长专业化[M].上海:上海教育出版社,2008:7-9.
② 王刚.我国中小学校长职级制改革研究——以中山市为例[D].北京师范大学博士论文,2010:5.

改革目标实现,进而创设职级能上能下、待遇能高能低、岗位能进能出,有利于优秀校长脱颖而出的优胜劣汰的竞争机制;有效激励校长工作积极性、提升校长实施素质教育办学实绩的激励机制;以及深化校长个人认知和职业认知,以评价促进专业发展的矫正导向机制。具体措施如下①:

一是合理划分校长职级阶梯。划分职级序列应以校长职业生涯阶段理论为依据,结合校长成长周期年限研究的相关成果加以确定。道尔顿(Dalton)和汤普森(Paul Thompson)的职业生涯四阶段论及校长从上岗到成熟需用 12—19 年的研究结论可作为重要的参考。根据综合理论研究与实践经验的结论,校长职级序列可以划分为四个基本的职级,每个职级分为二至三等较为合适。

二是创设科学的校长职级评价模式。应在全面准确地分析与掌握校长所需的素质结构的基础上,从校长的专业素养、领导过程与工作业绩三个维度评价其专业发展程度的差异。坚持多元评价方法,将客观评价与主观评价、定性测评与定量测评、静态测评与动态测评、要素测评与行为测评、分项测评与综合测评结合起来,还应重视评价反馈,强调职级评价促进发展的价值。

三是设置独立的校长职级序列。应将校长职级纳入专业技术职务体系之中,确认校长职级与教师职称具有同等的法律地位,使校长职级与校长的声望、权利和财富真正地联系起来,鼓励校长终生从事学校领导职业。应拓宽校长职级制与其他晋升通道的对应与关联,增加职级晋升通道的可容性,建立起本质上的校长晋升的多阶梯制度。同时,调整职级晋升的难易程度,设置自然晋升、破格晋升和训勉降级相结合的晋升管理模式。

四是建立以能力和绩效为基础的"双核"薪酬体系。应建立以能力和绩效为基础的"双核"薪酬体系,使代表能力的等级工资与代表办学业绩的绩效工资成为职级薪酬的主体。应将校长职级薪酬纳入绩效工资改革体系之中,逐步提升变动薪酬的比例,强化职级薪酬的激励功能,由高稳定模式向折中模式转变。采用累进级差与等比级差相结合的设计模式,适当加大等级之间的差距,形成适应校长职业的薪酬体系。

第三节 教师聘任制

教师是学校最重要的人力资源。教师任用的前提工作是确定岗位与人员编制,然后是任用方式的选择与任用程序的规定。其中,任用方式主要有派任制和聘任制两种,前者是政府委任的行政方式,或者是签订契约的法律方式。新时代,学校要深化教育体制改革,建立适应市场经济和素质教育要求的学校人事制度,引入竞争机制,激进队伍活力,择优上岗,形成有效的激励与约束机制,促进教职工队伍的整体优化,确保学校办学质量与效益的全面提高。伦恩伯格在其所著《教育管理学:理论与实践》一书中认为,教师人力资

---

① 王刚.我国中小学校长职级制改革研究——以中山市为例[D].北京师范大学博士论文,2010:143.

源管理过程包含六个步骤:人力资源计划、招募、甄选、培训和开发、绩效评价以及薪酬支付,本节主要从教师聘任、教师专业发展以及教师培训来论述。

一、教师聘任制

学校人事任用制度中最具有密切关系的两种制度是教师的职务制度和聘任制度。新中国成立后,我国实行的是任命制或派任制。1986年,我国开始改革职称评定制度,实行专业技术职务聘任制度。1994年1月1日起实施的《中华人民共和国教师法》,其中第十六条规定"国家实行教师职务制度",第十七条又提出"学校和其他教育机构应当逐步实行教师聘任制"。至此,各学校教师任用由计划分配转向教师聘任。推行教师聘任制度对建立一支合格稳定的教师队伍,提高教师的社会地位和待遇,促进教师合理流动,增强教师队伍活力,调动教师教书育人的积极性,提高教育教学质量,具有重要意义。

(一) 教师任命制与聘任制

教师任命制是在定编、定员、定岗、定职责的基础上,按照确定的学校教师职务的结构比例,由教育行政部门对符合任职条件的教师进行任命,任期由学校根据工作需要确定,教师的升、迁、转、调、退均由教育主管部门统一管理。

教师聘任制面向社会公开招聘,平等竞争,聘任过程公开化,实现了教师就业机会的均等。教师聘任制是一种灵活的用人形式,学校根据教师的职称结构、学历结构、年龄结构、个性气质等结构,按岗位任职要求选择合适的任职人选,教师凭实力上岗,学校择优录用。教师聘任制引进竞争激励机制,破除教师职务终身制,形成持续有效的调动教师积极性、优化教师队伍、提高教育质量和办学效益的人事管理机制。

我国目前正全面推行教师聘任制。这是一种以教师职务为基础的岗位聘任制度,通过双向选择,以合同的形式聘请教师的制度。主要是学校按工作任务需要设置教师职务岗位,明确岗位职责和任职要求并按岗位任职要求选择合适的任职人选,学校与受聘教师签订聘约,明确聘期和双方的权利、责任和义务;受聘教师在任期内履行相应的岗位职责,享受相应的职务工资待遇。

根据人事部2002年7月3日发布的行政规章《关于在事业单位试行人员聘用制度的意见》,人员聘用、考核、续聘、解聘等事项由聘用工作组织提出意见,报本单位负责人集体决定,其人员聘用的基本程序是:① 公布空缺岗位及其职责、聘用条件、工资待遇等事项;② 聘用人员申请应聘;③ 聘用工作组织对应聘人员的资格、条件进行初审;④ 聘用工作组织对通过初审的应聘人员进行考试或者考核,根据结果择优提出拟聘人员名单;⑤ 聘用单位负责人集体讨论决定受聘人员;⑥ 聘用单位法定代表人或其委托的人与受聘人员签订聘用合同。①

教师聘任制依其聘任主体实施行为不同可以分为以下几种形式。① 招聘。即用人单位面向社会公开择优,选择具有教师资格的应聘人员。② 续聘。即聘任期满后,聘任

---

① 根据2002年人事教育司发布的《关于在事业单位试行人员聘用制度的意见》整理,参见 http://www.gov.cn/gongbao/content/2002/content 61651.htm。

单位与教师继续签订聘任合同。③ 解聘。即由于教师的严重过失,学校不适宜任用该教师,从而双方解除合同关系。④ 辞聘。即受聘教师主动请求用人单位解除聘任合同的行为。

(二) 教师聘任制的内容

教师聘任制主要分为两类:一是教师职务聘任制,二是教师岗位聘任制。前者强调教师拥有相应的职务才能竞聘相应的岗位,而教师的职务是根据教师过去的工作成绩来评定,以此来激励教师更加努力工作,干出工作业绩,竞聘理想的工作岗位;后者则强调要按照岗位的数量和质量要求来聘任教师,既要保证教师的岗位工作能力,又要不突破编制的限制。

教师聘任制是一个完整的制度体系,主要内容包括以下几方面。

(1) 公开招聘制度。教师招聘指的是教育组织为了实现生存和发展的需要,根据其学校人力资源规划和工作需求提出的人员数量与素质要求,以及相关的资格标准,按照一定的规定和程序,寻求和吸引符合并胜任岗位要求的教师。学校招聘面向社会公开,招聘程序公开、公正、公平。公开招聘教师的主要程序包括:发布招聘公告—资格条件审查—组织考试考核—择优确定拟聘人员并公示—审核备案—与受聘人员签订聘用合同。

(2) 竞聘上岗制度。学校聘任教师要按照岗位需求和岗位条件,通过考试、考核等方式公开选拔岗位所需要的人才。按学校发展要求,科学合理地设置各级各类岗位;明确岗位职责、任职条件和聘任期限,通过竞争上岗的方法产生聘任人选。

(3) 聘用合同制度。教师应与学校在平等自愿、协商一致的基础上,签订聘用合同,以契约的形式明确双方的权利和义务。聘约合同书中明确规定岗位职责、工作目标和任务,聘用期限、报酬待遇、工作纪律、违约责任及双方认为需要规定的其他条款。合同要力求详尽,并体现不同岗位的特点和要求。

(4) 定期考核制度。学校应对受聘人员履行岗位职责、完成工作任务的情况进行年度考核和任期考核。考核时以聘约合同为依据,主要考核聘任期间履行岗位职责和完成工作任务情况。任期考核同时与新一轮聘任相结合,任期考核获得优秀等次的可直接续聘;考核合格的可以参加新一轮的竞争上岗;考核基本合格的视情况缓聘半年至一年;考核不合格的不得续聘。

(5) 解聘辞聘制度。学校可以按照聘用合同解聘受聘人员,受聘人员也可以按照聘用合同辞职辞聘。合同期满后若不再续签合同,双方工作关系自行解除,聘用方可按岗再行招聘,而受聘方则有权另谋出路。

(6) 监督检查制度。政府应通过建立人事争议仲裁制度和司法救济制度,保证聘用制度的规范运行。教育主管部门和人事争议仲裁部门应不定期对学校的聘任工作和职数情况进行检查,对违反规定程序和要求开展聘任工作的,应责令改正。学校和受聘人员在履行聘约过程中发生争执的,由双方平等协调解决,也可向教育主管部门协调或依照有关规定申请仲裁。

(三) 教师聘任制的原则

(1) 按需定岗,因事设职。教师被聘任需要具备相应的职务和相应的岗位。所谓岗位,就是根据学校工作的实际需要确定的工作职位。教师岗位设置既要考虑学校工作需要,也要考虑教师的教育教学水平和能力,注意职位分类与品位分类相结合。在此基础上,以岗择人,按岗聘任。

(2) 择优聘任,鼓励竞争。国家规定了学校不同教学岗位的任职条件,这是教师岗位聘任的底线,学校教师聘任应以此为标准,不同地区、不同学校甚至不同学科、不同专业之间的具体任职条件也可以有所区别,但不得低于国家规定的标准。教师岗位聘任应坚持任人唯贤、择优聘任的基本原则,让德才兼备的教师上岗,形成一种能上能下的聘任导向,鼓励教师公开竞争。

(3) 人事相宜,责权利统一。聘任教师上岗不仅要求教师德才兼备,还要考虑教师的特长与岗位要求是否一致,要求做到适人适事。教师上岗要明确职责,按职责授予相应的权利,根据所任职务和工作实绩享受相应的待遇。责权利统一既有利于调动教师工作积极性,也有利于提高学校工作效率。

(4) 地位平等,聘任公平。教师聘任应在双方地位平等的前提下实现双向选择,学校有权聘任或不聘任某位教师,教师也有权接受聘任或拒绝聘任,双方平等、自愿、协商一致,谁也不能强迫另一方。为保证聘任的公平公正,应坚持岗位设置公开、实施方案公开、聘任条件公开、操作程序公开、聘任结果公开。

(四) 完善教师聘任制

(1) 规范教师职务聘任的程序。教师聘任制是教师管理的重要环节,学校管理者要树立依靠教师办学的观念,通过教师聘任优化教师队伍,促进教师发展。同时,基础教育的稳定性大于可变性,共性大于差异性,对于基础教育阶段学校教师的职务聘任,应以稳定为主,教师聘任期限不宜过短。教师聘任的各项规定中应该包括基本原则、受聘者职务的要求、聘任的程序、聘任的方法等。聘任过程中,重点考察教师的履职能力,明确其是否可以完成相应的职务职责。聘任流程做到标准公开、程序公开、结果公开。教师聘任合同的签订程序和签订内容必须合法。可以由教育行政部门以文件的形式规定教师聘用的主要条件,学校根据本校的具体情况制订聘任制实施细则,依法有序地实施教师聘任制。

(2) 完善教师岗位责任制。在实际工作中,每一个岗位都有相应数量和质量的要求。没有岗位,就没有聘任。教师聘任建立在双方自愿的基础上,学校根据岗位要求,聘任具有相应职务的教师担任相应教师职务。学校必须建立一套相对稳定、规范、合理的制度,明确各岗位职责及量化考核标准,对聘任教师进行公平、公正的综合考评。聘任合同中明确规定岗位职责、工作目标和具体任务,以及聘用期限、薪酬待遇、工作纪律、违约责任等。能否被学校聘用,以后是否能续聘,关系到每个教师的利益,只有完善的岗位责任制和公平公正的考评,才会让教师心服口服,教师聘任制才能落到实处。

(3) 慎重对待教师落聘问题。教师聘任必然公开平等、竞争择优、能上能下、能进能出,保证聘任教师和学校双方的合法权益。但也要防止落聘教师成为学校不稳定的因素,学校和上级教育行政部门要加强监管。一是制订教师解聘的执行细则,使教师解聘有据可依。《中华人民共和国教师法》第三十七条规定,教师有下列情形之一的可以解聘:故意不完成教育教学任务给教育教学工作造成损失的;体罚学生,经教育不改的;品行不良、侮

辱学生,影响恶劣的。这些规定在执行中弹性较大,为了确保公平,需要制定细化量化的执行标准。二是完善教师聘任的监督保障制度,防止教师聘任制演变成拉帮结派、排斥异己的工具,影响学校的和谐发展。三是积极应对教师聘任过程中出现的新问题,如成立教师人事争议调解委员会,调解教师聘任纠纷;为落聘教师提供各地用人信息,方便教师应聘;为落聘教师提供培训学习机会;等等。

二、教师专业化

"百年大计,教育为本,教育大计,教师为本。"教育发展,教师要先行。而教师的专业化程度是教育质量的决定性因素。教师专业化的研究视角有两种:一种是社会学的视角,另一种是教育学的视角。社会学视角的教师专业化注重教师专业素养与教师社会地位的关系,教育学视角的教师专业化注重教师专业素质与教师专业服务水平和效果的关系。下面从教育学视角探讨教师专业化。

(一)专业化的含义

教师职业经历了一个漫长的发展过程后,才成为一种专门化的职业。最初的教师是由长者、官吏、神父来担任的,并不是一种专门的职业,教师成为一种专门职业是在现代学校系统产生之后。1966年,联合国教科文组织和国际劳工组织发布《关于教师地位的建议》,首次以官方的文件形式明确指出:"应把教育工作视为专门的职业,这种职业要求教师经过严格的、持续的学习,获得并保持专门的知识和特别的技术。"至此,教师专业化才逐渐被各国普遍认同。

从"学科"含义上讲,专业化是指进入某学科的人员按照该专业的标准,规范化地发展该学科的过程。从"职业"含义上讲,专业化是一个普通的职业群体在一定时期内,逐渐符合专业标准,成为专门职业并获得相应的专业地位的过程。专业是一种职业,但职业不一定是专业。教师专业化是指教师在整个职业生涯中,通过终生专业训练,提高教育技能,体现专业精神,由普通教育工作者逐步成长为优秀教育工作者的专业发展过程。从教师角度看,教师专业化的内涵包括专业知识技能、专业道德、专业自主和专业组织等方面。教师专业化贯穿于整个教师生涯中,其发展过程不仅是一种认知过程,同时还包括情感、价值、需要等多方面变化的动态过程。从社会角度看,教师专业化的内涵包括:① 学科专业性与教育专业性;② 国家有教师教育专门机构、专门教育内容和措施;③ 国家有教师资格认定制度;④ 教师专业化是一个发展概念,是一个不断深化的过程。事实上,教师工作既是一种职业,也是一种专业。教师职业化、专业化是一种相互促进的关系。一方面,职业化是专业化的前提,教师工作的专业化是在职业化的基础之上对更高的专业服务水平和效果的追求;另一方面,专业化也会进一步推动促进教师职业化,使教师的职业化地位和专业声望得以凸显和巩固。

(二)教师专业标准

教师专业标准是教师专业发展的重要依据,是教师教育教学活动科学有效的重要指导,是教师在教育教学活动中应该具备的观念、行为和态度的具体规范。教师专业标准是提高教师队伍整体素质的重要保障,只有达到教师专业标准的人才能进入教师队伍的行列,才能从事教师职业,这对于加强教师队伍的管理、提高教师队伍的整体素质、保障教育事业科学发展具有重要意义。教师专业标准是对于教师的品德、知识、能力等都做出具体的规定,提出明确的要求,这就为教师个人、学校、教育行政部门等提供了明确的努力方向和努力目标。这对提高教育教学质量,保障教育教学的规范性,更好地促进学生的发展都具有重大意义。

《国家中长期教育改革和发展规划纲要(2010—2020年)》明确提出,要建立高素质专业化的中小学教师队伍。教师专业标准是教师队伍建设的基本准则,是教师专业化的重要保障,在教师队伍建设中具有基础性、先导性和全局性的作用。教育部于2012年颁布中小学教师专业标准试行草案,包括"三个维度、十四个领域、六十一项基本要求"。"三个维度"是专业理念与师德、专业知识和专业能力;在各个维度下,确立了四至六个不等的领域;在每个领域之下,又提出了三至六项不等的基本要求。该文件还对如何实施中小学教师专业标准提出了建议,要求各级教育行政部门、教师教育院校、中小学校以及教师自身将专业标准作为教师队伍建设、教师培养培训、教师管理、教师自身专业发展的重要依据。

(三) 教师专业发展的影响因素

教师专业化既是政府等社会环境的责任,也是学校和教师个人的责任。

社会舆论是影响教师专业发展的重要因素,包括社会舆论定位、教育政策、不同行业的地位差异、家人的支持程度等。社会心理学认为,一个人的发展在很大程度上取决于社会心理环境。社会经济文化的发展水平,全社会对于教育与教师地位、价值的认识和看法,教育改革与发展对学校教育和教师的要求,教育行政部门对教师培养和发展的政策导向、奖惩机制等,作为社会环境因素影响着教师成长,特别是影响教师的专业发展。全社会尊师重教的良好氛围,教育改革对教师提出的挑战和要求,教育行政部门重视和鼓励教师成长发展的良好政策导向,将为教师专业发展创造良好的环境空间。2018年9月10日是第三十四个教师节,全国教育大会在北京召开,习近平总书记在会上强调,教师是人类灵魂的工程师,是人类文明的传承者,承载着传播知识、传播思想、传播真理、塑造灵魂、塑造生命、塑造新人的时代重任。全党全社会要弘扬尊师重教的社会风尚,努力提高教师政治地位、社会地位、职业地位,让广大教师享有应有的社会声望,在教书育人岗位上为党和人民事业做出新的更大的贡献。尊师重教这种优良的礼仪风气和社会风尚有赖于整个社会风气和全民思想的培植。

学校是教师进行教育教学工作的主要场所,更是教师专业发展的主阵地。学校的工作氛围、领导的管理水平、学校的制度建设等,对教师的专业发展有着重大的影响。学校是否营造一个宽松、开放的成长氛围,是否制定目标规划、明确教师的培养要求,是否实行民主管理、激发教师的自我发展需求,是否建立多种渠道、关注教师的成长,等等,直接影响着教师的专业发展水平。群体组织对于个体成长有十分明显的影响,学校组织的活力,教师群体的工作作风、人际关系、修养水平,教师之间的相互学习、交流、合作和竞争的状态,构成教师个体成长的心理环境,极大地影响着教师的专业发展。

教师个人是影响教师专业发展最直接、最主要,也是最根本的因素。个人因素包括教师对于职业价值的认识和追求,教师自主发展的需求和教师应对教育改革挑战的态度和能力。教师自身的专业结构,如专业理念、专业能力、专业态度等,是从根本上影响教师专业发展的关键因素,其中专业理念又是最根本的。教师的专业理念是教师对教育、学生以及学习等问题的基本看法。教师的专业理念的发展主要是指教师在职业生涯中不断适应教育的需要,更新教育观念,形成正确的教育观、学生观、教师观、人才观和质量观,以志存高远、爱岗敬业、为人师表、教书育人的精神,勇于改革创新,与时俱进。

(四) 教师专业发展的策略

教师不是孤立存在的,他生活、工作在一定的教师群体之中,群体组织对于个体成长的影响和作用是十分明显的。

1. 学校管理者制定教师专业发展规划

学校在教师专业化发展的过程中,应结合办学理念、办学条件、办学规模等,积极探索切合本校实际的教师专业化发展道路。教师专业发展规划是指学校管理者根据学校的发展需要以及教师素质的实际状况,对本校教师的专业发展分类、分阶段做出安排。校长应该根据教师的特点,树立长远的效益观念,对教师的职业目标和预期成就,在人才引进、使用、培养等方面进行战略性科学规划,为教师专业发展提供宽松的成长环境,搭建良性的竞争平台,构建良好的制度与文化氛围,促使教师形成鲜明的自主发展意识,激发师资队伍的活力。

首先,校长应把教师专业发展纳入常规工作中,像抓教育教学工作一样重视教师专业发展工作。其次,正确定位教师的发展目标。校长应了解教师的成长规律和发展特点,结合教师成长的不同阶段,帮助教师合理定位,确立不同阶段不同时期的职业发展目标,制定出短期的和长期的专业成长目标,指导教师尽快缩短入职适应期,突破发展的高原期,安然度过职业发展危险期,并保持成熟期应有的职业水平。再次,教师专业发展规划要与教师职业生涯规划相配套,并为教师的专业发展提供制度、物质、智力上的支持,结合教师专业发展规划考评教师的专业发展状况。最后,应把教师专业发展规划的落实状况作为考核学校管理者的一项重要指标。

美国斯坦福大学心理学教授卡罗尔·德韦克认为:人的思维方式可以分为两种,即成长型思维和固定型思维。不同的思维方式对世界和对个人的影响各异,成长型思维更加有利于新教师的成长,工作后要有意培养这种思维。拥有成长型思维的人,将乐于接受挑战,积极扩展自己的能力,这是未来发展最需要具备的能力。

表2-2 成长型思维与固定型思维的人面对事务的态度及行为

面对事务	思维类型	成长型思维	固定型思维
成长		主动成长	无奈跟随
学习		终身持续	学生时代
事物		勇于探索	维持工作

(续表)

思维类型 面对事务	成长型思维	固定型思维
挑战	迎接挑战	规避挑战
变化	拥抱变化	痛恨变化
机会	寻找机会	关注限制
可能	凡事皆有可能	改变无能为力
批评	思考不同意见	抵制他人的看法
成功	暂时的辉煌	一生的资本
失败	成功之母	知难而退

2. 教师树立专业发展的责任主体意识

教师是专业发展的主体，必须增强专业发展的责任感，提升自我追求、自我发展的意识，教师发展的内驱力是自我专业发展的需要和意识。所谓自主发展意识，就是强调教师做自己专业发展的主人，积极主动地提升自己的专业素养。英国课程专家 L. 斯腾豪斯（L. Stenhouse）认为，教师专业发展的关键在于专业自主发展的能力。作为教师，在促进学校发展、促进学生成长的同时，应该多一点自主意识。澳大利亚学者凯米斯（S. Kemmis）从教师自主的角度探讨过教师专业化的问题，深感教师少有研究意识，而且严重缺乏专业自主，尤其缺乏集体层面上的专业自主。没有自主发展意识，就会失去专业理想和追求，即使再好的继续教育培训，再好的校本教研，也都可能是被动发展，往往痛苦而低效。只有不断树立更高的追求目标，强迫自己付出更多的努力，不断地用新的知识充实自己，才能使自己的专业能力更高超纯熟，专业视野更开阔宽广，专业积淀更丰厚扎实。因而他力主教师通过亲自进入研究来解放自己和自己的专业，使教学变成"研究式的教学"。

教师专业发展的立足点不仅在于对学生的责任、对学校的责任，更重要的是要立足于对自我发展的责任。教师的职能不仅具有"教"的工具性，也有"学"的主体性。尤其是在现代社会知识更新速度加快和信息来源多元化的情况下，教师需要不断地回归受教育的过程，才能保证专业素质的持续发展。

3. 明确恰当的发展路径

学校教师发展的具体路径有三种：一是走理论与实践相结合的道路；二是走注重教育教学经验与技能的道路；三是走注重提高教育理论与科研水平的道路。三条路径无所谓优劣，都能成就优秀的智慧型教师，但其发展策略有所不同。第一类教师在专业发展的任一阶段，要矢志不渝地保持教学技能与教学知识的和谐发展，不断注意理论知识与实践经验的合理互动与转换，保持结构的合理与比例的平衡。要做到这一点，必须有清晰的专业发展目标和科学的发展策略，能及时得到专家的指导，并拥有锲而不舍的专业自主发展动力。第二类教师在专业教学中会有较快的发展，并容易获得外界的认可，但往往会因理论知识的欠缺与知识结构的不完善，导致视野不开阔，眼界不高，缺乏发展的后劲，很难有较大的突破。因而这类教师要尽可能充分利用自己的先发优势，抓住各种有利的时机，加强系统的理论学习,全面提升自己的专业知识和理论素养,实现理论与实践的融合,创建自己的教育行动理论。第三类教师的发展起点高,难度大,要注重将理论知识与实践需求有机结合,及时弥补教学技能的不足,要用科研成果反哺教育教学,提高教育效能。事实上,对于教师专业发展策略,无论是哪种选择,都要注意扬长补短,突破高原期,保持可持续发展的潜力和后劲。

三、教师培训

教师培训是教育人力资源管理的一个重要内容。一方面,可以帮助教师充分发挥和利用其人力资源潜能,更好地实现其自身价值,提高教育教学效能,增强对学校的归属感和责任感;另一方面,加强教师的培训和发展是政府和学校应尽的职责之一,高效的教师培训能提高教师的素质,从而提高育人质量。

(一) 教师培训的内涵

教师的培训是指国家或学校通过培训和开发项目改进教师"能力水平和组织业绩的一种有计划的、连续性的工作"①。教师培训的目的是提高教师的基本素质和专业水平,使其获得目前工作及未来工作所需的知识和能力。

"设置培训目标将为培训计划提供明确方向和依循的构架"。培训目标主要可分为三大类:一是技能培训;二是知识的传授;三是态度的转变。② 当前,对中小学教师的培训应该着眼于知识、技能还是观念,需要学校管理者根据学校教师队伍现状决定。事实上,教师培训目标选择上述三类中的哪一类都与教师本人所处的职业生命周期、职业生涯规划和学校对教师的需要等多种因素有关。比如,对于新入职的教师来说,涉及具体的教学技能操作训练是不可缺少的;而对于教学经验丰富的骨干教师,认识和态度的转变、思维性的活动则是培训的主要目标。教师培训可分为校外培训和校内培训。

2011年,教育部颁布《关于大力加强中小学教师培训工作的意见》,以实施"国培计划"为抓手,推动各地通过多种有效途径,有目的、有计划地对全体中小学教师进行分类、分层、分岗培训;之后五年,对全国1 000多万教师进行每人不少于360学时的全员培训;支持100万名骨干教师进行国家级培训;选派1万名优秀骨干教师海外研修培训;组织200万名教师进行学历提升;采取自主研修培训、学术交流、项目资助等方式,促进中小学名师和教育家的培养,全面提升中小学教师队伍的整体素质和专业化力。

(二) 教师培训的方法

1. 专家指导法

即请专家到培训现场进行指导的方法。

(1) 专题讲座。即根据教师培训需要选择某一专题,聘请专家或其他人员举办专题

---

① [美]R. 韦恩·蒙迪,罗伯特·M. 诺埃. 人力资源管理[M]. 6版. 葛新权,等译. 北京:经济科学出版社,1999:21.
② [美]伦恩伯格,奥斯坦. 教育管理学——理论与实践[M]. 孙志军,等译. 北京:中国轻工业出版社,2004:475.

讲座,使教师对这一专题有比较清晰的理解。在此基础上还可组织讨论,使教师结合实际进一步理解和掌握,明确如何应用。

(2) 临床诊断。专家、科研人员、培训者与任课教师合作,有目的地对课堂教学过程进行严谨的、理性的观察,课后面对面地进行分析讨论,向教师提出改进教学的策略和方法。它一般包括课前准备、现场观察、课后分析、反思讨论、形成报告五个步骤。培训者对受训者所开列的诊断"处方"一般针对性都很强,能有效地促进教师专业能力快速发展。专家和培训者还可深入到教师中间,对教师教育教学实践中遇到的问题和困难进行收集、分类、整理,然后组织教师对各个问题逐一进行讨论,并形成解决问题的方法。其一般步骤是:提出问题、讨论交流、专家点拨、反思总结。问题讨论法要引导教师自己提出问题、自己分析问题、自己解决问题。

(3) 案例分析。把教育教学中某一有意义的问题情境作为案例进行分析,找出其中的得与失并分析其原因,提出改进与发展的对策,从而达到提高教师素质的目的。案例分析具体流程如下:第一步,描述教育教学中有意义的事件,写成案例;第二步,在小组中对案例进行讨论分析;第三步,小组成员提出解决问题的多种对策;第四步,主持人概括、总结;最终形成一种或几种解决问题的方案。

(4) 视听法。即利用录音、录像、幻灯、VCD、电脑等多媒体技术对教师进行培训。由于条件限制,请专家到学校或培训点举办讲座或进行现场指导时,可以把专家的观点录制下来带回学校供教师们学习。这些视听材料可以反复播放,教师能根据自己的需要来决定学习的速度。

2. 同伴互助法

同伴互助是一种灵活互助而又非常有效的培训形式。它可以实时、灵活选择培训对象,培训内容针对性强,培训时间和培训方式可灵活处理,培训者与受训者之间距离容易贴近,信息沟通简捷,培训过程易于调控。同伴互助法也可通过专家指导来完成,有下列几种具体形式:

(1) 师徒结对。即"青蓝工程",是指采用师傅带徒弟、一帮一的方法来培训教师的方法。通常由新教师拜老教师或骨干教师为指导教师,由师傅具体负责传授经验、指点迷津。对经验不足的年轻教师,这种方法尤其适合。在实践中,师徒俩的经验常常是互补的,他们相互启发、相互学习、共同进步。

(2) 榜样示范法。通过发挥先进模范人物的榜样示范作用带动教师队伍整体素质的提高。可以邀请学校中的骨干教师与培训教师对话,让骨干教师现身说法,展示他们的教育思考和实践历程。学校也可以采取设立标兵榜、激励台,举办优秀教师报告会等形式,大力宣传榜样人物的先进事迹。

(3) 课题研究。从学校和教师的实际需要出发,通过组织教师参与教研教改活动,来提高教师的教育科研能力。在课题研究过程中,学校组织教师学习新理论、接受新理念、实践新方法、摸索新经验、创造新成果,在教学实践中不断提高教师的研究水平,引导教师成为主动、自觉的研究者,努力使教师发展成为"学者型""研究型"教师。课题研究要坚持理论联系实践,教学与科研相互促进的原则。

(4) 教学竞赛。通过举行各种竞赛，开展各种评优活动来促进教师综合素质的提高。例如，教学设计竞赛、优质课竞赛、教育理论知识竞赛、现代教育技术应用竞赛、科研论文评比、自制教具评优等。这种以赛促训的培训方式能引起教师的充分重视，参与面广、竞争激烈、影响力大，教师投入的精力一般都较充足，不论竞赛具体结果如何，教师在准备和参赛过程中的努力都有利于教师专业发展，提高自身素质。

(5) 校际资源共享。学校与学校之间互相开放，相互学习，实现学校间师资、设备、经验、信息等方面资源的交流与共享。学校与学校之间互相观摩评课、举行教育教学经验交流报告会、互相送教、跟随优秀教师进班听课等，采取"走出去，请进来"的方式，有效利用不同学校之间的优秀资源。现代信息网络的建成、网上资源的流通为校与校之间的交流和合作创造了更为方便的条件。

3. 自我提升法

自我提升是指教师对自己的教学工作实践进行多视角、多层次的回顾分析和反思，对自己的教育教学效果进行理性思考，从而在经验中学习，在反思中成长，促进自己教学能力的提高。自我提升的过程常常伴随着上述方法的运行过程得以完成。自我提升法主要通过教师的个人反思和行动研究两种途径来完成。

(1) 个人反思。教师个人反思是教师根据自己的需求，在培训者的指导下进行自主实习、自主实践、自主评价、自主完善。教师个人反思可以借助下列方式来进行：第一，头脑反思。在自己的脑海里凭借自己记忆力进行回顾和反思。第二，录像反思。观看自己教学全过程的录像，从旁观者角度对自己进行剖析，从而改善教学行为。第三，对话反思。通过与其他教师进行对话交流，了解其他教师的想法，从而反思自己未曾意识到的教学不足点。第四，关键事件记录反思。教师记录教育教学实践中感触特别深刻、对自己专业发展影响较大的事件，以此作为自己不断反思的素材和长远发展的促进剂。

教师个人反思一般包括下列步骤：第一，教师自查，找出自己在知识、能力、观念等方面存在的缺陷或不足；第二，确定一个阶段的发展目标；第三，实施学习计划，调整充实自己的知识结构；第四，把所学知识运用于实践，转化成教育教学能力；第五，对个人反思提高成果进行自我总结评价，并进行修正、改进。

(2) 行动研究。行动研究是近年来国内外教育研究所采用的一种新模式。行动研究旨在提高实践者的自我反思意识和调节行动能力，并以解决问题、取得成效为最终目标。行动研究的主要特点是：在行动中研究，在研究中行动，为改善行动而研究。行动研究的最大优势是使教师真正成为研究的主体，教师即研究者，从经验中学习，在反思中成长，通过行动研究实现理论与实践的完美结合，从而完成自身素质的提高。具体有下列方式：

第一，教学模仿。通过示范课、公开课、优质课、比武课、说课等形式，让教师观摩别人的教育教学活动，学习模仿别人的成功经验，并应用到自己的教育教学实践中去，以此提高教师个人的教育教学能力。

第二，情境体验。在培训活动中创设一种让教师身临其境的环境，使参与者的情感和认知能力得到深切的感染和深化，使他们在轻松愉快的氛围中获得知识及情感体验，亲身感受到某种教学效果的深刻性和有效性。

第三,角色扮演。培训者提供一种情境,让部分教师担任不同角色并出场表演,通过表演去体验他人的感受。其余的教师观看表演,仔细观察在特定的环境中人会有什么反应和行为。表演结束后举行情况汇报会,扮演者、观察者、培训者共同讨论表演中的行为表现和深刻体验,从而深刻理解教育规律和心理规律。

4. 明师工作坊

明师工作坊,又称名师工作坊,其指导思想是以课题研究为引领,以工作坊为平台,培养一批具有明德、明智、明术、明达素养的"明白之师",并以此提升优秀骨干教师的专业化水平、教育教学能力和对青年教师的指导能力,开发和形成一系列骨干教师研修的优质课程和案例资源。明师工作坊的优势在于专家牵头、团队合作、资源共享等方面。

明师工作坊的组建过程是:第一,由上级主管部门制定明师的评审标准;第二,由各个学校按照标准和比例自主评选出明师工作坊主持人;第三,由上级主管部门审核、批准。运作前期,主持人需完成四项工作:提供工作坊的建设方案、明确课题的研究方向、组建3—7人的学习团队、建立本工作坊的博客或网页。具体运作时,由课题研究、教学技能研究、课例研究三个工作坊同时运作,其中,课题研究是引领,教学技能研究和课例研究是双翼,三个工作坊相辅相成。

明师工作坊模式是在师徒结对校本教师研修方法的基础上反思、提升成的,它在综合吸取了前面提到的专家指导、同伴互助和自我提升三大类方法的许多精华的基础上,将课题研究、案例分析、榜样示范、个人反思与行动研究等具体方法有效糅合在一起,使之取长补短,在教师培训效果上出奇制胜。

5. 远程培训模式

远程培训法是基于网络平台技术和资源,突破时空限制的网络培训法。远程培训具有科学性、开放性、灵活性、可选性等特点,是方兴未艾的教师培训方式。网络课程是远程培训模式建设的一项重要内容。网络课程建设是指通过网络表现学科教学内容及实施其教学活动的总称,它包括网络教学资源的建设和网络教学过程的实施两个部分。网络教学资源的建设是网络课程的相对静态内容,是指课程教学的各章节的文本和相关媒体资源,包括课程信息、课程学习、课程资源库、案例库、试题库和课程管理等功能模块;网络教学过程的实施是指网络课程还是一个动态网站,除展示课程知识外,还可以通过网站组织学习活动,可以进行网上协商讨论、进行教学评价等活动。

第四节 教师绩效工资制

义务教育是一项特殊的公益事业。教师的考核主要包括四项内容:一是制定不同教育人员的考核标准;二是明确考核标准制定及具体考核工作的程序;三是选择不同教育人员考核的方式方法;四是确定考核之后的奖惩及人员辅导与问题改进措施。教师的评薪评职首先要明确各教育人员的工资及相关福利待遇;其次要结合业务能力与工作表现,做好教育人员的技术职务评聘与行政职务晋升工作。

学校管理中,学校教师的配置不能完全"市场化",但是,学校管理者不能否认在人事管理中存在着一个劳动力市场的价格信号。即等量劳动领取等量产品、复杂劳动者创造的价值等于多倍简单劳动者创造的价值;市场经济等价交换原则和价值规律等。教师是社会主义劳动者的重要组成部分,劳动者个人消费品的分配原则也存在"按劳分配"。即劳动是分配的前提;劳动是分配的尺度;按照劳动的数量进行分配。劳动的数量根据劳动时间的长短和劳动强度的大小而定,劳动的质量则是根据劳动的复杂程度而定。

绩效是任何组织最终的检验标准。① 学校这种非营利性组织的管理者如果仅仅拥有美好的愿望而不顾绩效,任何一所学校将永远一无所获。② 事实上,对于学校管理者来说,落实教师绩效工资,在教师报酬和产出之间建立某种函数关系,可以有效促进教师工作业绩和效果的提高。而这种科学、公正、客观、准确地考核教师个体和教师团体的能力和水平的教师管理将对学校的战略发展非常重要。教师绩效是对教师工作现实或潜在的价值做出判断的活动,其目的是促进教师的专业发展和教学质量,提高教学能力和工作绩效,并最终促进学校组织的发展。教师绩效考核是学校进行有效教学与教师管理的需要,也是教师个人专业发展的需要。

一、我国教师工资制度的变迁

新中国成立初期,老解放区的教师一般实行供给制,新解放区以实物(小米)为工资形式,教师工资与工人工资大体持平。1952年以后,教师一律实行以工分为单位的工资标准,共分35个等级。1956年实行统一的货币工资制度后,教师工资与体力劳动工资的差距有所扩大,1957年以后,教师工资出现相对下降的趋势。

1978年以后,我国实行改革开放,伴随着经济复苏,教育秩序逐渐恢复正常,但开始出现教师与体力劳动者收入倒挂的现象。1982年,所有教师、工人均升一级工资,部分人员升了两级。1985年,工资制度改革,教师工资又有所增加。1984年,北京市普教系统先后在一百多所中小学进行了以校长负责制、教职工聘任制和工资总额包干制为前提,以校内结构工资制为主要内容的综合配套改革试点工作,简称"四制改革",于1988年在北京市全面推行,并向全国推广。结构工资制即根据工资的不同因素,将工资划分为基础工资、职务工资、工龄津贴和奖励工资四个部分,并确定一定教师的全部劳动报酬的制度。

1993年,我国颁布的《中华人民共和国教师法》第六章第二十五条明确规定"教师的平均工资水平应当不低于或者高于国家公务员的平均工资水平,并逐步提高。"同年10月,国务院对包括中小学在内的事业单位再一次进行工资制度改革,总体思路是制度脱钩、分类管理、区别对待。教师被纳入专业技术人员范畴,工资包括专业技术职务工资和津贴,且津贴体现专业技术人员的实际工作量和质量。在各学校的全部工资总量构成中,职务等级工资占70%,津贴部分占30%,职务工资仍然是工资主体。学校自筹津贴部分,使得学校之间的差距进一步拉大,也直接导致学校乱收费的现象发生,拖欠教师工资和教

---

① 靳希斌.教育经济学[M].北京:人民教育出版社,2005:439.
② 彼得·德鲁克.非营利组织的管理[M].北京:机械工业出版社,2009:80.

师工资不能足额发放的现象在某些地区仍然存在。

2001年,国家调整包括各级各类学校在内的机关事业单位工作人员工资标准,中小学教师待遇明显提高。同时,随着"分级办学,以县为主"的基础教育管理体制的实施,农村中小学教师工资从乡级财政保证上升到由县级财政保障,保证农村中小学工资能按时足额发放,工资拖欠问题逐步得到解决。

2006年修订的《中华人民共和国义务教育法》第四章第三十一条同样强调,义务教育阶段"教师的平均工资水平应当不低于当地公务员的平均工资水平"。实施绩效工资制度,使教师的基本工资和奖励性工资加起来不低于或者高于当地公务员的平均工资水平。教师工资在原有水平上有较大幅度的提高,实际上是各级政府依法治教、优先发展教育的重大决策。同年,人事部、财政部、教育部印发《高等学校、中小学、中等职业学校贯彻〈事业单位工作人员收入分配制度改革方案〉三个实施意见》,要求高等学校、中小学、中等职业学校实行岗位绩效工资制度。岗位绩效工资由岗位工资、薪级工资、绩效工资和津贴补贴四部分组成,其中岗位工资和薪级工资为基本工资,执行国家统一的政策和标准。2008年底,国务院常务会议通过《关于义务教育学校实施绩效工资的指导意见》,规定从2009年1月1日起在全国义务教育学校实施绩效工资,确保义务教育学校教师平均工资水平不低于当地公务员平均工资水平。2010年7月发布的《国家中长期教育改革和发展规划纲要(2010—2020年)》,也明确落实教师绩效工资,改善教师地位待遇,吸引优秀的人才长期从教、终生从教。2017年,国务院颁布《关于深化教育体制机制改革的意见》,明确提出"要切实提高教师待遇。完善中小学教师绩效工资制度,改进绩效考核办法,使绩效工资充分体现教师的工作量和实际业绩,确保教师平均工资水平不低于或高于当地公务员平均工资水平。落实艰苦边远地区津贴、乡镇工作补贴,以及集中连片特困地区和艰苦边远地区乡村教师生活补助政策。完善老少边穷岛等贫困艰苦地区教师待遇政策,依据艰苦边远程度实行差别化补助,做到越往基层、越往艰苦地区补助水平越高"。新的工资体系由基本工资和绩效工资两部分构成,而绩效工资又分为基础性绩效工资和奖励性绩效工资。

绩效工资制是建立在一定的工资标准和管理程序基础上的工资制度。它是通过对教师的工作业绩、工作态度、工作技能等方面的综合考核评估,确立教师的绩效工资增长幅度,以科学的绩效考核制度为基础。其基本特征是将教师的薪酬收入与个人业绩挂钩。它是一种劳动制度、人事制度与工资制度密切结合的工资制度。实行绩效工资制的目的是发挥绩效工资的杠杆作用,根本上消除平均主义的做法,体现多劳多得、奖优罚劣、奖勤罚懒的分配原则,建立科学规范的收入分配机制,调动教师工作积极性,促进教育事业的发展。

绩效工资分为基础性和奖励性两部分。基础性绩效工资主要体现地区经济发展水平、物价水平、岗位职责等因素,占绩效工资总量的70%,按月发放。奖励性绩效工资主要体现工作量和实际贡献等因素,在考核的基础上,由学校确定分配方式和办法,并在绩效工资中设立班主任津贴、岗位津贴、农村学校教师补贴、超课时津贴、教育教学成果奖励等项目。绩效工资所需经费纳入财政预算,按照"管理以县为主、经费省级统筹、中央适当支持"的原则落实。同时还要求学校结合所教学科特点,考核教师在课堂教学中实施德育的情况。对教学效果的考核,主要以完成国家规定的教学目标、学生达到基本教育质量要求为依据。为防止绩核助长片面追求升学率的风气,禁止把升学率作为考核指标。绩效工资制有利于教师工资与可量化的业绩挂钩,将激励机制融于学校目标和个人业绩的联系之中;有利于工资向成绩突出者倾斜,提高教师的工作积极性;绩效工资全部由财政拨款,可以杜绝学校乱收费现象,可以使学校管理者全身心投入教学管理;绩效工资也有利于缩小地区差异和行业差异,保证教师收入与公务员相当。

二、教师绩效考核的相关分析

教师绩效管理从人力资源管理的角度来理解,就是对教师工作绩效进行评价,"是定期考察和评价个人或小组工作业绩的一种正式制度"①。对学校组织来说,绩效就是学校的任务和目标在数量、质量及效率等方面的完成情况;对教师而言,工作绩效是教师在教育教学活动中对其所在的教育组织的教育教学任务的完成情况和教育教学目标的达成情况,以及在此过程中所表现出来的行为态度的总和。教师的工作绩效可以通过学生的成绩和素质的提高、工作量的多少和质量优劣、科研成果的数量和质量等显性因素,以及教师人格和行为对学生潜移默化的影响、对学校文化的塑造与改变、教师的工作态度与工作能力等非显性因素来衡量。

从学校管理的角度来理解,绩效是学校期望的结果,是学校为了实现其目标而展现在不同层面的有效输出,它包括个人绩效和团体绩效两个方面;从经济学的角度看,绩效与薪酬是教师与学校之间的对等承诺关系,绩效是教师对学校的承诺,而薪酬是学校对教师的承诺。从社会学的角度看,绩效是每一位教师按照岗位分工所确定的角色承担自身职责。简言之,绩效管理是按照教师的职责和岗位要求,运用定性和定量相结合的方法,对教师的工作进行考查和评定。其初衷是"促进、改善、提高",帮助教师改正缺点,总结经验,提高教育、教学质量和效益;使管理者全面了解教师的政治、业务素质状况,绩效考核的结果是教师的职务升迁、工资待遇、职称评定、奖励惩罚、岗位聘任和培养进修等的基本依据。而教师绩效管理是否科学合理,给予教师的考评是否让教师满意,直接决定着教师队伍的稳定和专业发展,关系到人才培养的质量、教学科研的水平和学校目标的实现。

教学是一个相当复杂的过程,教师在教育教学过程中表现出来的与教育教学目标相一致的行为是很复杂的。同时,由于教师工作的创造性、迟效性、隐蔽性和多维性等特点,科学有效考核教师的教学工作是学校管理者最棘手的问题之一。主要原因有以下四个方面:一是教师劳动的特殊性。教师工作是立德树人,是从事"人格"的树立和发展,而对育人工作成效的衡量是繁杂的。二是教师劳动成果的集体性。教师的劳动成果主要表现为学生知识的进步、思想品德的提升、身体的健康发展,而这些成果是教师集体智慧和个人努力相结合的结果,团队的努力是至关重要的。三是教师评价的长期性。由于教师劳动

---

① [美]R. 韦恩·蒙迪,罗伯特·M. 诺埃. 人力资源管理[M]. 6版. 葛新权,等译. 北京:经济科学出版社,1999:297.

成果的滞后性,对学校管理层来说,教师考评应该是全面的、公正的、一个连续的过程而不是每年只发生一次的事件。教师有效性评价(teacher effectiveness evaluation)是对教师施加给学生的影响进行评价,主要考核在教师的影响下学生在重要目标上的达成和提升情况,能够增强教师对工作的投入度,提高教师专业素质,有利于教师的职业发展,而教师的发展最终促进学校的发展。

三、教师绩效工资的理论依据

(一) 学校效能

对于学校管理者而言,提高效率是永恒的追求。而如何提高效率一直是学校管理研究的基本问题。1966 年,美国学者科尔曼发现,部分学校对其学生的学习所产生的影响程度很低,仅能解释学生成绩变化的 10%,远远小于来自学生学习社会背景因素对学生成绩变化可做出解释的部分。① 20 世纪 70 年代开始的学校效能研究,把追求效率即如何提高学生的学业成绩作为关注的核心问题。主要的目的就是寻找或发现对学生的学业成绩有积极影响的学校特征或其他因素。2018 年,教育部部长提出课堂革命,着重强调教学要由"教得好"向"学得好"转变,强调教师要关注育人的真实效果。学校教育的成功从来都不是仅仅取决于教师,但是,影响学生获得学业成就、促进学生健康成长的重要因素仍然是教师。

"效能"从字义来看是指事物所蕴藏的有力作用。从词义解释来看,它与功能的含义完全相同,都是指事物潜在的影响和改变其他事物的能力。学校效能是指学校发挥某些积极作用的能力及其实际效果,即学校效能包括两个方面:由学校的素质所构成的潜在能力以及由这种能力的发挥所实现的结果。效能是指某事物能够发挥什么样的作用,办成什么事情。效率是指办事时投入与产出的比率,效率高意味着用较少的人力、物力和财力取得最佳效果。也就是说,效能是指某事物功能的内容,效率是指实现这种功能时的"经济性"程度。学校管理者可以从以下三个方面理解学校效能:首先是工作成果,包括质与量两个方面在内的学校教育成果,这些成果可以基本满足社会对学校的合理要求;其次是学校拥有高质量的学校管理队伍和教职员工;三是通过改革和创新而实现的对环境变化的适应能力,学校既能从变化的环境中努力吸收更多的资源,又能通过自身完善对社会做出更大的贡献。

有学者区分了"学校效能"和"学校效率"两个概念,认为学校非金钱性(non-monetary)的输入或过程(例如课堂组织、教师专业训练、教学策略、学习安排等),与其输出功能进行比较,可估计出"学校效能";学校金钱性(monetary)的输入(例如生均经费、教师工资、机会成本等),与其输出功能进行比较,可估计出"学校效率"。② 随着学校效能研究的发展,越来越多的国家以学校促进学生学业成绩的进步程度来衡量学校教育是否有效或高效。可见,学校管理者对于教育效率问题的关注,从关注"金钱性投入与教育产出的关系"转向

---

① 陈孝彬. 教育管理学[M]. 北京:北京师范大学出版社,2003:354.
② 褚宏启. 教育公平与教育效率:教育改革和发展的双重目标[J]. 教育研究,2008(6):7-13.

"非资金性的投入与产出的关系",而且更加注重教育最后所产生的结果是学生的学业成绩。

  良好管理的一个基本目标,就是利用已有的资源投入获得最佳的效果,这一点是显而易见的,但它必须由这样一个事实予以规定,即教育活动不能完全用成本—效益的公式来评判,还必须考虑到教育中无形的和不可测的方面。学校教育自身并不能说明自己是否有效或高效。教育作为人的再生产的手段,其效率取决于它对个人发展和国家发展的贡献。教育通过促进学生个人的发展,进而促进国家的发展。因此,学生的发展状况和水平是衡量教育效率的直接尺度。在学生发展方面,教育教学效率的衡量是看学生身体、知识、能力、态度等素质的全面发展程度,以及个性的充分发展水平。没有公平的效率(质量)是不道德的,没有效率的公平是低水平的。学校管理者追求的是有效率的公平和有公平的效率,即公平与效率的统一,这也是教育家型校长肩负的历史使命和家国情怀。

(二) 人本管理

  马克思人学思想强调"主体是人,客体是自然",从而明确指出人最本质的属性是主体性。在人的发展权逐步被提升的时代,开发人的主体性凸显了新时代社会的文明。人本管理是建立在对人的基本假设之上的,管理者的假设实际上就是把人看作一个追求自我实现、能够自我管理的社会人。"管理即服务"着力点就是最大限度地发挥人的主体性。现代管理之父彼得·德鲁克在《个人的管理》中清楚地表述了这一要点,他指出:"自我管理是人事方面的一场革命,这场革命向每个人尤其是知识劳动者提出了前所未有的新要求。就其内容而言,要求每一个知识劳动者像首席执行官那样思想和行动。"学校管理者引领知识劳动者从自我教育入手,努力加强教师职业道德修养,以德立身、以德立学、以德施教,从而不断提升教师"立德树人"的自觉性,并在此基础上以自我管理的能动性来体现教师的岗位意识。发挥教师主体的自觉性是学校管理的最高境界,也是新时代教师超越自我、实现职业更新的必然追求。

  事实上,衡量劳动数量和质量的因素包括劳动时间的长短、劳动强度的大小、劳动的熟练程度、劳动的复杂程度等。在市场经济体制背景下,要提高教师素质和教育质量,吸引优秀人才充实教师队伍,必须重视教师的社会地位和物质利益;必须依据价值法则和市场机制,解决教师待遇问题,使得师资的供给与需求在动态中实现平衡。1960年,美国著名经济学家西奥多·舒尔茨(Theodore W. Schultz)提出人力资本理论,其基本观点是,人力资本是由人力投资形成的,是由个体的知识、技能等构成的。在劳动力市场上,个人的人力资本含量越高,其劳动生产率就越高,边际产品价值就越大,因而得到的报酬也就越高。舒尔茨的人力资本理论对教师收入分配的最大指导意义在于:教师的收入分配应该能够基本反映其人力投资成本和人力资本存量的大小,人力投资成本大、人力资本存量高的人应获得较高的收入。教师是具有较高人力资本存量的劳动力,学校只要遵循人力资本投资必须要有收益或至少收回投资的原则,教师才有可能安心教书育人。

  埃德·劳勒(Ed Lawler)于1971年提出全面薪酬的概念,将员工薪酬与组织的发展密切联系起来,明确组织所有的资金和奖励计划作为一种激励手段,其目的是为了让员工变得更有朝气、有干劲。① 美国薪酬协会将全面薪酬定义为：所有能够吸引、保留、激励员工的可行方案，它包含使员工从雇佣关系中感知到价值的所有东西。全面薪酬包括外在薪酬和内在薪酬两方面。外在薪酬主要指为员工提供的货币性收入，它主要是满足员工低层次的生存需要和安全需要等。包括基本工资、短期奖励、长期的股权收益激励，以及显性或隐性的福利待遇。内在薪酬指那些给员工提供的不能以量化的货币形式表现的各种奖励价值或更多的机会，它主要是满足员工高层次的自我实现等方面的需求。它主要包括三个部分：一是工作体验，指富有意义的工作所带来的好处，具体包括工作富有挑战性和趣味性，创造力的发挥，能够参与决策而拥有的权威感、责任感及成就感等。二是自我实现，主要包括晋升机会、表彰与嘉奖、个人的成长与发展和培训学习等。三是文化氛围，主要包括上下级之间、同级之间令人愉悦的协作氛围，具有良好办公设施的舒适的物理工作环境，可以平衡工作和家庭的富有弹性的工作时间等。

（三）目标管理

获得目标成果是任何一个组织存在的意义，它关系到组织的生存。组织目标是指组织期望达成的一种状态、一种结果。目标不仅是组织发展的方向，而且还是激励组织成员奋斗的手段。有效的目标将会对组织和个人行为产生引导和激励，明确了组织和个人的工作努力的具体方向。美国马里兰大学的早期研究表明：明确的目标要比只要求人们尽力去做会有更高的业绩，而且高水平的业绩是和高水平的意向关联的。

学校管理者通过绩效考核引导教师关注成果，重视成果，就是引导每位老师与每个部门在工作时，以对实现学校目标所做的贡献为标准，夯实工作任务，提高工作效率。所谓成果是指一个组织设定的目标水平的高低以及这些目标实现的程度，其水平高，实现程度大，目标成果大。任何学校的生存和发展都是靠有效的工作成绩支持的，学校管理者坚持适度的教师竞争，对教师的岗位完成情况进行量化和质性评价，为人才竞争提供了客观标准，能有效地将组织目标转化成个人目标，激发教师员工的工作干劲和创新精神。

1954年，彼得·德鲁克在《管理的实践》中提出目标管理。他提出"不是因为有了工作才有目标，而是因为有了目标才有了工作"，他认为一个组织的"目的和任务必须转化为目标"，如果"一个领域没有特定的目标，则这个领域必然会被忽视"。他在分析目标的作用时指出，如果没有一定的目标指导每个人的工作，则组织越大，人员越多，发生冲突和浪费的可能性也就越大。概括而言，目标管理是一种综合的以工作为中心和以人为中心的系统管理方式。它是一个组织中上级管理人员同下级管理人员，以及同员工一起共同制定组织目标，并具体化展开组织目标成为组织每个成员、每个部门的行为方向和激励导向，同时又使其成为评价组织每个成员、每个层次、每个部门的工作绩效的标准，从而使组织能够有效运转。

目标管理大致经历了三个阶段。② 第一阶段是20世纪50年代到60年代以绩效评估为中心的目标管理。这一阶段的重点是以"工作具体成果"的评价代替传统的以"个人

---

① 萧宗六.学校管理学[M].5版.北京：人民教育出版社，2018：243.
② 芮明杰.管理学：现代的观点[M].上海：上海人民出版社，2005：494.

气质"为评估标准的做法,力图普遍建立每项工作的量化标准,从而使管理走向突出个人工作成绩的轨道,让每一个工作人员明白,应该向什么方向努力,应该达到什么水平,企图以此加强控制。第二阶段是20世纪60年代中期,目标管理开始强调组织的总目标和部门目标向设置个人目标发展,并使其个人目标和总目标、部门目标有机地结合在一起,形成完整的目标体系。第三阶段是70年代后的以战略规划为中心的目标管理,进一步关注组织长期发展目标的实现。

进行目标管理,有利于完善和巩固责任制,提高教育教学质量。学校组织的核心目标是"育人",既强调学生的终身发展,也重视教师的专业化发展。实行目标管理,将学校目标转化为激励性的教师个人目标,赋予其相当的自主权,将目标层层分解,逐级落实,把每个人的工作职责规定得清清楚楚,使其明白应该做什么、做多少、做到什么程度,这样就能确保学校各项工作保质保量完成。

学校发展目标,是指学校组织系统从本校实际出发所确立的一定时期的办学目标和组织活动的质量规格与标准。具体讲,一是指学校教育、教学、生产、科研与行政事务等各项工作要达到的预期目标;二是指学校建设的近期、中期及远期规划,即学校在发展规模、教职工队伍素质、学校文化建设、教育质量和水平等方面有什么样的改变,学校要达到什么样子;三是学校管理活动所采取的措施要达到的标准。对于学校管理者而言,要想制定科学的教师绩效考核,首先要对学校的行动做出规划,行动是根据使命进行规划的,如果不从使命出发来制定计划行动,学校将无法取得成功。因为使命明确了应该取得什么样的成果。使命通常超越当前的实践,但是能够指导并明确当前的实践。一旦我们模糊了使命,我们就会迷失方向,浪费资源,只有确定了使命,我们才能制定具体的目标。

四、中小学教师绩效考核的具体建议

(一)营造健康的绩效文化氛围

组织文化是在一定历史条件下,某一组织在其发展过程中形成的共同价值观、精神、行为准则及其行为方式和物质设施中的外在表现。这些价值观念、信念及基本假设是由组织在学习处理适应外部和综合内部的问题时所发明、发现或发展起来的,一直被认为是有效的,因而被组织成员作为感知、思考和解决这些问题的正确方式。任何组织一旦形成某种独立的组织文化,就将反过来对组织产生重大的作用。著名学者马尔库塞认为:"观念和文化的东西是不能改变世界的,但是它可以改变人,而人是可以改变世界的。"学校管理者可以利用绩效考核发挥学校的主体意识,再造学校机制,确保学校发展。

学校管理者可以营造健康的校园文化,将师德有机融入教师绩效考核,有效利用教师绩效工资制促进学校人才培养质量的提升。一方面,绩效工资一定要倾向于一线教师,贯彻按劳分配和绩效分配的原则,实现效率优先,兼顾公平。另一方面,要营造适当的竞争氛围,加强物质奖励的同时,也要关注教师的精神奖励。管理者在教师职务评审、学术骨干、科研新秀、教学能手、教师培训等的各类活动中要倾向于一线优秀教师,努力弥补绩效工资的不足。同时,管理者通过各类培训,引导并规范教师教学行为,使其朝着有利于学校目标实现的方向发展,使个人目标和组织目标相一致,个人愿景和组织愿景相一致,最

终实现个人绩效和组织绩效的同步提升。校园文化对教师的激励作用就是通过基本的价值观,形成共同的精神文化,从而激发教师的向心力和凝聚力。让每所学校都能成为教职员工人生价值实现的场所,使教职员工人生价值得到充分实现的同时得到更快更好的发展,这就是引领学校文化的魅力所在。

(二)不断完善教师绩效考核方案

教师绩效考核方法直接影响考核计划的成效和考核结果的正确与否。考核方法应该具有代表性,必须具有较高的信度和效度,并能为人所接受。信度是指考核结果必须相当可靠;效度是指考核达成所期望目标的程度。一项好的考核方案应该具有普适性,并能够鉴别出教职工的行为差异。影响绩效的因素主要有教师的激励、技能、环境和机会,前两者属于员工自身的、主观性影响,后者属于客观性影响。其中技能取决于个人天赋、智力、经历、教育与培训等个人成长。而激励取决于教师个人的需要结构、个性、感知、学习过程和价值观等个人特点。所以,绩效实际上是技能、激励、机会和环境四变量的函数,具有多维性,不能从一个方面考核。但是教师绩效考核必须考虑教师本职工作的特殊性,考核指标必须围绕关键成功因素,必须将关键成功因素准确地体现在具体指标上,这是学校管理者思考的首要问题。

相比较而言,对于人的评价,最重要的不是准确,而是有效。首先,教师绩效考核方案避免精细化和复杂化。就学校内部管理来说,部门职能基本是一致的,不同学科之间有一定差异,但教师工作的性质、职能及岗位职责基本是一致的,绩效考核指标要具有普遍意义。对于个体教师而言,每一个教师都是从自己的认知结构出发,主动对教育资源的利用和对学生学习过程的安排,形成了各具特色、带有个性化倾向的"教育教学方法",但"育人"是一切工作的出发点是根本不变的。因此,教师绩效考核可以建立框架性、主题性的考核目标,而避免使用绝对、整齐划一的具体标准来衡量不同的考核对象。其次,处理好定性与定量的关系。量化考核作为科学管理的一种方法,被广泛应用到学校管理实践中,促进了学校管理的标准化、规范化,也成为学校考核教师的主要方法。但将量化泛化到所有领域,甚至将它作为强化管理的全部手段,就有失偏颇。教师劳动的属性,决定了教师劳动的复杂性和绩效考核的繁杂性,绩效考核应以定量为主、定性为辅,多一些人性化因素,有利于促进教师的可持续发展。

教师专业发展可以涵盖教育教学、学术研究、交流学习、特色发展、业务评比等,管理者可以将这些实施动态管理并进行全方位量化,最终与教师绩效工资、职称评审和岗位聘任相挂钩。关注教师专业发展的绩效考核有效促进教师将专业发展和日常工作紧密结合,有利于推动教师在发展学生的同时也促进个人的发展,最终促进学生的发展。同时,管理者能及时掌握教师专业发展状况,而教师直观地了解到自己与同行在专业发展方面的差距,有利于调动教师的积极性和主动性。各学校可以根据学校实际情况,将参加专业课程培训、听专家讲座、参加学术交流、研究校本课题(参与教改研究、学生特长培养、教学特色创新等)、担任校外专家、发表学术论文、学历提升、成为学术带头人等作为参照指标。而将教师承担的岗位任务如课程教学、学生成绩、班级管理、行政管理、各种兼职或超额工作量等指标考核加大权重。尤其是对那些在常规工作中做出重大贡献的教师积极奖励。

（三）发挥教师的主体参与性

现代管理日益趋向人本化、人性化、人道化，激励已逐步演绎为管理的主要职能。学校管理者要从实际出发，恰当选择激励方式、方法、手段和措施，充分挖掘教师的潜能，调动积极性，以维持学校组织的向心力和凝聚力，实现学校的组织目标。理论上，教师绩效考核需要"采取多个评价主体相结合的办法"，但是实践中学校管理者不可否认的是，评价主体越多，评价的误差也就越大，因为不同的评价主体从不同的价值标准和各自的需求满足去评价每一个教师，在众多评价主体中，教师自主评价失去应有的独立性。《学会生存》中提出："未来的学校必须把教育的对象变成自己教育自己的主体，受教育的人必须成为教育他自己的人，别人的教育必然变成这个人自己的教育。"实际上，对教师的职业工作进行外在控制是有困难的，教师只有学会自己改进自己，才能充分地履行他们的职责。"教育你自己"是对所有教师的基本要求。

从现代学校管理发展阶段来看，第三阶段是超越规范的管理，即实现个体的自我管理，它依靠的是道德与精神的追求。而超越规范不同于没有规范，而是人们在对规范充分认同的基础上，将规范内化于心，外化于行，自觉地贯彻在日常的行为中，并以更高的道德与精神的追求来要求自己。相比较第一阶段依靠的是个人力量的没有规范的管理和第二阶段建立规范的管理，第三阶段依靠的是体制、机制与制度的力量。规范规定的是人应做什么与不应做什么，关心的是个人与他人、个人与集体的关系。没有规范的管理往往是随意的，基于规范的管理通常是稳定的，超越规范的管理才有可能是"自由"的。在这一境界，教师偶尔做了不应做的事，尽管有时这种行为是在无意中发生的，他们也会在相当时间里经历着自我谴责；做了应该做的事，也被当作天经地义的，他们总是在高于规范的层次上坚定自己的道德操守。

教师绩效考核是为人服务的，而人不应为绩效考核而考核。对于学校管理者而言，无论是对组织成员还是对组织本身，我们需要反复强调的最终问题是："从成员的贡献和组织的成果而言，我个人应该对什么负责？组织应该对什么负责？无论是组织还是我个人都应该记些什么？""教师必须进入与自己的实力、使命、重点以及价值观相匹配的领域。"美好的愿望、合理的政策和准确的决策都必须转化为有效的行动。像"这是我们在这儿的目的"这样一种说法，最终必须转化为另一种说法——"这是我们做的，这是我们完成任务的期限"，"这些是负责的人"，换句话说，"这是我们所负责的工作"。如果教师绩效考核仅仅是为了便于发放绩效工资，而不是立足学校发展的真实需要，不能促进教师、学生共同发展，这样的教师绩效考核是低效的，甚至是无效的。让每一位教师自主成长，那么他们将会充满成就感和满足感，并且会有助于提高组织的绩效。

（四）将个人考核和团体考核有机结合

组织也需要借助模范成员来提高整个组织的见识、愿景、期望和绩效潜能，号召教职工向这些人看齐。事实证明，仅仅关注教师个体的激励模式，虽然在一定程度上提高了教师的竞争意识与积极性，但也扼制了教师之间的合作意识。学校管理者采用团队奖励办法，有利于增强教师之间的合作意识，形成一种"育人"体系，切实提高教育教学质量，促进学校的整体发展。即便是在实施过程中无法避免"搭便车"现象,团体中的优秀教师会产生一定的困扰,但是,任何一种奖励办法都有其利与弊,学校管理者在实施过程中要大胆尝试。传统的学校管理中,管理者更多的是将"人"理解为学生,事实上,仅以学生为本还是不够的,还必须以教师为本,学校的发展应该包括师生的共同发展。美国教学与美国未来委员会(National Commission on Teaching & America's Future,NCTAF)在其报告中宣称:第一,教师的知识和能力直接影响着学生的学习;第二,改革学校教育的关键策略是培养、选拔和留住优秀的教师。所以,学校管理者需要构建一种以人为本、民主、开放的组织文化,平衡学校内部各个利益相关者的利益关系,创造一切机会和条件激励和发展教职员工的智慧和工作主动性,促进全体教职员工的全面发展,使每个个体的人性得到最完美的体现。

第五节　学校管理的基本原理

原理是指某种客观事物的实质及运动的基本规律。管理原理是对管理工作的实质内容进行科学分析总结而形成的基本真理,它是现实管理现象的抽象,是对各项管理制度和管理方法的高度综合与概括,因而对一切管理活动具有普遍的指导意义。"道可道,非常道,名可名,非常名。"从人类长期的管理实践中,我们逐渐领悟到学校管理实践活动中的确存在某些基本规律,即系统原理、人本原理、责任原理和效益原理。①

管理原理是大量管理实践经验的升华,它指导一切管理行为,即对做好学校管理工作有着普遍的指导意义。

其一,掌握管理原理,有助于提高学校管理工作的科学性,避免盲目性。原理是不可违背的管理的基本规律。学校管理实践反复证明,凡是遵循这些原理的管理都是成功的管理,反之都有失败的记录。

其二,研究学校管理原理有助于掌握管理的基本规律。学校管理工作虽然错综复杂、千头万绪、千变万化,但万变不离其宗,各类管理工作具有共同的基本规律,管理者只要掌握了这些基本规律,面对任何纷繁杂乱的局面,可胸有成竹管理得井井有条。

其三,管理者掌握管理原理有助于迅速找到解决管理问题的途径和手段。例如依据学校组织的实际情况,建立科学合理的管理制度方式与方法,使管理行为制度化、规范化,使管理的许多常规性工作有章可循,有规可依。这样领导者就可从事务性工作中摆脱出来,集中精力进行对外事务的管理。

一、系统原理

系统是指由若干相互联系、相互作用的部分组成,在一定环境中具有特定功能的有机整体。就其本质来说,系统是"过程的复合体"。事实上,任何组织都是由人、物、信息组成

---

① 周三多,陈传明,鲁明泓. 管理学——原理与方法[M]. 4版. 上海:复旦大学出版社,2008:120 - 140.

的系统,任何管理都是对系统的管理,没有系统,也就没有管理。系统原理不仅为认识管理的本质和方法提供了新的视角,而且它所提供的观点和方法广泛渗透到人本原理、责任原理、效益原理之中,从某种程度上来说,在管理原理的有机体系中起着统率的作用。

(一) 系统的特征

(1) 集合性。这是系统最基本的特征,一个系统至少由两个或两个以上的子系统组成。构成系统的子系统统称为要素,也就是说,系统是由各个要素组集合而成的,这就是系统的集合性。

(2) 层次性。系统的结构是有层次的,构成一个系统的子系统和子子系统分别处于不同的地位。系统从总体上看,都有宏观和微观之分,而微观上还有各种层次。由于系统层次的普遍性,因而系统概念本身也就具有层次性,有系统、子系统、子子系统等等。

(3) 相关性。系统内各要素之间相互依存、相互制约的关系,就是系统的相关性。它一方面表现为子系统同系统之间的关系;另一方面,系统的存在和发展,是子系统存在和发展的前提,因而各子系统本身的发展就是要受到系统的制约。

(二) 系统原理要点

(1) 整体性原理。整体性原理是指系统要素之间的相互关系及要素与系统之间的关系,以整体为主进行协调,局部服从整体,使整体效果为最优。实际上就是从整体着眼,部分着手,统筹考虑,各方协调,达到整体的最优化。

(2) 动态性原理。动态性原理,强调系统作为一个运动着的有机体,其稳定状态是相对的,运动状态则是绝对的。系统不仅作为一个功能实体而存在,而且作为一种运动而存在。系统内部的联系就是一种运动,系统与环境的相互作用也是一种运动。系统的功能是时间的函数,因为不论是系统要素的状态和功能,还是环境的状态和联系的状态都是在变化的,运动是系统的生命。

(3) 开放性原理。严格地说,完全封闭的系统是不能存在的。实际上,不存在一个与外部环境完全没有物质、能量、信息交换的系统。任何有机系统都是耗散结构系统,系统与外界不断交流物质、能量和信息,才能维持其生存。并且只有当系统从外部获得的能量大于系统内部消耗散失的能量时,系统才能克服困难而不断发展。在管理工作中,明智的管理者应该从开放性原理出发,充分估计到外部对本系统的种种影响,努力扩大本系统从外部吸入的物质、能量和信息。

(4) 环境适应性原理。系统不是孤立存在的,它要与周围事物发生各种联系。这些与系统发生联系的周围事物的全体,就是系统的环境,环境也是一个更高级的大系统。如果系统与环境进行物质、能量和信息的交换,能够保持最佳适应状态,则说明这是一个有活力的理想系统。否则,一个不能适应环境的系统则是无生命力的。

(5) 综合性原理。所谓综合性,就是把系统的各部分各方面和各种因素联系起来,考察其中的共同性和规律性。任何一个系统都可以看作由许多要素为特定的目的而组成的综合体,社会、国家、企业、学校、医院以及大型工程项目几乎都是非常复杂的综合体。系统的综合性原理一方面是系统目标的多样性与综合性。系统最优化目标的确定,是靠从各种复杂的甚至对立的因素中综合的结果。综合性原理的另一个方面是系统实施方案选择的多样性与综合性,即同一个问题,可以有不同的处理方案,为了达到同样一个目标,可以有各种各样的途径与方法。方案的多样性,必须进行综合研究,选出满意的方案。

二、人本原理

人本主义管理组织理论把目光集中在组织中的"人"身上,是一种以人为本价值观为基础的组织理论体系。学校组织中,教学是其中心工作,而教师是实现这一中心工作的主体。管理的本质是通过各种方法和途径实现人的目的性存在,也就是实现人的完满的自我价值和社会价值。在这一体系中,人的地位是不同于其他管理要素的具有精神文化属性的主体。学校是专门的育人机构,学校管理主要是为教育目的服务的,是为了促进人的成长与发展,学校管理必须体现教育性。人是有丰富性、精神性、非理性心理意识的主体存在,理性不过是意志实现目标的工具,人是按愿望、激情、意志行动的。人本管理认为管理绝不仅仅是一个物质技术过程或制度安排,而是和社会文化、人的精神特质密切相关的;在思维方式上强调以形象思维代替逻辑思维;在管理方法上,重视对情感、宗旨、信念、价值判断、行为标准等"软"因素的长期培训,通过培养组织文化来提高组织成员的凝聚力。

(一)人本原理在学校管理中的主要特点

(1)育人为主是学校的根本宗旨。育人是一切学校管理活动的出发点和归宿,学校管理就是育人的管理。学校工作大致可以分为两方面:一方面是育人工作,这是学校的中心工作。社会发展的文明程度是该社会政治、经济、文化、教育、科技的集中反映,而这一切都有赖于人的全面素质的提高,人的素质提高主要依靠学校教育。不以育人为主,学校管理就背离了自己的根本宗旨,偏离了办学方向。而学校的育人质量不仅仅关系到个人的生活质量,也关系到整个社会的质量。另一方面是管理工作,是为提高育人效果而开展的活动。育人是目的,管理是手段,育人活动的有效开展必须借助科学的管理,管理活动的开展则必须以育人活动为依据。没有管理,就难以保证有良好的育人质量和效果。学校管理者要引导教师全身心投入育人工作,在提高育人质量上下功夫。把教师的育人能力、育人态度和育人效果作为评价和奖惩教师的主要标准。管理者要加强自身修养,努力使自己成为育人专家、管理专家、教育专家,只有这样,才能办好人民满意的教育,满足社会对学校教育的新期待。

(2)完善育人管理系统。立德树人是学校的根本任务。学校中的教学管理、班级管理、团队管理等都要促进师生员工的发展。我国早期著名的教育管理学者郭秉文在著作《学校管理法》中提到,很多学校管理法的确定需要依据三个标准:一是"以学校之治安能否维持与校务之进行能否辅助为标准",二是"以儿童天赋性质之能否修养为标准",三是"以社会需用之人物能否培养为标准"。且在这三个标准中,学校治安的维持与校务之进行的辅助,虽然是管理者的天职,却不是其"本体"任务,管理者的本体任务是运用学校机关,修养儿童天赋之性质与培养社会需要之人物。郭秉文的观点清晰地说明,学校管理是为教育目的服务的,是为了促进人的成长与发展。① 管理者首先要提供良好的育人环境来为师生服务。学校要建立健全教务行政和教学研究系统,完善教学管理制度,科学地组织教学工作全过程,保证教学工作在学校总体工作中处于主要地位。同时,学校的一切规章制度、工作条例、各类活动都要有教育意义。学校的课程安排、各项教育活动的开展、教育教学方法的运用、规章制度的制定、师生关系的建立、学校环境的创建等都要有利于育人。更重要的是,学校管理者不仅仅是管理者而且还是教育者,他们在完成具体的学校管理活动中要处处以自己的思想品德和模范行为教育或影响其他人。管理者把育人的观念渗透到学校工作的时时处处、管理的方方面面。学校一切工作都必须围绕育人这个中心来开展,"教学育人、管理育人、服务育人、环境育人",学校要形成"时时是育人时,人人是育人者"的良好局面。学校行政、教辅、后勤都应把服务育人作为自己工作的宗旨,以服务育人的好坏作为评价学校各方面工作质量的主要标准。学校人力、物力、财力的安排,应首先考虑满足育人工作的需要。学校中无论是校长还是教师,心中都要有学生,一切的工作都要以学生为中心来开展。

(二) 应用人本原理的要点

1. 教师是学校发展的关键性人力资本

教师是学校人力资源中最基础、最重要的资源,主要承担着育人工作。"善之本在于教,教之本在于师","教,上所施,下所效也;育,养子使作善也"。教师育人不仅仅是给学生传授知识,而且要用人类的真善美塑造具有完善的人格、高尚的情操、丰富的知识、健康的体魄的社会人。师生间的情感作用在育人过程中具有不可替代的作用,只有产生情感共鸣,学生才能真正接受教师的影响,这是教育最大的特点。众所周知,教学过程是师生双边活动的过程,没有教师的教,就难有学生的有效学习。任何一所学校,其最大的优势就是教师的优势。教师的劳动是一种高智力的、创造性的、以脑力为主的劳动,教学不仅是一门技术还是一门艺术。教师工作既传知、又传神、更传情,教师是学生走向社会接触最多的、影响最大的人,是学生直接模范的榜样,是学生看得见的"正能量"。学生良知、良能的形成,主要依靠教师的作用,习近平总书记提出所有教师都应是有"理想信念、道德情操、扎实学识和仁爱之心"的"四有"好教师,在课堂中要做学生"锤炼品格、学习知识、创新思维和奉献社会"的引路人;在教学过程中要坚持"教书和育人、言传和身教、潜心问道和关注社会、学术自由和学术规范"的相统一;教师必须要"以德立身、以德立学、以德施教、以德育德",不辜负新时代社会对教师的高度期望。

2. 有效管理的关键是教师的积极参与

一是树立民主管理的理念。民主管理是指管理者在民主、公平、公开的原则指导下,激发教职员工的自主意识,主动参与学校管理,群策群力达到管理目的的一种管理方法。学校管理者必须把教师当作学校的主人,真心实意依靠教师办学,教师民主管理与校长全面负责并行不悖。具体而言,① 提高管理的透明度,凡是与教职工切身利益相关的事,教

---

① 郭秉文.学校管理法[M].上海:商务印书馆,1916:3-4.

师有知情权,凡是与学校利益相关的事,教师也有知情权。② 教师不应仅仅是学校管理的对象,更应是学校管理的实际参与者。这种参与不是取代校长行使决策权,而是要充分发表意见,为学校工作出谋划策。学校开展各项工作,应尽可能取得教师的理解和支持,如果得不到多数教师认同,就当慎重推行。③ 合理分享权力。校长具有学校最高行政决策权,但是目标分解可以扩大教师参与度,不仅减少决策的风险、为校长分忧解难,更能体现校长对教师的信任和尊重,有利于激发教师完成具体工作的主动性,使学校管理者和全体教师形成责任共同体。④ 引导教师学会民主管理。民主管理要求教师既要像主人一样关心学校工作,又要像主人一样干好本职工作。

二是树立教师优先的观点。所谓教师优先,就是指学校一切优惠政策都应该向一线教师倾斜。教师是学校具体工作的实际承担者,那么,在享受各种待遇方面,理所当然应该把教师摆在第一位。具体而言,① 适度分权,赋以重任,依靠教职员工参与,使教师个人利益与学校组织利益紧密结合,使全体教职工为了共同的目标而自觉地努力奋斗,从而实现高度的工作效率。对教师要在政治上信任,在工作上依靠,在评优评奖晋级中优先考虑。② 加强教师业务培训,提高专业素养。在教育教学业务方面,教师最有发言权,学校改革要注意倾听教师意见;应充分尊重教师工作中的首创精神,鼓励教师形成自己的教学风格。同时要鼓励教师参加各类培训进修,提高学历与教学能力。学校在晋级、升职、加薪、授奖、评模评优等方面,把教师的职业道德考核放在第一位,倾向在教学工作中积极探索、成效显著的老师。③ 在生活上关怀。注意了解教师的疾苦,在力所能及的范围内,帮助他们解决生活上的困难,解除教师的后顾之忧。管理者要在"事业留人、待遇留人、感情留人"等方面深入思考。

三是树立服务意识。管理就是服务。服务意识是指学校管理者主动为学校师生员工提供热情、周到的服务,为师生员工的工作和生活排忧解难的意识。不论学校实行何种领导体制,不论校长手中权力有多大,校长应始终把教师当作学校主人看待。具体来说,首先,校长要正确认识与教师的关系。从管理的角度看,校长与教师关系是管理者与被管理者之间的关系;从工作角度看,二者则是伙伴关系。影响学校组织发展的因素固然很多,但归纳起来无非是天时、地利和人和。其中"人和"最为宝贵,有了"人和"才能去争取和利用"天时",有了"人和"才可能去逐步完善和充分发挥"地利"。如果没有人和,组织者与管理者之间纠纷不断,学校领导内部、上下级之间、各部门之间遇事互相扯皮、遇责互相推诿、遇权或利益互相争夺,再好的外部的环境也将错过,再好的内部条件也将耗尽,失败是必然的结果。其次,校长要正确认识手中的权力。权力是用来完成任务的,而不是为了使人有地位、有名望,所以权力必须服务于工作,服务于人:怎样有利于调动教师工作积极性就怎样用权,怎样有利于工作任务的完成就怎样用权,怎样让教师安居乐业就怎样用权。再次,校长要正确认识教师的地位和权利。教师和校长都是学校的主人,只是工作岗位不同而已。校长有校长的权力,教师也有教师的权利,校长用权必须尊重和保护教师的合法权益。不尊重教师的校长,同样得不到教师的尊重,而得不到教师尊重的校长,要想取得管理的成功几乎是不可能的。最后,校长应该尽一切努力,为教师工作创造良好的环境和条件,满足教育教学和师生学习、娱乐、休闲和发展的合理需要。从某种意义上说,教师和校长是相互服务的,其服务的共同对象都是学生。

三、责任原理

管理是追求效益和效率的过程。在这个过程中,要挖掘教职工的潜能,就必须在合理分工的基础上明确规定每一个部门和每一位教职工必须完成的工作任务和必须承担的相应责任。

(一)明确每一个人的职责

挖掘教职工潜能的最好办法是明确每个人的职责。分工是生产力发展的必然要求。在合理分工的基础上确定每个职位,明确规定各职位应承担的责任,这就是职责。所以,职责是整体赋予个体的责任,也是维护整体正常秩序的一种约束力。它是以行政性规定来体现的客观规律的要求,绝不是随心所欲的产物。职责不是抽象的概念,而是在数量、质量、时间、效益等方面有严格规定的行为规范。表达职责的形式主要有各种规程、条例、范围、目标、计划等等。一般来说,分工明确,职责也会明确。但是实际上两者的对应关系并不这样简单,这是因为分工一般只是对工作范围做了形式上的划分,至于工作的数量、完成的质量、完成的时间、效益等要求,分工本身还不能完全体现出来。所以,必须在分工的基础之上,通过适当的方式对每个人的职责,做出明确的规定。

(1)职责界限要清楚。在实际工作中,工作职位离实体成果越近,职责就越容易明确;工作职位离实体成果越远,职责就容易模糊。应该按照与实体成果联系的密切程度,划分出直接责任与间接责任,实时责任和事后责任。

(2)职责中要包括横向联系的内容。在规定某个员工的岗位工作职责的同时,必须规定同其他部门、个人协同配合的要求,只有这样,才能提高组织整体的功效。

(3)职责一定要落实到每个人,只有这样,才能做到事事有人管、人人有事管的局面。没有分工的共同负责,实际上是职责不清、无人负责,其结果必然导致管理上的混乱和效率的低下。

(二)职位设计和权限委托要合理

列宁曾说:"管理的基本原则是——一定的人对所管的一定的工作完全负责。"一定的人,对所管的一定的工作能否做到完全负责,基本上取决于三个因素。

(1)权限。明确了职责,就要授予相应的权力。实行任何管理都要借助于一定的权力。管理总离不开人、财、物的使用。如果没有一定的人权、物权、财权,任何人都不可能对任何工作实行真正的管理。职责和权限虽然很难从数量上画等号,但有责无权,责大权小,许多事情都得请示上级,由上级决策,上级批准,当上级过多地对下级分内的工作发指示、作批示的时候,实际上等同于宣告此事下级不必完全负责。明智的上级必须克制自己的权力欲,要把下级完成职责所必需的权限全部委授给下级,由他去独立决策,自己只在必要时给予适当的帮助和支持。

(2)利益。权限的合理委授,只是完全负责所需的必需条件之一。完全负责就意味着责任者要承担全部风险,而任何管理者在承担风险时,都自觉不自觉地要对风险与收益进行权衡,然后才决定是否值得去承担这种风险。为什么有时上级放权,下级反而不要?原因就在于风险与利益不对等,没有足够的利益可图,当然,这种利益不仅仅是物质利益,还包括精神上的满足感和成就感。

(3) 能力。这是完全负责的关键因素。管理是一门科学,同时也是一门艺术。管理者既要具备学校管理的科学知识,又要具备处理人际关系的组织才能,还要有一定的实践管理经验。

科学知识、组织才能和实践经验这三者构成了管理能力。在一定时期,每个人的时间和精力有限,管理能力也是有限的,并且每个人的能力各不相同,因此,每个人所能承担的职责也是不一样的。

(三) 奖惩要分明、公正而及时

人无完人,但人总是积极向上的。对每个人的工作表现及绩效给予公正而及时的奖惩,有助于提高教职工的工作积极性,充分挖掘每个人的潜能,从而不断提高管理成效,及时引导每个人的行为朝着符合组织需要的方向变化。对每个人进行公正的奖惩,必须要以准确的考核为前提。若考核不细致或不准确,奖惩就难以做到恰如其分。因此,首先要明确工作绩效的考核标准。有绩效贡献的人员要及时予以肯定和奖励,使他们的积极行为维持下去。奖励有物质奖励和精神奖励,两者都是必需的。惩罚是利用令人不喜欢的东西或取消某些为人所喜爱的东西,从而改变人们的工作积极性。惩罚可能引起挫折感,从而可能在一定程度上影响人的工作热情,但惩罚的真正意义在于"杀一儆百",利用人们害怕惩罚的心理,通过惩罚少数人来教育多数人,从而强化管理的权威。惩罚也可以及时制止这些人的不良行为,以免给学校组织造成更大的损失。为了做到严格奖惩,要建立健全组织的奖惩制度,使奖惩工作尽可能规范化、制度化、程序化,这是实现奖惩公正而及时的可靠保证。

四、效益原理

效益是与效果和效率既相互联系、又相互区别的概念。效果是指由投入经过转换而产出的成果,其中有的是有效益的,有的是无效益的。效率是指单位时间内所取得的效果的数量,反映了劳动时间的利用状况,与效益有一定的联系。效益是有效产出与投入之间的一种比例关系,可以从社会和经济这两个不同角度去考察,即社会效益和经济效益。"在管理与组织生活里,高于一切的元价值是效率和效用,迄今为止,大概没有人主张组织运转应当缺乏效率与效用。"①事实上,没有对效益的追求,管理就没有存在的必要。学校组织的总效益是直接和教职员工的工作效率联系在一起的,每个教职工的工作效率又与他完成教学任务的数量多少有关。学生的入学率、合格率、留级生率都要摊入成本。学校管理人员在安排教师的工作任务时,也应把工作任务与经费分配、教学成本联系起来。

(一) 效益的评价

效益的评价可由不同的主体从多个不同角度去进行,因此没有一个绝对的标准。不

---

① 克里斯托弗·霍金森.领导哲学[M].刘林平,等译.昆明:云南人民出版社,1987:41.

同的评价标准和方法得出的结论也会不同。有效的管理,首先要求对效益的评价尽可能公正和客观,因为评价的结果直接影响组织对效益的追求和获得,结果越是公正和客观,组织对效益追求的积极性越高,动力越大,客观上产生的效益也就越多。

(二)效益的追求

(1) 效益是管理的根本目的。管理就是对效益的不断追求,这种追求是有规律可循的。在实际工作中,管理效益的直接形态是通过经济效益而得到表现的。这是由于管理系统是一个人造系统,它基本是通过管理主体的劳动所形成的按一定顺序排列的多方面多层次的有机系统。

(2) 影响管理效益的因素很多,其中学校主体管理思想正确与否,占有相当重要的地位。在现代化学校管理中,采用先进的科学方法和手段,建立合理的治理体系无疑是必要的。但更重要的是一个管理系统高级主管所采取的战略决策。这是更加带有全局性的问题。实际上,日常的管理只解决如何"正确地做事",战略决策才告诉我们怎样"做正确的事"。实际上,管理效益总是与管理主体的战略决策紧密联系在一起的。

(3) 局部效益必须与追求全局效益相协调一致。全局效益是一个比局部效益更为重要的问题。如果全局效益很差,局部效益的提高就难以持久。当然,局部效益也是全局效益的基础,没有局部效益的提高,全局效益的提高也是难以实现的。局部效益与全局效益是统一的,有时又是相互矛盾的。因此,当局部效益与整体效益发生冲突时,管理必须把全局效益放在首位,做到局部服从整体。

(4) 管理者应追求长期稳定的高效益。组织每时每刻都处于激烈的竞争中,如果组织满足眼前的经济水平,而不以高质量、低成本、新创意迎接新的挑战,就会随时有落伍甚至被淘汰的危险。所以任何组织的经营者必须有远见卓识和创新精神,随时想着明天,不能只追求当前的经济利益,不惜竭泽而渔、寅吃卯粮,不愿加大教学改革的投入,不肯花费成本加强教师培训等。

(5) 确立管理活动的效益观。学校管理活动要以提高效益为核心,追求效益的不断提高,应该成为学校管理活动的中心和一切管理工作的出发点。追求效益,管理者要自觉学会运用各种客观规律和管理方法。

第六节 学校管理的基本方法

学校管理者面临着各种各样的办学任务,必须讲究完成任务的方式方法。学校管理活动中常用的有效的管理方法,有以下几种:行政方法、法规方法、经济方法、思想教育方法、激励方法和目标管理方法。① 行政方法、法规方法和经济方法都具有强制性,要求人们应该做到什么;思想教育方法、激励方法则强调精神力量,强调自觉性,促使人们自觉自

---

① 萧宗六.学校管理学[M].5版.北京:人民教育出版社,2017:84-94.

愿地去做;目标管理方法则是从实现目标考虑,从全局考虑,既有实现目标的压力,又强调主观能动作用。但是任何一种方法都不是万能的,只有各种方法互相配合,取长补短,才能相得益彰,收到良好的管理效果。

一、行政方法

行政方法是指通过行政组织、运用行政手段、按照行政方式管理学校的方法。例如校长运用自己的权威,采用指示、命令、决定、规划、计划等措施,通过学校的行政组织系统对学校师生员工进行管理。行使这种方法只能是行政组织和行政负责人。

行政方法主要有三种形式。一是强制的方式。指行政主体依靠学校行政赋予的权威,运用行政手段,包括行政命令、指示、制度、规定、条例及规章等进行管理活动。它是在实际的学校管理过程中运用得最普遍的行政方法。二是说服的方式。学校管理者在工作过程中,通过启发、协商、讨论、建议的方式,使被管理者接受并贯彻自己的意图。三是示范的方式。管理者以自己的示范行动或者通过树立样板、宣传先进人物的事迹,去影响和感染教职工。

(一) 行政方法的主要特点

(1) 强调垂直的纵向系统,上级领导下级,下级服从上级。即行政命令、指示、规定等通常是通过学校行政组织系统自上而下,纵向垂直逐层下达的。上级的指示命令只对自己的下级起作用,下级只接受直接上级领导的指示,不接受任何横向指令。

(2) 带有强制性,强调纪律,保证领导人的指示、决定能顺利贯彻执行,不允许有对抗行为。学校组织及其管理者运用的命令、指示、规定等行政手段,对学校成员具有强制性,要求学校成员必须遵循统一行动、统一纪律和下级服从上级的管理原则。事实上行政方法的强制性事事处处都有体现。例如,学校规章制度就具有明显的强制性。行政方法的强制性是保证学校工作能够正常运转的前提,但它不同于法规方法的强制性。

行政方法是管理学校不可缺少的一种方法,它是统一全校行动,使学校正常运转,提高管理效率常用的一种方法。只要有行政工作存在,只要有上下级存在,这种方法就不可能被废黜。行政方法也不全是发号施令,对一些没有先例的新事物的处理,可以灵活运用征询、协商、建议的方式,授权下级处理。灵活性有利于管理者迅速应对新情况,处理新问题,也有利于管理者形成自己独特的管理风格。权力和威信是构成学校行政组织及其管理者权威性的两大因素,权威性越大,行政的方法就越有效。管理者的权威性主要取决于管理者的人格魅力、履职能力、努力成效。人格越高尚、能力越强、对工作付出越多、成效越大的管理者,教职工的接受程度越高,不令而行的可能性越大。

(二) 运用行政方法时的具体要求

(1) 正确认识权威的作用。学校管理者要认识到权威是权力与威信二者结合的产物,要重视从提高自身的威信入手来提高权威,以此来提高行政方法的有效性,行政方法本质也是为了服务。

(2) 提高命令、指示和规定的科学性。行政方法的管理效果取决于管理者素质的高低,只有具有较高素质的管理才能使行政方法真正发挥作用。管理者应在制定命令、指示和规定前,从实际出发,认真调查研究,实事求是,按教育规律和管理规律办事。

(3)建立健全学校内部的组织制度。建立健全学校内部的组织系统,责、权、利明确的岗位职责以及与岗位职责相配套的考核制和奖惩制等一系列制度,使上下级之间、部门与部门之间信息通畅,能及时掌握组织内外部变化的情况,保证行政决策的有效性;做到既能令行禁止,又能不断调动各级部门及其成员的工作积极性。规章制度具有极强的规范性,制度管理是一种最有效的管理方法。

二、法规方法

法规方法是指依照国家有关教育事业的法律、法令、规范、规则、条例、章程以及学校根据上级指示精神拟定的规章制度管理学校的方法。国家的法规和学校的规章制度对师生员工具有较大的约束力,学校管理者要树立法治观念,懂法、守法、用法。所谓懂法,即树立法律至上意识,尊重法律的基本价值观,敬畏法律的权威,不触碰法律的底线。所谓守法,即将法律内化于心、外化于行,严格自律,按照法律规范管理行为,把一切管理方式、管理手段的运用都纳入法制的轨道,做到行政法制化。所谓用法,即依法治校,用法律来维护学校及其师生应当享有的合法权益。

(一)法规方法的主要特点

(1)权威性。法规方法是以法律法规为管理手段或工具的。国家颁发的教育法令、条例、行为规范等是学校管理者管理学校的重要依据。法规方法能够为行政管理提供规范性和程序性,保证行政管理的集中、统一、连续和稳定,提高了行政管理效率,有利于共性问题和关系的处理。法律、法令和条例是所有组织和个人行动的统一准则,任何组织或个人都不能凌驾于法律、法令和条例之上。教育法律的规范性对调节学校与社会、学校内部与部门以及学校成员之间的关系,约束学校管理的行为等具有重要作用。

(2)强制性。法规方法是运用法律法规实施管理的方法,而法律法规是以国家意志的形式规定社会组织和公民个人在什么情况、什么条件下的作为或不作为,以此规范社会组织和公民的各种行为,以保证国家生活和社会生活的有序进行。法律、法令、条例等规范性法律文件的语言表述十分严格,在制定和执行时都必须严格依法进行,任何组织和个人都必须接受。如果拒不接受,不遵守法律法规,或违反法律法规,都会受到法律的严厉制裁。学校管理者运用法规方法来管理学校,强调"法治"而非"人治",这是现代学校管理发展的必然趋势。法规方法能够增强学校行政主体和被管理者的法律意识,增强守法、用法的自觉性,既促进管理者以身作则,以上率下,率先垂范,也促进学生全体师生员工懂法、守法、执法的自觉性,真正做到法律面前人人平等,实现依法治校的局面。

(二)运用法规方法时的具体要求

随着我国教育法律建设进程的不断加快,教育法律体系日益完善,学校管理的法规方法的运用也日益广泛,熟悉和运用法规方法来管理学校,日益成为学校管理者所必备的基本素质。

（1）树立依法治校的观念。教育立法是现代学校管理的基本依据和法律保障。办好教育不仅要依靠国家的教育方针政策的指导，还必须有教育立法、执法的保障。法律是社会生活的最后一道防线，也是最重要的一道防线。所有的法律问题，之前都是管理问题；所有的管理问题，最后有可能都表现为法律问题。学校领导者必须树立依法治教、依法治校的法治观念，增强法律意识和提高法律素养。

（2）做好教育法制宣传工作。学校管理者要结合学校实际，做好教育法制宣传工作，让广大师生员工了解各项教育法律，这有利于学校师生员工形成遵守法律和依法维护自身合法权益的法律意识，为依法治校创造条件。教育法律法规的遵守是贯彻实施教育法律法规的基础，加强教育法律法规的宣传教育，使学校管理者、教师、学生和家长及其他与学校组织有关的个人增强法治观念，自觉维护国家法律的权利和义务，维护法律的尊严，维护广大师生员工的合法权益，对于学校管理工作的正常运转具有重要的作用。

三、经济方法

经济方法是指按照一定的经济利益分配原则，通过工资、薪酬、奖金、处罚等经济手段，对学校教职员工进行管理的一种方法。经济方法的实质，在于贯彻物质利益原则，体现多劳多得、优劳优酬、能上能下，以经济利益充分调动教职工的工作积极性，提高工作效率和效益。

（一）经济方法的主要特点

（1）利益性。经济方法以物质利益为基础，将人们对物质利益的要求转化为工作动力。它强调组织和个人的物质利益与其劳动成果之间的联系，强调物质利益的获得多寡取决于劳动成果的大小和劳动效率的高低。经济方法的这种利益性，集中表现为商品交换中的等价交换和以质论价、工资收入上的按劳分配、奖金分配上的奖勤罚懒。物质利益是人们从事工作的主要目的之一，也是自身工作的一种重要评价依据。承认教职员工个人工作所包含的物质利益及其差异，并将其作为调动教职员工工作积极性的重要手段，是学校管理的经济方法的最本质特征。经济方法以经济杠杆为工具，以物质利益为核心，最能激发教职员工的工作动机，根据不同的需要，教职员工会主动调整自己的工作行为，享受自己劳动带来的直接利益。相比较精神奖励，经济方法在管理中最容易做到利益均沾，比较具有客观性和公平性，更能激发多数人的工作积极性和主动性。

（2）有偿性。经济方法要求教职工获取经济利益要以劳动的付出为代价，而经济利益的获得又是社会或国家通过学校管理者对教职工付出劳动所做的补偿。因此，经济方法在运用上，无论对管理者还是对被管理者来说，都是有偿的，有效促进教职工为获得更多的物质利益通过竞争而努力工作。学校管理运用经济方法的目的之一，就是兼顾学校组织和个人的利益，在保证学校组织利益的前提下，重视满足教职工的正当、合法的利益，以此促进学校的发展和个人需求的满足。要做到这一点，必须建立和完善各种工作责任制，按照教职工的工作数量和质量，制定公平合理、切实可行的绩效考核办法。采用经济方法，在分配制度上必须拉开一定的差距，体现按劳分配原则，否则，经济方法也就没有多大的意义。同时，经济方法只有与行政方法、法规方法结合使用，才能营造健康的校园组织文化。

（二）在运用经济方法时应注意的问题

（1）正确对待教职工的物质利益要求。心理学认为，需要是人的一切行为的原动力，物质利益是人生存的基础，只有基本的物质需要得到满足，人才有可能向高层次发展。教职工从事教学工作的基本动力，就是通过自身的劳动获得合理的报酬，国家和学校管理者只有为教职员工提供合理的满足，才能使他们提高工作积极性。学校管理者应明确学校组织之间和教职工个人之间获得经济利益的权利是平等的，管理者要积极满足教职工的合理物质利益的诉求。

（2）坚持按劳分配原则。经济方法应用的目的是调动教职工的工作积极性，而平均主义无法达到这个目的，只有实行按劳分配的原则才能真正达到这一目的。但按劳分配原则的正确实施，需要建立在对教职工劳动的科学评价基础之上，并要求从实际出发，在拉开物质待遇差距的同时，考虑教职工的心理承受能力，以免事与愿违。

四、思想教育方法

思想教育方法是通过对师生员工进行确定的、有目的和有系统的感化与劝导，使其提高思想认识，形成一定的思想品质，从而提高工作的自觉性的方法。即指管理者用精神力量提高教职工的认识，影响人们的情感和行为的一种管理手段。

（一）思想教育方法的主要特点

（1）启发性。人的行为是以认识为基础的，有怎样的认识就有怎样的行为。教育方法注重组织成员之间的思想沟通，通过摆事实、讲道理等方式，用正确的价值观引导受教育者、启发受教育者，使之通过思考，自觉产生一种服从真理和科学的意志行动，从而改变自己的行为。思想教育的核心是用真理折服他人，不是强迫别人去服从。循循善诱、启发自觉、耐心细致是任何一种思想教育方法都应该体现的特点。事实上，凡是思想问题，只能用平等讨论的方法、说服的方法、疏导的方法、批评与自我批评的方法去解决。不仅要晓之以理，还要动之以情，通过说理融情，让教职员工在行为上发生变化。

（2）广泛性。无论是教师还是学生，其思想都具有很大的自主性。思想教育方法将贯穿于学校管理活动的各个方面，学校管理中的各种方法的有效运作都离不开思想教育方法的配合。思想教育方法是多种多样的，如理论宣传、政策解读、榜样示范法、实践锻炼法、情感陶冶法、批评表扬法、品德评价法等。通过思想沟通，能够形成相互理解、相互谅解、相互关心的局面，强化教职员工的获得感与满足感，形成彼此之间的信赖，增强学校内部团结，有效减少学校内部的工作矛盾和内耗。

（二）做好思想沟通工作要注意的问题

思想沟通是指管理者和教职员工通过信息交流，相互了解对方的认识，消除误解，减少冲突的有效的管理方法。其具有启发性，以使人明是非，通情理，无论教师的需要是否得到满足，思想沟通都不可少。

（1）切忌居高临下，单向传输。思想沟通是一种双向的思想交流活动，不等于管理者单向的发号施令,也不等于教职员工单向的思想汇报,要想思想沟通有效,双方必须处于平等的地位,开展有效的信息传递和反馈。学校管理者在运用思想教育方法时,要平等待人,以身作则;要设身处地,富有同情心,获得对方的信任,使对方把思想认识和盘托出,才有可能找到解决问题的方法。

(2) 切忌简单粗暴,强迫接受。人的认识有一个转化过程,思想沟通的效果比较慢,要以理服人,以情动人,要给教职员工思考转化的时间,要允许保留不同意见,不能盛气凌人,强迫教职员工接受自己的观点,甚至威胁恫吓。企求一朝一夕解决思想认识问题,往往事倍功半,欲速不达。

(3) 切忌假大空。思想沟通的过程是信息交流的过程,是思想互动的过程,也是情感交流的过程,教职员工特别在意管理者是否真诚。只有真诚,管理者才能赢得信任,缩短彼此间的心理差距,达到联络感情、融洽气氛、转化思想的目的。虚情假意、说大话、唱高调,只会让人反感。成功的思想沟通,应是"三分含情,七分叙理",情中有理,理中含情,情理交融,使思想沟通具有摄人心魄的魅力。

五、目标管理方法

目标管理是美国管理学家彼得·德鲁克在 20 世纪 50 年代提出的一种管理方法。目标管理是指管理者与被管理者共同确定总目标,把总目标转化为部门目标和个人目标,管理者通过目标对所属部门和每个成员进行管理。通过对实施过程的管理和成就的评估,促使各部门每个成员都自觉地朝着预定的目标努力工作,以实现整体目标。

目标是指某种行为所要达到的预期结果或最终目的。人的行为是有规律的,即需要决定动机,动机支配行为,行为指向目标;目标实现后又产生新的需要、动机和行为,指向新的目标。所以,行为科学将激励界定为"为达到预定的目的而做出实现的安排"。学校的一切管理活动,都是为了有效地实现某种预定的目标。学校是培养人才的地方,培养人才有一定的规格,这就是学校教育的目标。学校管理工作者为了实现学校的教育目标,要制定各项管理工作的目标,旗帜鲜明地给学校各部门和个人指明奋斗的方向,展现未来的前景,从而激励人们的斗志,调动人们的工作积极性。同时,目标管理还能提供工作成效的具体标准,从而有利于提高学校管理效率。

(一) 学校目标管理的主要特点

(1) 强调系统管理。首先,学校管理组织是为了一定目的而建立起来的人工系统,管理活动又必须在组织系统内进行,因而管理本身就具有系统特性。其次,目标管理的关键是把组织的总目标分解为不同层次的子目标,建立起合理的目标体系。按照目标体系,逐层下放管理权,明确和统一每一层次的责、权、利,使上下层次之间、彼此之间都能回答"如何做、为谁做、这样做如何"等问题。最后,目标管理从组织的整体目标出发,将整体目标分解成各个局部的分目标,由局部的分目标的实现,保证总体目标的实现。

(2) 强调自我管理。目标管理方法以自我管理为中心。学校总目标确定之后,就要分解落实到人,每个人既是责任主体,又是利益主体,在目标具体、责任明确、利害清楚的情况下,能极大地激励个人积极性、创造性,有效地将每个人都置于所承担的目标责任的

岗位上,通过自我监督和自我控制,实现自主管理。

(3) 强调绩效管理。绩效即目标实现的结果。目标管理所追求的目标,就是学校和每个员工在一定时期应该达到的工作成果。工作成果对目标管理来说,既是评定目标完成程度的根据,又是人事考核和奖惩的主要依据。这种结果式管理迫使组织的每一层次、每个部门及每个成员优先考虑绩效的提高、目标的实现,没有绩效的管理就是无效管理。

(二) 学校目标管理实施的四个阶段

(1) 学校管理目标的制定。学校管理目标的制定是实施目标管理的第一个环节,其过程包括调查、研究和草拟目标方案,论证目标方案并最终确定目标等步骤。学校管理者在制定学校发展目标时,要依据教育方针政策和有关法律法规、学校的教育目标和学校实际情况,注意目标内容的完整性,使目标内容涵盖学校工作的方方面面。同时要自上而下、自下而上进行充分的协商,最终通过教职工代表大会确定,从而形成教职员工的共同愿望。

(2) 学校管理目标的分解。学校管理目标确定后,需要分解成部门目标和个人目标,并签订目标管理责任书。分解的目的在于落实任务,明确责任,便于实施。目标管理责任书是以契约的方式确定管理者和被管理者双方的责、权、利,规范双方的行为,为目标实现提供保证。

(3) 学校管理目标的实施。学校管理目标实施阶段主要包括:制订实施计划、进行目标实施前的准备和目标实施过程中的反馈控制。实施计划应包括目标实现的具体时间、方式、责任人、工作进度、经费来源与预算安排等内容。在目标实施过程中,学校管理者要加强与各部门之间的沟通,了解目标的进展情况,要针对发现的问题及时反馈和研究,有效地指导和纠偏,从而保证目标实施顺利进行。

(4) 学校管理目标的考核。目标考核既是对目标完成结果的总结,又是人事考核和奖惩的主要依据。这个环节要做的工作主要有三个方面。一是对目标成果进行评价。二是根据评价结果实施奖惩。三是对整个目标实施过程进行总结,发现问题,及时补救,分析原因,总结经验教训,为下一阶段的目标管理提供依据。

六、激励方法

激励方法是指激发教职员工的士气,鼓励师生努力完成管理者交给的任务的一种方法。学校是典型的人—人系统。学校的管理者、教育者和教育对象都是人,教师的工作积极性很大程度上受制于管理者,而学生的学习积极性很大程度上取决于教师的工作积极性。

学校是专门的教育场所,除了教给学生知识,还要开发他们的潜能,培养他们的道德情操和健全人格,这就需要营造一种和谐、宽松、积极向上的育人环境,专制、冷漠的管理方式不可能产生积极的教育效应。唯有激励,才能使教师乐教、学生乐学,才能使学校真正成为教育的乐园。同时,教师作为知识分子群体中的一员,只有运用信任、尊重、关心等激励方式,才会激发出他们的工作热情。教师的工作是一种创造性的高智力活动,任何智力活动都需要积极的心态来维持,而积极的心态必须依靠激励才会产生,并维持长久。

人的积极性的源泉是人的需要,要调动人的积极性,必须从满足人的需要入手。人的需要千差万别,而校长手中的资源相对有限,要想使有限的资源发挥最大的作用,必须注意以下几点:

(1) 了解教师的主导需要。所谓主导需要,即对人的行为起主要支配作用的需要。在一定时期之内,人的主导需要总是极少数,满足起来比较容易,对调动教师的工作积极性可以起到事半功倍的作用。学校规章制度的制定或修订应听取师生员工的意见,把学校的要求变成师生员工的自我要求,遵守规章制度就是履行自己的承诺,这样,外部的约束就易于转化为自我约束。同时,规章制度的内容、要求要合理,充分考虑学校的实际情况,既有利于学校工作,又能保护师生员工的利益。

(2) 注意物质激励和精神激励并重。教师既有物质需要,也有精神需要,二者的满足不可偏废。只注重物质激励,漠视精神激励,容易导致人斤斤计较物质利益;只注重精神激励,无视物质需要,人的精神也不可能维持多久。

(3) 注意公平。对于需要的满足,不患寡而患不均,不公平的满足往往比不满足的效果更糟。学校规章制度是为师生员工确立的行为规范,任何规范都具有一定的约束性。但是,只有约束性而没有激励性的规章制度,绝不是好制度。现代学校管理制度既强调约束又体现公平,强调二者并重。符合学校实际的规章制度才具有较强的执行力,也才能体现管理的有效性。规章制度要与时俱进,定期修改,抛弃那些过时的、扼杀师生员工积极性的内容。

课堂讨论

1. 简述学生管理的基本理念和主要内容。
2. 简要概述新时代加强学生法治教育的重要性。
3. 校长需要具备哪些专业素养?
4. 如何有效促进校长的专业发展?
5. 不同考评主体的优、缺点是什么?
6. 简要介绍几种典型的教师培训的方法,其优、缺点是什么?

案例分析

该不该不发工资和奖金

一天下午,负责总务的钟副校长正在办公室接待客人。突然,校长办公室传出响彻楼道的吼声:"我怕你不成?""工资就得补给我!否则,小心点儿!"钟副校长安排好客人后,焦急地奔向校长办公室。只见季老师与校长两人正隔着写字台相对而立,彼此紧握着拳头怒视对方。钟副校长赶紧过去,把校长扶到座位上,把季老师拉到后面的沙发上坐下,自己也找了个位置坐下。然后,他问季老师:"为什么和校长吵架?"季老师仍然气冲冲的:

"凭什么扣我的岗位工资和奖金?"钟副校长回答说:"首先,今天你和校长吵闹,影响非常不好。扣发工资和奖金是校务委员会研究决定的,为了这事开了三次会,我都参加了。扣发工资和奖金的理由是:第一,你的英语课有四次无故不到岗,学生当堂就找到了校长,事后家长又向学校反映,这给学校造成了很坏的影响。第二,你擅自收取学生的补课费,但实际上并未给学生补课,违反了学校有关收费的规定。虽然后来把钱退给了学生,但是这件事严重损坏了学校的形象。你说这钱该不该扣?"看季老师没有反驳,钟副校长因有事就先走了。临下班时,钟副校长遇到校长,又问起了此事:"后来谈得怎么样?""季老师认识到了自己的错误,已经想通了。"校长说。

第二天校长未到学校,学校出纳员找到钟副校长:"昨天晚上校长给我打电话,让我今天上午把扣发季老师的钱给补发了,并让您签字,您知道这件事情吗?"钟副校长一下愣住了:"怎么回事!昨天不是说季老师想通了吗?"出纳员说:"我看,季老师不是拿着刀就是提着东西去校长家了!"钟副校长说:"不要乱讲,这个字我不能签,谁给补发谁签吧!"

(案例来源:学校管理的 50 个典型案例(第二版),程凤春,华东师范大学出版社,2019)

思考题:

1. 校长私自改变了校务委员会扣发季老师工资和奖金的决定,这种做法合适吗?为什么?
2. 如果你是该校校长,想要改变校务委员会的决定,你会怎么做?
3. 假如你是钟副校长,你将如何处理签字的问题?
4. 假如你是钟副校长,如何就此事与校长进行沟通?
5. 请使用教师薪酬的相关知识分析季老师该不该被扣款,又该不该补发。

课外阅读

1. 我国教育管理体制的发展历程。
2. 我国教育管理体制的内涵。
3. 习近平总书记的"四有好教师""四个引路人""四个相结合"。
4. 内修外助 走向教育家型校长——《中国教育报》2018 年 09 月 19 日。
5. 义务教育学校校长专业标准(教师〔2013〕3 号)。

第三章
学校组织管理

配套数字资源

 学习目标

1. 了解组织理论的发展脉络。
2. 理解学校组织的性质及其发展历程。
3. 了解学校组织结构类型,掌握矩阵式组织结构的特点。
4. 了解新时代治理体系和治理能力现代化背景下的学校组织变革。

学校组织理论是教育管理学的核心内容之一,组织理论的发展是管理理论发展的缩影。在学校管理中,学校组织是学校管理实践发生的场域,学校组织的基本特点决定了学校管理的具体实践。相对于一般组织而言,教育组织的特殊性一直是不可回避的问题,本章对学校组织性质基本特征的界定进行了梳理,以达到夯实教育管理实践基础的目的。在此基础上,对学校组织的重构和发展进行了介绍和探讨。

第一节 组织及其理论发展

人们对组织及功能的认识决定了组织职能在管理中的实践,特别是对教育组织性质的认识贯穿管理学理论及实践的始终。可以认为,教育管理实践的基础是对教育组织特殊性的认定。

一、组织定义与功能

(一) 组织的定义

在古汉语中,组和织的原意是"经纬相交,织作布帛"。如《诗经》上有"素丝组之",意思可以引申为将原本无序的、彼此分离的丝线通过一定的方法使之成为按照一定规律排列的、整齐有序的整体。从这一点上说,古汉语中的"组织"呈现了现代管理学意义上组织复杂含义的一个基本层面。

在英语中,组织是由器官(organ)一词演变而来。器官是指动物体内由结构性和功能性单元组成的具有特定功能的系统,从生物学的角度讲,器官是由一系列功能性的细胞组织构成的。同时，organ一词在英语中也指政府机构。从组织(organization)的词根organ的含义可以看出，一方面，组织保留了器官(organ)的核心内涵，即由一系列有机单元构成的独特的、功能性的、有结构的、系统的有机体。另一方面，组织的含义有所拓展，比如组织(organization)一词的解释包括"协作的群体""恰当有序地编排和分配人及资源的行为或结果"，从其英语解释能演绎出组织的其他特性：人为的、有序的、包括人和物两种资源的、有特定目的的协作系统。

在现代管理学中，组织可以视为一个群体，也可以作为一种行为。视作一个群体的组织可以界定为："在一定目标指引下，为了完成共同工作而形成一定权力、责任和任务分工结构的群体。"作为一种行为的组织，从组织领导角度可以将组织视作成员为了完成目标任务而表现出一致的努力行动以及相互影响和彼此分工合作的行为。可以归纳出，组织含义的基本要点有：组织是一个人为的系统，包括人、物、人与人的关系及人与物的关系；组织的本质是契约关系的总和；组织必须有特定目标；组织必须有分工与协作；组织必须有不同层次的权力与责任制度；组织是一个有机体，具有输入、转化、输出、反馈等行为，凭借此过程不断地与外界环境相互协调，以求生存发展。①

（二）组织的功能

组织功能是指组织所具有的功效以及实现这些功效的能力。"组织"作为人与人的协作系统出现的时间早于"社会"和"国家"，它经历了个人到松散团体到组织再到正规的社会组织和国家的过程。人类从自发地合作到自觉地组成组织进行协作、利用资源、实现目标，这一过程体现了组织在人类生产发展史以及人类自身发展史中所发挥的特有作用。②

1. 通过相对稳定的契约关系和确定的协作方式有效协调资源，实现组织目标

任何社会活动都是协作性活动，是复杂的社会系统工程，需要人们在共同意志的引导下协调工作，合理分配人力资源和物质资源，形成合力，实现共同目标。组织并非人与人的简单叠加，它是组织中所有人和物关系的非线性组合，组织具有个人和松散团体所不可能有的爆发性能量。

2. 在实现组织目标的同时能有效满足个体的精神和物质需要

实现组织目标是组织存在的宏观价值，这一价值的保障使组织能够满足组织成员的精神和物质的多方面需求。根据现代西方经济学的理性人观点，当组织难以满足其成员的个体需求，不能达到个体利益最大化时，组织中的契约关系即被破坏，组织就会分崩离析，难以起到协作系统所应该起到的作用。

3. 为个体获得信息，提高决策效率提供平台

信息获得的快慢、多寡以及准确与否是决定决策效果高低的关键因素。特别是在信息化时代，随着社会生产速度的大幅度提高，人对未来的预测能力则越来越差。在最短的时间内获得与决策高度相关的信息是人做出理性选择的保证。组织在某种程度上满足了个体的信息获得的需求。组织内部有正规的信息传递系统，也有隐性的非正式组织的沟

---

① 范省伟.基于组织变迁视角的行业协会发展研究[D].西北大学博士学位论文，2005：4.
② 吴志宏，等.新编教育管理学[M].上海：华东师范大学出版社，2009：91.

通途径,还有组织整体的行为趋向等,这都为成员获得更多信息、提高决策效率提供了条件。

4. 组织对个体具有教育功能

组织文化是组织成员一致拥有的价值观,体现为组织成员整体的行为趋向。组织文化对组织成员具有凝聚、规范、教育的功能。同时组织对个体的教育功能还体现在组织结构和规章制度对个体的规范作用上。

二、组织的类型

(一) 依照组织目标分类

组织目标是组织存在的原因和前提,是一个组织作为协作体系的运作方向,组织目标的性质从根本上区分了组织的类型,也反映了组织活动所针对的不同的社会需求,最终形成不同的行为领域。

(1) 政府组织。即第一类组织,也称第一部门,以解决社会宏观的适应和平衡问题为目的的组织,组织活动领域集中在公共事务领域,用强制手段分配资源,提供公共物品。

(2) 营利组织。第二类组织是以解决生存和供应问题为目标,组织行为集中在私人领域按照市场原则运作,追求利益的最大化,以营利为目的,采用交易手段来创造、提供私人物品的生产型组织,即营利性组织,也称第二部门。

(3) 非营利组织。第三类组织行为领域是跨越了第一部门和第二部门的第三部门,它不以营利为目的,也与政府组织无关,是通过志愿的机制提供公共利益的组织,被称为第三部门组织,即广义上的非营利性组织①。

美国研究非营利组织的专家约翰·霍普金斯大学的莱斯特·萨拉蒙(Lester M. Salamon)指出,非营利组织必须具备六个特征:① 组织性(正规性),有一定的组织机构,是根据国家法律注册的独立法人;② 民间性,即非营利组织在组织机构上独立于政府,既不是政府机构的一部分,也不是由政府官员来主导;③ 非营利性,即不是为其拥有者积累利润,非营利组织可以赢利,但所得利润必须用于组织使命所规定的工作,而不能在组织的所有者和经营者中进行分配;④ 自治性,非营利组织有不受外部控制的内部管理程序,有自己管理自己的活动;⑤ 志愿性,在组织的活动和管理中都有相当程度的志愿参与,特别是形成由志愿者组成的董事会和广泛使用志愿人员;⑥ 公益性,即服务于某些公共目的和为公众奉献。②

根据《中华人民共和国教育法》第二十五条规定,"任何组织和个人不得以营利为目的举办学校及其他教育机构",因此各种类型的学校都属于非营利性组织,其组织行为应受以上六个条件的限制。

(二) 以组织理性化程度分类

根据组织理性化水平的高低,可以将其分为正式组织和非正式组织。

---

① 王思睿. 为什么不是"中国的民主"? [J]. 战略与管理,2002(5):6-16.
② 莱斯特·萨拉蒙. 第三域的兴起[M]. 李亚平,于梅,译. 上海:复旦大学出版社,1998:5.

（1）正式组织。正式组织有明确的组织目标和行动宗旨，组织机构相对严密合理，权力层级清晰，组织成员分工明确，协作系统在具有合法性的规定下运作，强调组织效率，规章制度全面、完整、可推广。

（2）非正式组织。非正式组织一般是自发成立的，没有明确的目标系统，没有正规明确的组织结构和分工，组织行为以感情为基础，而不是以具有合法性的组织规则和制度为基础，不强调组织效率。

正式组织和非正式组织都是广泛存在的，正式组织是一种显性组织，具有一定的形态，便于观察。非正式组织则处于正式组织中，以各种形态出现，有一定的隐秘性，却与该正式组织及其他非正式组织存在多方面的联系，并且相互影响形成统一的组织大系统。

（三）以组织结构的正规化程度分类

根据组织结构的正规化程度可以将组织区分为网络型组织和垂直一体化职能组织（科层制组织）。

相对于垂直一体化职能组织精细的分工，严格的权力控制，组织内多纵向层级关系，信息流动依赖正规的纵向途径，为了应对组织内外环境的快速变化，组织开始自觉地减少管理层级，使信息的纵向流动时间缩减，打破部门间的界限，使信息在水平方向上更快地传播。这样做的结果，就使组织成为一个扁平的、由多个部门界限不明显的员工组成的网状联合体，信息流动更快，部门间摩擦减少，组织内耗减少，组织行为更加灵活。组织的扁平化发展达到一种极限，当组织的纵向层级几乎不存在的时候，组织就成了完全的网络型组织。网络型组织可以界定为由多个独立的个人、部门和组织为了共同的任务而组成的联合体，它的运行不靠传统的层级控制，而是在定义成员角色和各自任务的基础上通过密集的多边联系、互利和交互式的合作来完成共同追求的目标。

三、组织理论的发展

个体的人是组织的基本单元，组织又必须为一个共同的目标而存在。当个体目标和组织目标完全一致时，组织内耗最小；但当个体目标与组织目标不完全一致，或在组织目标以外还存在个体目标的情况下，组织作为一个完成组织目标的协作系统，如何平衡人与组织的关系，成为组织理论发展的一条脉络。

从人与人之间有合作开始就有了组织，从有组织开始，人类就自发地寻找一些有关组织发展和运行的规律，而这些发现都可以看作组织理论的最初萌芽。与现代组织理论相比，这些前现代有关组织的观念呈现一种零星分布的状态，各种观念难以成系统，一般只是针对一个组织中的问题加以实践、总结。这些观念从根本上说，还处于一种人类经验的范畴，还没有通过人加以观察、实践、理性思考，最终提升成为系统的理论。

本书中的组织理论探讨的是在西方工业革命以后，在大工业生产方式逐渐成为社会生产的主要方式，大型企业取代家族手工作坊成为人类最重要的组织形式的背景下而发展出来的现代组织理论系统。从时间点上说，现代组织理论成熟的具体时间是在19世纪后半期，即古典管理时代。这个时代为了应对资本主义工业对提高生产效率的要求，实现了科学管理对经验管理的全面胜利。

随着生产力的迅速提升,技术的发明不断涌现,生产方式和生活方式也以前所未有的速度跟着改变,由此引发了各个社会领域社会化程度发展参差不齐的现象。社会发展的不均衡导致各种社会问题出现的同时,也使更多的管理理论,特别是组织理论应运而生。而组织理论的发展也体现了人和组织两极的平衡过程。在古典组织理论以后,又出现了人际关系理论、社会系统理论和现代权变组织理论,①随后对组织的研究方向又形成组织行为学和组织理论两个分支。从管理思想发展的时代上划分,古典组织理论属于科学管理时代,人际关系理论、社会系统理论和现代权变组织理论属于社会人时代,组织行为学研究和组织理论研究则属于现代的组织理论,也被称为管理学家哈罗德·孔茨所说的"管理理论丛林"时代。② 组织理论的发展过程也可视为人在不断寻找个体与组织之间平衡点的过程。

(一) 科层理论视角的组织

古典组织理论指在科学管理时代兴起的泰勒的科学管理理论中的有关组织管理的部分、法约尔的行政管理理论中的组织管理部分、马克斯·韦伯的科层管理理论,其中以马克斯·韦伯的科层管理理论为核心。

1. 科层组织的特征

组织中所有岗位的权力均来自法律、法规及规章制度,而非神授天赋或传统习俗;建立专业分工;形成等级化的指挥系统;理性的人事行政;建立稳定、详尽的规章制度和办事程序;建立文牍制度。目的是使组织行为规范化、去人格化,并且保持长期稳定,避免决策的个人化。③ 在亚当·斯密之后,有关如何才能通过组织形式保证生产效率的问题出现了很多观点,而且对自然形成的金字塔形的组织,人们也有了一定认识。韦伯的贡献在于:在19世纪后半期,大工业时代前期,在科学管理时代,他将前人的零星经验整理成为一整套规范、系统的组织理论,这种组织理论不仅近乎完美地解释了人类组织类型的发展历程,更重要的是它满足了为大型组织和大规模管理建立合理基础的需要。在韦伯看来,他之所以选择"官僚集权"④是因为"官僚集权"意味着是通过官职而不是个人或"世袭"来进行管理。韦伯这样概括科层制组织的优势:"官僚制组织发展的根本性原因在于,它纯粹在技术上优于其他任何组织形式。充分发展的官僚制组织与其他组织相比较,完全像生产的机械模式与非机械模式相比较。精密、速度、明确、档案知识、连续性、仲裁权、统一性、严格服从、减少冲突和人事成本,这些都是严格的官僚制组织具有优势条件的特点。"

综上,可以将科层制组织的特征归结为:理性化、制度化、工具理性、效率取向和非人格化。

---

① 陈孝彬.教育管理学[M].北京:北京师范大学出版社,1999:399.
② 丹尼尔·A.雷恩.管理思想的演变[M].李柱流,等译.北京:中国社会科学出版社,1997:182.
③ 陈孝彬.教育管理学[M].北京:北京师范大学出版社,1999:400.
④ 丹尼尔·A.雷恩.管理思想的演变[M].李柱流,等译.北京:中国社会科学出版社,1997:255.

2. 科层组织评价

关于科层制组织及其理论的评价问题，目前更多的是指向其人事制度的僵化和形式主义、等级制的片面性、对组织成员的创造性的压制、对组织成员生存价值的视而不见、将工具理性和效率主义发挥到极致等负面结论。不过，对一个组织理论的评价还是需要还原到这个理论产生的背景中去，考察这种理论的提出是否合理地解决了它所要解决的时代问题。

在马克斯·韦伯时代，他的祖国德国正处于以家庭为基础的旧企业体系瓦解和大企业迅速兴起的十字路口。韦伯对旧传统的瓦解做出的反应是使组织合理化，以便一个新的资本主义国家能够提供其所需的效率。① 韦伯所处时代的另一个特征是管理的关注重点在生产车间，而非行政组织或者其他类型的组织，因此韦伯以一种技术效率核心的组织理论来解决他那个时代的组织问题也是符合时代需求的。韦伯的时代还有一个不可忽视的特征是当时对规范的机械化生产的崇拜，就像韦伯将组织运行与机械生产相对比，认为当组织的运转方式接近高效、机械的机器生产方式的时候，组织也会获得相应的高效率。丹尼尔·A.雷恩(Daniel A. Wren)称"韦伯是德国的亚当·斯密"。② 时代抛给韦伯的问题是如何将小型的家族式的生产组织转化为符合大工业生产的大型生产组织，这种大规模资本主义组织需要稳定、严格、集中和可靠的管理，这就决定了官僚体系作为一种大规模组织的核心要素而在当时获得了关键的社会地位。③ 当然，超越时代来看，工具理性、效率主义的科层制组织存在着先天的缺陷，它保持了科学管理时代对组织整体、效率、技术的高度关注，而忽略了组织成员个体价值实现的需要。

管理学家赫伯特·亚历山大·西蒙如是评价：科层制组织就好像"以抽象的建筑逻辑而设计出来的一排排井然有序但无人居住的小隔间"。这种只见组织不见人的设计理念缺陷将导致灾难性的后果，无论是对组织整体而言还是对组织成员而言。而韦伯对此也有所预见，他说："一想到有一天这个世界除了满是那些致力于微不足道的工作、一心想奋斗成为大人物的小人物，其他一无所有，就让人不寒而栗……这种对于官僚集权的情绪……足以让一个人绝望。"但是，韦伯仍然坚持科层制组织是组织的最理想结构，因为他的目标不是完美，而是组织实践的理性化、系统化和效率化。④

(二)人际关系理论视角的组织

1. 人际关系理论的主张

社会人时代开启于梅奥对霍桑实验的社会化解释。对于霍桑实验，梅奥和他的合作者们得出了以下结论：人是社会人，人不仅受物质激励，更重要的是受社会价值激励；人的行为是复杂的。其中既有符合逻辑的行为，也有不符合逻辑的行为；每个人都生活在群体之中，群体行为对个人行为产生很大的影响；技术型组织低效率的原因在于无目的的工作

---

① 丹尼尔·A.雷恩.管理思想的演变[M].李柱流，等译.北京：中国社会科学出版社，1997：258.
② 丹尼尔·A.雷恩.管理思想的演变[M].李柱流，等译.北京：中国社会科学出版社，1997：258.
③ 丹尼尔·A.雷恩.管理思想的演变[M].李柱流，等译.北京：中国社会科学出版社，1997：259.
④ 丹尼尔·A.雷恩.管理思想的演变[M].李柱流，等译.北京：中国社会科学出版社，1997：258.

造成了个人无能为力的孤立感,从而导致生产的低效和组织成员与权威的对立;正式组织和非正式组织并存。组织管理者应该具有区分事实和感情的能力,有倾听和人际交往的技能,从而满足正式组织的经济需要和非正式组织的社会价值需要。组织管理应该在力图达到经济目标的同时,"维持社会组织的平衡,这样使得个人在贡献其劳务以达到共同目标的过程中,获得其个人的满足,使之愿意进行协作"①。

2. 人际关系理论视角中的人和组织

人际关系理论面对的是古典管理时代所遗留的生产低效、工人情绪异常、社会反常状态等问题,它指出解决这些问题的核心在于用组织成员是"社会人"的概念取代"经济人"的概念。对组织成员本质认识的最重要结果是管理者意识到组织成员在实现组织目标以外,也有作为社会人的需求。个体社会价值感的满足更能成为激励组织成员服从组织目标的核心激励要素。

梅奥纠正了管理者过去认为工业问题的核心是技术效率的错误,他强调工业问题的实质在于它是一个社会与人的问题。而正是古典管理时代造就的技术指向型社会过于强调工程技术,并从工艺技术方面来解释工作的意义,以至于对人的评价标准是以讲求效率的经济逻辑为基础的。个人的社会需求被放到次要地位,因而降低了个人"在工作中进行协作的能力"。管理上对效率逻辑的强调,窒息了个人获得团体认可的愿望和获得社会满足的愿望,以及通过公共生活达到社会目标的愿望。② 需要强调的是,虽然人际关系理论较古典组织理论更多地关注到人,在个体这个组织的谱系上从组织的起点迈出了第一步,但从本质上讲,人际关系理论关注人的目的仍然在于如何提高组织的生产效率,"关心人"仍然是实现经济效率和加强管理的手段。在这一点上,它与古典组织理论殊途同归。

(三) 社会系统理论视角的组织

1. 巴纳德对组织的界定

组织是"有意识地协调两个以上的人的活动或力量的一个体系"。组织是动态的人的协作系统,而不是古典组织理论所强调的由权力和分工构架起来的静态的组织结构。③ 组织是一个系统,具有系统的基本特性。包括:群体性特征和个体性特征,即组织是由协作的个体组成的,没有个体的协作就没有组织。关联性特征,即系统内的个体是相互关联的,组织"其中的每一部分都以某种重要方式同体系所包含的其他部分关联着"④。整体性特征,即系统作为一个整体具有超越于系统内个体之上的整体性特征,作为一个整体,组织已是一个不同于原有各组成部分的新事物,它能创造出在数量上和质量上大于、小于或不同于其组成部分努力的总和。开放性特征,即组织作为一个整体又会与其他组织相互关联、相互影响。巴纳德反对那种认为一个组织有界限并由一定数量的成员组成的传

---

① 丹尼尔·A.雷恩.管理思想的演变[M].李柱流,等译.北京:中国社会科学出版社,1997:322.
② 丹尼尔·A.雷恩.管理思想的演变[M].李柱流,等译.北京:中国社会科学出版社,1997:327.
③ C.I.巴纳德.经理人员的职能[M].孙耀君,等译.北京:中国社会科学出版社,1997:60.
④ C.I.巴纳德.经理人员的职能[M].孙耀君,等译.北京:中国社会科学出版社,1997:63.

统观点,他认为一个组织还应包括其投资者、供货者、顾客及其他不被看作公司本身的"成员",但对公司做出贡献的人。①

2. 对非正式组织的界定

在巴纳德的系统论中,非正式组织不同于正式组织。非正式组织没有正规的组织结构,并且常常不能自觉地认识到共同目的,而是通过同工作有关的接触而产生,并由此确定的态度、习惯和规范。②他认为正式组织和非正式组织是在交互作用影响下逐渐形成并发展的,这也是社会系统论在组织理论中的一个重要应用。该理论突破了以前人际关系学派只研究个体与个体的相互影响,而逐渐开始研究组织中各个组成部分的相互作用,使组织成为一个动态发展的有机体。巴纳德发现非正式组织可以起到三种作用:信息交流;通过对协作意愿的调节,维持正式组织;维护个人品德和自尊心的感觉。③梅奥很好地借鉴了非正式组织这一概念,将它运用到对霍桑试验的观察和结果解释当中,是"社会人"发展的一个必然结果。

(四)权变理论视角的组织

权变理论的代表人物卡斯特和罗森茨韦克讲:"权变观点强调的是组织的多变量性,并力图了解组织在变化着的条件下和在特殊的环境中运营的情况。权变观点的最终目的在于提出最适合于具体情况的组织设计和管理行动。"④"为适应复杂多变的环境,管理的未来发展将使计划成为主要的管理职能。为了适应变革的需要,一个动态的计划过程是必要的。"⑤管理者要把综合性计划看作一种整体性行为,这种行为的目的就是要使作为系统的组织在实现其目标时达到总效益最大化。计划具有三个特点:一定是涉及未来的;一定涉及行动;存在一个关于个体或者组织身份或者行动原因的要素。未来性、行动性、个人或组织的行动因素是每项计划的必需因素。

诺贝尔物理学奖获得者丁肇中认为"科学是多数人服从少数人,只有少数人把多数人的观点推翻后科学才能向前发展"。但是,管理工作强调"民主集中制",少数服从多数。科学家九十九次失败,一次成功就是成功者;管理者九十九次成功,一次失败可能就成为失败者。科学家思维特点是求异、求变;管理者思维特点是变中求稳。在当今复杂的社会环境中,管理者要学会随机应变。

在此基础上,卡斯特和罗森茨韦克提出两种主要的计划类型:战略计划和作业计划。战略层编制长期的综合计划,作业层设计实施战略的策略,并通过具体手段来实施。作为在两层之间的协调层的管理部门的任务就是把战略转变为策略、制定政策和程序,并通过其职能规划过程。计划为相互关联的、复杂系统的结合提供了一个基础框架。计划的权

---

① 丹尼尔·A.雷恩.管理思想的演变[M].李柱流,等译.北京:中国社会科学出版社,1997:348.
② 丹尼尔·A.雷恩.管理思想的演变[M].李柱流,等译.北京:中国社会科学出版社,1997:352.
③ 丹尼尔·A.雷恩.管理思想的演变[M].李柱流,等译.北京:中国社会科学出版社,1997:352.
④ 弗莱蒙特·E.卡斯特,詹姆斯·E.罗森茨韦克.组织与管理——系统方法与权变方法[M].北京:中国社会科学出版社,2000:144.
⑤ 弗莱蒙特·E.卡斯特,詹姆斯·E.罗森茨韦克.组织与管理——系统方法与权变方法[M].北京:中国社会科学出版社,2000:586.

变性主要体现在计划内容的应变和多种方案的应变上。战略计划相对稳定,作业计划相对活跃。两者变中有不变,不变中有变化。作业计划是为实现战略计划的,因此它受到客观因素的影响可能发生变化,但它围绕和服务战略计划的原则和趋势没有变。战略计划随着客观情况的变化可能要做相应的调整,但其基本出发点是不变的。

"菲德勒权变模型"启示我们,学校管理者必须根据自己所处的情境来采取相应的管理策略。学校管理策略必须考虑自己的威信程度、人物的复杂程度和自己的权力程度这几个条件,而不能一厢情愿,不顾实际,滥用行政命令,否则就会达不到管理效果,甚至会引起负面作用。赫塞-布兰查德的"情境领导理论"告诉我们,学校管理要考虑师生的能力素质、习惯养成和培训程度的问题,对自己的员工和学生既不要过于相信,急于求成,也不要轻视低估,不敢放手。豪斯的"路径—目标理论"表明,学校管理中,管理者与被管理对象之间必须建立必要的沟通,管理者的计划、情感、建议和意图必须让教师和学生了解,否则就会出现管理梗阻。从弗罗姆和耶顿的"领导者参与模型"中我们看到,学校管理者的决策行为要细化和科学化。

(五)组织行为和组织理论

组织理论的发展过程是个人和组织不断在寻求平衡的过程中,在解决情感非逻辑和效率逻辑的冲突中行进的。人际关系理论和科学管理理论则开创了分别从一个侧面出发,引导了两条不同的组织研究的路径,但是他们的研究又互有交叉,最后形成两个大的分支,即对组织行为的研究和对组织理论的研究。它们与管理过程理论一起构成了现代管理理论的三个主要研究方向。① 从人际关系运动开始,一部分学者就开始关注组织中个体行为对组织效率的影响。此类研究的前提假设是:所有的组织行为都包含某种人类的高度复杂的"倍加作用",因此必须找到新的手段来分析、解释、预测和控制人的行为。这样的假设也决定了其研究是微观—个人分析的视角。不过有趣的是,微观—个人分析的视角却衍生了两种重要的组织研究要素和领域。②

1. 组织行为学领域

人际关系运动从对人的行为激励研究开始,逐渐发展到对团队行为和领导行为的研究,最终发展成为组织行为学研究。斯蒂芬·P. 罗宾斯(Stephen P. Robbins)将组织行为学界定为:它是一个研究领域,探讨个体、群体以及结构对组织内部行为的影响,以便应用这些知识来改善组织的有效性。他认为组织行为学的研究对象是组织。行为的决定因素是个体、群体和结构。更通俗地讲,组织行为学关心人们在组织中都做了什么,以及这些行为如何影响组织的绩效。因此,组织行为学强调的是与工作岗位、缺勤、员工流动、生产率、绩效和管理有关的行为,包括激励、领导行为和权威、人际沟通、群体结构与过程、学习、态度形成与知觉、变革过程、冲突、工作设计和工作压力这些以微观—个人视角为出发点的研究领域,并最终讨论这些微观要素对宏观组织的影响。③

---

① 丹尼尔·A. 雷恩. 管理思想的演变[M]. 李柱流,等译. 北京:中国社会科学出版社,1997:444.
② 丹尼尔·A. 雷恩. 管理思想的演变[M]. 李柱流,等译. 北京:中国社会科学出版社,1997:358.
③ 斯蒂芬·P. 罗宾斯. 组织行为学[M]. 7版. 李原,等译. 北京:中国人民大学出版社,1997:9.

2. 组织理论研究领域

人际关系运动的另一个贡献是验证了宏观组织意义上的正式组织与非正式组织的相互作用。在这一点上与由科学管理理论和行政管理理论所延续下来的以宏观组织的视角对组织进行研究具有相似之处。这两条线索经由巴纳德的社会系统学派结合而成为组织理论研究的基础。

与组织行为学的微观视角不同,组织理论学家更倾向于把整个组织或宏观的目标、结构以及完成组织所需的过程作为研究的前提。组织理论的研究领域包括作为系统的组织、组织设计、组织结构及规模对组织结构的影响、组织生命周期、组织生存、组织效能和组织整合。

组织研究的发展过程的核心是探寻个人与组织双重价值实现的旅程。组织研究领域也印证了组织自身的微观—宏观的二重性,组织与人是不可分割的。而不管是从微观的视角研究,还是从宏观的视角出发,它们将最终融合在个人生存价值和组织存在价值经由组织目标而实现的结果之上。

第二节 学校组织性质

学校不是官僚机构,不是营利性组织。学校是以知识与技能为媒介,师生在互动关系之中,生成各自的意义,相互交换,创生新的学校文化的学习共同体。如何在一般组织性质的基础上确定学校组织的核心特征是教育管理研究的一个未解决的问题。从认识到学校组织的特殊性开始,对学校组织性质的认识经历了在韦伯的官僚集权组织上发展的二元结构性质、在网络组织基础上提出的松散耦合组织和学习型组织。

一、学校组织性质的判定

(一) 学校组织性质的传统判定

基于传统的组织理论,在判定学校组织性质时首先要确定两个问题:学校组织中权力的来源是什么? 学校组织是科层制组织吗?

对于以上两个问题,学术界比较统一的意见是,从权力的来源区分,学校组织中的权力是二元结构,包括行政权力和学术权力;二元结构的权力基础决定着学校组织的二元性。一方面,学校组织具有科层组织的特点:在业务系统和管理系统建立专业分工体系;存在权力等级;行政权力来源于行政岗位的职责规范;有明文规定的学校管理的规章制度,人员任用有严格的资格限制,并要通过考核。另一方面,由于学校同时存在学术权力,因此有很多超越科层组织的特殊特征:教师面对的工作对象和工作任务具有相对不确定性;规章制度很难精确地限定教师的教学工作,教师对教学工作有着比较高的自由度;与一般产业工人相比,教师的知识传播工作需要更大的创造性和灵活性,这与严格的规章制度存在矛盾;教师管理更倾向于自主而非他主等等。①

学校性质的二元性导致学校内部存在两种"子组织",即行政组织和学术组织。这种二元性要求学校管理者要协调行政组织和学术组织的矛盾和冲突,寻找民主和制度之间的平衡。②

(二) 学校组织性质的一般判定

学校组织属于一般组织的一种特定形式,应当同时具有一般组织的基本性质和学校组织特有的性质。根据本文对组织概念的界定和人们对组织认识的不断深化,在此可以将学校组织作为一种特定组织加以一般的性质判定。

1. 学校组织是一个开放的系统

学校组织存在教师、学生、管理者、家长、社区、上级教育行政部门、其他学校组织等子系统和外部环境系统,子系统之间存在复杂的相互作用,产生或抵消组织内部的能量,学校组织的日常运作是一个维持输入和输出能量的基本平衡的动态过程。

2. 学校组织是所有成员朝向学校目标发展的协作系统

首先,学校成员内部必须达成共同认可的组织发展目标,这一点对于学校组织尤为重要。因为与其他生产型组织或者商业组织相比,学校组织发展的目标更为复杂,它涉及组织成员及组织外部相关人员对彼此的教育理念的认同和教育评价标准的统一。

其次,学校作为协作系统的发展就必须有学校成员之间强烈的协作意愿和信息沟通渠道。培养教育学生是教师的基本工作任务,由于学生自身发展的整体性,教师之间的协作是促进学生整体性发展的基础。学校组织本身就是知识、信息流动体系,因此信息流动在学校组织中也有不同的意义,它特别强调的是一种知识共享的信息流动方式。知识管理已经成为学校管理的一个重要组成部分。

3. 学校组织协作的基础是成员与组织间的契约关系

巴纳德提出研究组织首先要解决的问题是:成员为什么要放弃部分权利而加入这个特定的组织? 成员获得组织的回报是对权利牺牲的补偿获得。因此,从本质上讲,成员对于组织要求的服从并非对组织行政权力的服从,而是对契约的履行。如果组织成员在行动时感觉对权力的被迫服从感远远强于对契约自觉履行的愿望,这就意味着组织中平等的契约关系正在遭受破坏,也就是对组织协作系统基础的破坏。在学校组织中,权力来源复杂,包括行政权力、学术权力、道德权力,或者与外部环境资源相关的权力等,在多种权力中寻求契约关系的平衡是学校组织稳定存在的基础所在。

4. 每个学校组织都是一个独特的协作系统

从宏观组织理论来看,学校组织具有共通性,如对学校组织性质传统判定中所归纳的那些共同特征、专业分工和权力分层、行政组织和学术组织并存等。但是从权变的观点看,每个学校的成员不同、社区环境不同、领导者不同、学生不同、家长不同、组织规模不同、资源不同、竞争环境不同、学校文化不同、教育观念不同,等等。学校组织的关键要素

---

① 陈孝彬.教育管理学[M].北京:北京师范大学出版社,1999:410.
② 陈孝彬.教育管理学[M].北京:北京师范大学出版社,1999:410.

的不同导致每一个学校都是独一无二的组织系统。对学校组织的有效管理必须建立在这个组织独特性的精细化认识之上。

5. 学校组织是国家教育行政组织的末梢子系统

虽然学校组织和科层组织有诸多不同,但是学校组织是国家教育行政组织的一部分,校长是国家行政管理人员,因此,学校组织当中的行政特征是它的一个最基本的特征,这是不可否认的,也是不能忽视的。

二、学校组织性质判定的发展

(一)"蛋箱学校"

1975年美国学者罗蒂(D. Lortie)称学校为"蛋箱学校"。所谓"蛋箱"既是比喻学校的"蜂巢"建筑(cellular organization),也指学校中像"装鸡蛋的条板箱一样"的组织形式。所谓"蛋箱学校"是指在学校中,教师被委任教授某一特定学科,承担特定责任,向学生传授既定的教学内容,而完成这些既定的任务时,教师是需要独立完成而很少能够得到他人帮助的。①

1. "蛋箱学校"的特征

学校是分工明确、分层固定、权责明晰的科层制组织;驱动学校组织行动的是管理者的行政权力而非教学能力;在学校内部的横向部门或者个人间具有科层制组织普遍的横向部门或个人信息流动不畅的特征;学校的"蛋箱"组织特征在制度上限制了教师之间的相互观察和互动;学校的"蜂巢"建筑从空间上割裂了教师之间的协同合作;学校中人与人的关系是在酬赏体系之外的,因此教师工作的积极性不高。

2. "蛋箱学校"的问题

"蛋箱学校"衍生的最大问题就在于任务分工的标准化使教师专业发展受到极大的限制,使教师工作沉浸在一种无助的"职业孤独"(professional isolation)中,以标准化扼杀教育组织本应有的创造力和创新能力。当时很多研究都表明教师之间持续的、有意义的专业协同合作几乎没有。更重要的是,研究人员发现,即使学校有意增加教师之间的交流与合作也不能改善这一状况,反而会在教师交流过程中强化学校组织的行政等级化,其原因在于由学校行政权力驱动的教师互动而非教师自发形成的协同合作只能使这种合作表面化和形式化②。"蛋箱学校"是行政权力驱动作为科层组织的学校发展的典型,它通过组织制度割裂学校教育的整体性和行政权力,对教师行为和教学成就的过度干预表现科层组织与学校组织的不匹配性。同时,对于教师而言,科层组织运用行政管理手段也缺乏适当的激励。

---

① D. C. Lortie. Schoolteacher: A Sociological study[M]. Chicago: University of Chicago Press, 1975: 42.

② Nettie E. Legters. Teacher Collaboration In A Restructuring Urban High School[J]. Published by the Center for Research on the Educational Research and Improvement, U. S. Deparment of Education, 1999: 2.

(二) 松散耦合组织的学校

1. "松散耦合"组织的定义

所谓耦合,可以简化地理解为系统中各要素之间存在的互动关系。几经发展,维克在1982年把所谓的"松散耦合"定义为这样一种现象:系统内各要素之间的相互影响是突然的(非持续性的)、偶然的(而非常态的)、微妙的(而非明显的)、间接的(而非直接的)①。从普遍意义上讲,松散耦合系统的各个子系统协作功能良好,但是各个子系统乃至个人都有很高的自主行动权,相对独立。对于组织来说,这就意味着各个部门在保有具体的部门目标的同时,也是整个系统实现良好协调运作功能的必要部分。对于松散耦合组织中的部门和个人来说,他们可以对自己的工作任务有独到的见解,并且有权利在保证整个系统良好运作的前提下做出自己的决定。很显然,这与传统的科层组织有着完全不同的理念、价值观、权力分配方式以及话语表达体系。

而作为松散耦合组织的学校则意味着,在学校中,教育的"技术核心"即在课堂上:在某段时间内应当教授的内容,应该如何去教,学生在特定的时间期待获得些什么,在课堂教学互动中学生如何分组,为了学会这些知识学生们应该怎样去做,学生如何被组织(可能是最重要的),这些关于课堂教学的具体决定都应该(针对教学的具体情况)在教室内做出,而不是其他的组织或个人。② 学校组织从紧密结合(tightly coupled)向松散耦合转变的过程是一个去耦合的过程。具体地说,为了适应学校快速变化的、复杂的内外环境,学校逐渐将行政权力的硬性控制模式转变为组织成员自我主导的行为模式,逐渐减少行政权力对教学事务的影响和干涉,强调学术自治,强调具体问题的复杂性和管理方式的契合性。

2. 作为松散耦合组织的学校的特征

学校作为松散耦合组织的特征是:学校活动的因果关系的不确定性;松散耦合是一个由紧密耦合组织去耦合的过程,而不是一种状态;作为松散耦合组织的学校强调学校作为一个开放系统中宏观(组织的正规性)和微观(个人的自主性)之间的兼容方式及其二者之间的关系;学校的内外环境都是高度复杂的,作为松散系统的组成要素,学校和内外环境共同组成了作为松散耦合组织的学校。③

3. 去耦合过程对学校组织的影响

学校组织的可持续发展性提高,即去耦合过程可以使学校组织的稳定性、对变化的自我维持、持续运作和发展的能力有明显提高。学校会增强面对突发事件的自我缓冲能力,增强面对环境变化的适应能力。同时,可以让组织成员的满意度提高,因为组织去耦合的

---

① Weick, K. E. Management of organizational change among loosely coupled elements[J]. In P. S. Goodman & Associates(Eds.), Change in organization. San Francisco:Jossey-Bass,1982:380.

② http://citeseerx.ist.psu.edu/viewdoc/download? doi=10.1.1.103.7688&rep=rep1&type=pdf. 2000.

③ Orton, J. D, Weick, K. E. Loosely Coupled Systems:A Reconceptualization[J]. Academy of Management Review,1990,15(2):203-223.

过程会影响组织效率、冲突、安全感以及社会接触等几个与组织成员满意度高相关的要素。

4. 作为松散耦合组织的学校管理

学校的松散耦合组织性质的提出并非对学校的科层组织特征的颠覆。松散耦合组织理论的提出使科层组织具有了动态特征,学校组织去耦合的过程本身就是作为社会系统的学校组织发展的过程。因此,松散耦合组织的学校管理理论的提出不是对传统管理理论的否定,而是在考虑了更多变量和要素之间的相互影响后,对传统管理理论应对复杂情况的有针对性的发展。其管理功能和优势表现在以下几个方面:

一是提升目标整合领导力、技术领导力和协调领导力。

在松散耦合组织中,由于各个教师面对的具体问题不同,具体教学目标也不同,即需要教师自己来应对这些"技术核心"。学校领导者要对学校成员进行技术指导的话,其自身的技术领导力是需要非常强的。他需要应对各种不同的具体教育、教学环境和教育、教学问题,他需要针对这些问题与教师合作寻找到一条路径明晰的技术路线,需要有足够强的技术领导力引导教师解决这些不同的问题。

与科层组织依靠外部行政权力进行组织集权控制不同,松散耦合组织鼓励子系统自主的向心行为。因此,维克曾经建议学校管理者去做组织的"胶水",把松散耦合组织的各个子系统"黏合"成为一个协同行动的组织系统。至于如何去做,维克说:"因为沟通渠道是不可预期的,因此管理者必须走出办公室,花费更多的时间一对一地与教师交流,这样做的目的有两个,其一是提醒组织成员我们是一个整体,其二是帮助他们把整体的观念应用在实际工作中。"①我们可以将这种能力称之为协调领导力。

二是将更多的注意力集中在系统中的具体问题上。

研究者指出,在松散耦合的大系统中,"小步子策略"(small step strategies)将会提高组织的效率、效益、趣味性、变化的多样性以及实现更有意义的组织改变。学校领导者可以将注意力集中在精心选择目标和控制资源以及谨慎运用强迫行为等几个方面来具体实施"小步子策略"。②

三是强化组织的共享价值观,提高领导者的文化领导力。

组织的共享价值观是异常重要的,很多时候它往往是唯一能将一个松散耦合组织统一起来的基础。管理者应当运用组织文化的紧密耦合来协调松散耦合组织。③ 著名的新制度主义理论研究者约翰·梅尔(John W. Meyer)和布莱恩·罗文(Brain Rowan)称"使松散耦合组织远离个人无政府主义魔窟的力量是'信任和信誉的逻辑'(the logic of

---

① Weick, K. E. Administering Education in Loosely Coupled Schools[J]. Phi Delta Kappan, 1982, 63(10): 673-676.

② Orton, J. D, Weick, K. E. Loosely Coupled Systems: A Reconceptualization[J]. Academy of Management Review, 1990, 15(2): 203-223.

③ Deal, T. E. The symbolism of effective schools[J]. The Elementary School Journal, 1985, 85(5): 601-620.

confidence and good faith)"。① 这种逻辑强调仪式对个体及群体的影响力,"面子"对人的约束力,对成员表现出强烈的信任感,让成员体会到管理者认为其完美地完成了工作。所谓文化紧密耦合以及对"信任和信誉的逻辑"的运用可以通俗地称之为学校的价值领导,通过运用各种仪式及个体、群体的心理特征和行为趋势来凝练组织价值观,形成组织文化,使教师完成学校目标的过程同时也是教师个体及群体获得强烈的自我实现的报偿感的过程。以此来解决"蛋箱学校"酬资体系的客观性、工具性、物质化而导致的教师工作倦怠问题。

(三) 学习型组织的学校

1. 学习型组织定义

麻省理工学院学者彼得·圣吉(Peter Senge)1990年出版的《第五项修炼——学习型组织的艺术与实务》一书总结了前人从系统论的角度考察组织学习的研究,标志着学习型组织理论的形成。在本书中,圣吉提出构建学习型组织的五项修炼方法:自我超越、改善心智模式、建立共同愿景、团队学习、系统思考。圣吉认为系统思考是建立学习型组织最为重要的方面,它既是完整的知识体系,又是实用的方法,能够将前四项修炼融合在一起。正因为如此,圣吉才将他的著作命名为《第五项修炼——学习型组织的艺术与实务》。

圣吉接受采访时这样回答:学习型组织是一种不同凡响、更适合人性的组织模式,由伟大的学习团队形成社群,有着崇高而正确的核心价值、信念与使命,具有强劲的生命力与实现梦想的共同力量,不断创造,持续蜕变。学习型组织中的人们胸怀大志,心手相连,相互反省求真,脚踏实地,勇于挑战极限及过去的成功模式,不为眼前近利所诱,同时以令成员振聋发聩的共同愿景,以及与整体动态搭配的政策与行动,充分发挥生命的潜能,创造超乎寻常的成果,从而在真正的学习中体悟工作的意义,追求心灵的成长与自我实现,并与周围的世界产生一体感。② 目前普遍被引用的学习型组织的定义是:有意识地建立合适的结构和战略等以推动和扩大组织学习的企业或组织。③

2. 作为学习型组织的学校

1995年,圣吉回答美国《教育领导》杂志的主编奥尼尔(O'Neil)"学校能否适用学习型组织理论"问题时说:"美国已有很多学校组织开始将系统思考的概念应用到学校的管理和课程的规划上面,而且取得了惊人的成效。中小学生特别适合学习系统思考,他们利用基本工具和计算机仿真软件,学得非常快……未来的企业界也会主动加入教育改革的行列,把改革带到各级教育系统,因为企业未来的优势在人才,而人才的培养在教育,人才的摇篮在学校……教育组织还可以比企业组织做得更好,而且未来学习型组织的改革,应该可以和教育改革共同结合,以提升教育品质,培养优秀人才。"④

---

① Meyer, J. W., Rowan, B. Institutionalized organizations: Formal structure as myth and ceremony[J]. The American Journal of Sociology, 1977, 83(2): 340-363.
② 范国睿. 走向学习型组织的现代学校[J]. 教学与管理, 2000(2): 3-7.
③ 陈国权, 马萌. 组织学习——现状和展望[J]. 中国管理科学, 2000, 8(1): 65-74.
④ 成水栋. 学习型组织[J]. 江苏教育(管理版), 2001(1-2A 旬刊): 43-44.

英国教育学者斯奥沃斯(Southworth)于1994年发表名为《学习型学校》(The Learning School)的论文,他指出:"学习型学校"应具备下列各项相互关联的特征:重视学生的学习活动;教师个体应是不断进取的学习者;鼓励教师和其他同仁共同合作或相互学习;学校为一个学习系统的组织,学校领导者应为学习的领导者。①

2001年,圣吉出版《学习型学校》(Schools that Learn),他直接将学习型组织的五项修炼技术运用于学校,整部书围绕一个问题展开:教师、学校管理者以及学校社区的其他成员如何学会学习。在书中,圣吉具体分析了构建学习型学校的可能性、可行性、必要性及如何将传统的学校组织发展成名副其实的学习型组织。圣吉指出:"现在每个人都清楚学校是可以加以重构、充满活力并且与时俱进的,这些非通过学校组织的学习而不能实现,上级的命令、要求及规则的驱动均不能够。"以此强调学习型学校发展的内源性特征。②

圣吉一贯坚持如果个体、团队、组织都能运用五项修炼学会学习的话,他们都将成为有效的学习者。在《学习型学校》中他倡导将五项修炼直接运用于教师、学校、社区三个嵌套系统,以此作为形成学习型学校的唯一途径。学校管理中,要实现教师、学生和学校三方面的发展,必须有一个有利的环境,借助有利的机制,这个环境和机制就是把学校建设成一个学习型组织。学习型组织"就是通过不断学习来改革组织本身的组织"。这种学习行为在个体、组织或组织相互作用的共同体中产生。

3. 学校组织为什么要建设成学习型组织?

(1) 学习型组织是把人的发展作为目标的新型组织。1993年联合国"国际21世纪教育会"在《教育——财富蕴藏其中》的研究报告中提出,21世纪是强调"把人作为发展中心"的世纪。人的发展需要学习型组织。彼得·圣吉说,在学习型组织中,"大家得以不断突破自己的能力上限,创造真心向往的结果,培养全新、前瞻而开阔的思考方式,全力实现共同抱负,以及不断一起学习如何共同学习"③。学习型组织强调新时代的人应是系统思考的、不断自我超越的、不断改善心智模式的、积极参与组织学习的、能在共同愿景下努力发展的人,学习型组织强调"学习不仅是人的天性,也是生命趣味盎然的源泉"④,可见人的学习和发展需要学习型组织。

(2) 学习型组织为现代人的终身教育、终身发展提供基础。1965年联合国教科文组织提出了"终身教育"提案;1968年美国学者赫钦斯出版了《学习型社会》一书,从通才教育的观点说明了学习型社会的重要性,学习型社会是实现终身教育的基础;1972年,联合国教科文组织向全世界提出"向学习型社会前进"的目标;1991年美国政府提出了教育发展的四大战略,其中第三项就是"把美国变成人人学习之国",第四项战略就是"把社会变

---

① 秦芳敏. 学校教师学习型组织重构的基本策略研究[D]. 东北师范大学未发表硕士论文, 2007: 4.
② Senge, P. Schools that Learn[M]. New York: Doubleday, 2001: 5.
③ 彼得·圣吉. 第五项修炼——学习型组织的艺术与实务[M]. 郭进隆, 译. 上海: 上海三联书店, 1998: 3.
④ 彼得·圣吉. 第五项修炼——学习型组织的艺术与实务[M]. 郭进隆, 译. 上海: 上海三联书店, 1998: 4.

成大课堂"。学习型组织强调"学习是一个终身过程",要"日新月新,不断地创造未来",对于一个组织"你永远不能说:我们已经是一个学习型组织,学得愈多,愈觉察到自己的无知","一家公司不可能达到永恒的卓越,它必须不断学习,以求精进"。① 学习型组织的"终身学习,以求精进"要求不但是针对组织,而且是针对个人,它的思路是学习工作化、工作学习化。学习型组织的这个学习的理念对于学校组织发展和个人发展都有极大的借鉴意义。

(3) 现代教师和学生应对信息社会与知识经济时代的挑战,需要学习型组织。随着人工智能的发展,人力资源的配置方式将被重构,教育合作将基于人力配置进行重组,家庭与学校的教学协同性、教育资源配置的协同性都将在人工智能的发展下产生重大变化。可以说,学习型组织是由信息社会、知识经济时代催生的,而学习型组织又是信息社会、知识经济时代的基石。

4. 学校学习型组织的构建方式

(1) 搭建平台,更新机制,实现教师和学生自我发展、自我超越。彼得·圣吉的学习型组织模型把"自我超越"作为第一项修炼的内容,他说"精熟'自我超越'的人,能够不断实现他们内心深处最想实现的愿望,他们对生命态度就如同艺术家对艺术品一般,全身心投入,不断创造和超越,是一种真正的终身'学习'。组织整体对于学习的意愿与能力,植根于个别成员对于学习的意愿与能力"。超越自我、追求卓越,这是学习型组织的永恒的价值追求。学校可以通过用人机制、职称制度的改革,通过人才工程的建设,为教师成长提供空间;可以通过教学形式的转变、学生自主管理模式的建构等为学生发展搭建平台;可以通过学科建设、学术扶植创建一个适合创造的环境。有了实现超越的软环境,自我超越才成为可能。

(2) 倡导学习,倡导创新,改善教师和学生的心智模式。心智模式是一个看待旧事物的特定的思维模式,是决定团队发展的关键因素。彼得·圣吉认为"学习"一词目前在日常用语上只具有"吸收知识,或者是获得信息"的表层意义,离学习的真正意义还有好长一段距离。他用"metanoia"一词表达学习的深层意思和学习型组织的基本精神。这个词来源于希腊文,它的意思是"心灵的转变"。他认为"学习也包括心灵的根本转变或运作","通过学习,我们重新创造自我。通过学习,我们能够做到从未能做到的事情,重新认知这个世界和我们跟它的关系,以及扩展创造未来的能量"。② 学校学习型组织的建立,也可以通过改变传统的管理观、教育观、教学观、教师观和学生观,创新管理理念、教育理念,探索新的管理模式和教育教学模式来完成。

(3) 通过共同价值观的整合,"建立共同的愿景"。彼得·圣吉说"共同的愿景就是人们心中的一股令人深受感召的力量",这种令人深受感召的力量从哪里来? 对于集体而

---

① 彼得·圣吉.第五项修炼——学习型组织的艺术与实务[M].郭进隆,译.上海:上海三联书店,1998:12.

② 彼得·圣吉.第五项修炼——学习型组织的艺术与实务[M].郭进隆,译.上海:上海三联书店,1998:14.

言,它来源于价值观的整合,来源于学校主流价值观的形成。管理的基础是由体制、机制、文化和管理理念构成的,而学校文化建设的核心是价值观的认同。价值观是人的行为动力和行为方向。人本管理为价值观的多元化提供契机,在学校文化管理的背景下必须提倡尊重多元价值观,整合主流价值观。学校组织的共同愿景是学校组织以及所有学校组织成员所预期创设的,它来自教职工和学生的内在需要,是学校组织成员乐意达到的目标,而非由外在强制施加的组织目标。学校组织的共同愿景的作用在于使不同个性、不同理想的人凝聚在一起,为学校共同的目标奋斗。事实上,人们要求建立共同愿景,部分是出自学校组织成员希望能够归属学校这一重要任务。如果没有共同愿景把学校组织成员拉向真正想要实现的目标,维持现状的力量将牢不可破。学校组织的共同愿景涉及学校组织的个性化的教育理念。学校组织的长远目标与近期目标,涉及学校领导人的教育哲学以及每一位教师的教育哲学,这种教育哲学包括每位员工的基本教育理念、学生观(儿童观)、课程观、教学观等哲学层面的理念与意识,也包括每位员工对于学校办学目标的具体认识以及个体对自己的组织角色的认识等。

(4)管理即培训,实现团队学习。"团队学习是一种集体的修炼,把潜在团队智慧变成现实的团队智慧。"团队学习要建立在"共同的愿景"和"自我超越"的基础上。团队学习可以通过团队管理来进行,所以现代管理理念认为"管理即培训"。一种新的学校管理理念、管理模式、管理机制等的实施过程本身就是一种培训过程,因为科学的先进的理念促使人认同;科学有力的管理机制,促使教职工积极向上;有效管理有利于共同价值观的培育,营造了一种师生员工共同提升的学习氛围。确立以人为本的管理原则。以人为本就是指以人的本性和身心特点,以人的全面的、自在的发展为核心,创造相应的环境、条件,以个人的自我管理为基础,以组织共同愿景为引导的一整套管理模式。这种管理所强调的是要突出人的地位,把人的心理和生理上的需要满足感作为"第一因素",在管理中做到关心人、理解人、重视人、尊重人、激发人和发展人。学习型组织理论的核心内容就是强调"人本"。这就要求学校的组织者和管理者必须树立以人为本的思想,建立组织成员之间平等的、和谐的、互助的新型人际关系。

(5)实行目标管理、战略管理,建立学校发展的系统。彼得·圣吉第五项修炼是"系统思考"。就学校的发展而言,学校管理者要考虑学校发展与学生发展、教师发展的非共时性,考虑到学校的当下发展与长远发展关系的问题。人的发展相对较慢,而学校的发展可以见到当下效益,如硬件建设水平的提高和各种考试升学率的提高等,我们不能把学校的当下发展,当作长远发展。"系统思考"的思想告诉我们要对教师的发展和学生的发展进行战略规划,学校是一个开放的系统,学校内部因素与学校外部因素相互联系。学校应加强与社区的联系,使学校能在一定程度上满足社区的需要,为社区服务;学校应广泛吸引社会力量对学校进行投资办学,同时学校要广泛调动社会各方面的力量参与办学,从而提高学校的质量;开设网络课程,使自身的优势教育资源能惠及更多有需要的人,产生更大的效益,同时提升学校的知名度。

总之,学习型组织的结构不同于传统的科层制和等级制的组织模式,它强调横向与纵向相结合的联系与沟通的方式,强调权力下放,同时还表现出适应性强、反应灵活的特点。

因而在建设学习型学校时要根据学习型组织的特征改造和重构学校组织,营造合作的组织氛围,建立知识和信息沟通渠道。现行的学校管理模式过分强调竞争与控制,使学校的信息流动性极差,教师之间很少合作,造成工作的重复,学校管理总体水平不高,因此,增加信息流动性、建立分享与合作机制显得尤为重要。鼓励教师建立一个尊重所有学生能力与需要的环境,鼓励师生积极参与教育决策结构,从而形成"以师生为主"扁平化的学校组织结构。学校要削减不必要的部门或者合并功能重叠的部门,同时减少学校决策层与操作层之间的间隔层次,实现扁平化管理。学习型组织的目标就是追求人和组织的共同发展,人在学习中超越,组织在学习中发展,这是学习型组织的运作特征;学校文化管理需要这样一个组织类型作为载体,因为它有助于遵循"追求发展"这一根本原则,有助于实现"人的发展"这一根本目的。

第三节　学校组织结构

哈罗德·孔茨认为:"为了使人们能为实现目标而有效地工作,就必须设计和维持一种职务结构,这就是组织管理职能的目的。"组织的高效运行,首先要求设计合理的组织结构,即对管理人员的管理劳动进行横向和纵向的分工。关于学校组织结构的内涵,我们认为可以将其界定为:学校为完成教育教学任务而建立起的组织系统,其核心是人、财、物的组合方式和职权责的分配关系。其具体内涵主要包括三个方面:第一,学校纵向的权力等级和职责分布;第二,学校横向的权责划分及职能部门构成;第三,学校内部的决策、执行、沟通、联络、反馈等运转协调机制。要维系学校人员集合体的有效运作,必须建立起目标明确、层次清晰、职责完备、体系健全、运转协调的学校管理组织系统。

一、学校组织机构的基本模式

管理机构的组织结构反映和规定了管理机构之间的相互关系和权力的作用方式。当代管理学把管理实践中的组织机构类型归纳为如下五种基本线型组织结构模式。[①]

(一)直线型组织结构模式

直线型组织结构模式又称直线式组织,它是最简单、最原始的组织结构形式。这类组织由一个上级领导负责指挥,命令从上至下层层下达,形成直线式指挥链条。其特点是:指挥和命令从组织的最高层到最低层次,按系统直接排列,各级主管人员对所属下级拥有直接的一切职权,组织中每一个职能向一个直接上级报告,不设专门参谋(职能)机构。一般采取一个人管辖数人的形式,层层设置,形成一个等级系列,因其结构形式呈"金字塔"形,所以又称为金字塔式的组织结构。

直线型模式的优点在于组织机构简单,上下关系明确,便于实行统一指挥,在一些规

---

① 司晓宏.教育管理学论纲[M].北京:高等教育出版社,2011:160.

模小的学校最适合采用这一模式。在这种情况下,一般在校长下面不设教导处和总务处等职能部门,而只设教导主任(或干事)、总务主任(或事务员)两名职能管理人员,校长直接指挥全体职工。直线型组织机构模式要求上一级机构负责下一级机构的全部管理活动。

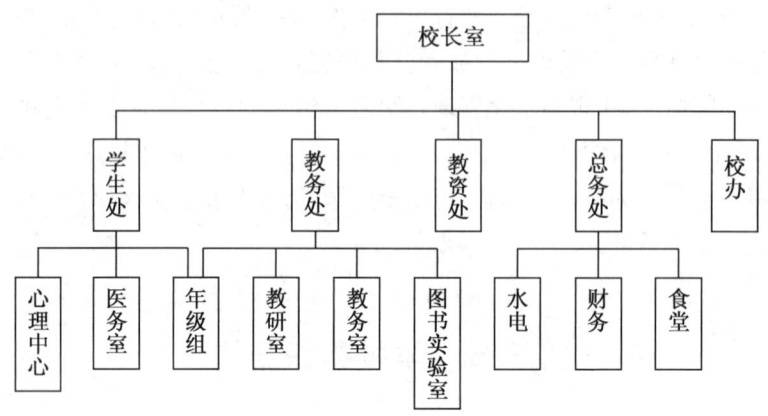

图3-1 直线型组织结构图

(二) 职能型组织结构模式

职能型组织模式即每一级领导管理机构都根据不同的管理任务、业务和职能,建立起若干职能部门(可以由多人组成),每个职能部门分别承担某一方面的管理任务和职能,这些职能部门接受上级组织的领导和本部门负责人的指挥,并有权向下一级机构下达命令和指示,下一级必须服从。这种模式的优点在于可以使领导机构的主要负责人从各项具体的管理事务中解脱出来,集中精力考虑有关全局的战略性问题,同时能够从各职能部门获得专业化的"参谋"和咨询,有助于做出正确的决策。比如学校管理中层设置教务处、德育处和总务处等分工负责的职能部门。各职能部门各司其职,在其职能范围内,直接指挥下级各单位的工作,同时监督统计其他职能机构的工作。

职能型组织机构模式也存在一些明显的缺点。比如,当高校各职能部门拥有对院系一级的指挥权时(如教务处、科研处、人事处、后勤处等职能机构分别向院长或系主任下达指令),便容易使院长或系主任受到多头指挥,而当这些指令出现不一致时,院长和系主任就会无所适从。因此,单纯的职能型组织结构模式不宜采用。

(三) 直线—职能型组织结构模式

这一组织结构模式又称"直线—参谋制"。这种模式既能保持直线型模式的指挥链,同时又把直线指挥系统和职能系统有机结合起来。其职能管理人员是直线指挥人员的助手,只能对下级进行业务指导,而不能对他们进行直线指挥和命令。职能机构所体现的主要是相关职能管理权,而不是全权的直线指挥权。这一组织结构模式既放弃了职能式结构所造成的多头领导、指挥不统一的缺点,又保留了职能式结构中管理专业化的优点,同时还吸收了直线型结构统一指挥的长处,因而是一种适合在中小学普遍采用的组织结构模型。

直线—职能型组织结构模式也存在一定的不足:一是各职能部门之间的联系交叉,并且由于各自处理问题的角度不同,彼此之间容易产生矛盾。二是各职能部门缺乏决策权和指挥权,事事都要向直线管理人员请示报告,容易造成职能人员在管理工作上的被动,也会影响管理的速度和效率。为了弥补这种缺陷,有人创立了加强职能部门联系的委员会会议制度或协作会议制度,以沟通意见,加强配合;还有人建议把直线式管理中的一部分权力适当下放给职能部门,以激发职能管理人员的积极性和责任感。

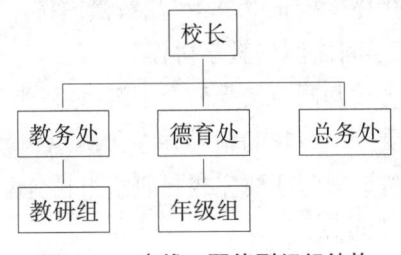

图 3-2　直线—职能型组织结构

(四) 事业部型组织结构模式

事业部型组织结构模式首创于 20 世纪 20 年代美国通用汽车公司,后为规模较大的企业管理所普遍采用。其特点是在总公司下面分别按产品种类设立若干事业部,每一个事业部相当于一个分公司,拥有经营管理上的自主权和独立性,即有自己独立的产品和市场,独立进行生产和销售,实行独立核算,自负盈亏。同时,事业部受公司长期计划预算的严格限制并要完成公司制订的一定额度的利润计划。这种组织结构形式最突出的特点是"集中决策,分散经营",即总公司集中决策,事业部独立经营。

在教育事业中,这种组织结构多见于规模较大的学校,如有学校将学校管理部门分为:课程教学部、人力资源部、综合办公室、信息资源部、教学质量管理部、事业发展部、后勤事业部。另一种较为常见的事业部形式,是将自己的某个分

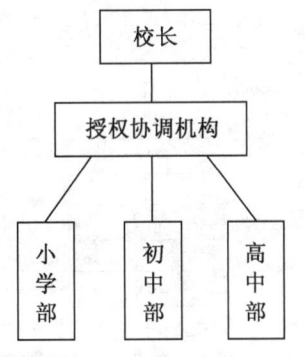

图 3-3　事业部型组织结构图

校作为一个事业部,享有决策权、财权、人事聘任权等,同时又明确规定其对总校的应尽义务。这一组织结构模式的优点是能够把统一领导和分级管理有效结合,把联合化和专业化有效结合;其弊端是,如果处理不好,容易把总部架空。

(五) 矩阵型组织结构模式

矩阵型组织结构模式又称"规划—目标结构"。它是由纵横两套管理系统所组成的一种长方形(矩形)组织形式。其中,一套系列是按管理任务和职能而划分的相对固定的纵向系列;另一套系列是为实现某一特殊任务或目标而抽调部分人员,尤其是专业人员所组成的横向系列。这些专业人员来自正规组织内同时存在的两个"互补组织"——横向的项目组织和纵向的传统直线组织。

矩阵组织模式的优点是打破了系统的"一个下属只接受一个领导的命令"的指挥原则,使"权力由垂直变成水平",加强了各职能部门之间的横向联系,把上下左右、集权分权

得以最佳结合,特别是有利于促进专业技术人员相互合作,通过协同作战攻克复杂难题。

就学校组织结构来说,变革既要符合组织结构的扁平化趋向,又要达到组织中科层取向与专业取向的融合,因此,可以尝试建立组织的矩阵型结构,既保持学校组织原有的纵向直线职能结构,又以年级组作为横向协调部门。具体而言,就是做到教研组与年级组的有机结合:纵向以学科为导向,由教研组长实施管理,缩短教师与校长之间的距离,使校长直接了解教学动态,教师直接体验校长的决策智慧;横向按年级进行组织,由年级组长实施管理,设立备课组,加强跨学科之间的教学协作。

矩阵型组织结构中,一名教师同时接受两个上级:教研组长与年级组的领导。从科层隶属关系上来说,教师直接受年级组长的领导并在年级承担教学、科研工作,在体制编制上直接归属于该年级。同时,该教师还要完成教研组组长分配给他的任务;教研组长要对教师的专业成长与专业发展负责。

建立矩阵型组织结构,既可以是临时性的,也可以是永久性的。实行矩阵学校基层教学管理模式,有利于加强学术交流,开拓教师的知识面;有利于科学发展和知识创造;有利于合理配置资源,避免学校教学科研活动中不必要的浪费;有利于学校教学质量的提高。在现阶段,它能够有效地协调年级组和教研组之间的关系,使其获得平衡与发展。

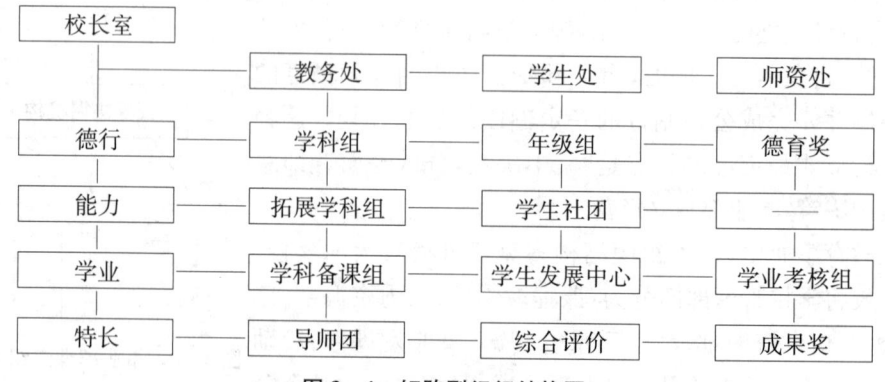

图 3-4　矩阵型组织结构图

上图是基于育人理念的"矩阵式"管理结构图,改善科层制管理机构设置,顾及学生全面发展的需要。它是在直线—职能式垂直组织形态的基础上,再增加横向项目结构系统,形成混合型组织结构。既保留科层组织职能划分专业化的优点,又有项目划分具体化的优点,加强了横向联系。专业人员得到更充分的利用,实现了人力资源的弹性共享。

矩阵式组织结构以促进人的全面发展的素质教育理念为指导,把对学生的各项素质要求分列开来作为项目。保留原来机构的职能分工。用矩阵图法在项目(横列)与职能(纵列)的交叉点上,根据项目需要和职能作用分析,确立项目内容和推进教育的方式,确立部门和项目,以对项目进行有力支持,最终完成学校管理组织结构。分担职能部门管理、服务的压力,细化学校管理服务职能,从而支持学生全面发展、满足个性特长发展的需要,实现了"矩阵式"管理促进学校教育的发展。

二、学校组织机构设计的基本原则

目前,我国学校内部组织机构设置仍处于改革、完善时期。总结以往的历史经验教训,联系目前的实际,在学校组织机构的建设上应注意坚持以下原则:

第一,坚持权责一致的原则。权责一致的原则可表述为:职权和职责必须相符、相等。在进行学校组织结构设计时,既要明确规定每一管理层次和各个部门的职责范围,又要赋予其完成职责所必须具备的管理权限。而且对每一级组织机构的职务、责任和权限,都应制订出章程,形成制度,做到即使任何人担任此项工作都得照章办事。只有做到权责一致,才能使每一个管理人员在其位都各司其职,司其职就要行其权,守土有责、守土尽责。同时,管理者要究其责、奖其功、惩其误,才能确保学校组织机构设置的合理性和运转的高效性。

第二,坚持精简高效的原则。精简机构,裁减冗员,提高效率,是近年来我国政治体制改革的基本方向。各级各类学校内部组织机构改革也应自觉地符合这一时代要求。在机构的设置上,要从学校管理工作的实际需要出发,务必精简,做到可设可不设的不设;在人员的配备上也要务实精干,做到可配可不配的不配。尤其是对管理干部的提拔配备,一定要做到因事设人,而不要因人设事。这里的"事",就是指工作任务。目前,造成我国学校管理机构臃肿、人浮于事的一个重要原因就是"因人设岗",即为了安排人员而专门或刻意地设置机构与岗位。这种状况如果不改变,学校管理的组织效能就根本无法提高,相反会降低管理的力量和效能。

第三,坚持集权和分权相结合的原则。学校组织机构的设置和建设既要考虑到权力的相对集中,又要考虑到权力的分级和分层。该集中的权力一定要集中上来,该下放的权力一定要分遣下去,这样才能增强组织的灵活性。如果事无巨细地把所有的权力都集中在管理层,不仅会使高层主管淹没于烦琐的事务中,影响对战略问题的思考,还会助长"家长制"和文牍主义作风。在分层管理的问题上,就中小学校长而言,校长承担着重要的责任和作用。校长要首先处理好自身与副校长以及管理人员的分权和集权关系。哪些权力该自己掌握,哪些权力该下放,下放到哪一级等,对于这些问题,校长要有周密的思考和安排。校长不可把权攥得很紧,每事必询,事必躬亲,"眉毛胡子一把抓",不给下属人员一点处理问题的权力和余地,但也不能过于放权,大而话之,做甩手掌柜。校长的分权和集权一定要把握好度,这里既存在着对管理活动规律的洞彻与领悟,也存在着深奥的行权、用权艺术。

第四,坚持分工协作的原则。学校组织机构的设计,既要考虑到分工,又要考虑到彼此的合作;既要明确纵向的上下层关系,又要建立良好的横向协作关系。有分工就有协作,因此一定要防止部门本位主义。以普通中小学为例,党支部与行政之间、行政与工会之间、教导处与总务之间、教研组与教研组之间、班级与班级之间,既要有明确的分工,又要互相支持和配合;既要做到"铁路警察,各管一段",又要提倡"众人救火一齐上手"。

第五,坚持管理跨度合理性原则。管理跨度又称管理宽度、管理幅度,它是指一个管理人员所能最大限度地管理人、财、物、事、时等对象的范围和程度。任何一个管理机构或管理人员的管理跨度总是有限的。管理跨度过大,难免会出现管不过来的现象,从而造成管理工作低效或失效;管理跨度过小,则容易形成机构臃肿、人浮于事的现象,同时也会造成管理资源浪费,管理成本加大。

第六,坚持渠道畅通原则。在设计学校组织机构时,一定要确保各组织机构上下之间、左右之间信息渠道的畅通。要使决策层的指令信息能够及时、准确有力地传达下去,管理层和操作层的执行情况又能快捷、如实地反映上来,决不能出现"肠梗阻"现象。只有确保组织系统内信息渠道的畅通,真正做到上情下达,下情上传,左右通气,前后呼应,才能够确保学校作为一个正义组织的弹性与张力,进而也才能提高学校管理工作的效能。

三、我国学校组织的基本结构及职责

我国中小学现行的组织机构,从宏观上可以分为两个系统,一是校长领导下的审议机构、行政机构、教学组织、生产组织和办事机构,包括校务委员会、教导处、政教处、总务处、校长办公室、各科教研组、年级组、班级等;二是党支部(规模较大的学校设党总支)及其领导下的党的基层组织和群众组织,包括党小组、教育工会、教职工代表大会、共青团、少先队、学生会等。

(一)现行中小学行政组织系统的设置及其职责

1. 校长与副校长

中小学设校长和副校长。校长是学校的最高行政负责人,副校长协助校长分管各项工作。关于中小学校长、副校长的职数,目前理论界的普遍看法是20个班以上的大型学校,可以设1正2副或1正3副;12个班到18个班的中型学校,可以设正副校长各1人;12个班以下的小型学校,只设校长1人。

2. 校务委员会

校务委员会简称"校委会"。它是由校长主持的,由学校各方面负责人员和部分教师代表组成的,以会议形式审查议论学校管理重大问题的审议性组织机构。校委会既不是决策机构,也不是咨询机构,而是审议性的组织机构(如果是决策机构,那就限制了校长负责制下校长的权利;如果是咨询机构,那就丧失了其应有的严肃性和职能)。校长对学校管理重大问题进行决策时,必须经过校务会议的审查议论。当多数委员与校长的意见一致时,校长可以批准并执行,当多数委员和校长的意见不一致时,校长虽有最终决定权,但是必须慎重考虑,谨慎从事,而且原则上要对所议问题缓办以待复议。校委会的组成人员主要有正、副校长,正、副党支部书记,教导主任,政教主任,总务主任,工会主席,团委书记,大队辅导员以及部分教师代表等。校务会议由校长召集主持。关于校委会这一组织制度,在1985年5月中共中央颁布的《关于教育体制改革的决定》和2010年颁布的《国家中长期教育改革和发展规划纲要(2010—2020年)》中都有明确的规定。因此,普通中小学必须建立健全校务会议制度。

3. 行政会议

行政会议是许多地方的普通中小学在长期的管理实践中形成的一种约定俗成的会议制度,是学校行政领导组员和各级行政讨论学校日常工作的经常性会议。它由校长主持,副校长和教导主任、政教主任、总务主任等参与,必要时可邀请党支部书记、团委书记、工

会主席等出席。行政会议也被俗称为学校领导的"碰头会"。行政会议较之校务会议更灵活简便,校长可以随时召集。在一些中小学,行政会议已形成了每周一次的例会制度。

4. 校长办公室

这是直属校长领导下的处理日常校务工作的具体办事机构。一般的中小学都不应设校长办公室,而只设一名专职秘书或干事,在规模特别大的学校才设立校长办公室。校长办公室的主要职责是收发文件、处理公文、通知会议、协调督办、内外联络、搞好服务。

5. 教导处

教导处是校长领导教育、教学工作的核心职能部门。教导处具体由教导主任领导负责。教导主任一般应由教学经验丰富的教师担任。教导主任是校长领导教育教学工作的主要助手,教导处是全校教学管理的中枢机构。教导处及其教导主任的主要职责是:做好教师和班主任的配备工作,领导教研组和教师制订教学计划,督促和检查教学计划的执行情况;编制校历,制订上课时间表、作息时间表、全校统一活动时间表、每周活动日程表等,以建立正常的教学秩序;参加备课和听课活动,帮助教师总结教学经验,提高教学质量;组织教师进行观摩课教学和业务进修,不断提高教师的教学水平;通过听课、检查作业、抽查试卷等渠道,了解分析学生的学习度、学习效果,协调和控制学生的作业负担量;抓好学生的课外学习和课外活动,分析学生的智能和兴趣情况,促进学生身心健康发展;组织和检查图书仪器等教学设备的管理和使用,改进教学环境和教学手段;领导班主任制订工作计划,检查班主任工作计划的执行情况;指导学生团队活动和学生会工作;组织学生的社会活动和生产劳动;帮助班主任做好超常学生和后进生的教育工作等。关于教导主任的职数,一般认为,在20个班以上的大学校可设1正2副;在12至18个班的中型学校只设主任1人;在一些规模更小的学校不设教导处,只设教导主任。

6. 总务处

总务处是校长领导和管理学校总务后勤工作的中心职能部门。总务处由总务主任具体负责。总务处及其总务主任的主要职责是:了解教学需要,做好教学工作的物质保障和后勤服务工作;建立健全资产管理制度,加强对学校固定资产的维修、保护和管理,提高设备的利用率;按照财务制度管理学校财务工作,安排好师生员工的生活,办好伙食,做好卫生保健工作;配合教导处具体组织安排师生的生产劳动等。关于总务主任的职数,20个班级以上的大学校可设1正1副,中型学校可设主任1人,小型学校不设总务处和总务主任,只设1名事务员。

7. 政教处

政教处的职能是把原属教导处管理的教职工思想政治工作和学生德育工作等划归过来,实施统一管理。政教处重点对口管理的是由班主任组成的年级组工作。需要说明的是,在教育部颁发的文件中并无这一机构的出处和依据。因此,我们认为规模较大的学校如确实需要,可以设立政教处。

8. 教研组

教研组也称学科组,它是一级教学研究组织,而不是一级行政组织。教研组一般以学科为单位,教师人数过少的几个相邻学科可以合在一起,组成教研组,如史地组、体音美组

115

等。教研组设教研组长负责其工作。教研组长的主要职责是:制订教研组工作计划,协调教学进度;组织教师钻研教材;开展集体备课;安排教师相互听课,组织观摩教学,交流教学经验,切磋教学技艺;深入课堂听取学生对本组教师教学的意见,帮助教师改进教学方法,提高教学水平;开展教学改革试验,推进教学改革。

9. 年级组

年级组主要是由同一年级的班主任教师组成,设年级组组长。年级组组长的主要职责是:领导班主任,研究班主任工作规律,加强改进班级管理工作;研究各班学生的思想品德状况,加强和改进学生的德育工作;组织和协调全年级的社会活动、文体活动、家长会活动等大型集体活动。

10. 班级

班级是学校的基层单位,班主任是班集体的组织者和教育者。班主任的主要职责是对学生进行思想政治教育,组织和指导全班学生的学习,抓好班级纪律,指导班级的团队工作,组织学生参与各种社会活动等。

(二) 现行中小学党群组织系统的设置及其职责

1. 党支部

中小学党支部的主要职能是保障和监督党的教育方针政策在学校各工作中得到贯彻和落实,发挥政治核心作用。同时,对广大师生进行政策思想教育,特别是要通过党内组织生活的开展和党员模范带头作用的发挥来影响、带动全校的整体工作。中小学党支部的日常工作由支部书记领导负责。关于普通中小学党支部书记的职数,一般认为,大型学校可设正副书记各1名,中型学校及小型学校可只设书记1名。

2. 共青团组织

学校团组织接受上级团委和学校党组织的领导,同时也接受以校长为首的行政负责同志的指导。学校团委的主要职责是通过开展团的组织生活和团的活动教育使广大学生树立革命理想,积极上进,勤奋好学,努力做社会主义现代化事业的建设者和接班人。普通中小学团委一般设专职书记1名。

3. 少先队

少先队是中国少年儿童的群众性组织,是少年儿童学习共产主义的学校,是建设社会主义和共产主义的预备队。主要任务是教育队员"好好学习,天天向上",成为德智体美劳全面发展的新时代建设者和接班人。

4. 学生会组织

学生会是团结全体学生的群众性组织。它在学校党组织领导下,并在共青团指导下开展活动,其主要任务是团结全体学生,协助校团委开展各项活动,同时协助班主任做好班集体建设和管理工作。

5. 教育工会组织

教育工会是全国总工会领导下的一个行业工会。《工会法》赋予各级工会"维护、建设、参与、教育"等各项职能,充分体现了我党始终坚持全心全意依靠工人阶级的根本方针,鲜明彰显了加强和巩固工人阶级主人翁地位,运用好工会与职工群众思想相贯通,大力组织和动员全体职工积极投身工作。教育工会组织,既要接受上级教育工会组织的领导,同时也在学校组织部和校长的领导与指导下开展各项活动。

第四节 学校组织的变革

任何组织,即便是业绩卓越的组织,都无一例外,需要发起一次次组织变革,原因十分简单,就是我们所处的世界无时无刻不在变化。在一个结构健全的组织里,必须有大量的神经去感知外部世界,尤其是对未来的先知先觉。一所学校不可忽视技术创新给世界带来的改变,今日校园里的学生需要应对全新的世界,一所学校不能认为某个行业的变迁与学校无关,因为学校无法估量蝴蝶的翅膀可能发生的巨大风暴。学校管理者应将社会的诉求、家长的焦虑、孩子的迷茫放在一起研究,一起确定学校发展的战略目标。事实上,绝大部分组织都会错过变革时机,正所谓"理想很丰满,现实很骨感",往往一些组织面临危机,严重下滑时才着手准备变革,但是,往往为时已晚。

新时代,以学生为中心的价值观,已成为管理者的普遍认识,以分布式、扁平化、分权制衡式的去行政化为特征的组织结构变革让每一位教职工创造出服务学生成长的有效策略;学校已经初步构建起丰富、多样、可选择的课程体系,教师基本具备以学生需求为导向的课程意识和实施能力。

一、学校组织结构存在的问题

基于效率、劳动分工和专业化的"科层制"管理模式与"班级授课制"是现代学校组织的主要标志。"科层制"管理模式的优势在于:劳动分工和专业化,有利于提高管理效率和劳动效率;科层制的规章制度及其理性取向,符合标准统一要求的需要;科层制的权威等级,形成一种大规模团队的运行秩序。随着社会发展,现代企业大生产的格局正走向转型的途中,个性化生产、智能化生产正在逐步取代统一标准的大规模生产。基础教育强调大规模、统一化地训练技能、习得知识的培养目标,正被关注人的全面发展、个性发展的教育取代。在这样的发展背景下,科层制管理模式在当下中小学管理中的弊端正不断地显现出来。其主要表现为:

(1) 科层制体系中的管理机构设置,主要着眼学校运作,无法顾及学生全面发展的需要。比如,要开展对学科教学的管理,设立教务管理部门;要进行德育设立德育处;考虑学校建设、财务,设立总务处、后勤处。从学校运作考虑管理机构,这些管理机构的服务能力、管理能力不能满足学生全面发展的需要,使学校教育服务能力受到很大限制。

(2) 科层制管理强调分工、管理边界,对综合性的教育工作存在管理冲突。把教育按智育和德育进行分类,智育又按学科进行分科,这是现代学校教育体现科层制管理的基本形态,但教育往往有许多综合性的要求。科层制管理长年形成的分科教学模式,使学校教育的综合教育能力受到严重影响。在具体操作过程中,强调管理边界的科层制又常常形成条线分割。所以,现代学校综合学科、综合教育能力偏差,与科层制管理的影响是密不可分的。

（3）科层制管理系统中的信息传递障碍，严重影响学校教育改革的推进和先进理念的落实。现代学校的薄弱点之一，就是教育理念与教育操作之间的脱节。科层制管理系统的特点就是教育理念处于上位，教育操作由教师负责。科层制金字塔结构层层传递的信息障碍是教育理念与教育操作脱节的主要原因，学校教育改革也总显得步履艰难。

（4）科层制管理系统的僵硬结构扼杀教育创新的积极性。科层制管理系统，纵向权威等级，形成由创意到执行的隔阂；横向管理边界分割，使创造活动的空间受到很大限制。科层制管理系统强调、鼓励按规定操作、固定操作，给教育创新留下的空间很小，教师的教育行为变得因循守旧，按部就班。

二、学校组织变革的必然性

未来的教育必将不同于工业时代的标准化、规模化教育，会更加强调个性化、特色化。个性化教育的探索与实践，是当前与未来教育发展所要深入思考的命题，是每一位校长、教师在观念和行动上都应予以重视的问题。在工业时代，为了适应机器大生产要求，知识的大规模传授成为首要追求。从学校组织结构的建立到班级授课制的完善，人被视为流水线上的标准化零件。在大规模、大班额的组织架构背后，彰显的是教育的"效率崇拜"与"知识崇拜"。建立在大数据基础上的人工智能，将会使以往机械化、重复性、低效度的人类劳动被替代，而被"解放"出来的人，只有回归到作为"人"的根本属性上，才能深度学习奠定自身可持续发展的知识与能力。

哈佛大学校长陆登庭曾说过："哈佛大学的成功是形成了一种明确的办学理念，一套系统的制度和机制，所以现在即使没有校长，哈佛大学一样可以正常运转。"实行学校现代治理，是顺应新时代教育民主化、开放化发展趋势，建立现代学校制度的必然要求。学校治理现代化的关键是构建现代学校制度。制度的力量从根本上讲是一种思想理念的力量，新时代的教育理念成为现代学校制度的灵魂。学校管理者要构建完善教育制度体系，用现代学校制度把科学的机制转化成一种高效的能力，激发师生自主发展的内在活力，保障学校立德树人目标的完美达成，基本实现治理能力的现代化。建立现代学校治理体系，实现从"有事找校长"到"有事找规章"，充分发挥学校教育利益相关成员的积极性、主动性和创造性，实现多元主体共治学校教育，从"人治"到"法治"的转变。

（1）自主自治导向。学校要建立共治共享的多主体领导体系，其首要目标是改变过去以"管"为导向的行政管理方式，把课程、教学、班级管理、校本研习、学校文化等各个方面的管理权力下放给教师，让教师自己管理自己。它力图使教师成为自主自治的主体，成为学校真正的主人，从而充分调动其参与学校管理的积极性，增强其工作的责任感和成就感。

（2）专业引领导向。学校共治共享的多主体领导体系必须摒弃过去的"官本位"意识，以专业为本位，尊重专业，尊重人才，让专业人做专业事，让专业人才成为学校治理的主人。学校各方面的引领者，不再以"干部"身份为标志，而是以专业能力为准则。治理的方式也不再是简单的行政手段，而是基于专业研究的理性决策。用现代学校制度保障和引导学校特色发展、教师专业发展、学生全面而个性化发展。

（3）人人参与导向。学校共治共享的多主体领导体系倡导"每个人都可以成为领导者",将"共同的教育梦想与愿景"作为"最大价值公约",引导大家同心同德构建学校"共商、共建、共治、共享"的治理体系。每个人都有自己的专业特长,都可以成为某个方面的引领者。这是共治共享的基本信念,也是学校管理育人的基本方向。

三、学校治理的创新与举措

（一）结构重组,赋权共治

在"共治共享"价值理念指引下,学校变革内部组织结构,以激发其内部活力。主要体现在三个方面:

（1）从多层结构到扁平结构。学校变革实行年级校长浸入式管理制,建构扁平式结构,减少管理层级,增加横向跨度。

（2）从单一中心到多个中心。传统的学校管理主要以校领导为中心,实施集中管理。现代学校管理实施教师的共治共享,将学校管理机构进行重组,实行专业部长领导下的多中心项目管理机制。如某所学校中层设置课程发展部、师生发展部、服务保障部、信息化管理部、联络共建部,由五部重组整合学校各项管理工作,着重围绕项目任务组织推进相关工作;部长由各年级组长兼任。五个部门下设十二个中心,如课程研发中心、信息应用研发中心、教师成长中心等专业类机构,校产管理中心等服务类机构,教师、家长、膳食委员会、议标定队小组等自治组织。各中心以项目为抓手进行管理。这种组织结构不仅有利于加强各年级、各学科、各部门协调配合,而且还整合各方面人力资源,分阶段、分项目重点攻关,提高任务的完成质量。

（3）从少数主体到多元主体。学校可以将管理主体由行政干部扩展为多方面人员,让其行使一定的管理职权,从而做到真正的民主管理和共治共享。具体包括以下几个方面:

第一,校务委员会实化管理。将由学校、家庭、社区社会代表人士组成的校务委员会升华为民主管理、决策、监督的权威机构,在校长主持下,对有关学校、学生发展的重大决策、规划、活动等进行审议或决策,对一些重要事项开展咨询、宣传、收集、交流反馈各方面重要信息,参与协调学校与家长、社区等之间的关系。

第二,教师代表行权管理。进一步强化教代会民主管理与监督功能,落实其知情权、审议或审定权、监督权等。明确代表向教代会提交提案的履责要求。通过校党支部领导、工会组织和行政支持,激发教师代表们积极热情参政议政,提高教代会的管理质量。

第三,家长委员会参与管理。积极探索完善学校、年级、班级三级家长委员会的组织形式和运行规则。凡事有关学生切身利益的重要事务,先提交家长委员会讨论,充分听取意见。

第四,学生体验学校管理。缺乏学生参与的管理制度是不完善或者不温馨、不够民主的制度,让优秀学生参与到学校的管理中来,推动制度的优化,唤醒学生的民主意识,加强学校管理者和学生之间的渠道,减少交流传递环节,让小主人公体验校务管理者角色,学习践行自治管理。

（二）流程重造,落实共治

在治理理念及组织结构更新的基础上,学校要对各类管理主体的运作方式、流程等做新的设置,以规范、落实、落细多元共治。如:年级组长要以行为研究的姿态抓年级管理,其工作程序为:主动发现了解—分析情况问题—行动实施解决。专业部长施行项目化管理的流程是:确定阶段性项目、协调相关人员—开展专项研究攻关—定期展示阶段成果。校务委员会按民主议事和提案的规程运行,委员们根据学校提出的主要事项事先酝酿准备或拟写提案,到会上共同商议有关方案或做出决策,会后参与督查议决提案的实施执行情况。进行自治式管理的学生管理者,参与一些常规管理,从中发现并提出问题,积极向学校有关部门建言,求得解决。

(三) 搭建平台,促进共治

共治共享需要每个教师个体具有参与的热情和能力。为此,学校可以从以下几个方面做出努力:

(1) 推行"教师荣誉管理",提升教师专业领导力。采用新的价值取向和机制激励教师内心永不停滞的专业追求,鼓励教师人人争当专业的领跑者,成为自己擅长特色领域的领导者。学校要积极搭建平台,借力合力鼓励每一名老师在自己擅长的领域取得成功。实行专家跟踪指导制、行政干部跟踪听课制、班级跟班调研制,及时跟进指导,促进骨干教师的成熟,薄弱教师的改变,青年教师的成长。通过各级各类竞赛,为教师提供展示自我的舞台和奋发向上的阶梯。

(2) 重构教研团队,助力教师专业领导。学校要弘扬"同研共创,同享共赢"的教风,以增强教师群体凝聚力和团队互助有效性为主旨,搭建点面结合式的学研团队架构。在备课组的基础上,进一步细化研究组织,成立学研小组;在成员的选择上,考虑专业能力、身心特点、发展层次的互补性,从而更好地发挥优秀型教师的辐射作用,缩短年轻教师的成长周期,使各团队更具创新力和战斗力,提升教师队伍的整体素质。同时,成立由特级教师、市学科带头人、高级教师领衔的导师团队,每位导师配备青年助手,确立个人教科研专题,向区、市级申报立项、进行研修。点面结合式的学研团队既保证了整体学研工作的科学推进,又发挥了本土名师资源的优势,既能培养一批有潜质的青年教师,同时也能促进名师专业水平的再提升,为提升教师专业领导力奠定了基础。

(3) 拓展教师自主权限,给予教师自主治理的机会。学校要始终不渝地坚持教师的自主管理,给予教师自主的空间和自治的机会。鼓励教师积极参与学校制度建设,可以提高教师工作的自觉性,充分调动教师内在的积极性。教师在获得足够的尊重和信任后,才能高质高效地完成工作。学校给教师增加自主时空,增强其践行自主治理的能力。

(四) 文化重塑,升华共治

现代治理是学校管理的"升级版"。如果说变革组织结构是"塑形",那么重建、提升与之相匹配的文化,则为"塑魂"。学校应顺应现代治理体系构建之势,大力推进文化建设。

(1) 倡导自主互动的伙伴文化。共治不仅是自治,也是一种合作。学校只有拥有一支具有很强向心力、凝聚力、战斗力的团队,拥有一批彼此间互相鼓励、支持、学习、合作的成员,才能真正实现共治共享。一方面,学校管理人员从未将自己置于群众之上,而是自觉地融入群众之中,以团队伙伴的身份开展工作;另一方面,学校教师总是相互合作,自主互动。

（2）倡导相互尊重的对话。文化共治不再是自上而下的管理，而是一种平等的对话。苏联教育家苏霍姆林斯基曾经说过，校长对学校的领导，首先是教育思想的领导，其次才是行政领导。行政领导或许有上下之分，而思想引领则只宜平等地交流。学校行政班子应置身于普通的教职员工当中，深入调研，俯身倾听，与广大教职员工平等对话，广开言路。一方面，了解群众呼声，解决实际困难；一方面，听取意见和建议，形成各方都广泛认同的办学方略和具体实施策略。通过交流，才能够使学校的发展观、教学观、质量观、人才观在教师中最大限度地得到认同。

（3）创造轻松和谐的空间文化。共治的最高境界是不治而治，是自觉自在的一种和谐状态。

第一，在物理空间上，努力创造一个宁静的修养场所。学校可以开辟茶歇间，集休闲、健身等功能于一体，为师生健康发展营造氛围。学校是师生共同的精神家园，学校教育的最高境界是润物无声、道法自然、水到渠成。

第二，在心理空间上，努力营造一个轻松的工作环境。管理者要树立教师"心情好、身体好、工作好"的管理理念，在高强度、高压力、高要求的现实中，注重教师身心健康。在人本管理理念的指导下，组织丰富多彩的健身、娱乐活动，活跃教师们的业余生活，缓解教师们的工作压力。

（五）技术革新，助推共治

信息化时代的共治共享离不开技术的革新。学校应顺应创建智慧校园、推进教育信息化潮流，积极运用信息化技术，推进智能化校园管理，提升治校品质。学校要依托互联网及移动互联网技术构建起学校、教师、家长三位一体的互动管理平台，包括：校园微站，向教师、家长等智能传输新闻、通知、学籍登记、学生进出学校提示、学生求助信息等，并直连电子阅览室等；直播平台，家长和学生可随时随地观看校级课程；智能门禁，方便教师使用校多功能室；网上报修，方便教师及时申报设备维修，可以形成学校电子设备消耗大数据，方便后期及时申购添加设备；智能安保，建立学校安全管理网络、高清视频监控系统，打造数字化平安校园。信息化、数字化、智能化助推学校管理文化朝着更加民主化、开放化、便捷化、高效化的趋向发展。

 课堂讨论

1. 简述组织的定义及其组织理论的发展。
2. 对比分析蛋箱学校、松散耦合组织学校和学习型组织学校。
3. 简述学校组织的性质，学校在立德树人方面有哪些创新举措。
4. 简述新时代学校组织变革。

案例分析

以走班制为核心的全面改革

　　Z中学是一所市级示范学校,历史悠久,包含初中、高中两个学段。为秉承"跳出教育看教育,跳出教育发展教育"的大教育观,该校于2013年先后启动了"学部制""导师制""学长制""走班制"及"学分制"的"五制"改革。

　　朱校长考虑到随着走班制的实施,原来的行政班将逐渐消解,新的管理单元则必须出现,以对接新的教学模式。于是,2014年9月,学校的学部制先于走班制被推上前台。学校的学部制划分为普通高中志成学部(高一至高三),普通高中艺术学部(高一至高三),普通高中科技学部(高一至高三),六年一贯制学部(初一至高三)四个学部,计划逐步取代原来的年级制。学部设学部主任一名,实行学部主任负责制,负责学部内教育教学事务的管理和学部特色建设、学部文化的打造。不同于原来的横向年级管理,学部制是纵向管理,是学校的一个管理单元,不同年级的学生按发展方向、兴趣特长进入不同的学部。

　　学部制的推行使教学班代替了行政班,导师的角色变得尤为重要,于是Z中学在推行学部制的同时,又引入了导师制。导师由教师发展中心负责培训,由学生发展中心负责指导,制定导师工作职责和管理办法,具体由学部负责聘任、管理与评价、考核。原则上每位教师都有承担导师工作的义务和责任。一方面,学生可以选择自己信任的老师做导师;另一方面,导师也有权力选择学生。经过双向选择之后,每个学生都有至少一位导师,每位导师负责的学生数一般不超过10人。导师的职责和以前的班主任不同,不是负责学生的日常管理,而是要对学生进行学业、心理和人生发展方面的指导。

　　作为导师制的重要补充,学生资源也被充分挖掘利用。Z中学在推出学部制、导师制的同时还推出了"学长制"。学长可以由学生志愿申请和学部选择聘任产生,承担学长职务可以作为学生的一门荣誉课程,纳入学校课程,履行了学长职责可以获得学分、获得证书。

　　在学部制、导师制和学长制的举引下,Z中学的走班制终于开始推行。学校将上百门课程分为国家必修课程、国家选修课程、综合类课程、校本类课程四大类,并为每个学科设置多个课程层次和不同发展方向的课程,为不同的学生铺设学科学业修习的路径和阶梯。学生可以据此选择适合自己的课程,形成个性化的课表。不同学科的分层依据不相同,不同层级的教学方法不同,评价方法也不同。例如,对于数学学科来说,不同层级的学生之间,接受能力、潜在能力、逻辑思维能力差别很大,这就要求学生分层要多,教师的教法要多样化,因此教学学科分A+、A、B和C共4个层级,为不同层级制定不同的教学目标要求和不同的评价方法。对英语学科而言,主要培养学生的听、说、读、写四种能力,而四种能力又是相对独立、相互关联的,因此英语的分层教学采取"分类分层"教学法,把英语课分为"听说、阅读、词汇与翻译、语法与写作"四个方面,同时按照学生的需求和实际学习状态,分成A、B两个层级。在真正实施分层选科之前,每个学科均用问卷调查的方法来确保分层方案符合学生的真实情况,再根据调查结果对分层方案进行调整和修改。如史地政三科就是经过调查问卷后,将分层方案定为A、B两层。学生选课的方式主要有两种,对应两种课程。在共同基础普修课程中,一般采用导师指导,学生自主选择,普修课程一般不设门槛,要求学生在规定的时间内必须做出选择,完成修习。在兴趣素质拓展选修课程中,一般采用导师推荐,双向选择的方式,即课程要求学生已经具备了一定学习基础或特殊潜质和兴趣,才可以选择,任课教师可以对选课的学生进行考核选拔。

与课程体系改变相配套的是评价体系的改变。Z中学推行的学分制实行模块式和节点化的管理,学校设立学分银行,每个学生有自己的学分账号,学生可以通过学校信息管理平台即时查看自己的学分积累。学分在一定规则下可置换、可升值、可流通转换充抵,给不同领域的学分赋予不同的"颜色",每个学生的学业进阶路径的差异可以由学分的多少和"颜色"的不同来体现。学分还是学生获得学校颁发"1+5证"的重要依据,只有修满各类共同基础课程学分的最低值,才能获得高中毕业证书;而要获得其他证书,就需要达到更高的学分值才可以。在学分制的基础上,Z中学还将进一步实行GPA绩点评价,使对学生学业质量的评价更为客观全面。

由此,Z中学逐渐建成了以走班制为核心,走班制、学部制、导师制、学长制、学分制紧密联系的"五制"教学改革。

但是,在"五制"改革过程中,朱校长发现,这个有机体背后,还有一个更大的整体,那就是整个学校的组织架构。针对"五制"教学改革的需要,学校应该重新梳理管理机构及其职责,学校管理与服务也需要随之转型,重新构建起新的管理体系和管理制度,整合与分配责任、权力和资源,向实行全校扁平式管理和学部负责制过渡。于是拟将原来的教务处、学生处等机构全部改头换面,成为向现代学校制度转型的各司其职的功能中心。

思考题:

1. 该学校的"五制"改革相对于传统的学校培养体系,有什么优势?你觉得会有哪些副作用?
2. 你认为有必要将整个学校的组织架构进行改头换面吗?为什么?
3. 如果你是朱校长,你会将教务处、学生处等机构进行怎样的转型?
4. 在整合与分配学校各组织机构的责任、权力和资源的时候,需要注意哪些问题?
5. 在学校大刀阔斧的全面改革中,如何才能顺利地进行权力转换?

 **课外阅读**

1. 什么样的学校最有品质,新时代校长须辩证思考六对关系。
2. 创建未来创新学校的实践探索。
3. 中国教育现代化2035。
4. 教育信息化2.0行动计划。

第四章
学校教学管理

配套数字资源

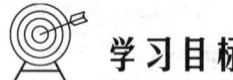

1. 了解教学工作管理的具体内容。
2. 掌握教学组织管理主要包括哪些内容。
3. 了解教学视导的主要模式以及如何实施教学视导。

教学是学校工作的中心环节。从宏观层面来讲,教学管理是"教育行政机构对各级各类学校及其他教育机构教学的组织、管理和指导"[①]。从微观层面来看,教学管理指的是学校内部的管理,即学校管理者根据学校的培养目标,以国家法定颁行的课程标准和教学内容为基础,通过一定的组织机构,运用科学的管理方法和手段,对教学的各个方面、各个要素、各个环节进行合理组合,以推动教学工作正常高效运转。重视教学管理工作,明确教学内容管理,分析学校教学的组织管理和质量管理的运行机制,对于优化学校教学管理工作,提高教学质量,更好地实现学校所担负的职能,从而提高教育管理工作的科学性,具有重要的价值。

第一节 教学工作管理

学校是培养人才的专门教育机构,教学是智育的重要途径,也是学校培养人才的主要途径。教学工作的成败对学校教育教学质量有着十分重要的影响。因此,不断加强和改善对教学工作的管理,是学校管理者的一项基本任务。

一、教学工作管理的任务

教学工作管理的任务,就是全面贯彻党的教育方针,根据中小学所担负的教育任务和培养目标,以及国家所颁发的课程计划和课程标准,对教学工作进行科学的组织、指导,以达到提高教学质量和教学效率的目的。

---

① 吴志宏等.新编教育管理学[M].上海:华东师范大学出版社,2000:256.

提高教学质量,就是要使学生在德智体美劳各方面生动活泼地、主动地得到发展,并使全体学生都能达到国家所颁发的课程计划和课程标准所规定的质量要求。新时代,衡量教学质量的标准由"教得好"向"学得好"转变。教育的最终目的是引导学生学得更好。学校管理者如何制定有效可行的课堂教学评价指标,引导教师树立质量意识,从"教得好"向"学得好"转变显得尤其重要。如表4-1,北京十一中学的教学管理实践值得学习与借鉴。

表4-1 北京十一中学"从教到学"教育教学诊断性指标的变革前后对比[①]

变革前教育教学诊断指标	变革后教育教学诊断指标
老师能够支持和促进我自主学习	老师不仅关心我的学习,还注重引导我更好地做人做事
老师能给我有针对性的帮助	老师注重帮助我确立目标,指导我做好规划
老师注重我良好品德和习惯的培养,引导我更好地做人做事	我在老师的心中有较高的位置
老师讲课精神饱满,思路清晰	老师善于激发我的学习兴趣
老师的课堂教学效率很高	老师能够有效地激发我主动思考并解决学习中的问题
老师课堂上的教学能够有效推动我的思考和参与	老师在课上、课下提供的学习资源和工具对我很有帮助,我从中能够找到适合自己的内容
老师的教学风趣幽默	老师的教学风趣、幽默,跟他/她学习愉快而有收获
老师是我本学期最喜欢的老师之一	老师能有效帮助我明确各阶段的学习目标,并有效评估目标的达成度
学科教室为我创设了学习本学科的氛围	我很喜欢学科教室创设的本学科学习氛围
我在老师的心目中有较高的地位	当我的学习态度、策略、方法、效果出现问题时,老师能发现并给予有效指导

提高教学效率,就是要在国家颁发的课程计划和课程标准所规定的教学时间内,以符合教育学和学校卫生学要求的教师和学生的教学负担量,完成课程计划和课程标准所规定的教学任务。要切实减轻中小学生过重的课业负担。要严格按照课程计划,均衡安排课程和作息时间,不得增加周活动总量,更不得增加学科的学时,不得占用节假日、双休日和寒暑假组织上课,尽快改变学生课业负担过重的状况。

提高教学质量和提高教学效率,是教学工作管理中的两个不可分割的既相联系又相互区别的任务,在教学工作管理中,必须把二者有机地结合起来。如果只抓教学质量的提高,而不同时抓提高教学效率,学校教学任务就很难在教学计划和教学大纲规定的教学时间内完成;如果只抓教学效率的提高,而不同时抓提高教学质量,学校教学任务就很难按

---

① 李希贵.学校如何运转[M].北京:教育科学出版社,2019:182.

照课程计划和课程标准规定的质量标准完成。只有把二者有机地结合起来，同时抓好，才能保证学校教学任务在课程计划和课程标准规定的教学时间内，并且能按照它规定的质量标准全面而又顺利地完成。

二、教学工作管理的基本要求

教学工作管理是一项十分复杂和细致的工作，具有很强的科学性、思想性和艺术性。为了很好地完成学校的教学管理任务，学校管理者必须遵照教育方针，按照教学过程的客观规律，有目的、有计划、有组织地开展各项教学管理工作。基本要求如下：

1. 树立正确的教学指导思想

教学工作管理总是受一定的教学指导思想支配的。学校管理者，不仅要以正确的教学指导思想指导教学管理，还要帮助教师树立正确的教育教学理念。教师的教学质量归根结底是由教育教学理念和教师职业道德起作用。学校组织中，教师教学的个体性、独立性和创造性很强，一定程度上，教师都是按自己的想法和意愿来进行教学，他们的教学理念和教学态度对教学工作的方向和质量产生直接的影响。我国中小学校的教学指导思想是：全面贯彻党的教育方针，以提高国民素质为根本宗旨，以培养学生的创新精神和实践能力为重点，造就"有理想、有道德、有文化、有纪律"的德智体美劳等全面发展的社会主义事业建设者和接班人。

在教学改革中，为了帮助教师从传统的教育思想的束缚中解放出来，学校管理者应当深入教学第一线，及时了解和掌握教师的教学思想和动态，组织教师学习和领会中央关于加强学校教育的有关决定，帮助教师进一步端正教学指导思想，认真贯彻党的教育方针，有效落实"立德树人"根本任务，切实提高民族素质。

2. 正确处理教学工作中的各种关系

管理教学工作，要正确处理好以下五方面关系。

（1）教书与育人的关系。教学具有教育性，"立德树人"是学校的根本任务。教师在教书的过程中落实育人职责是新时代全体教师的历史使命。学校管理者要引导教师自觉地重视教书育人，把教学的科学性与思想性有机地统一起来，这对全面实现教学目标和促进学生健康地成长都是十分必要的。

（2）教学与发展的关系。教学具有发展性，任何教学都必然对学生的个性发展产生一定的影响。学校管理者要引导教师自觉地重视和保护学生的个性发展，注意发现拔尖学生，使教学走在学生发展的前面，更好地促进学生的健康发展。在传授知识的同时，保证学生的智力、能力、情感、意志、性格等各方面都得到发展。

（3）"教师主导"和"学生主体"的关系。在教学过程中，必然有教师的教和学生的学这两个方面。二者互相依存、互相影响，缺一不可。否则，就不称其为教学。这就要求在教学管理中，既要调动教师教的积极性，充分发挥他们在教学中的主导作用，又要调动学生学的积极性，充分发挥他们在学习中的主体作用，并使二者有机地结合起来。教师要善于引导和发挥学生的主体作用，而不应压抑和扼杀学生的主体性，只有这样才能真正使学生生动活泼地发展，成为具有独立性和创造性的一代新人。

(4) 各门学科之间的关系。教学计划中所开列的各门课程,是为了保证学生德智体美劳全面发展,各门课程之间具有一定的内在联系和相互促进的作用。教学管理工作必须重视各门学科的地位和作用,按规定的教学计划开课,不得随意增减课程和课时。要统筹兼顾各门学科的课外作业时间,根据各门学科的特点,分别规定作业的分量和课外占用的时间,防止出现偏多或偏少或平均分配等现象。

(5) 课内与课外的关系。课内课外是密切联系、相互影响的,都对学生的成长发展起着很大的作用。学校管理者既要抓好课堂教学这一教学的基本形式,也要抓好各种课外的教育工作,包括课外活动、团队活动、班主任工作、家庭教育、社会教育等。这对培养学生的实践能力,发展学生的个性、兴趣和爱好,开阔学生的眼界和知识面,培养良好的品德和自立自主能力,都是十分必要的。

3. 建立健全现代教学工作制度

建立健全各项教学工作制度是学校管理工作的一项重要措施。学校教学管理制度是指学校全体成员在教学和学习中必须遵守的行为准则。而管理制度在实施和执行过程中,对教师的思想和行为发生潜移默化、熏陶感染的教育影响,只要坚持不懈,持之以恒,规章制度中的思想内容就会逐渐被教职工内化于心,外化于行,营造出一种良好的校园文化氛围。新时代,我们提出治理体系和治理能力现代化,事实上,治理体系就是制度体系,治理能力就是制度的执行力。所以,教学管理中建立一整套规章制度是非常必要的,它是保证学校管理活动走上法制化、程序化和科学化的重要途径和手段。

现代学校制度建设中教学工作管理制度非常重要,它是维持学校教学秩序稳定,提高教学质量和教学效率的重要保证。现代教学工作制度包括学校教学目标,课堂教学制度(备课制度、上课制度、作业批改制度、学生学习成绩的考核制度、教师听评课制度),学生学习制度(学生奖惩办法等),教师专业发展制度(教师的教学研究制度、教师培训制度等)。学校管理者在制定现代教学工作制度时,一定要做到使制度的指导思想明确,条款言简意明,并能调动师生教与学的积极性。制度一旦制定,就要保持相对稳定,不要随意变动,但可随着教学管理实践经验的丰富,而不断充实和完善。

学校在设计和制定本学校的教学工作制度时,应注意遵循以下的基本原则:

(1) 政策性。党的路线方针政策和国家的各项法律法规是各级各类学校制定学校管理制度的基本依据。学校自身的各项管理制度不能在内容、方向上与党和国家宏观的教育管理制度及相关法律法规相抵触,要凸显依法办学,依法治校,要弘扬时代精神。

(2) 教育性。学校管理者在制定和执行学校管理制度时,应该时刻牢记我们的社会需要什么样的学校?学校要培养什么样的人?为谁培养人?任何时候,学校管理者都不能忽视学校的特质和根本任务,要凸显学校制度本身的教育性。管理制度既是一种管理手段,又是一种教育手段。管理者在制定各项管理制度时,不仅要从管理和控制的角度来衡量,还要从教育和引导的角度来思考。

(3) 可行性。一项有效的、合理的、适合学校发展的教学管理制度能够规范教职工的教学行为和工作流程,提高教职工的工作效率和质量,形成一种很好的校园文化。正确的管理制度,可以大大提高学校的管理效力,提高学校的竞争力。教学管理制度要遵循教

规律和学校发展战略,通过大面积的深入调查研究,运用科学的方法,进行全面的分析,实事求是地制定。学校的高中层管理者要和广大教职工充分沟通,明确各项制度的适用范围和目的,明确职责和权限,了解制度执行过程中出现的问题和解决措施,切实提高教师的教学工作效率,推进学校教学质量的提升。

(4) 严肃性。规章制度和法律法规一样,其本质带有强制性,否则就不称其为制度。俗话说,"光说不练,十年不变",只有付诸行动的制度才能对学校管理和发展起到决定作用。管理学大师戴明认为"任何组织的失误,85%有可能是制度和体制本身所造成的,只有15%是由于人的因素造成的"。管理学大师德鲁克认为"任何一个组织不能将制度作为组织的灵魂,根本称不上是组织"。制度是组织的灵魂,是组织得以正常运转的坚固基石。现代学校治理中,一定要以规章制度为"鞭绳",严明纪律,一视同仁,奖罚分明。这是对学校管理者的领导风格、执行力的考验。夸美纽斯说"学校里没有纪律就如磨坊里没有水一样";马卡连柯指出"纪律是集体的面貌、集体的声音、集体的活动、集体的姿态和集体的信念。集体中的一切,归结起来,都摆脱不了纪律的形式";杜威认为"纪律、自然发展、文化修养、社会效率,这些都是道德的特征——都是教育工作所要促进的一个社会优秀成员的标志"。不以规矩,无以成方圆,教学管理者必须建立一整套系统完备的管理规章制度,促使教职工的行为有章可循,有法可依。制度不能朝令夕改,但要随着时间和时代的新要求,灵活调整,维护制度的威严和效力。

(5) 民主性。现代学校制度的民主性强调,制度建设要以人为本,尊重利益攸关方的知情权、参与权和决策权。在制定和颁布各项制度时,学校管理者必须广泛地吸纳广大教职工的意见,及时公开信息,加强过程的透明度,建立畅通的沟通机制,使学生、教师、家长和其他成员主动参与学校的管理。教职工参与学校规章制度的制定,一方面可以使制度更加缜密、更完善、更切合学校实际,另一方面也可以使制度本身对教职工产生更大的约束力,因为经过大家共同厘定的制度,自然会唤起大家自觉遵守和遵循的责任与义务。

三、教学工作的计划管理

教学工作的计划管理,是学校教学工作赖以有序进行,顺利完成教学任务,实现培养目标的重要保证,是学校管理的首要的主导性职能。它一般包括两层意思:一是用计划去管理教学工作,二是把各方面的教学工作计划都管起来。教学工作计划管理的任务,就是按照党的教育方针和国家颁发的课程计划和课程标准的要求,结合学校实际,制定一个学年或一个学期的教学工作目标,确定实现这一目标的具体措施,并组织实施,以保证各学科教学任务的完成。

(一) 制订教学工作计划注意事项

教学工作计划是全校工作计划的主要组成部分,它应该在校长直接领导和参与下,由教导主任制订。在制订计划时,要注意以下几个问题:

(1) 贯彻落实教育方针,提高教学效能。贯彻落实教育方针,提高教学效能,是教学管理的中心任务。无论是教育行政部门制定各项政策,还是学校具体组织教学过程,都必须围绕这个中心。教育行政工作者和学校管理者都必须高度重视对教学工作的管理。

(2) 建立和维护以教学为主的学校工作秩序。教与学是学校教育的核心,教学管理不是目的,只是手段,学校管理者是为教师的教和学生的学服务的。学校教学管理工作要建立备课制度、上课制度、作业批改制度和学业成绩考核制度等方面的学校教学工作制度,完成课程标准和教学大纲所规定的教学内容;建立健全学校各项教学管理制度,坚持以教学为主,确保教学秩序稳定。

(3) 建立科学的教学管理工作体系。学校教学管理中,管理者要积极宣传和解读先进的教学思想和教学改革模式;不断探索和创新课程实施、教材整合、招生考试等;引导和帮助教师树立科学的教师观、学生观和教学观;搭建教师专业发展平台;完善教学质量评价体系;形成良好的教学激励机制。

(4) 以科研为导向,促进教学的科学化。在学校教学管理中,要引导教师根据自身教育教学的实际,有效开展教育教学研究,不断进行教学改革,更新教学内容,合理利用信息技术手段提高教学成效。帮助教师从"新手型"教师快速成长为"骨干型"教师,最终发展成为"专家型"教师。

(5) 结合学校实际,提高管理效益。学校的具体实际情况是制定学校工作计划的基础。学校管理者要对学校教师队伍的构成情况、学生的基本情况、教学设备的情况,学校所在地区的政治、经济、文化及其对学校可能产生的影响等了如指掌,科学决策,提高管理效益。

(二) 教学工作计划的结构体系

学校的教学工作计划,是一个以国家颁发的课程计划和课程标准为规范,层次分明,从属关系明确,结构严谨的结构体系。

1. 全校教学工作计划

全校教学工作计划是整个学校工作计划的主要组成部分,它应在校长的直接领导和参与下,由教导主任具体制订。其主要内容包括以下几方面:

(1) 教学情况分析。对上学年或上学期教学工作进行简明的分析,指出所取得的成绩和经验、存在的问题和缺点、有利条件和困难,以及本学年或本学期出现的新情况和新问题。

(2) 本学年或本学期的教学工作目标和要求。它应在分析上学年或上学期出现的新情况、新问题的基础上,进行科学预测,提出本学年或本学期的教学工作的目标和要求。它包括学生在德智体美劳方面的具体培养目标,特别是在发展能力方面的要求,以及学生各科成绩的及格率、优秀率、提高率、合格率、升学率与就业的适应率等指标。

(3) 本学年或本学期的教学工作内容和措施。在内容方面,应清楚地规定本学年或本学期教学工作的项目、各项工作的具体要求和工作进程。措施一定要具体、有力,包括加强领导的措施、培养和提高教师教学能力的措施、改革教学的措施、提高学生自学能力的措施、开展教学实验和科学研究的措施等。一般来说,计划不宜过于庞杂,切忌面面俱到,以致重点不突出,流于一般化。

2. 教学研究组(教研组)工作计划

教学研究组(教研组)工作计划应以学校教学工作计划为依据,结合教研组的实际情况制订。主要包括以下几方面内容:

(1) 对本组前一学期教学工作所取得的成绩和问题的简要分析。

(2) 本组在本学期改进教学的基本设想和教学研究活动的主要课题及其要求。

(3) 按周安排好各次教学活动的内容和时间,如集体备课、专题讨论、观摩教学、总结交流经验等。

(4) 本组课外活动的内容与时间安排。

3. 学科教学进度计划

学科教学进度计划是全校教学工作计划的最终落脚点。由任课教师制订,经教研组组长确认后执行。其内容除了包含对前一学期学生学习情况和本学期教材内容的分析外,还要明确提出本学期的教学目的、要求、实施措施和改进教学的方法,并且要具体安排本学期的教学进度表。具体写明章节课题、所需时间、起止日期,以及各章节需要安排的教学实践活动,如实验、实习、参观等。

上述三种教学工作计划,反映了教学工作管理上的三个层次,应当逐层落实,保证学校教学任务的全面完成。

第二节 教学组织管理

教学组织管理也称为教学行政管理,主要是通过学校的职能部门,对学校的教育、教学活动行使组织、调度、监督、检查等管理职能,按照计划的轨道实现教育教学的目标。教学组织管理是学校教学管理的重要方面,是办好学校,保持正常教学秩序,提高教学质量的重要条件。不断加强和改进教学组织的管理是学校管理者的一项根本任务。教学组织管理主要是由教导处在学校校长的领导下,按照学校计划要求,有计划、有目的、有组织地进行具体的管理职能的活动。

一、教学管理组织系统

(一)教学指挥系统的建立

学校教学工作虽是由各个教师分别进行的,但是学校要落实立德树人根本任务,促进学生德智体美劳全面发展,实现国家教育目的和学校培养目标,还需要将教师组织起来形成一个完整的系统,只有全体教师相互配合、相互促进,形成教学工作的合力,才能提高育人质量。学校教学管理中,要建立有效的教学组织指挥系统,加强教导处和教研组的建设和管理,并合理配备教师资源,提高教学管理的有效性。

教学是一个系统,对教学工作管理要从整体出发,建立健全教学的指挥系统。一个健全的指挥系统的要求是:一方面,领导者的指令能迅速、准确下达,指挥渠道畅通;另一方面,领导者的指令能及时获得指挥效果的反馈,使指挥过程不断得到调整。

教学第一线的工作人员是教师,他们了解教学过程,熟悉教学规律,学校要依靠教师办学。要建立校长领导下的,包括教导主任、各科教研组组长和各科优秀教师代表在内的教学咨询机构,充分发挥教学组织和优秀教师在提高教学质量过程中的示范引领作用。

通过他们,听取师生意见,研究教学措施,改进教学管理方法,提高教学质量。

与此同时,还要建立包括教导处、班主任、班长、学习委员和各科代表参加的学习管理系统,明确他们管理学习的职责,发挥他们的作用。有了以上两个系统,学校的教学任务就能做到层层有人负责,各个环节有人把关;上行下达,渠道畅通,教学指挥就能更完善和更有成效。

(二)教导处的建设

加强教导处的建设,需从两方面着手:

一是做好教导主任的选拔和任用。教导主任是校长管理教学工作的主要执行者,上对校长直接负责,同时直接组织各学科教研组、教师开展教学工作。教导主任业务素质的高低直接影响到学校教学管理的成效。教导主任的选拔和任用要坚持公开公正的原则,并充分听取教职工代表大会和全体教职员工的意见和建议,通过公开招聘的方式将有能力、有意愿、有群众基础的优秀教师选拔到教导主任的岗位上来。在实际的工作中,要明确教导主任的工作责任和职权范围,为其开展教学管理工作创造良好的内外环境。

二是建立一支精干的教导处管理队伍。学校教导处的工作范围十分广泛,既要协助校长保证学校教学符合国家教育方针和课程计划,同时又要组织好日常教学工作和教研工作,而且还要组织好教师考核和学籍管理等各项工作,任何一个环节出问题,都可能影响到学校教学管理的全局。因此,建立一支精干的,权责明确、合理分工的教导人员队伍,对于强化教导处的职能,具有重要的作用。

(三)教研组的建设和管理

教研组是教师开展学科教学活动的最基本组织形式,是学校培养教师的主阵地。教研组是教学管理组织机构中的基层组织,是学校管理组织系统中的一层业务组织。它的主要任务是组织教师进行教学研究工作,总结交流教学经验,提高教师思想、业务水平和教学工作能力,改进教学工作,提高教学质量。

教研组的设置应以有利于教学和开展教学研究为原则,一般以学科为单位设置,同一学科教师在三人以上者,即可设教研组。不足三人者,则可联合相近学科成立教研组。规模较大的学校,同一学科教师人数较多,可在教研组内,按年级设备课组。规模很小,教师人数少的农村学校,可以在当地教育行政机关或中心小学的帮助下,联合邻近学校组织校际教研组。教研组长可由教导处决定,也可以由教师选举产生。教研组长应当是学科的优秀骨干教师,能够带领任课教师深入开展教研工作,并对学科教师进行相应的教学指导工作,帮助教师解决教学中遇到的问题。教研组长更多的具有专家型教师的特点,在教师中发挥模范带头作用。第一,应当明确教研组长的职责范围和要求,使他们工作时有所依据;第二,要加强培养,提高他们的思想、文化、业务水平和工作能力;第三,要支持和鼓励教研组长开展工作,发挥其主动性、积极性;第四,对教研组长的工作要有严格的要求,使他们在教学上对本组教师起模范带头作用。

搞好教研组的建设,必须加强思想工作,培养教研组的优良风气,包括培养教师热爱教育事业、热爱学生的思想感情,实事求是、认真扎实的治学精神,严肃负责、勤勤恳恳的

工作态度,团结互助、密切协作、互相尊重、互相支持的集体主义精神,勇于探索、大胆改革的创新意识等。在教研组中,教师之间就某个教学问题所开展的讨论或者研究实际上是一种带有学术色彩的探讨,在探讨的过程中,教师之间是平等的,都有发表意见或建议的权利。同时,教研组长还要采取措施,促进教师之间的知识共享,通过分享备课讲义、相互观摩、听课评课等方式,相互取长补短,共同提高教学业务水平,促进学校教学质量的总体提升。

(四) 教师教学任务的分配

教师是学校最为宝贵的人力资源,也是办好学校的基本依靠力量。学校管理者要根据教学需要和教师的专长、特点,合理分配教师的教学工作,这也是教学组织管理的一项重要任务。它关系到每一个教师积极性和专长的发挥,也关系到教师队伍的建设。同样水平和数量的教师,安排配备得当,水平就能充分发挥出来;配备不得当,教学工作就会大受影响。学校管理者应选择最佳的配备方案,安排教师的工作。

学校教学管理的一项重要工作就是根据实际情况合理配备各学科教师,充分发挥每个教师的业务水平,扬长避短,提高学校教学管理效能。具体要求如下:

(1) 知人善任,扬长避短。教师之间在思想状况、工作年限、能力水平、业务专长等方面都存在差异。学校管理者要深入了解每位教师的业务水平、教学特点,把教师安排在能够充分发挥长处的教学岗位上,以便发挥优势,人尽其才,才尽其用。一般说来,每个教师都各有所长,也各有所短,作为教学管理者,要用其所长,避其所短,提高学校教学管理效能。

(2) 新老搭配,以老带新。教学管理中,同一个学科的教师配备,要注意老、中、青教师的年龄搭配,发挥老教师传、帮、带的作用,促进中青年教师的业务成长;同时要分配好教师的工作,既要保证各个年级各门学科的教学质量,又要考虑教师的培养和提高。

(3) 不同情况,不同要求。每个学校的教师队伍,一般都是由老、中、青三部分组成。对不同的教师应提出不同的要求。有经验的老教师,应要求他们把主要精力放到总结经验、研究教育理论和培养新教师方面;中年教师有了一定教龄,业务熟练,精力旺盛,是提升学校教学质量的中坚力量;年轻教师虽朝气蓬勃,但缺乏教学经验,工作分量不宜过重,应当把他们的部分精力引导到熟悉业务和进修提高方面,促使他们加快成长。

(4) 立足当前,着眼长远。安排教师工作要立足于教学工作的全局,合理地安排好各年级、各学科、各教学班的教师工作。要尽量保证每个年级都有把关的骨干教师,又要从长远考虑,尽量加强低年级的教师配备,切实打好基础。

二、教务处的管理职能

教务行政是执行教学计划的一种教学行政,它的基本职能是根据全校教学计划,对各项教学活动中的人力、物力、财力、时间、空间、信息等进行科学的、合理的组织、指挥、调度和控制,以达到建立正常的、稳定的教学环境和教学秩序,提高教学质量的目的。其主要内容包括招生管理、学籍管理、班级编制、课程表编排、资料管理。①

(一) 招生管理

招生是学校整个工作中的一件大事,政策性很强,涉及面广。招生工作的好坏,不但直接影响学生的素质,而且有可能影响社会的安定团结,是一项十分重要的工作。招生虽不单是一项教务行政工作,但教务部门承担着大部分的工作量。在教务管理方面,应做好以下几项工作。

1. 义务教育招生政策

义务教育阶段实行就近免费入学政策,也就是学生应在父母户籍所在地的学校就近入学。事实上,由于办学质量存在校际差别,同时还存在着差异化的入学需求,因此客观上还存在择校的问题。

小学在每年招生前必须深入学校所辖地区,对未入学的学龄儿童进行摸底登记。除无学习能力者外,都要劝其入学。中学也要在招生前对所辖地区的小学毕业生和初中毕业生进行一定的了解,做到心中有数,为招生做好准备。学校招收新生要严格执行教育行政机关下达的招生计划,禁止招收高价生和关系生,对于借读和城市外来人员的子女入学要按政策办事,严禁乱收费。新生注册后,要对新生进行入学教育,使他们了解学校的历史、校风、校规和校纪,以尽快地适应新的环境。

2. 高中教育招生政策

根据教育部等部委的规定,高中阶段招生基本上以成绩为准,严格控制招收择校生,对择校招生实行限制性政策,即招收择校生比例要严格控制在本校当年高中招生计划数(不包括择校生数)的 30% 以下;公办高中招收择校生,收取择校费后一律不准再收取学费;同时规定了择校的最低标准——低于一定成绩的考生不得择校。

(二) 学籍管理

学生的学籍管理是教务管理的重要内容,要指定专人负责。全校学生的学籍名册,分班分年级印好后,要装订成册,归档保管;要建立学生的学籍卡片(学籍表),记载学生每个学期、学年的学籍内容,按班级高低编号,装订成册,妥善保管;学生自入学至毕业的学习成绩,要准确地登记在统一的学籍卡上,奖惩情况等都有专门记载;学生转学、休学、复学、退学、肄业、毕业等证件的存根要分期、分年保管;学生证、校徽号码登记簿,要装订成册;历届学生的去向情况要及时登记。

"学籍管理是一项极其严肃的学校管理工作,任何教师或班主任都不得违背或变通有关程序中的任何环节。涉及任何一个学生的学籍变更或借读都需由学校领导研究决定。在分管校长签字后,应及时到教务处办理有关手续。"②

(三) 班级编制

教学班是学校对学生进行教学的基本单位。班级编制是招生以后,开始新的教学前

---

① 蒲蕊.教育行政学[M].北京:中国人民大学出版社,2008:351-370.
② 吴霓.学校教育质量管理体系文件范本[M].北京:教育科学出版社,2005:173.

的一项重要工作。班级编制一般是指把年龄和知识水平相同或相近的学生，按照定额合理分配，组成平行班，以便实施教育和教学。班级编制主要涉及分班标准和形式、班级规模两个方面的内容。做好编班工作，对于建立良好的班集体、培养优良的班风，具有十分重要的意义。我国分班标准和形式一般是以年龄分班和能力分班为主。

编班的原则和方法，大体可以概括如下：

（1）男女混合编班。各平行班男女学生的比例应大致相等，这样班级之间在劳动、文娱、体育竞赛中不会出现悬殊，可以增强班级之间的友谊和团结。

（2）人数大致相当。小学一般每班40—45人，中学每班45—48人。

（3）成绩好差搭配。每个班级好、中、差学生均匀分配，不要编快慢班。

（4）每班配备骨干。不仅要配备班干部，还要把在体、音、美方面有特长的学生合理分配。

（5）同一地区集中。如农村同一村庄、城市同一街道的学生，尽量编在一个班，以便开展校外活动和班主任家访。

农村边远地区小学还要注意发展复式班，有的一班两级，有的一班三级。这样就要求将最高年级与最低年级搭配，以便于教学，并发挥年龄大的学生照顾年龄小的学生、高年级学生辅导低年级学生的助手作用。

班级一经编定，就应该保持相对稳定。任课教师、班主任以及上课的教室，都不要轻易变动，使学生有一个稳定的学习环境，这样才能养成良好的学习习惯，形成融洽的师生关系和班集体。

（四）课程表编排

课程编排表规定了教学科目的安排、实施程序与节奏，是学校日常教学工作和其他各项工作的指挥调度表，它能把全体教师、学生和工作人员的工作组织起来，确定一天、一星期，甚至一学期课堂教学安排。课程表不仅成为教学过程的组织标志，而且是提高教学质量的有效手段。

课程表的合理性、科学性十分重要。编制课程表应遵循以下原则：

（1）严格执行教育部颁布的课程计划。要按照课程计划所规定的课程门数和开设课程的时间顺序进行安排，不能随意丢掉副科。

（2）有利于提高学生的学习效率。要根据教育学、心理学和卫生学的要求来编制课程表。例如每周二、三、四，每天第一、二、三节，学生学习效率高，应将语文、数学、英语、物理、化学等教学时数较多的学科排入；如果全天排课，数、理、化一般安排在上午，史、地、体、音、美一般安排在下午；自习课最好排在理科后面；体育课和劳动课不要排在同一天。此外，各学科宜交错安排，以免学生课业负担过重；低年级除作文外，一般不要两节连排。以上这些排课的要求，主要是从提高学生的学习效率考虑的。

（3）有利于教师的教学。编排课程表，要注意让每个教师在各班的教学时间保持适当的间隔，以便学生有时间复习和消化，教师有时间备课和批改作业，也便于教师统一所教班级的进度；青年教师的课要尽量集中，不宜过于分散，年老体弱的教师的课要适当分散；同一课程教师的课，一般应把老教师的课排在前头，让新教师先听后讲；对于有特殊需求的老师，应在原则范围内予以照顾。

（4）有利于教学设备的充分利用。要考虑教学仪器、教具、场地和其他设备的分配和使用情况，使教师有时间准备实验，上课时不发生场地和仪器的冲突。

（5）有利于开展教研活动。要考虑给各科教研组空出一些共同的时间，以便教师集体备课和开展教学研究。

（6）有利于开展课外活动。要把学生的课外活动、团队活动、文体活动、科技活动、班会活动时间一同排进课程表，使师生心中有数，知道什么时间干什么事，参加什么活动，并搞好这些活动。

学校的课程表有三种类型：全校总课表、教师任课表、教学班课表。课程表经正式排定，就不宜随意变动，避免打乱教学秩序。

（五）资料管理

1. 工作资料管理

全校性的资料。如上级有关教学工作的文件，学校的工作计划、总结，全校性的规章制度、作息时间表等。

教师教学业务档案。包括教师的基本情况，每学期所任课程、班级和节数，教学工作计划和总结，报纸杂志上发表的文章，观摩教学的教案，教师听课记录，期中、期末考试试题和试卷分析，评教、评学记录，考勤情况统计，自制教具资料和图表，进修计划，教研成果等。教师业务档案不同于人事档案，本人可以查阅。

学校教学档案。各种教学计划、总结、经验、报表，期中、期末考试试题，学生期中、期末考试成绩统计，新生入学、成绩统计和情况分析，毕业生去向清册，全校的教学质量分析，升学考试各种数据统计，学生的班级日志、教导日志等。

统计表。如各学年（学期）学生各科成绩统计材料，升留级、升学统计材料，学生学习质量分析统计材料等。

上述四类资料属于要积累保管的材料，应及时收集，分别装订成册、登记编目，做到专人管理。

2. 图书资料管理

图书资料是学校不可缺少的教学资源，也是学校十分宝贵的物质财富，是促进学生全面发展的精神食粮，对于开阔视野、丰富知识、提高思想觉悟、增长才能起着重要作用。图书资料管理也要建立常规，中学应设专职人员负责，小学里教师或行政人员可以兼管。

图书室（馆）的主要任务是购书、保管和流通三个方面，同时要建立健全图书借阅和赔偿制度。选购图书，经费要专款专用，要征求教师的意见，事先了解图书的内容，防止不管适用与否，盲目购进的做法。书刊一经验收登记，应加盖学校藏书印章。图书的保管，主要是做好图书登记、编目、分类、上架等工作，并注意防蛀防潮。图书的流通，要从方便师生出发，建立合理的借阅制度，做好新书的介绍工作；为保护图书，要建立赔偿制度，并严格执行。

3. 实验仪器设备管理

教学仪器是教师教学的重要工具,是实现教学手段现代化、提高教学质量的重要条件。实验教学是培养学生动手能力的有效手段。因此,学校管理者要把加强实验仪器管理作为一项重要工作来抓。要根据教育行政部门的规定,配足实验员和仪器保管员。实验员应有一定的专业知识,有从事实验的兴趣,工作负责,业务熟练,懂得课程标准和教科书对实验的要求,熟练地掌握操作技术,能独立地做好应做的各种分组实验和演示实验;仪器保管员必须安心工作,听从指挥。

实验员和仪器保管员应做好如下工作:

(1) 保管好实验仪器和药品,并按照教育部颁发的《中小学教学仪器管理办法》,分类编号,分柜陈设,做到件件有标签、件件有账目、件件能使用;还要账物相符,柜册相符,条理清楚,类别分明,便于取用和复原,并在每周末进行一次小整理,每学期末进行一次大整理,保持常年性的规范陈设,注意安全。

(2) 根据教学进度和教师的通知,制订每周的分组实验和演示实验计划,合理分配和认真准备实验场地、仪器和药品。

(3) 协助教师做好预备实验、上好实验课,指导学生进行操作。

(4) 实验结束后,认真整理各项仪器设备,清点药品,按柜复原。

(5) 维修和制作仪器、教具,搞好实验室、仪器、药品、教具、标本等的整理及清洁卫生工作。

4. 多媒体设备的管理

多媒体教学是实现教学手段现代化的重要工作,随着国家对教育经费投入的不断增加,大部分中小学都购买了多媒体教学设备。多媒体教学的显著特点是它的形象性、超时空和可再现性、综合性以及广泛的适应性。比如宏观世界的太阳系星云变化、地球形成、海底世界等,微观世界的原子结构、核裂变、分子组成、细菌繁殖、细胞分裂等,瞬息变化的放电、闪光、爆炸等,漫长过程的动物发育、植物成长等,从远古到现代,从外域到本土,都可以在课堂上通过声光电向学生展现出来。这比单纯靠教师口头讲授效果要好得多,学生也更易于理解和掌握知识。

选择多媒体教学管理人员,也是学校管理者要十分重视的工作。多媒体教学管理人员要有事业心,要有比较好的文化素养和多媒体教学的一般知识;肯动脑筋,有独立的工作能力,能协助教师搞好多媒体教学。多媒体教学管理人员的主要工作职责是:

(1) 协助教师设计并制作课件。

(2) 根据教师安排,准备好机具、器材和教室。

(3) 保管好多媒体教学的各种机具和器材,并经常检查准修。

(4) 建立制度,做好机具、器材的发放和回收工作。既要统一保管器具和器材,又要方便教师,发挥其在教学中的最大作用。

第三节 教学内容管理

教学包括教与学,教与学是教育的核心,学校管理不是目的,只是手段,管理一定是为教与学服务的。教什么、学什么;怎么教、怎么学,所涉及的是课程内容与教学模式问题,以及对于课程与教学的管理问题。

一、课程与教学

1. 教学与课程的含义

教学是为了实现一定的教育目的,以课程内容为中介而进行的教与学有机统一的活动。在这个活动中,要以学生为中心,学生不仅掌握一定的知识和技能,同时,获得一定的身心发展,形成一定的思想品德。教学主要包含四个方面:一是教学的根本目的是促进学生的全面发展;二是教与学是相统一的,教是学的前提,学是教的目的;三是教学是以课程为中介的活动;四是教学的科学性和艺术性是相统一的。

课程是学校教育过程的核心,它规定了以什么样的教育内容来培养学生,关系到学生的知识结构、能力结构和个性结构。广义的课程是指学校给学生传授的知识和技能、灌输的思想和观点、培养的习惯和行为的总和,包括学校各门学科和有目的、有计划、有组织的各种活动(教学计划),以及对内容、进程和时限的安排(教学大纲和教材)。狭义的课程指一门学科。从类型上,课程又可以分为学科课程、活动课程和潜在课程。

2. 课程与教学管理

要明确课程管理的定义,就需要理清三个方面的内容:一是课程管理是多主体,既包括教育行政部门,又包括学校领导者、普通教师,甚至还有家长、学生;二是课程管理的范围深广,包括课程的运转过程,即课程编制、课程实施、课程评价与改革等;三是课程管理的直接目标是为了更好地完成课程目标、激发课程潜能,间接目标则是为了促进学生积极而全面地发展。

课程与教学管理的主要内容包括:

(1)落实教育方针。教育方针是人才培养的总目标,是课程设计、教材编制与教学活动开展的根本途径。

(2)课程设计。课程设计包括课程目标设定、课程标准与教材使用等工作。

(3)教学时间安排。教学时间的安排从宏观层面说,包括学年、学期、假期等内容的确定;在微观层面主要是指学校课表的编排,其涉及学校教学总时间的规定,各年级各学科教学时间的分配,各学科具体教学时间点的设置等。

(4)班级编制。班级编制,首先涉及教学组织形式的选择,如采用班级授课制,还是分组教学,或是复式教学。其次,还涉及具体教学组织形式之下,采用何种标准进一步编排学生,例如是设大班(组),还是小班(组),还是随机分班(组),还是依照能力分班(组)等等。

(5) 学籍编订。学籍既是动态记载学生在校状况的工具,也是学生毕业、升学、转学、休学、借读的依据。

(6) 备课与教学工作管理。这主要是对教师备课工作进行布置、组织与指导,对教学进度和教学方法进行设计检查与指导,是对教学过程的管理。

(7) 考试与成绩管理。这主要是为了了解并记载教师的教学效果和学生的学习状况,以此发现教学、课程及相关工作有待改进之处,或决定学生是否能够升级、毕业或升学。

(8) 教育教学研究管理。这主要涉及教育教学研究的内容、方式、组织等问题,其目的是提高教师对于一般教学问题和具体学科教学问题的认识能力。

二、教学内容管理体制

教学内容管理也称为课程管理,具体来说就是"在一定社会条件下有领导、有组织地协调人、物资和课程的关系,指挥课程建设与课程实施,使之达到预定目标的过程"[1]。教学内容管理是对课程的编制、实施、评价等工作的组织与控制。教学内容管理体制是指国家进行教学内容管理的机构设置、权力分配和运行制度。

教学内容管理在不同的教育行政体制之下有不同的形式。纵观世界各国,教学内容管理体制主要有以下四种类型。[2]

1. 集中管理体制

实行中央集权型课程管理体制国家的课程管理权力,集中在中央最高教育行政机关,并由其对全国课程管理的各个方面进行统一的指导和领导。其基本特点是:国家制定和颁行全国统一的课程计划(教学计划)和课程标准(教学大纲);由国家组织专家决策、统一编制或统一审定教材;举行全国性和区域性的毕业统考和升学考试,考试结果作为评价课程教学效果的指标。中央集权型课程管理体制的主要优点有:能够加强中央教育行政机关对课程规划和课程改革的领导,有全国统一的教育标准、课程计划,有利于全面提高教育质量。其主要缺点是:它过分强调统一,不能适应全国各地复杂的具体情况,易于造成课程体系的僵化。采用中央集权型课程管理体制的国家有瑞典、韩国、苏联和法国等。

2. 分散管理体制

实行分散型课程管理体制国家的课程管理权力,分散于各地方的教育行政机关,并由其对辖区内各类学校的课程管理进行分级指导和领导。其基本特点是:全国没有统一的课程计划、课程标准(教学大纲),由地方自主决定;课程开发由地方自主决策,全国没有统一的教材;没有全国性的统一考试制度,由地方自行组织考试与测验。地方分权型课程管理体制的优点主要是:能够根据不同地区的特点,发挥地区的优势,使课程设置丰富多彩,以满足不同地区的教育发展需求,有利于因地制宜地进行课程建设和改革。其主要缺点是:各地经济与文化发展不平衡,在课程计划、课程标准、教材编订等方面的水平参差不

---

[1] 李伟明.新世纪中学教学管理之路[M].广州:中山大学出版社,2003:85.
[2] 黄甫全.现代课程与教学论学程[M].北京:人民教育出版社,2006:558-562.

齐,难以保证大面积高水平的教育教学质量。采用该体制的代表国家有英国、德国、美国、加拿大等。

3. 标准统一、管理分散体制

这种体制也被称为混合型课程管理体制,是指先由某一层机构(中央、省或州)确定课程最低标准,再由地方机构或学校根据标准决定本地本校的课程设置。这种体制把国家统一性同地方分散性结合在一起,既保证了全国有统一的课程标准、课程结构,又允许地方或学校依实际情况决断,既统一又不死板;既放开课程管理,又不使课程越出大范围;既保证了教育水平,又使地方学校办出了自己的特色。日本等国家属此种模式。

4. 学校自主型

实行学校自主课程管理体制国家的课程管理权力在学校,由学校自主对课程进行管理。其基本特点是:学校根据自身实际情况和对社会需要的预测,自行制定本校的教学计划和课程方案;课程开发由学校自主决策,学校可以自由选择教科书;没有全国性和地方性的统一考试制度,由学校自行组织考试和测验。其主要优点是:能够根据不同学校的特征和发展水平设置丰富多样的课程,使课程满足不同学校和不同学生的发展需要。其主要缺点是:由于缺乏全国和地方的课程计划和课程标准的约束,各个学校的办学水平和办学层次差异较大,不利于学校之间的均衡发展。英国曾经是学校自主型课程管理体制的典型代表,但 20 世纪 70 年代以后学校的课程权力逐步受到国家和地方教育行政部门的限制。

由于对教育平等和教育质量的认识不同,当人们侧重于其中一点或想兼顾二者时,就会导致他们选择不同的课程管理模式。中央集权体制注重整齐划一,追求整体的教育质量和表面的教育平等;地方分权体制侧重于因地制宜,追求实质的教育平等,但是忽略了整体的教育质量;而混合型的课程体制正是为了弥补以上两种模式的缺陷而提出的。

这四种课程管理模式实际上都有着各自的弊端,最理想的课程管理模式是融合型课程管理体制。融合型课程管理体制是指集权与分权有机结合,合理配比,达到最佳整体优势,发挥系统功能的体制类型。融合型并不等同于混合型,二者是有区别的,即融合型是一个有机整体,是一个系统,而混合型只是二者的简单相加。但如何把分权和集权融合到一起,二者的结合度达到多少为最佳水平仍需要不断探索。即使各国课程管理模式都在向融合型靠拢,但其中的具体内容、结合方式也不应该是一致的,因为各国有各国的国情,总会有自己国家的烙印,所以,各国只能相互借鉴,不能照搬照抄。

三、课程改革对教学管理的新要求

新课程改革的深入对原来的教育与管理模式带来较大的冲击,从宏观的课程功能、结构、内容的改革,课程编排、实施、评价的改革,到微观具体的教学手段与教学模块的设置、班级管理、学分管理、学生及教师的综合素质评价等,给教学管理工作带来巨大挑战。在新课程改革的背景下,要求教学管理工作必须体现学校管理的前瞻性、整体性、全局性和发展性。

第一,学校教学管理工作应该以促进教育理念的更新为立足点。教学管理理念必须树立四种意识:服务意识、过程意识、动态意识、全面意识。① 服务意识就是真正发挥教学管理组织机构的中枢功能,做好参谋调度、监督、服务工作,承上启下,确保学校教学系统的静态优化,努力提高驾驭教学管理的能力和水平。过程意识就是要求结果管理与过程管理并重,尤其是关注教务常规管理的过程,综合考虑教师的工作态度(课程教学五个环节的落实与创新)、工作难度(学生素质、班科任教师群体的配备)、工作强度(课时工作量、任教班级数)与工作业绩(个人业务、学生学业水平)等,把这些方面有机地结合起来。动态意识就是在保证教学管理工作相对稳定的前提下,做到动态平衡,比如用发展的眼光看待师生发展过程中的成就与挫折,对师生进行科学的评价等。全面意识是指随着新课程改革下的国家课程、地方课程和校本课程三级课程管理体系的确立和学校的课程管理自主权增大,学校需要树立课程管理的全面意识,全面开发校本课程。

教师的教学应明确科学的教学质量观,要从传授学生知识转变为教会学生学会学习、学会生存、学会做人。教师必须认识学生的个体差异,纠正狭隘的功利主义思想,为提高学生的学习能力和促进学生人格成长创造宽松的环境。

第二,扩充学校课程资源,以课程资源的开发和利用作为新课程实施的助力。新课程改革背景下,学校和教师应该成为课程资源开发的重要力量,尤其是教师,是具体课程资源的开发者和利用者。首先,教师应转变角色,从传统的课程接受、课程实施、课程执行,变为课程的开发者、实践者、评价者。其次,学校和教师应对课程资源保持敏感性,充分开发、挖掘各种资源的潜力和价值,因地制宜,提高各种资源的利用率。

第三,构筑学校评价保障机制,推动教师积极参加课程改革。评价保障机制是指导教师积极参与课程改革的利益机制,它会引起教学过程的系列变革,科学的评价观涉及整个课程教学,应强调四个关注:②

其一,关注评价的主体化。新课程改革强调教学评价的主体是教师,以教师自主评价为主,把教师高尚的情感、积极的态度充分地调动起来,充分发挥作为学校主人翁的作用。

其二,关注评价的多元化。新课程改革背景下,评价标准应该是多元的,学校应积极探索、努力形成以教师自评为主,学校定性、定量评价,学生、社会、家长评价为辅的多元化评价体系。

其三,关注评价的全程化。新课程改革背景下,强调关注学生成长的差异性,作为评价教师,更应关注教师评价的全程化,反对单一的、短期的、部分的、简单的短视化评价,应将教师成长过程作为评价过程,教学成绩是教师评价的重要一环,但不是教师评价的全部。

其四,关注评价的发展性。学校应充分发挥评价的激励功能,减少评价的负面影响,减少评价对教师工作积极性的挫伤。明确评价的目的不仅仅是评优、评职称,还为了促进教师的全面发展。

---

① 王嘉德. 现代教学管理实务[M]. 北京:科学出版社,2007:28.
② 王嘉德. 现代教学管理实务[M]. 北京:科学出版社,2007:26.

第四节　教学过程管理

　　教学是一个过程，有一定的程序，它依赖教育和教学的客观规律，依据规定的培养目标和制定的教育计划，通过科学而周密的组织来实现。教学过程包括备课、上课、布置和批改作业、课外辅导、检查和考核学生的成绩等。教学过程或环节管理也包括备课管理、课堂教学管理、作业布置与批改管理、课外辅导管理和学业成绩评价管理等方面。

一、备课管理

　　备课是上好课的前提。它是教师根据教学大纲的要求和本门学科的特点，结合学生的具体情况，选择最合适的表达方法和顺序，以保证学生有效地学习。对教师来说，备好课是加强教学的预见性和计划性，充分发挥教师主导作用的重要保证。

　　学校管理人员不但要向教师提出明确的备课要求，进行必要的指导和帮助，而且要给教师以时间保证，要提供和创造必要的条件，要进行必要的检查和督促，增强教师备课的责任感，调动备课的积极性，切实把备课的管理工作搞好。

　　不仅要加强对教师个人备课的管理，还必须抓好教研组和年级备课组集体备课的管理。抓教师个人备课的管理，一般是采取向全体教师提出备课的一般要求与个别指导相结合的方法；抓教研组和年级备课组的集体备课的管理，主要是通过参加他们的集体备课会议的方式进行。

　　对教师备课的要求，主要有以下几点：

　　1. 深入钻研教学大纲和教材

　　管理者要引导教师学懂、弄通、做实，明确所教学科的教学目的、知识体系以及教学方法方面的要求，在了解教材编写意图和知识结构的基础上分析教学重点、难点和关键环节，同时还要求教师广泛阅读与教学内容密切相关的参考用书，以充实教学内容。最终达到全面掌握教材内容体系，对教材融会贯通，进而转化为有效课堂教学的目的。

　　2. 全面了解和分析研究学情

　　教师要通过谈话、家访、与班主任沟通等多种方式了解所教班级学生的学习态度和兴趣、学习动机、知识基础、智力水平、学习能力、学习方法、学习习惯和健康状况等。备课时只有全面照顾，区别对待，才能使学生各有所得，充分调动学生学习的主动性，才能有步骤地引导学生达到课程标准和教科书的要求。

　　3. 精心设计教学程序和方法

　　教师备课时要力求做到使教学的程序层次分明，结构严谨，选用的方法符合教材的特点和学生的年龄特征，有利于学生掌握知识、发展智力和培养能力。在考虑教学方法时，所设计的谈话、提问和讲解等方式，都力求富于启发性，启迪学生去探索和思考问题，使教师和学生的主导作用和主体作用都得到充分发挥。常见的教学方法有讲授法、谈话法、实验法、演示法、读书指导法、参观法等，在一节课上不是采用的方法越多越好，而是要看教

学方法与所教内容的匹配程度。

4. 不断创新教案设计和模式

教案是对教学内容的整体规划。在研究教材、分析学生、选择教法的基础上，通过教案的写作，具体规划教学过程、明确教学内容主题、阐述教学目的和任务、分析教材及其教学重点难点、选择教学方法和教具、规划教学流程步骤、巩固教学内容和布置作业等环节，呈现板书设计。为了促进教师之间的知识和经验共享，很多学校都建立了集体备课制度，通过教研组组织教师集体备课，形成教学团队，整体提高教学水平。

备课是一项复杂而又艰巨的脑力劳动，教师需要花费比较多的时间。学校管理者应保证教师有足够的备课时间，并为他们的备课创造必要的条件。通过备课管理，可以提高教师教学的目的性和针对性，进而为提高教学效率、提高学生学习成效奠定基础。

二、课堂教学管理

课堂是学校立德树人的主阵地，素质教育的主渠道，人才培养的主战场。办好每一个学校，上好每一节课，教好每一个学生，是每位校长、教师肩负的时代使命。课堂教学管理主要包括两个方面：听课、评课。

1. 听课

听课是校长、教学主管副校长、教导主任、教研组长等人的一项重要工作。听课是学校领导了解本校教学质量、了解教师教学水平、分析学生学习情况和进度最直接、最有效的方法，也是帮助教师改进教学、提高专业化水平的有效途径。依照目的的不同，可以把听课分为了解性听课、指导性听课、研究性听课和总结性听课四种类型。

了解性听课是校领导为了全面把握学校的教学情况所进行的听课，通常范围会比较广泛，涉及语文、数学、英语、体育、音乐、美术等各个学科。指导性听课主要是聘请校内外的教学专家通过听课对教师进行具体的业务指导。研究性听课是为了解决某一方面的教学问题如学生学习兴趣低、班级教学成绩起伏过大等而进行的听课。总结性听课则主要是为了总结学校开展的教学实验、教师之间交流上课经验而进行的听课。

在组织听课之前，校领导和教务管理人员要仔细研究听课的目的，以确定听课的类型；同时，听课人员还需要对教学内容、教学目标、教师基本情况、学生情况等进行较为深入的了解，有的放矢地分析课程内容和评课。

2. 评课

在听课的基础上，要对所听内容进行评价，这就是评课。评课的目的不仅仅是考核评价教师的水平，更应以提高教师的教学能力为基本出发点。评课是指对课堂教学成败得失及其原因做中肯的分析和评估，并且能够从教育理论的高度对课堂上的教育行为做出正确的解释。具体地说，评课是指评者对照课堂教学目标，对教师和学生在课堂教学中的活动以及由此所引起的变化进行价值的判断。评课是教学、教研工作过程中一项经常开展的活动。评课的类型很多，有同事之间互相学习、共同研讨的评课；有学校领导诊断、检查的评课；有上级专家鉴定或评判的评课；等等。评课要坚持以下基本标准：

（1）分析教学目标是否符合教育方针和教学大纲的要求，教学是否实现了提高学生道德水平、使学生掌握知识及发展能力的目的。

（2）教学过程与结构的科学性和严谨性，包括上课时的检查复习、导入新课、引入新知识、课堂练习、课堂提问、教学内容总结、布置课外作业等环节，分析教学环节是否紧凑、教学内容的呈现是否合理、是否遵循了学生的注意规律、是否激发了学生的主动性等等。

（3）教学思想是否体现了新课程标准的要求，主要分析和考察教学过程是否面向全体学生实施素质教育，是否整体设计目标并体现灵活开放，是否突出学生主体并尊重个体差异，是否拓展学用渠道，促进学生发展等。

（4）教学态度，主要看教师的仪表仪容是否大方、端庄，教学感情是否丰富、真挚。

（5）教学语言，主要观察教师的课堂教学用语是否规范、准确、优美。

（6）板书和幻灯片呈现的清晰和美观程度，主要看教学板书的科学性、精练性、逻辑性和连续性，分析是否有利于学生理解教学内容。

实践证明，在学校教学管理中，通过科学评课，有利于促进教师转变教育思想，更新教育观念，确立课改新理念；有利于帮助和指导教师不断总结教学经验，形成教学风格；有利于信息及时反馈、评价与调控，调动教师教育教学的积极性和主动性。总之，通过科学的听课和评课，可以有效提高教师的业务水平，进而提高学校的教学质量。

三、作业布置与批改管理

学生作业的布置与批改是教学工作的有机组成部分，它对于学生理解教材、巩固知识、训练思维、增进智力、培养技能技巧，都有重大的作用。还可以帮助教师检查教学效果，了解学生学习的质量。学校管理者应当把教师对作业的布置与批改，当作教学管理中的一项重要工作来抓。

作业包括课堂作业和课外作业两种形式，前者要求学生当堂完成，后者可让学生放学后在家完成。从完成方式来看，作业包括口头作业和书面作业，前者是指包括朗读和背诵形式的作业，后者是指包括抄写、默写、习题、课外调查研究报告等方式的作业。作业的布置与批改，是教学过程中必不可少的环节，也是巩固教学内容、教师了解学生学习效果的重要手段。作业布置与批改管理主要包括如下内容：

1. 提高作业的有效性和针对性

教师要精选例题和作业，控制作业量。增强作业设计的目的性与针对性，关注作业设计的精度、坡度和自由度，做到针对教学内容并适当拓展，让学生通过练习获得最大可能的知识效果和一定能力的提高。让作业真正成为补充和优化教学的重要手段。

2. 创新布置作业形式

在当前课程改革的背景下，布置作业不仅仅是让学生做习题，还可以采取准备演讲、开展调查研究、手工制作等多种形式，通过作业提高学生的综合能力。

3. 及时批改、反馈作业

作业的批改必须讲求时效性，学生完成并提交作业之后，教师要在第一时间完成批改，及时把批改情况反馈给学生。批改完成后，教师要对学生作业的整体情况进行分析，找出作业中的共性问题，并向学生集体讲解；对于作业中出现的个性问题，要采取面对面的方式帮助学生分析问题,促进学生了解和掌握所学知识。批改的方式多种多样:全面批改、重点批改、轮流批改、当面批改、师生共同讨论批改、指导学生相互批改等。各种方式都应从实效出发。

四、课外辅导管理

课外辅导主要是对学生进行个别指导,其主要任务是答疑解惑,启发思维指导方法。重点对象是基础差和智力发展特别好的学生。学校管理者在课外辅导管理中,应注意抓好以下工作:

第一,指导教师制订切实可行的辅导计划,定人、定时、定内容。

第二,指导教师改进课外辅导方法,做到课外辅导形式多样。教师要从学生的实际出发,按照不同学生的不同特点,采用灵活多样的方式方法。对学习差的学生的辅导,教师除自己辅导外,还可请学习好的学生协助。

第三,指导教师注意保护学生学习的积极性。对基础差的学生要耐心细致,不厌其烦,鼓励进步。

第四,严禁用课外辅导代替课堂教学。辅导只宜个别进行,不可采用集体讲课的办法。有的教师利用课外辅导时间,给全班学生讲课,实际上是加班加点,增加学生的负担。

五、学业成绩评价管理

学业成绩评价是指通过一定的途径、方法来判断学生的学习是否达到或在何种程度上达到了教学目标的要求。教学目标是对学生进行学业成绩评价的基本依据。教学目标包括思想品德、学科知识和实践能力等方面的要求,是对学生学业成绩进行评价的基本标准。学业成绩评价要贯彻素质教育和课程改革的要求。学业成绩评价的方式主要包括两种基本类型:一是考查,二是考试。

1. 考查

考查是指对学生的学习情况和成绩进行的一种经常性的小规模或个别的检查与评定,也就是在平时的课堂教学、课外作业以及课外小组活动中对学生的学业成绩所进行的过程性评价,具有经常性和及时性的特点。考查的目的在于及时了解学生学习的情况,获得教学反馈信息以改进教学。考查的方式主要有口头提问、检查书面作业、书面测验等形式。考查的结果由各学科教师记入学生成绩档案袋,体现教学评价的发展性。

2. 考试

考试是指对学生学业成绩进行的阶段性或总结性的检查与评定,一般由教育行政部门或者学校统一命题、统一批阅试卷和评分,目的在于对学生的学习质量进行全面的检查与评价。依据时间安排的不同,可以将考试分为期中考试、期末考试、学年考试、毕业考试和升学考试(如高考、研究生入学考试)等类型。

依照考试的内容与形式,可以将考试分为闭卷考试、开卷考试、口试、实际操作考试等类型。在教学管理中,正规考试通常采用闭卷考试的形式,目的是检查学生学习和教师教学的总体质量,也有利于在单位时间内通过统一命题和评改选拔人才。同时,为了避免闭卷考试的死记硬背，通常还会采用开卷考试、口试和实际操作考试的形式，通过多种方式，全面检测学生的学业水平。在教学管理实际中，要根据考试的目的和功能采用不同的考试形式，做好试卷的密封、试卷批阅的客观性以及成绩评定的准确性等方面的工作。

学生成绩的检查与评定是学校管理中的重要工作之一，也是检查教学效果，进一步改进教学工作的重要措施，它能起督促学生努力学习的作用。学校管理者在学生成绩检查与评定的管理中，应注意下列几点：

第一，学生学业成绩检查的范围应当严格按照教学大纲和教材的规定进行，考试不出偏题、怪题，不搞突然袭击。

第二，有利于培养学生分析和解决问题的能力。试题要有利于发展学生的智力，鼓励学生的创新，反对死记硬背和只重知识、轻视能力的做法，更不允许引导学生猜题，弄虚作假。

第三，减轻学生负担，控制考试次数。小学除语文、数学外，其他课程不得组织考试。小学生学业成绩评定可实行等级制，取消百分制。不得对考试成绩排名次或张榜公布，不得以升学率作为评价教师工作的标准。

第五节　教学质量管理

教学质量指通过教学，提高学生对于学科教学内容的掌握程度、应用知识解决实际问题的能力水平以及思想道德素养的提升程度。教学质量是一个过程性概念，即在每一个教学阶段，学生都能达到一定的知识和能力的水平。所以，对教学质量的管理必须考虑到教学的过程性。

一、教学质量目标及标准

教学质量目标就是学校在教学管理中最终追求的可测量的学生知识与能力水平，以及教师、学生、家长等相关群体对教学的满意度水平。学校教学质量目标按时间可分为中长期质量目标、年度质量目标和学期质量目标；按层次可分为学校质量目标、各年级质量目标以及班组和个人的质量目标。

学校教学质量目标的落实离不开具体的教学质量标准。学校教学质量标准主要包括教学效果质量标准、教学过程质量标准和教学时间质量标准三个方面。

1. 教学效果质量标准

这是学校教学过程的产出标准，主要看学生掌握学科教学内容的知识水平，学生所具备的运用理论知识的实践能力水平以及学生在思想道德素养方面的提升程度。一般来说，在每个学期、每个学年后及毕业和升学时，教育行政部门和学校都会组织考试，对学校进行督导和评估来分析和判断学校的教学质量效果。因此，考试命题、督导与评估指标的确定对于评价学校教学质量效果的科学性至关重要。新时代，面对中小学核心素养，考试和督导工作不仅要考查学生对知识的掌握情况，更要从学生的能力水平和思想道德修养的提升等方面全面考查学校的教学质量效果。

2. 教学过程质量标准

没有严格的教学过程质量作为保证,是不可能有良好的教学效果的。在学校内部管理过程中,校长、学校教学主管副校长、教导主任、年级组长等人面临的一项最为重要的工作就是制定一系列的规章制度来规范教师的备课、课堂教学、作业批改、考查、考试等教学环节,确保在上课之前教师能够充分熟悉教材、组织教学内容和了解学生,通过科学、合理地设计教学方法来提高课堂教学效果,提高布置作业的质量并减轻学生学业负担,以科学命题动态衡量学生的学习成效。

3. 教学时间质量标准

学校整体教学进度必须以国家课程计划、学校培养目标为基本标准,各学科教学的进度也要符合课程标准、教学大纲所规定的基本要求,科学分配教师讲授时间、学生自修时间、完成作业时间、考试与试卷批阅时间、课外活动时间和其他作息时间。各种时间的分配要符合教育规律、教学原则、学科特点以及学生的身心发展阶段的特点。同时,学校教学质量的提升和改进也需要制定出具体的时间进度,以某一个时间为节点,到节点后即分析教学质量改进所取得的成效和问题。这样,能够很好地把握学校常规教学和教学改革的时间节奏,使每个教师、学生都对自己所承担的教与学的任务有一个清晰的时间认知,这对于保证和提高教学质量都具有重要的价值。

二、教学质量管理模式

根据质量方针、质量目标、质量标准及其实施策略的不同,质量管理有多种模式。对于学校教学质量管理来说,常见的质量管理模式有目标管理、质量控制、走动式管理等。在实际的教学管理中,要根据学校发展的基本状况、学校教学所亟待解决的问题、学校发展战略和办学理念等方面,来选择适合学校特色的教学质量管理模式。

(一) 教学目标管理

实施目标管理,可以为学校教学工作确定一个总体方向,使学校形成一个较科学的教学质量目标系统和实施流程。

1. 教学目标管理的特征

在 20 世纪六七十年代,目标管理的概念被引入学校教育领域。学校教学目标管理就是以学校教学所设定的最终成果为标准,通过目标责任制的方法对学校的教学工作的量和质进行科学的考核和有效的监督,以激发学校领导者和广大师生的工作积极性,最终提高教学质量。教学目标管理的核心是设定教学目标,重点开展九项工作:论证决策、目标分解、定责授权、咨询指导、检查控制、调节平衡、考评结果、实施奖惩、总结经验。相比于传统管理,学校教学目标管理有以下几方面的特点:

(1) 重视教学质量管理过程中人的因素。教学目标管理是一种参与的、民主的、自我控制的管理制度,也是一种把个人需求与组织目标结合起来的管理制度。在这一制度下,上级与下级的关系是平等、尊重、依赖、支持,下级在承诺目标和被授权之后是自觉、自主和自治的。

(2) 重视建立目标体系和责任制。从层次上看,教学目标主要包括四级:第一层次是国家的培养目标,即培养全面发展的、符合社会发展需要的人才;第二层次是各级各类学校的培养目标;第三层次是各个学科、学段、学年、学期的培养目标;第四层次是单元、课题、课时的教学目标。教学目标管理是指通过设计将学校整体目标逐级分解,转换为各班级、各学科、各个教师的分目标。在整体目标分解过程中,要明确教学过程的权、责、利,各个分目标之间方向一致,环环相扣,相互配合,形成协调统一的目标体系。只有每个教师都完成了自己的分目标,整个学校的总目标才可能完成。

(3)重视教学成效。教学目标管理以制定目标为起点,以教学目标的完成情况为评价的终结,根据每个教职员工完成任务的情况进行考核与奖惩。学校教学的整体目标以及各个教职员工的分目标一旦设定,至于完成任务的具体方法、途径等,学校领导者不过多干预,主要由分目标承担者依据自己设定的标准主动完成工作目标。

2. 教学目标管理的实施

(1)建立学校目标系统。学校目标管理的实质在于学校所有的部门及所属成员致力于实现总体目标,在实现总体目标的过程中同时实现各个部门目标和个人目标。在教学管理中,要明确教师的教学职能,以贯彻实施国家课程计划、教学大纲为基础,吸纳教师参与到目标制定的过程中,设定备课、课堂教学、作业布置与批改、课后辅导、考试评价等教学过程各个环节的具体目标,并制定出相应的工作规范和工作质量评价方法,使教学工作得以制度化、规范化和标准化。

(2)加强监督反馈,不断完善管理机制和管理方法。目标管理的一个基本原则是以所设定的目标为参照,适时监督和反馈教学任务的完成情况,实施动态教学管理。因此,学校管理者要建立高效、公正的管理机构,对教师完成任务的进度和质量进行公正的考核。同时要建立立体交叉、多维的信息网络,随时关注学校目标管理活动的运行状态是否与确立的目标体系相符。

(3)实施人本管理,实现理性与非理性管理的融合。目标管理非常重视教学过程中人的因素,既注重设定科学、客观的教学目标,同时也非常重视在目标实施过程中的人本管理,调动教师依照目标进行自我管理的主动性和积极性。心理学研究证明,人要在心理上维持认知的平衡,需要解释自己行为的合理性。在实施目标量化评估的过程中,学校管理者要做好细致的思想工作,积极引导教师的内在需求,让教师产生"我要这样做"的愿望,不要让教师变成量化分数的奴隶。在实施刚性管理的同时,努力探索情感优化的有效途径,积极探索一种刚柔相济、以人为本的管理模式。

(4)实施发展性评价。学校在实施教学目标管理的过程中,不应只看行动的结果,更应看重行动的过程,强调实行发展性评价对教师和学生成长的价值。鼓励教师进一步发展完善自己,同时,针对不同的教师应有不同的评价标准,一个特级教师、教学能手、学科带头人绝不能和一个新毕业生使用同一个评价标准,只有这样才能形成不同层次的教师自信、自律、自强的良性循环。学校还要采用工作过程中的日考查、周积累、学期统计的方式,动态跟踪教学过程,并运用所收集的动态数据资料来调控教学过程。对于学生的学习来讲,目标管理十分强调教学过程要面向全体学生,通过教学来促进所有学生的发展,对于教与学的考核评价不仅要看学生学习的总体情况,更要具体分析哪些学生在哪些方面取得了进步,即针对每个学生实行增值性评价。因此,教师要从学校教学的整体目标出发,遵循因材施教的原则,通过分层教学,使得不同学习水平的学生都能在知识、能力、品德等各方面都得到发展。

(二) 全面教学质量控制

20世纪60年代至今,人们对质量及质量管理提出了新的要求。主要代表人物是威廉·爱德华兹·戴明(W. Edwards Deming,1900—1993),被誉为"统计质量控制之父",他最早提出了PDCA循环的概念,所以又称其为"戴明环"。全面质量管理的思想基础和方法依据就是PDCA循环。PDCA循环的含义是将质量管理分为四个阶段,即计划(Plan)、执行(Do)、检查(Check)、处理(Act)。在质量管理活动中,要求把各项工作按照做出计划、计划实施、检查实施效果,然后将成功的纳入标准,不成功的留待下一循环去解决的步骤完成。PDCA循环是能使任何一项活动有效进行的一种合乎逻辑的工作程序,特别是在质量管理中得到了广泛应用。

1. 全面质量管理的意义

P、D、C、A四个英文字母所代表的意义如下:

P(Plan)——计划:包括方针和目标的确定以及活动计划的制订;D(Do)——执行:就是具体运作,实现计划中的内容;C(Check)——检查:就是要总结执行计划的结果,分清哪些对了,哪些错了,明确效果,找出问题;A(Action)——行动(或处理):对总结检查的结果进行处理,成功的经验加以肯定,并予以标准化,或制订作业指导书,便于以后工作时遵循;对于失败的教训也要总结,以免重现。同时,现代管理给P、D、C、A赋予了新的诠释:即P(Planning)——计划职能,包括三小部分,即目标(Goal)、实施计划(Plan)、收支预算(Budget);D(Design)——设计方案和布局;C——4C管理:检查(Check)、沟通(Communicate)、清理(Clean)、控制(Control);A——执行,对总结检查的结果进行处理(Act),按照目标要求行事,如改善、提高(Aim)。

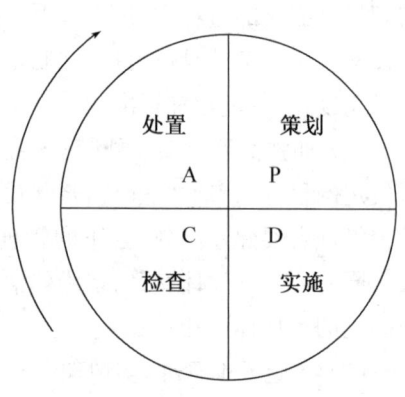

图4-1 PDCA循环

2017年9月,中共中央办公厅、国务院办公厅印发《关于深化教育体制机制改革的意见》,再一次强调各级各类学校要实现全员育人、全过程育人、全方位育人,努力开创我国教育事业发展新局面。学校的教师素质整体情况、学校教学的过程管理水平以及教学与学校其他内外环境的处理等方面直接影响和决定着学校的教学质量。因此,实施学校教学质量管理必须控制每个环节,必须实施学校全员管理、教学全程管理和学校工作全局管理。

2. 全面质量管理的内涵

(1) 学校全员管理。学校管理的要素包括人力、物力、财力、时间、空间、信息等方面,其中,人的因素是最为重要的,离开了教师素质的提高和教师提高学科教学质量的积极性和创造性,学校教学质量不可能得到提升。所以,实施教学质量管理,要求学校围绕教学这个中心环节合理配置学校人员和教师力量,围绕教学目标协同活动。在"教"与"学"的过程中充分发挥教师的主导作用和学生的主体作用,尊重教师的教学专业自主权,激发教师工作的积极性和创造性,同时为教学过程提供充足的物质资源和经费保障。

(2) 教学全程管理。学校教学的整体质量是由各个教学环节的质量决定的。教师的备课情况、上课情况、作业布置与评改情况、考试考核情况等都可能影响到学校的教学质量。因此,要提高学校教学质量,就必须建立一套完善的激励机制和监控制度,根据教师的能力与专长、所教学科的特点以及生源质量等方面的因素,有针对性地提高各个教师在教学过程各环节的工作积极性和工作质量,实现教学过程的最优化。

(3) 学校工作全局管理。学校工作的全局管理包括在学校内部管理中要处理好教学工作与德育工作、后勤工作、课外教育工作、班主任工作等各方面的关系,在以教学为中心的前提下,妥善安排好其他各项工作,建立教学工作协调机制,避免工作中的冲突和摩擦,减少教学管理中的内耗等。同时,学校还要综合分析社区背景、家长状况以及地方教育行政管理状况等因素,争取社区、家长和行政的理解和支持,为提高学校的教学质量提供良好的外部环境保证。

3. 全面质量管理在教育管理实践中的应用

1988年,全面质量管理开始引入一个中学的管理实践,这是全面质量管理应用于教育管理的一个开端。此后,全面质量管理在教育管理研究和实践中的影响日益增强。研究者指出,全面质量管理在教育中得到广泛应用的原因是:技术快速提高的工业系统对社会成员提出更高的学术和能力要求;政府推进教育事业的过程中对教育质量和科研质量的关注;校际的竞争日益激烈;学校通过提高教育质量以争取获得日益紧张的教育资金。①

然而,教育组织毕竟与工业组织不同,全面质量管理应用在教育管理当中也进行了调整,其中最重要的是在全面质量管理体系框架中加入了复杂的和相互关联的、特有的教育要素和教育价值观。在学校中的全面质量管理更加注重质量本身的多元性内涵,包括组织成员的协同合作,组织内部对信息响应的敏感度、开放度和深刻度,教师教学和学生自学的可获得资源,教学、教学评估以及学校可提供的课程评估等。

(三) 走动式教学管理

走动式管理是当今世界上流行的一种新型管理方式,近来逐渐应用到学校教育领域,丰富了学校教育教学管理的途径和手段。

1. 走动式管理定义

走动式管理(MBWA, management by wandering around)的概念起源于美国管理学者彼得思(T. J. Peters)与瓦特门(R. H. Waterman)在1982年出版的《追求卓越》(*In Search of Excellence*)一书。走动式管理主要是指管理者不应再局限于办公室,而应该身先士卒,深入基层,到处走动,以获得更丰富、更直接的员工工作问题并及时了解解决所

---

① Pour, H. M, Yeshodhara, K. Total quality management in education-perception of secondary school teachers. www. ejoural. aiaer. net/... /8.%20Pour%20&%Yeshodhara. pdf.

属员工工作困境的策略,最终提高组织的工作绩效。

对于学校管理者来说,走动式教学管理是通过自己直接与一线教学的接触和了解,收集最直接的学校教学信息,以弥补学校正式组织渠道的不足。学校教学管理系统本质上是一个层级的结构,因此,上情下达与下情上传都要经过一系列的组织环节,而每经过一个环节信息都可能会衰减。走动式教学管理利于弥补正式组织中信息传递的衰减、过滤和扭曲的问题;利于学校管理者在第一时间发现学校教学中存在的问题,通过及时沟通尽早发现并解决问题,改进教学质量。

2. 走动式教学管理原则

(1) 直接接触原则。这一原则要求学校管理者直接与教师、学生接触,不仅要出现在办公室,还要在教室、食堂、宿舍、操场等处出现。走动式教学管理实际上是一种"看得见的"教学管理方式,学校管理者与教师、学生面对面接触、交谈,及时了解一线教学的动态情况,对于教学工作进行现场管理。走动时随身带个笔记本,记录观察到的现象,发现存在的问题,避免因事杂遗忘而酿成严重后果。

(2) 倾听原则。在走动式教学管理中,学校管理者和教师、学生之间是一种建立在相互尊重基础上的平等关系。学校管理者不是凌驾于师生之上的视察和考核,而是要以一个服务者的身份倾听意见和建议。要赢得教师、学生的信赖,这就需要学校管理者做一个耐心的倾听者,而不是做一个口若悬河的人。在与师生沟通和交往的过程中,学校管理者要体现出热情的关怀和和蔼可亲的态度,消除教师与学生的戒备心理,这样才能获得第一手的真实信息。

(3) 不定期原则。学校管理者进行"走动"要有一个大致的周期,但又不固定时间,一有时间就下去走走,观察课堂教学、体育活动、实验教学、社会实践活动等的开展情况。走动式教学管理不是一种应付检查式的工作模式,而是在教师常态教学的情况下,学校管理者走进课堂听课,课后与教师一起分析上课情况、收获和存在的问题,更为深入地了解常态教学的状况。

3. 走动式教学管理策略

实施走动式管理,必须坚持"走走,看看,听听,问问",坚持做到注重倾听、注重指导、注重协助,遵循多巡视、少干预的原则。

(1) 倾听策略。成功的学校管理者应该把倾听作为走动式教学管理的第一要务,因为倾听能让老师觉得自己很重要。通过倾听,学校管理者可以从教师、学生那里得到学校教学的第一手准确信息。

(2) 指导策略。走动式教学管理要求学校管理者从一个居高临下的领导者变成一个教学工作的指导者和好朋友。在走动式的巡视中,学校管理者发现一些教学问题是必然的,关键是如何处理所遇到的这些问题。如果不分事件性质和起因,一味责怪、批评,甚至训斥教师,只会引起教师的反感。假如学校管理者能换位思考,平心静气地帮助教师查原因、找症结,并给予必要的指导,教师在今后的工作中必定会将功补过,有所作为。因此,走动式教学管理是通过有意识的指导和引领的方式来进行,而不是以粗暴的命令、评价来干涉,甚至是通过剥夺教师的教学自主权的方式来解决问题。

(3)协助策略。在走动式教学管理中,学校管理者要遵循以人为本的原则,为教师提供服务。走动式教学管理不是校长越俎代庖代替教师来做决定,而是通过平等沟通,提高教师解决所遇到问题的自信心和能力。在走动式教学管理中,学校管理者是教师的参谋,走动式管理不是缩小了教师工作的自主权,而是在充分信任和发挥教师自主权的前提下协助教师解决问题。因此,走动式管理不是一种礼节性的拜访或者恩赐式的关怀,其本质在于通过获得真实信息,共同分析和解决问题,提高学校教学管理的效能。

三、教学质量的衡量标准

1995年,美国教育研究和改进办公室针对美国从1983年开始的学校变革效果,对大约1500所学校进行评估,发表了《成功的学校重构》报告。研究者指出,对这些学校和改革过程的评估围绕"到底哪些改革最有利于学生发展"来进行考评。结果发现,截至报告发表,得出的结论是:所有的改革都有帮助学生学习的可能,但是所有的改革都没有在学校教育实践中起到切实的积极作用。学校的教育质量并不取决于具体的教学技术、教育方法或者某种特殊的组织形式,从根本上讲,决定学校教育质量的是学校中能够自由运用教育教学活动的人力资源和社会资源,特别是教育者的实施教育的意愿和能力,同时也依赖于学生学习的努力程度。高质量的学习依赖于教师、学生、学校组织内外环境及成员的协同合作。由于教育的滞后性,教学效果很难精确衡量,但是学校管理者不能因为其难以衡量就放弃检验。大量的事实和工作经验表明,教学质量的衡量可以从以下三个方面去衡量:

一是师生关系。师生关系就是指在教育过程中形成的教师与学生的人际关系,是人与人之间的关系,建立良好的师生关系是教师的基本教育能力。高效能的教育需要建立一种民主、平等、和谐的新型师生关系。管理者都很明白,富有成效的教师并非仅仅以可测量的结果(考试、分数、排名等)来衡量,还应包括价值观、经验、洞见、想象力、欣赏等因素在教学过程中的植入,但是,这些内容不容易被观察或者测量。而大量的教学管理实践证明,亲其师而信其道,师生关系决定着教育的整体效能。良好的师生关系特别重视方向引领、品格塑造和责任担当。

二是学生的学分。学生在德智体美劳等方面必须获得规定的学分,而学生的分数则是衡量学科教师和年级组教学质量的重要组成部分。之所以把学生的学分获得情况作为教师工作业绩的一部分,旨在引导每一位教师关注有效课堂教学并重视学生的全面发展。有效的教师教学特征有:精通学科知识;通过积极强化鼓励学生提高成绩;运用多种多样的策略和材料满足所有学生的需要;保持课堂有组织有纪律;激发学生积极参与课堂活动;尽量加大学生自主学习时间;对学生的表现有高期望;密切注视学生的学习进度并及时提供反馈。①

三是教学成绩。不难否认,分数对学生发展的当前利益影响最大,属高利害。管理者

---

① [美]伦恩伯格,奥斯坦.教育管理学——理论与实践[M].孙志军,等译.北京:中国工业出版社,2003:378.

不得唯分数,但不能不重视分数,也要帮助教师树立科学的教育质量观、人才观,转变"为应试而教"和依靠增加教学时间投入来提高学业成绩的低效方法,把更多的精力和时间投入到钻研教材教法、研究学生学法,以保证在课堂上用更少的时间换取更高的教学效益,同时也保证学生有更多的时间和空间。为了避免教师的急功近利、斤斤计较,衡量教学成绩时,管理者可以考虑拉长一点时间,把成绩的取得放在一个合理的周期内,让教学成绩的获得更符合教育规律。良好的教育重在过程,成绩是水到渠成的自然结果。

用这三个方面衡量教学质量,学校就不会偏离育人的根本任务,不可能偏离教育教学一线的价值观,教学效益也能够满足学生发展的需要。

第六节 教学评价

教学评价是指依据教育方针和学校培养目标,在系统、科学和全面地收集、整理、分析教学内容、教学过程和教学成效等方面数据的基础上,通过数量测量和质量描述的方法,判断教学过程是否达到了预定的目标,进而评价学校教学工作的整体质量。教学评价是教学管理的一项重要工作,也是教学视导的基本环节。教学评价是政府视导或督导机构,或是学校自我评价教学工作、监控教学过程,保证和提高学校教学工作质量的有效手段。这里重点介绍教学评价的功能、类型,教学评价指标体系、教学评价的过程、教学评价心理调控等几个方面。

一、教学评价的功能

教学评价在评价学校教学质量、考核教师业务工作、提供建议促进教师专业发展等方面都发挥着重要的功能。

1. 教学导向功能

评价是教学的"指挥棒"。教学评价所设定的目标、指标、标准对被评价者来说,起着引导的作用,引导被评价者朝着设定的目标和评价标准而努力。教学评价的结果,实际上是树立了什么样的学生是好学生、什么样的教师是好教师、什么样的学校是好学校的标准,必然对教学及其管理工作产生导向作用。因此,在教学评价中,评价者要科学、严谨地制定评价目标、指标和标准,体现教学评价的科学性、全面性和发展性,引导教学工作确立正确的方向。

2. 教学诊断功能

教学评价通过收集学校教学工作各方面的数据,可以全面地了解教学工作情况,并运用科学的分析方法判断学校教学的质量、成效和不足;教学评价不仅能够评价学校教学目标的达成度,还可以解释未达成教学目标的原因,是对学校教学工作所进行的一次全面的、严谨的诊断。通过评价,一方面判定了学校工作的好坏优劣,更重要的是通过揭示缺点和问题,为今后的改进指明方向。

3. 教学激励功能

教学评价对教师和学生都具有监督和强化作用,科学、公正的教学评价对师生都是一种激励。好的评价结果可以使他们看到付出的努力有回报,激发他们向更高目标努力的斗志;不好的评价结果,如果处理得当,也可以让师生深入反思问题之所在,找出正确的方向和方法,让他们继续努力改进教与学。教学评价既给学校、教师、学生带来了压力,也给他们带来了动力和活力,激励先进,鞭策后进。

4. 教学管理功能

评价是学校教师管理和教务管理的重要环节。教学评价中对教师的表现做出鉴定,可以使学校了解教师的工作情况,作为教师考核、晋升的依据,防止教学中的"大锅饭"。同时,教学评价中对学生学习等各方面进行考查和鉴定,也可以作为学生编班、分组、升学的依据。

5. 教学调节功能

教学评价发出的信息可以使师生随时了解和知晓自己的教和学的情况,教师和学生可以根据评价反馈信息及时修订计划,调整教与学的行为,从而提高教与学的目的性,更为有效地达到目标。

6. 教学促进功能

评价贯穿于教学的全过程。教学评价的主要方法包括测验、观察、提问、作业检查、听课和评课等,而这些方面都与教学密不可分,在一定程度上可以认为,评价本身也是一种教学活动。在这个活动中,学生的知识、技能将获得提升,智力和品德也得以发展。因此,可以认为,评价是促进学生发展的重要手段,发挥着促进教学成效的功能。

二、教学评价的类型

根据评价目的、内容和标准,可以将教学评价分为不同的类型。在具体的教学评价实践中,应结合评价目的综合运用下述评价方法。

1. 评价基准的角度

按照评价基准的角度可将教学评价分为:相对评价、绝对评价和个体内差异评价三种类型。

(1)相对评价。相对评价是以样本总体中的平均状况为基准,将对评价对象的测量结果与基准相比较,确定被评价对象在整体中所处的相对位置。在这里,评价对象既包括学生,也包括教师和学校。每一个评价对象都会在总体中处于某个特定的位置。这种评价方式有利于在评价对象之间进行横向比较,能够有效地甄别优劣,可以激发评价对象的竞争意识和成就动机,适用性广,能反映出评价对象之间的差异。但是,由于评价对象所在的样本总体的教学质量水平不一(不等质),所以,不能比较两个不同地域的学校、不同学校的教师以及学生的实际水平;而且,这种评价方式更加注重比较评价对象所处的位置,具有选拔性的特征,不利于考查评价对象是否完成了既定的教学质量目标,难以确定教学质量目标的达成度。另外,竞争性的优选评价,也可能会挫伤一部分评价对象的积极性。

(2) 绝对评价。评价主体根据学校教育目标制定教学评价基准,通过评价了解和评判评价对象的教学目标达成度,了解学校教学质量与教学目标的距离、存在的问题及面临的现实困难,帮助提出教学改进的对策。绝对评价的中心目的不是比较评价对象在总体中的相对位置,而是重点考查教学目标标准的达成度。这种评价方法的优点是鼓励评价对象向着所设定的目标前进,可以明确地分析和评价评价对象的发展状况与评价目标之间是否存在差距,以及存在多大的差距,把学校教学的关注点吸引到实现发展性的目标上来。但是,在现实的教学中,评价主体所树立的绝对评价标准与学校现实、教师能力和学生素质之间是存在差距的,这就意味着不是每个评价对象都能够达到评价的基准。同时,绝对评价需要制定一个科学、客观的评价基准,但是在教学评估实践中,制定一个客观的、科学的评价基准是非常困难的,往往需要投入大量的资源、时间和人力,而且制定出来的评价基准也不一定为所有的评价对象所接受,这就增加了教学评价的不确定性。

(3) 个体内差异评价。这种评价方式不注重评价对象之间的对比,甚至也不注重评价对象与评价主体设定的客观基准的对比,而是在尊重个性、发展特长的基础上提出来的一种以评价对象的过去某个时间点(段)的素质特征为基准的评价模式。个体内差异评价更加注重个体自身发展历程的"纵比"。实质上,这是一种发展性评价或增值性评价,可以充分地照顾到评价对象之间的个体差异,充分反映个体的特征和发展变化成果与趋势。但是,个体内差异评价没有客观的标准,很容易使被评价者坐井观天,自我满足,反而使得其止步不前。要克服这一局限性,通常要将个体内差异评价与相对评价、绝对评价综合起来加以运用。

2. 评价功能的角度

按照评价功能的差异,可以将教学评价分为:诊断性评价、形成性评价和终结性评价。

(1) 诊断性评价。诊断性评价又称为准备性评价或前置性评价,是在教学活动开始之前对评价对象的学习或教学工作准备情况以及可能遇到的特殊困难进行诊断,以便有针对性地开展教学和指导工作。诊断性评价一般在课程实施,学期、学年的开始阶段或教学过程中需要的时候进行。诊断性评价可以事先了解评价对象的学习、教学和管理工作准备情况,明确教学工作和学生学习的起点,为开展教学活动提供依据,并能了解评价对象的差异性特征以及遇到的特殊困难,以便在教学活动中采取特殊的补救措施。诊断性评价的主要方法包括:查询教学工作记录,分析学生以往成绩,对学生的学习进行摸底测验,进行智力测验和学习态度测验,观察和访谈等。

(2) 形成性评价。形成性评价也称为发展性评价,它的目的在于了解教师的教学过程,考查教学内容的安排是否合理、教学策略的运用是否得当,随时了解和掌握学生的学习情况,分析教学实践中的长处和短处,以改进教学,促进教师专业发展。它能及时了解学校的情况、存在的问题等,以便及时反馈,及时调整和改进学校工作。形成性评价在教学工作中会经常进行。形成性评价有绝对评价的性质,即它着重于判断前期工作达成教学目标的情况。形成性评价更注重对教学过程的评价,评价结果不是为了实施奖惩,而是为了随时提供教学成效反馈来改进教与学。实践表明,形成性评价对于重视学校教学工作过程,提高教学的过程性质量,进而促进学校教学质量的整体提升,具有重要的价值。

(3)终结性评价。终结性评价是对一个学年、学段的某个学科的教学工作质量的总体评价,如学年的期终考试、结业考试和升学考试等。其目的在于对学生的学习质量做出总结性的评价,同时也对学校和教师的教学工作进行整体评估。终结性评价注重的是教与学的结果,借此对评价对象的绩效进行全面鉴定,区分等级,评价结果通常对实施奖惩或升学至关重要。

3. 评价方式的角度

按照评价方式的不同,可以将教学评价分为:定量评价和定性评价。

(1)定量评价。定量评价是指运用数学的方法收集和处理教学评价的数据资料,对教学评价结果进行量化的描述、分析和判断,从而得出量化结论的评价方式。定量评价运用的方法主要包括教育测量与教育统计方法,对被评价者的特性用数值进行描述和判断。定量评价具有客观化、标准化、精确化、简便化的特征,在以甄别、选拔为主要目的教学评价中是最为主要的评价方式。但是定量评价往往只能测量到评价对象的行为和特性中能够量化测量的部分,而容易忽略那些难以量化的重要品质和行为,如思想态度、非智力因素和内隐的思维过程等,并不能完全反映评价对象的整体素质水平。

(2)定性评价。定性评价侧重于根据评价对象平时的表现、反映教与学的整体状况或状态的文献资料、文字材料进行观察和评析,在此基础上对评价对象做出定性结论的价值判断。通常采用的方法有评语法、评定等级法等。定性评价更加强调评价主体自身所拥有的经验、知识基础和专业判断力,更加关注对教与学的整体过程进行系统的考查和评估,并对个体的独特性做出质性的分析与解释。但是,定性评价的标准有时比较笼统,主观随意性较大,易受评价主体个人好恶倾向的影响,难以做到精确和客观。

应当指出的是,定性评价与定量评价之间并不是截然分开的。事实上,定量分析指标的设立也要建立在定性预测的基础上,而现代定性分析方法同样也可以在对文本资料进行归类、编码的基础上用数学工具计算。因此,定性评价与定量评价是相辅相成的,二者结合起来才能取得最佳的教学评价效果。

4. 评价主体的角度

按照评价主体的不同,教学评价可以分为自我评价和他人评价。自我评价是指评价对象既是评价主体又是评价客体。这个自我可以是个人或集体。学校自我评估的主体就是学校自身及其教职员工。他人评价指由评价对象以外的人或组织进行的评价,可以是政府督导部门,也可以是大学专家团队或研究人员。

三、教学评价指标体系

评价目标既是教学评价的出发点,也是教学评价的最终归宿。教学评价指标体系是指教学评价各项指标所构成的总体或集合,其主体框架是各级各类教学评价的具体指标和标准。教学评价指标体系既是教学评价工作的基础,又是教学评价工作的核心。设计出一个有效、简明、科学的指标系统,将直接影响着教学评价结果的科学性和可信度。教学评价指标体系可以分三个层次建立:学校教学评价指标体系、教师教学行为评价指标体系、课堂教学评价指标体系。当然,不同时代、不同地域可以有不同的指标体系和标准,可以有不同的表述方式。但无论哪个层次的教学评价，其指标体系的开发过程都遵循如下步骤和方法。

1. 确定指标体系和标准

学校教学评价指标体系主要包括学校教学管理、教师教学过程、学生学业成就、教学研究工作四个基本的方面。教师教学行为评价可从备课、上课、作业、辅导等方面去评价。课堂教学评价可以以教学目标、教学过程、教学效果、教学基本功为一级指标。以上所列的各层次的几个方面构成了教学评价的一级指标。一级指标又可以再次细分为二级指标、三级指标……一般来说，一级指标具有较高的抽象程度，指标层级越往下分，指标就越具体，越具有可操作性；从理论上来说，指标等级越多，评价越细致，精确度就会越高。但是，如果评价指标超过5个级别，一般人就很难掌握，反而不利于教学评价的有效实施。因此，评价指标体系以1—3级指标为宜。指标确定之后，确立每个指标的标准，为教学评价决断提供依据。

2. 设置评价指标的权重

指标权重是指某项教育评价指标在其他因素保持不变的情况下，该指标的变化对于教学评价结果的影响程度。权重系统地反映出各个评价指标对于评价结果的影响因子。在实际的学校教学中，教学管理、教师教学、学业成就、教研工作等的变化对于教学评价结果的影响情况是不同的。但是，这个"不同"到底有多大，需要对评价指标体系实施预评价和试测，通过统计分析预评价和试测结果，运用回归分析、专家意见法(德尔塔法)、关键特征调查法、层次分析法等多种方法来计量不同的指标变化对于教学评价结果的影响程度。在此基础上，设置教学评价的一级指标、二级指标、三级指标等的具体指标的权重。只有给各级指标都设置了具体的权重，各级各类评价指标才形成一个体系，才能保证评价的科学性。

需要指出的是，教学评价指标体系中各指标权重的设置，既是一个客观统计分析的结果，同时还体现了国家和社会对于学校教育的价值追求。在应试教育情况下，分数或升学率被视为唯一的或最为主要的指标，而这明显是偏离教育方针和教育目标的，也不利于促进学生的全面健康发展。而在素质教育和课程改革的背景下，学生的综合素质是教学评价的核心，教学评价目标的设置要体现发展性，因此，在评价指标的权重方面，会更多地赋予那些能够促进学生综合素质全面发展的指标以更大的权重。

3. 教学评价指标的试验与修正

确定各项评价指标，再确定各项评价指标的权重，这样就制定出了一个教学评价指标体系的初步方案。这个初步的评价指标体系仅仅是书面的文字，它能否有效地反映学校教学工作的现状、问题和特征，还有待评价实践的检验。只有经过评价实践检验的指标体系才是有效的，才能被接受。因此，需要将所涉及的教学评价指标体系放在一定范围的教学评价实践中进行检验。检验的主要内容包括评估收集评价资料的可行性、标准的全面性与互斥性、可比较性等方面。根据检验的结果对教学评价指标体系进行修正和完善。在得到验证和修改完善之后，才能够正式投入使用。在以后的使用中，还要根据学校教学的实际情况以及教育事业的改革与发展不断修订完善。

四、教学评价的过程

教学评价是一项技术性很强的系统工作。从过程上来看,教学评价主要包括制订教学评价方案、评价方案的实施、撰写教学评价报告、反馈教学评价结论等四个基本环节。①

1. 制订教学评价方案

制订评价方案是实施教学评价的第一步。教学评价方案的主要内容包括评价目的、评价对象、评价标准、组织实施、评价方法、实施期限、评价报告完成时间、评价报告接受的单位或个人、预算等方面。

教学评价方案的制订,第一,要明确教学评价的目的依据。党和国家的教育方针和教育目的、培养人才的规格和要求、课程计划与教学大纲以及学校培养目标是制订评价方案的基本依据。第二,要明确教学评价希望考查和评判的主要问题。教学评价可以是对学校教学的整体进行考核评估,也可以针对教学工作的某个具体方面进行评价,如教师备课情况、教师上课情况、学生学业成绩、教学管理工作等方面。第三,在明确目的依据和主要问题的基础上,确定教学评价指标体系。如果已经有了比较成熟的指标体系,可以直接拿来借鉴使用;如果指标体系不成熟,还需要经过测试、检验,修改完善后才能使用。第四,确定收集教学工作信息的方法和评价的具体方法。根据评价指标体系确定的项目来确定收集学校教学工作的数据和资料的方法,如观察、测量、访谈等,并制订信息收集流程图的各种表格,保证信息收集的完整性和客观性。根据评价基准、评价方式、评价功能的不同,选择适合的评价方法。

2. 评价方案的实施

评价方案的实施就是根据教学评价方案具体开展教学评价工作,即收集评价资料和数据,分析和处理评价资料和数据,最终得出教学评价结论。

运用学业成绩测量、作业分析、问卷、听课、访谈、观察、查阅学习档案袋等定量和定性相合的方法,系统地、全面地收集教学工作相关信息。根据教学评价指标体系对所收集到的教学工作资料和数据进行归类、整理。

选择与运用合适的分析方法,对收集到的教学工作数据和资料进行定性和定量分析,在分析的基础上,对学生学习、教师教学、学校教学管理工作进行客观的描述。将教学工作情况与所设定的相对评价、绝对评价和个体内差异评价的各种标准进行比较,分析学校教学目的的达成度,教师、学生发展状况和存在的问题,揭示存在问题的原因。

汇总教学评价的各个子项目和各方面的评价结果,最终形成对学校教学工作的总体评价结论,同时针对存在的问题,提出教学改进建议。

3. 撰写教学评价报告

报告的撰写者是评价主体。无论是自我评价还是他人评价,教学评价报告的写法没有差别,主要内容包括两大部分:封面和正文。

(1) 封面。为了提高评价报告的传递效率,教学评估报告的封面通常包括以下信息:

---

① 吴钢. 现代教育评价教程[M]. 北京:北京大学出版社,2008:44-65.

评价报告的名称，评价目的，评价的组织者或评价者单位的姓名或名称，评价报告接受单位、部门或个人的名称或姓名，评价方案实施和完成的时间，呈送评价报告的时间，建议做出决策或指定教学改进工作计划的期限。

(2) 正文。正文是教学评价报告的主体部分，主要包括三个方面的内容。

① 描述教学评价方案的实施过程。主要内容有：叙述收集和分析处理教学评价信息的过程；分析在评价实施方案中遇到的问题和处理评价信息遇到的困难；说明评价主体和评价对象有无违反教学视导或评价的工作纪律的情况。

② 教学评价结果分析。主要内容有：叙述教学评价收集和分析资料、数据的方法；分析学校教学工作目标达成度和教师、学生的发展程度；分析学校教学工作的整体情况和存在的问题原因。

③ 结论与建议。在组织评价人员讨论的基础上，将教学评价结果汇总，形成学校教学评价的最终结论，并提出改进的意见或建议。

4. 反馈教学评价结论

评价结束后就要把教学评价报告传递给报告的接受者，促使其采取行动做出改进教学工作的决策并实施具体教学改进。报告反馈一般有三种形式：将教学评价报告反馈给学校或教师，促使其改进教学工作，并听取其对教学评价报告的看法或意见；将教学评价报告反馈给教育行政部门或督导部门，为提高和改进教学工作提供支持性的信息基础；通过媒体公布于众。这样，既能够促进教育部门内部和学校之间的相互学习和借鉴，还能够获得公众对于教育工作的理解和支持，形成舆论监督的氛围，督促被评价主体改进工作。

在反馈教学评价报告时，既要保持评价反馈的严肃性，同时还要创设一种平等相待的气氛，当谈到学校工作的问题和不足时，要考虑到学校或其他被评价者的心理承受能力，避免给评价对象带来挫折，产生焦虑情绪，甚至引起心理冲突。在平等、轻松的氛围中，通过形式灵活多样的沟通，使被评价者自然、自觉接受评价结果，并能够对评价结果提出自己的看法或建议，以提高教学评价报告反馈工作的可接受性和有效性。

五、教学评价心理调控

1. 不良的心理现象

在对学校教学进行评价的过程中，评价者和被评价者的一些不良心理现象可能会影响教学评价的科学性、客观性以及可靠性。这些不良的心理现象主要有以下方面：

(1) 首因效应。首因效应也叫"第一印象"效应，是指评价主体第一次接触被评价者的印象会影响到其后对被评价者的总体印象，进而影响到教学评价效果。如果评价主体对于被评价者的第一印象很好，在其心中产生了强烈的印象，则即使其后被评价者表现得不够好，但是评价主体依然会给予高度评价。反之，如果第一印象不好，则后面无论被评价者有何表现，评价主体都不会给予高的评价。

(2) 近因效应。近因效应是指在教学评价过程中，在多种教学相关信息不断呈现在评价主体面前的时候，评价者印象的形成主要取决于后来出现的信息。即在教学评价过程中，评价主体对学校和教师提供的最近、最新的信息的印象占了主体地位，掩盖了以往形成的对教学的评价,因此也称为新颖效应。

（3）光环效应。该效应是指评价主体从被评者某一突出特点或已有的印象出发而形成一个整体印象,影响到其他具体评估活动。即在所谓的教学评价中只看到某一突出的优点或特色而不关注其他,"一美遮百丑",也被称为"晕轮效应"。

（4）对比效应。该效应是指教学评价主体在对不同的评价对象进行评价时,由于对他们之间的对比而影响评价主体评价的客观性的一种心理现象,在这种心理影响下,主评者评价时已偏离了既定的客观的标准。因为参照的基准改变了,所以教学评价的结果也就不准确了。

（5）先后效应。该效应是指主评者个体在评估过程中由于疲劳以及自身注意力、情感、动机等心理变化,评估先后掌握标准不一致或不统一的心理现象。

（6）求全效应。对学校教学工作求全责备,如果某一项或几项工作没有达到上级教育行政部门和学校所设立的评价标准,就认为学校工作一无是处,不能客观地看待学校教学工作所取得的成效。

（7）刻板效应。刻板效应,又称定型效应,是指评价主体用刻印在自己头脑中的关于某类学校、某一类教师的固定印象,以此固定印象作为判断和评价学校、教师教学工作依据的一种心理现象。

（8）趋中效应。指评价主体在教学评价时既不愿意给业绩优良的学校以高的评分,也不愿意给业绩低劣的学校打低分,导致对学校和教师的评价结果趋于向中间状态集中。评价结果没有区分度,大家一团和气,使得评价失去了应有的激励功能、诊断功能和导向功能。

（9）评价恐惧。评价恐惧是针对学校和教师作为被评价者而出现的不良心理现象。因为知道教学评价结果可能会影响到自己的职位、职称晋升,津贴福利待遇,以及上级行政机关对学校的评价等,学校管理者和教师可能会对评价产生一种畏惧心理,不愿意接受评价,或者一听说评价就感到十分紧张。

2. 克服不良的心理现象

为了保证教学评价的科学性、客观性和可靠性,就必须采取措施克服上述不良的心理现象。从评价主体的角度来说,需要采取的措施有:

通过严格考核的方式选拔评价主体,选择思想觉悟高、经验丰富、能力突出、熟练运用教学评价方法的人担任学校教学的评估主体,同时加强对评价主体的业务能力、思想道德修养的培训和提升,形成一支高素质的教学评价队伍。

通过设立科学的评价指标体系、编制评价量表、建立回避制度,以及评价主体交换工作、流水作业等方面的制度建设,从管理上避免这些消极的评价心理现象的产生。

交替采用多种评价方式,克服采用单一的评价方式所可能带来的不良心理效应。

对于被评价者的心理调控来说,需要采取的措施主要有:

首先,要提高他们对教学评价工作的认识水平,通过会议动员、主题讲解等方式,使他们认识到教学评价的主要功能在于通过评价提高教学质量,而不仅仅是简单地对学校进行奖惩。

其次,在评价指标体系的制定、评价程序方面要听取被评价者的意见和建议,增强评价过程的参与性,打破评价的神秘主义。

再次,以通知、讲解的方式使被评价者知晓评价的具体日程安排和各项工作标准,做到心中有数,这样他们才能消除对评价的畏惧心理,积极主动地配合教学评价工作的开展。

课堂讨论

1. 结合本章的所学内容,谈谈你会如何制定课堂教学质量评价指标。
2. 结合课程与教学关系的主要观点,谈谈你如何理解"课堂革命"。
3. 谈谈我国的课程改革对教学管理提出的新要求。
4. 简述教学评价的类型与功能。

案例分析

办学条件不足 如何提高教学质量

某中学针对学校存在的问题召开了一次行政扩大会议,与会者在会上就如何提高教学质量展开了热烈讨论。有的人认为,学校教学质量之所以难以提高,主要是因为生源太差,招收的学生都是被其他学校挑剩下来的,这样的学生缺乏学习积极性。有的人认为,教师福利待遇太差,教师没有工作积极性,这是学校教学质量难以提高的主要原因。

曹副校长发表了自己的看法。他说:"学校教学质量要提高,离不开师生的积极性。学校生源差是事实。可是有的学校办学条件与我们差不多,甚至不如我们,但为什么他们的教学质量却比我们高呢?大家可能都还记得,上学期××中学的校长在介绍他们学校的办学经验时,讲了如何向管理要质量,向管理要人才。"听到曹副校长讲起这件事,教导主任张老师说:"他们一条重要的经验就是重视学校管理科学理论的学习,以理论指导实践,科学育人。"支部书记赵书记紧接着说:"他们的经验说明,办好一所学校,生源、经费、师资等固然重要,但端正办学思想,提高学校管理水平更重要。"

这时曹副校长接着原来的话题说:"生源我们无法改变,因此,我们要管理、要质量。只有提高科学管理水平,才能调动广大师生的积极性,才能提高学校教学质量。我建议大家认真学一点教育科学理论和好的办学经验,齐心协力共同办好学校。"

主持会议的陶校长见大家都点头赞成,便说:"看来大家都同意曹副校长的意见,那么我们就趁热打铁,研究一下该怎样学习吧。主意是曹副校长提出的,曹副校长先谈个设想,然后大家再议论。"曹副校长接着陶校长的话说:"我有个初步设想,大家看看是不是可行。我认为学习可以分两个层次进行:一个层次是学校中层以上干部,学习的内容是哲学、教育学、心理学和学校管理学,最好还能学一些控制论、系统论、信息论的有关知识。通过学习,认识学校管理活动的规律,掌握学校管理工作的原则和调动教职工积极性的有效方法。另一个层次是全校教师,以班主任为重点,最好以优秀教师、班主任管理班级和学生的先进经验为教材。通过学习,认识班级管理活动的特点,掌握学生管理工作的原则和方法。学习形式以自学为主,定期组织讨论交流。要提倡理论联系实际的学风,讲求实效。只要我们的思想水平和管理水平提高了,教学质量就一定会不断提高。"接着,大家就曹副校长提出的方案展开了讨论。

思考题:
1. 影响学校教学质量的因素主要有哪些?
2. 学校管理对提高教学质量的意义何在?
3. 针对案例中这所学校的特点,应该采取何种措施来弥补办学中的不足之处?
4. 你怎么看待曹副校长的建议?
5. 如果你是该校校长,你认为如何实施该建议才能收到良好的效果?

 **课外阅读**

1. 教育部党组书记、部长陈宝生在人民日报的撰文:《吹响课堂革命的号角》。
2. 新时代深化教育教学改革,全面提高义务教育质量的纲领性文件。
3. 《中共中央国务院关于深化教育教学改革全面提高义务教育质量的意见》。

第五章
学校执行力管理

配套数字资源

学习目标

1. 了解学校执行力的定义。
2. 理解战略执行力的定义。
3. 理解如何加强团队执行力。
4. 理解如何强化学校制度执行力。
5. 理解学校章程。

"空谈误国,实干兴邦",这句话源于明末清初著名思想家顾炎武的《日知录》。改革开放后,邓小平同志说过:"世界上的事情都是干出来的,不干,半点马克思主义也没有。"这个干,用当今管理界的流行用语来替代,就是执行力。2012年11月29日,习近平总书记在参观《复兴之路》展览时,强调脚踏实地,真抓实干。俄罗斯著名作家克雷洛夫曾说过一句颇具影响的话:"现实是此岸,理想是彼岸,中间隔着湍急的河流,行动则是架在河上的桥。"清华附小行动纲领提出:"政策一旦制定,就不折不扣地执行;任务来了,说咋办就咋办;用脚踏实地的行动落实目标。"执行是每个组织每日的工作常态,有效的领导和管理在于执行。组织的战略和计划可以相似,但执行力难以模仿。从这个意义上说,组织是一个执行的团队,执行无可替代。

执行就是组织将决策付诸实施的过程。狭义的执行指下级接受上级指令并采取行动的过程。第一个层面的执行者是组织,第二个层面的执行者是个人、下级。狭义的执行包括四个环节:接受上司下达的工作指令,如上司的决定、批示、工作安排、布置任务、临时性指示、问题处理意见等;采取行动之前的热身,包括构思行动计划、选择行动方案、启动潜能和情绪、产生行动意志;采取行动,包括整个行动过程;行动结果反馈,包括自己评估执行结果、向上司汇报工作、接受上级的检查等。①

执行力是一种态度,执行力是一种意志,执行力是一种能力。联想控股董事局主席柳传志说,执行力就是用合适的人,干合适的事。世界第一首席执行官杰克·韦尔奇(Jack Welch)说,执行力就是企业奖惩制度的严格实施。戴尔公司创始人迈克尔·戴尔

---

① 温德成.精细化管理——执行力升级计划[M].北京:新华出版社,2007:188.

(Michael Dell)说,执行力就是每个环节不折不扣地得到落实,包括流程、检查系统和奖惩标准等。执行力就是把战略、决策转化为结果的能力。团队执行力是把战略、决策转化成结果的满意度、精确度以及速度,是一项系统工程,是管理的不断优化,是文化的建设与演进。①

执行力和领导力不同。领导乃人之道,管人为主以推动执行者;执行乃事之道,管事为主以完成任务。领导力在执行力之中,领导就是要领导执行。②

任何学校的成功都必然是执行的成功。执行力的高低决定学校竞争力的强弱,决定其生存力和发展力。学校执行力是指学校组织和个人将学校决策和战略转化为结果的行动能力,包括落实速度、贯彻力度、实现质量和尺度等。③ 学校组织执行力是组织能力或制度性能力,学校个体执行力是保质保量地完成自己工作和任务的能力。执行是学校的中心工作,也是上至校长下至门卫都需认真对待的重要工作。

人员、战略和制度是学校执行力的三个核心要素。战略是做正确的事,制度是把事做正确,人员是用正确的人。执行力就是用正确的人做正确的事,这三个要素犹如三匹马拉着学校执行力这辆战车向目标前进。在达到目标的过程中,弥补管理漏洞,逐渐培育和形成学校的执行力文化。

学校执行力漏洞是在学校决策和战略转化为结果的过程中存在的妨碍执行的态度、能力、制度等方面的问题,是管理方法、管理程序、管理手段的缺失或衰乱。④ 学校执行力管理就是预防和弥补执行漏洞、建设和提升学校个体和组织执行力、培育和形成学校执行力文化以提升学校核心竞争力的过程。学校执行力文化就是把执行作为所有行为的最高准则和终极目标的文化。执行力文化是一种强势文化,有效完成目标是硬道理。

第一节 学校战略执行力管理

学校战略执行力是指学校制定、量化、分解和落实战略目标到每个岗位和每个教职员工的能力,包括战略制定能力、目标分解能力和任务完成能力。在这一过程中,战略执行力管理重点提倡和培育的是责任文化、细节文化和行动文化等。从校长到教师,都要修炼不同级别的任务分解能力和落实到底的功夫。

马云说:"战略不能落实到结果和目标上,都是一句空话。一个正确的制定战略过程,首先要做正确的事,再有就是正确地做事。你做正确的事,就可以事半功倍,如果你做的事情是错误的,后边做得越正确,死得越快。战略管理不需要花哨的理念,只需要脚踏实

---

① 陈永亮.团队执行力[M].北京:北京大学出版社,2009:6.
② 李泽亮.执行力[M].广州:广东经济出版社,2008:20.
③ 姚子.执行力[M].北京:中华工商联合出版社,2007:7.
④ 李毛,周阳敏.漏洞管理[M].北京:中国经济出版社,2007:1.

地的结果。"①

管理人员往往知道如何制定策略,如何进行考核,如何做预算,可是对如何执行束手无策。一个成功的组织里面,需要有很好的思想者,但仅仅有思想者并不够,还要有能做事的执行者。三流的点子加一流的执行力,永远比一流的点子加三流的执行力更容易取得成功。对于学校管理者而言,做好决策已不易,贯彻下去更不易,执行时需要执行者有高尚的职业道德,有务实的精神。一名教职员工要完成上级交付的任务就必须具备强有力的执行力。执行力要求教育工作者在学校工作中不但要讲政治,还要重行动;不但要讲原则,更要重结果。只有这样,才能保障学校在强有力的执行中实现既定目标。所以说,与决策相比,执行力更为重要。

执行力存在着两大难题,一是"不落实",二是"无依据"。"不落实"是指做事虽然有周密、明确的计划,但没有人能够去认真实施,从而达不到要求,也不能实现计划;"无依据"是指做事时没有把规则或者标准作为准绳,即做事没有依据。

那么,管理者该怎么去解决呢?管理者应首先转变这种思想:任务的执行就是自己简单地下达命令,剩下的由下属去做,管理者只要结果,执行细节问题是下属的事情。其实,管理者在制定计划之后,自己也需要参与到执行中去,并且根据执行情况做好随时调整计划的准备,这个执行理念就叫作"对症下药法"。用这种方法便可以对付执行力的两大"难题"。管理者既要找出下属不落实的原因,以调整计划;又要做到抓下属落实中无依据的问题,保证计划和执行同步进行。在管理中,要端正下属的工作态度,通过监督和思想教育,营造良好的工作氛围,使他们对每一项工作都保持严谨的态度。另外,在下达任务的时候要做到明确而具体,使下属明白自己的任务到底有哪些。

不是每一个人都站在第一线上,每个人应该做好自己分内的工作。管理者一定要通过"定人定事"来解决责任不落实、落实无依据的问题。第一,安排任务清晰明确;第二,做好监督落实工作。做事情的过程就像孕育的过程。执行力强的人,在整个过程中会自发地尽职尽责完成每一项任务,并注重细节,做到认真、负责,能够投入全部精力并且坚持到底,能获得让人满意的结果。学校管理的关键在于是否"落实",落实中是否有"依据"。

一、战略制定能力管理

西蒙(Herbert A. Simon)认为,管理即决策。他认为:"正如行动的任务贯穿于整个组织一样,决策的任务也贯穿于整个管理组织中,二者紧紧地交织在一起。一般的管理理论必须包括能够确保做出正确决策的组织原则,正如它必须包括确保有效的行动的原则一样。"

学校战略制定能力管理是指学校对战略发展规划制定缘由、过程与结果等的把握与管理,包括为什么制定、谁制定、怎么制定和制定什么等方面的内容。战略制定能力管理集中体现在学校发展规划的制定过程中。

---

① 马云. 我的管理心得[M]. 杭州:浙江人民出版社,2017:1.

（一）学校战略的关键因素

1. 组织的使命和战略目标

使命是以简明扼要、直截了当的方式阐述学校组织价值。每一个组织都有各自不同的追求。比如，华为公司的使命是聚焦客户关注的挑战和压力，提供有竞争力的通信解决方案和服务，持续为客户创造最大价值；中国女排的战略目标则是奏国歌、升国旗。对于中小学，我们的使命就是"立德树人"。但是，即使同为立德树人，每一所学校同样可以做出与其他学校不一样的业绩，为社会贡献不同的价值，包括在学校教育的某一方面、某一领域，照样可以有所作为，并以此推动社会进步。

学校战略目标是一个组织在一定的战略期内，预期取得的主要成果。它具有宏观性，是一个组织发展的总体设想，具有相对的稳定性。战略目标是可分的，它可以分解为若干具体目标、具体任务和具体要求。战略目标也是可衡量的，在什么领域、什么时间达到什么效果，是可以评估的。

陶行知先生创办晓庄试验乡村师范学校，是为了以教育为主要手段改善人民的生活。严范孙、张伯苓创建敬业中学学堂（南开中学前身），则是为了倡导并培养爱国、爱群之功德，服务社会之能力。北京市十一学校的使命是创造适合学生发展的教育；战略目标是创造一流的质量，卓越的团队，能够让教师拥有过体面生活的待遇，打造师生精神家园和成长乐园的和谐学校。

在知识经济社会，在互联网和人工智能时代，学校已经感受到社会对人才需求的变化。学校不能继续沿用传统的流水线式的育人方式，必须最大限度地通过课程的丰富性、选择性帮助学生唤醒自己、发现自己，并成为最好的自己。这就需要学校战略组织层站在更高的层次上思考自身的使命与担当。

2. 关键成功因素指标

关键成功因素是指完成学校战略目标而实现使命的必备要素，一般应该有6—8项。但是，仅仅有明确的关键成功因素还远远不够，除此之外，还必须要为每一项成功因素细化具体指标，使其可以落实执行，可以评估考核。

学校组织战略关键成功因素：教师、课程、内驱力、生源、标准化、个别化、数字化等。

教师：每一位教师都必须自觉担负起立德树人的使命，充分认识师生关系对提高教育教学质量起着基础性、关键性作用。学校要营造敬业乐业的教师文化，引导更多的教师成为学生最喜欢的老师。

课程：明确每一门课程的定位，充分挖掘其课程价值，不断修正和完善课程内容及实施方式；落实课程首席教师负责制，加强优质课程奖励机制；加强国家课程、高端课程与自主课程、竞赛课程的整合研究，构建学生需要的课程体系。课程是学校的产品，课程改变，学校才会改变。

内驱力：学生的内动力是在做自己喜欢的事情的过程中自然而然产生的。学校通过提供富有选择性的课程和课外活动，为学生搭建平台做自己喜欢的事情，并从中培养学生的责任意识；让学生充分体验自主学习带来的成功体验，引领学生成长的自觉性；不要试图通过施压作为激发学生内动力的手段，要通过对命题的研究，让考试内容本身能激发学生的学习动力。

标准化:细化各学科课程标准,逐步形成师生共享、教学可依的有效工具;细化工作常规,对已有经验进行标准化管理;构建新的工作流程改进机制,建立标准化流程,在工作中做到有章可循,有据可依,明确责任,从而有效地减少工作上的失误,确保各项工作能够及时、准确、快速、高效地完成。

数字化:人工智能时代,需要注重对基础网络通信设施的升级改造和专业规范维护,确保数据传输安全、稳定;加大基于移动互联网和传统桌面端应用的同步互通,确保信息的发布和接收能有效到达和反馈;加强自动化数据处理技术手段在教育教学诊断分析中的使用,为教师及管理者等提供有效、直观的图表分析及决策依据;注重累积教师、学生成长及学校常规运行的相关数据,形成大数据模型,为教育教学提供服务;重视教师在移动互联背景下常态化、主流化办公应用的使用习惯培养、应用水平的提升,更新完善学科必备技术素养,并帮助教师掌握。

3. 战略改进领域

战略改进领域是指为了实现战略目标,在一定的战略期内,必须做出重大调整的工作领域。比如,学校为了"创造适合学生发展的教育"这一使命,就必须在战略时期内重点改进学科框架和课堂教学。

4. 价值观和行为准则

一所学校的核心价值观,应该立足于服务学生成长,并通过毕业生为社会服务,同时,要对本行业规律存在敬畏之心。管理者应坚持专业的科学精神矢志不移,始终如一。一所学校如果缺乏对学生成长规律的敬畏,缺乏对不同学科认知规律的尊重,没有始终坚守的核心价值观,就一定会让教师无所适从,组织能力也难以形成。更重要的是,把核心价值观写下来并不难,难的是如何成为组织内全体成员的共同追求。马云说:"用价值观来统一思想,通过统一思想来影响每一个人的行为,最后形成合力。"①

5. 关注外部世界

学校不是一个孤岛,社会、教育行政部门、社区、媒体、家长、培训机构、同类学校等外部环境都会对学校产生影响,管理者要做的就是关注对方利益,保护好对方利益,拓宽自己的前行道路。比如:学校要关注社会的发展变化,关注社会对人才的需求趋势,适度调整学校人才培养目标。即制定发展战略,一定要关注国家最新的教育方针、政策,政府的工作报告,教育行政部门的工作计划等。学校要做的是把每一项工作,转化成为教育行政部门工作链条上的一个一个环节,变成政府整体工作的一部分。学校的工作与教育行政部门的工作重点、难点相耦合。同样,一所负责任的学校,要与周围同伴学校和平相处、适度竞争,创造与周边学校的共同利益。

(二)学校战略的制定主体

按照管理学家亨利·明茨伯格(Henry Mintzberg)的理论,结合中小学校实际,从功

---

① 马云. 我的管理心得[M]. 杭州:浙江人民出版社,2017:83.

能的角度把学校组织结构拆分为五个部分,即战略高层、中层管理者、教育教学一线、支持人员和研发平台等。战略高层是指校长为代表的最高决策层,由多个治理主体组成。它包括学校党组织、教职工代表大会、校务委员会、学术委员会、家长代表大会和学生代表大会,民办学校还包括董事会。

党组织在学校起政治核心作用,保障学校的办学方向,充分发挥党组织的战斗堡垒作用和党员的先锋模范作用,在学校重大决策中发挥关键作用。比如干部任免的组织考察、财务的监督、教代会各项事宜的审议等等,党组织在学校重大决策中发挥关键作用,不是代替行政主体做事,而是在关键环节上起到四两拨千斤的作用。

教职工代表由学校各个方面的骨干组成。教职工代表大会是学校教职工依法参与学校民主监督的基本形式,负责审定学校章程、发展规划、改革等重大问题。特别要注意的是,事关教职工切身利益的事情,如薪酬分配、人事聘任、职称晋升、福利待遇等,都要提交教职工代表大会充分讨论。

校务委员会一般由校长、副校长、党组织负责人、工会主席等组成,同时有更多的代表一线师生利益的人,如年级主任、学科主任。校务委员会由校长主持,为"三重一大"(重大事项决策、重要干部任免、重要项目安排、大额资金的使用)决策机构,负责领导学校课程建设和教育教学工作,决定教职工的劳动合同聘任,确定各年级各部门岗位编制及职级总量,决定年度财务预算,按照相关规定决定对教职工及学生的奖惩。校务委员会采取审议制,当无法达成一致意见时,校长具有最终的决定权,责任由校长承担。

学术委员会一般由学校里教育教学一线的学术骨干、优秀教师代表组成,主要负责审议学校的教育教学改革方案,学校教科研项目的立项、管理、评价,名师工作室的设立和管理,科研项目的招投标,职称的评审、推荐等。为确保学术委员会的独立性,校级领导干部一般不宜进入学术委员会成为正式成员。

家长代表大会的代表,应该由家长选举产生,具有相应的权利和义务。在一些事关学生切身利益的重大问题上,家长代表大会具有部分决策权,对教育教学等诸方面拥有知情权和建议权。当然,家长代表大会不可过度干预学校的教育教学等专业工作,更不可绑架学校的具体事务。

学生代表大会的代表由学生选举产生,在事关学生切身利益的事项上,如有关学生的规章制度、奖惩办法、食堂管理、校服选用等事项上,拥有部分决策权。

(三)学校战略主体之间的制衡

一所学校,不能把全部的责任和权力集中在校长一人。明确了各治理主体的权力后,必须同步设计对权力的制衡机制,以防止任何一方的权力过度膨胀,误入决策陷阱。同样,处于战略高层的管理者,应该像整个组织的大脑,不能越俎代庖。权力也应该是有限的,既不可一竿子插到底包打天下,也不应该左右横行,缺乏相互制衡。管理者应该运筹帷幄,以战略高层的身份和工作方式履职。

教职工代表大会对校长的权力予以制约,学校所有重大事项必须经教职工代表大会审议,且必须采取无记名投票的方式审定,投票结果必须当场公布,任何组织和个人均无权改变教职工代表大会通过的方案。为防止教职工代表大会决策因时间变化、上级政策调整等各种原因带来的失误,特殊情况下,校长有权对教职工代表大会通过的方案提出暂缓实施的建议。提交教职工代表大会主席团同意后,校长可对明显有问题的方案或有关条款实施冻结,并等待下一次教职工代表大会审议修改后实施。

同样,学术委员会在学术领域里有最终决策权。对学术委员会也要有相应的制衡。比如,学术委员会成员候选人由校务委员会提名,提交教职工代表大会审定,达到80%以上赞成票方可当选;三年一个任期,每个任期结束时必须调整三分之一的委员。学术委员会由三位委员轮流担任主席,每位轮值主席主持工作一年。

一所以学生为中心的学校,它的决策机构的成员一定是离学生最近的人员占主体,因此,年级主任、学科主任的代表自然应该有更多的席位,确保学校中心工作的地位。

(四)战略制定程序与方法

制定学校发展规划是学校的一件大事,一般会持续半年到一年的时间。学校发展规划的制定程序可以概括为"三上三下一通过"七个步骤。如图5-1所示。

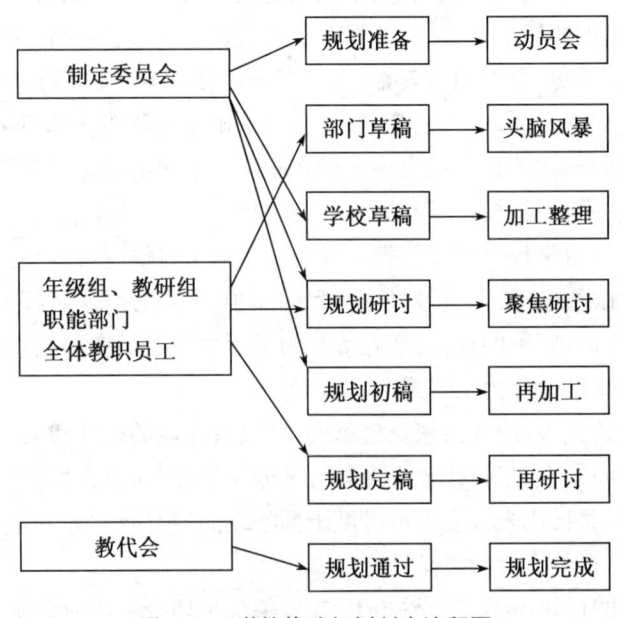

图5-1 学校战略规划制定流程图

1. "一上"——启动阶段

学校需要做好四件事:第一件事是成立学校战略目标制定领导小组,由校长亲自挂帅。第二件事是校长必须在全体教职员工会议上做制定学校发展规划的动员报告。这个报告需要事前精心准备,报告时间以不超过50分钟为好。主要内容为:阐述学校发展规划制定的理由、对学校发展环境做战略分析、学校目标定位、制定发展规划的要点、程序、工作分工、负责人、时间节点等要求。第三件事是为各个职能部门提供原来的或新的学校规划的提纲或完整文本做参考。第四件事是选择制定学校发展战略规划的方法。通常有

如下几种方法(见表 5-1):①

表 5-1　制定学校战略规划的方法

类型	说明	优点
自上而下的方法	战略高层制定总体战略,部门具体化	战略高层把握学校发展方向,实施有效控制
自下而上的方法	各部门提交战略方案,战略决策层修改确定	集思广益,有群众基础,便于贯彻落实
上下结合的方法	上下层管理人员共同参与制定	较好的协调效果,更具有操作性
战略小组的方法	领导和相关人员组成小组	目的性强,效率高

制定战略规划是学校工作的关键事件。一般情况下,学校会选择上下结合的方法或战略小组结合上下结合的方法来制定战略发展规划。

2. "一下"——分头征求各部门意见和建议阶段

如果选择上下结合或者自下而上的方法,教学管理、学生管理、后勤管理、科研管理、人事管理等职能部门要按照学校要求开始行动,可利用头脑风暴、研讨会等多种方式,充分征集和汇聚来自教师、学生、教辅人员、中层干部的意见和建议,形成部门草稿。这个阶段可持续 1—2 个月时间。可参考的讨论范围和问题有:我们学校有什么优势?有什么劣势?都存在于哪些方面?学校最需要解决的问题是什么?怎么解决?你对学校发展的期待是什么?你提出的解决问题的三条建议是什么?等等。

3. "二上"——学校各部门意见和建议汇聚阶段

各个职能部门的初步意见和建议汇聚到学校战略规划制定领导小组,组织和召开多次研讨会议,充分讨论,按照学校战略规划的框架统筹成学校发展规划草稿。校长组织学校领导团队和骨干教师等继续慎重思考和讨论,学校战略高层统筹思路并修改,形成学校战略规划征求意见稿。这个阶段可持续 1 个月左右。

4. "二下"——二次征求全体教师意见阶段

学校战略规划征求意见稿重新发回各职能部门和业务部门,分头以各年级组和教研组为单位组织充分讨论,继续征集意见和建议。各个部门主任和年级组长等负责组织。尤其是教学部门,需要召开多次调研会和讨论会,组织收集来自各个教研组和年级组的教师对学校战略规划的全面意见。做到调查充分,每个教职员工都要表达意见和建议。这些意见和建议需要全部汇集和反馈到学校战略规划制定小组。学校战略规划制定领导小组的人都要到各个部门听取意见。这个阶段可持续 1—2 个月的时间。可参考的讨论范围和问题是:这个目标合理合适吗?这些措施是否可行?能否保证目标的实现?文稿的表述合适吗?项目可行吗?负责人、成果形式、时间等合适吗?你还有什么想法?你在这个过程中能做什么并且得到了体现了吗?等等。与"一下"阶段研讨的发散特征不同的是,

---

① 影响力中央研究院教材专家组.绝对执行——高效执行力组织的 6 大系统[M].北京:电子工业出版社,2009:116.

"二下"阶段的研讨主题聚焦性更显著。

5. "三上"——修改学校战略规划文稿阶段

根据全校员工的反馈意见和建议,学校战略规划制定高层进行研讨和修改工作,校长最后统稿,形成学校战略规划初稿。

6. "三下"——学校战略规划初稿讨论阶段

学校战略规划初稿形成后,重新返回到各个职能部门,组织讨论。意见收齐反馈到学校战略高层,进行再次修改工作,形成定稿。

7. "一通过"

"一通过"是指学校战略规划定稿需要在教代会上报告、讨论并通过。这样才算完成了学校战略规划的制定过程,正式进入战略规划的落实和执行阶段。

二、目标分解能力管理

一个好的学校,发展战略规划是非常必要的,但执行和落实更重要。杰出的策略必须加上杰出的执行力才能生效。战略执行就从目标分解开始。战略和规划要看得见、看得懂,看不见、看不懂的战略无法执行。学校战略目标分解能力管理就是指对学校发展规划中提出的战略目标进行量化和工作分解的过程。

1. 目标分解

有度量才能有执行。全校人员共享和执行战略的唯一方法是把战略目标分解和量化。学校目标的确定是战略问题,目标分解是工作策略问题。目标分解能力是战略执行力的关键。目标必须分解,以求更具体,更有操作性。做到"千斤重担大家挑,人人肩上有指标"。

目标分解是从责任目标到工作目标的实现过程,可以按照层级分解的方法进行。学校成立发展规划执行领导小组,根据学校总体战略目标,设定责任明确的目标体系。根据学校发展战略规划,把目标按照时间和空间等维度进行分解,形成诸多子目标并构成目标执行体系。时间维度的目标分解是指把学校3—5年的战略目标分解到每一年度和每个学期,每个学期完成什么任务、由谁负责、成果表达形式是什么、谁来检查、采取什么方式检查和评估等等。这是一种纵向的目标分解,是指学校各个职能部门围绕学校战略目标,设定自己部门每个阶段的目标和实施计划,如教学、学生、教师、后勤等部门目标和行动计划。学校中层管理者需要做好部门的年度计划、月计划、周计划,并要求和指导所负责部门的每个人做好自己的日计划、月计划和年度计划。

2. 权力分解

人性的弱点让拥有权力的人很难抑制行使权力的冲动,正如孟德斯鸠说:"一切有权力的人都容易滥用权力。"所以,处在战略高层的治理主体,尤其是作为行政管理主体的校长,必须学会切割权力链,向组织里的中层和基层人员分权。同样,战略高层中的各个治理主体,不过是在各自的工作领域中拥有有限的权力,而且在自己特定的权力链条上,也并非一贯到底。因此,有必要根据各自承担责任的需要,对权力链进行切分,让处于不同层级的人们分享相应的权力。这就好似我们常说,让听到炮声的人指挥打仗。如表5-2的学校人事聘任权力链的切割表和表5-3学校教育教学领域链条的切割表。

表5-2　学校人事聘任权力链的切割表

权力	审定聘任方案	确定年级、部门编制及职级总量,审议干部人选	聘任副校长及中层管理者	聘任年级、本部门教职工,确定其薪酬级别
治理主体	教职工代表大会	校务委员会	校长	年级主任和部门主任

从这个权力分割表中不难发现,拥有实际聘任权力的,其实是处在中层的管理者——年级主任和部门主任。这样切分是出于以下考虑:

第一,聘任是最好的评价。教师工作的复杂性、教育效果的滞后性,使我们很难借鉴企业和商业的评价方式。那些仅仅通过考试分数评价教师工作的做法具有极大的危害性,而过分干预教师的工作过程,通过检查备课、作业批改、辅导学生次数,甚至参加学校会议的量化评价,更是与学校教育价值追求相去甚远,还会带来大量的繁文缛节。然而,教师工作又不能因为特殊就放弃对其进行评价。事实上,"身处一线的中层管理者和他们的团队,对每一位教师的工作状况都十分了解,因而,每个学年的聘任结果,实际上就是一次综合性的评价。一个拥有聘任权力的年级主任或部门主任,聘谁不聘谁、给被聘者什么样的薪酬级别,实际上就是对被聘任者的综合评价。"

第二,通过双向选择的聘任,让校园形成人才市场,最大限度地实现人尽其才。所有的年级和部门面对全校所有的教职工进行选择;同样,每一位教职工也面对所有年级、所有部门的所有岗位"挑肥拣瘦"。在市场化的运作中,实现让合适的人到合适的岗位上去,当然,也享有与岗位匹配的待遇。经过这样的双向选择,最终形成的年级或部门团队也相对更和谐。

第三,及时消化聘任过程中容易产生的矛盾。在一些组织内,聘任往往局限于上级对下级,且没有多个聘任单位供下属选择。这样,聘任的权力就仅仅集中于最高级别的领导者手中,聘与不聘皆由其决定,于是,矛盾也就容易集中到校长一个人身上。多个聘任主体和教职工双向选择的机制,并非矛盾下卸,而是消化矛盾,因为在有十几个聘任单位供所有人自主选择的情况下,如果你仍然被淘汰了,那就只能自我反思。

同样,学校教育教学领域链条的切割表也是基于对规律的尊重。

表5-3　学校教育教学领域链条的切割表

权力	确定课程方案	学科教改方向	学科课程开发	审定课程教学方案	教学质量管理
治理主体	校长	学科主任	课程首席教师	教研组长	年级主任

一是尊重各个学科不同的教学规律,在学科教改方向、课程开发思路、课堂教学模式等专业领域,给每一个学科留足空间,防止全校推行同一种教学模式。进一步说,推行同一种教学模式,可能也会取得当下的分数,但却不是教育的根本追求。

二是尊重不同教师不同的教学风格。教学工作是富有创造性的工作,每一位教师的智慧都应该得到充分的释放,更重要的是,不同教师的不同教学风格,对学生成长的影响可能是多元、健康、平衡的,也是安全的。

三是两头把关。校长拥有确定课程方案的权力,年级主任的质量管理则在各个学科之间的平衡中，保证学生全面发展。

3. 划分小组单元与责权利等边法则

在组织内部通过划分小组单元，以增强组织的活力，已成为世界范围内各个行业的潮流。一个组织要有统一的目标，要有合理的结构，要有科学的管理，更要有责权利等边法则。即根本办法是给这些小组分权，而权力中最为要害的是人员调配、资源使用和预算自主。以学校里的学科组为例，我们可以将其划分为若干个年级教研组、若干个贯通各个年级的课程组，并明确核心任务。如图 5-2 所示。

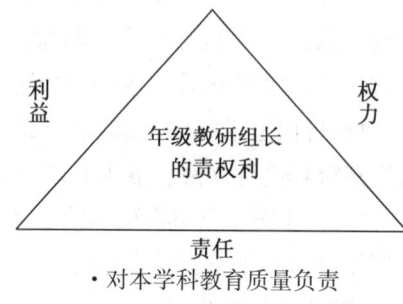

图 5-2 年级教研组长责权利等边法则示意图

三、任务完成能力管理

1. 配备优秀的指挥官

一个团队想要办好事情，获得成功，需要有一个优秀的指挥官，他犹如团队里的"领头羊"，是这个团队的灵魂人物，起到组织、统率和协调的作用，汇成组织发展合力。学校有了明确的战略规划，有了工作方案，定了工作思路，指挥官要统筹规划整个活动的开展，有效协调人力、财力，发动各个方面的力量积极参与，形成一个完善的工作系统。指挥官要为大家认可的、有较好的组织能力和责任心的人，要能在执行任务中胜任这一角色。

2. 制定科学可行的工作方案

团队想要获得最终胜利，切实可行的实施方案不能少。胜利不会从天而降，需要团队事前制定切实可行的方案，让所有成员在行动中有据可依，每个人在任务的完成过程里分工明确：谁是"前锋"，谁是"后卫"，按分工各行其是，避免乱成一团。

3. 营造积极的工作氛围

一个团队中成员的心态很重要，如果大家都抱着消极的心态去完成任务，那么自然不会全力以赴，甚至会出现消极怠工的情况。因此，让团队成员形成积极的心态也是很重要的。有一些团队经常会因为团队中某些人能力不够、态度消极、意志消沉而影响到整个团队的士气。这种消极情绪会传染给他人，队伍中这样的人多了，就会导致团队执行力不强。作为管理者，如果不能及时发现问题并找到解决方法，整个团队就会出现人心涣散、做事效率低下等现象。

某些学校在管理上失败，或许是因为进入了"破窗怪圈"。即在团队管理中有一些人消极工作，而管理者没有去及时纠正，后来慢慢发展下去，就会导致整个团队成员的松懈，做事效率低下。心理研究早就发现,人一旦有了消极的情绪,就会行动散漫,停滞不前,执行能力也会明显下降。最常见的情况有以下三种:

第一种情况是跟风。人在消极的状态下工作时,有很大的盲目性,根本不去关注目标和方向。所以此时管理者要帮这些成员端正态度,不让他们迷失自己。

第二种情况是麻木。人在麻木、没有思考欲望的情况下,容易忘掉原有的计划,失去方向感。所以,对于特别麻木的成员,管理者在其改变态度以前,不要让他执行任务。

第三种情况是忘乎所以。人在忘乎所以的情况下,容易得罪周围的人,并且特别容易被别人厌恶。所以,在改变"破窗怪圈"局面时,管理者对这类人也要慎用。

破窗效应(英语:Broken Windows Theory)是犯罪学的一个理论,该理论由詹姆士·威尔逊(James Q. Wilson)及乔治·凯林(George L. Kelling)提出,并刊于 *The Atlantic Monthly* 1982 年 3 月版的一篇题为 *Broken Windows* 的文章。

此理论认为环境中的不良现象如果被放任存在,会诱使人们仿效,甚至变本加厉。以一幢有少许破窗的建筑为例,如果那些窗不被修理好,可能将会有破坏者破坏更多的窗户。最终他们甚至会闯入建筑内,如果发现无人居住,也许就在那里定居或者纵火。一面墙,如果出现一些涂鸦没有被清洗掉,很快地,墙上就布满了乱七八糟、不堪入目的东西;一条人行道有些许纸屑,不久后就会有更多垃圾,最终人们会视若理所当然地将垃圾顺手丢弃在地上。这个现象,就是犯罪心理学中的破窗效应。

一个有智慧的管理者,一个有超强领导力的人,一定要学会排除不利因素,促使团队形成积极的工作氛围,积极提升成员的执行力。面对团队态度消极、行动懈怠的情况,管理者要坚持一种策略以保持自己积极的态度:事事亲力亲为,不急不躁,让对方在这种不急不躁的作风领导下有所感悟,从而让他们自觉、主动改正自己错误的行为。同时,管理者要加强反思、批评、完善自己,以达到调整局面的目的。

第二节 学校团队执行力管理

21 世纪没有完美的个人,只有完美的团队。世界上最棒的团队是军队,因为他们永远这样说:"是,保证完成任务。"没有任何借口。人员是执行力战车的头马,人出了问题,战略和制度就无从谈起。学校团队执行力就是学校人员的战斗力和竞争力,即学校高、中、基层人员完成任务的能力总和。从此意义上可以说,学校组织的整体执行力就是高、中、基层员工的总体执行能力和执行水平。校长管理层的难点是处理领导与执行、战略制定与执行的关系;中层管理工作的复杂性在于业务与管理的两难;基层执行力的关键就是责任心问题。

管理学中,一般把团队分为以下三种类型:

一是"螃蟹团队"。一只螃蟹准备往篓子上爬,其他螃蟹就会拼命拉住它,结果没有一只螃蟹能够爬上去。团队成员之间的激烈竞争,最终会导致整个团队执行能力的下降,无法实现 1+1>2 的结果,形成奇怪的精英组成团队,战斗力却不强的怪现象!

二是"野牛团队"。虽然每只野牛身强力壮,但是它们缺乏集体意识,各自为政。所以这种团队的特点是成员分开时战斗力很强,合起来反而很弱,有点类似于我们常说的:一个和尚有水喝,三个和尚没水喝。

三是"大雁团队"。雁群由头雁带领,群雁排成整齐的"一"字形或"人"字形队伍飞行。倘若孤雁独飞,最后的结局往往是死亡。

在这三种团队中,最好的类型是大雁团队。管理者不难发现,由千差万别的个体成员组成的团队,第一、二类型团队和第三类型团队形成的团队力量是不一样的。我们今天推崇的是"大雁团队",大雁团队中队员所形成的关系在生物学上叫作"共生关系",即群体生物彼此互利地生存在一起,缺此失彼都不能生存的一类关系,它是生物之间相互关系高度发展的一种形式。一个成功的团队就要形成这样的一种关系,当你觉得快承受不了的时候,队友会伸出手来支持你;当队友有困难的时候,你能顶上去。正如郎平在赛后接受记者采访时所言:"我们的运动员技术还不是最好的,但是我们的作风和团队(精神)可以(对技术进行)弥补。"

"大雁团队"能最大限度地发挥团队的凝聚效应,更加有利于组织的发展。凝聚效应是由美国社会心理学家沙赫特提出的,他认为,凝聚力越大,组织越有活力。有效的团队有明确的目标,有明智的领导者,有明确的角色定位,有宽容、相互理解和彼此信任的人际氛围。

一、学校管理团队的构建[①]

学校管理团队指由学校组织中相关管理成员组成的发挥管理作用的团队。学校管理团队由两个或两个以上的学校管理者组成,管理团队成员之间分工合作、相互配合,在共同的工作理念与目标指引下,履行各自特定的职务或职责,共同完成组织领导工作目标。高效的学校管理团队有以下特征:一是强有力且目标明确的领导;二是具有精确而细致的目标;三是具有高素质的团队成员;四是具有和谐的协作氛围;五是沟通渠道畅通有效。

构建学校管理团队的策略有以下四点:

第一,年龄结构的梯队策略——新老结合。学校管理团队成员的组合必须注重年龄结构的优化。最好的做法是对老、中、青不同年龄的人员进行恰当组合,使不同年龄段的人员都能进入学校管理层。这样既可以避免学校管理团队过于"年长化"或太"年轻化",也不致使学校管理团队成员全部"中年化",从而有利于学校的长远发展和后备干部的培养。

第二,心理结构的相容策略——刚柔并济。管理团队成员之间性格的相容是团队稳定、和谐的重要因素之一。所谓相容心理结构是指一支管理团队维持正常工作关系的心理组合。如果团队成员均属于同一类型的性格,要么是硬碰硬,谁也不服谁;要么没有一个主心骨,优柔寡断,做不成大事。另外,从相容性角度看,年龄相近的人组成的班子,由于经历差不多,如果水平相近,那么就容易出现相斥现象,从而影响团队的团结性,削弱工作的实效性。一个理想的管理团队的性格组合应该是柔中有刚,刚柔相济,从而形成一种

---

① 褚宏启,张新平.教育管理学教程[M].北京:北京师范大学出版社,2013:240-241.

感情、志趣、行为相投的管理团队。

第三,知识结构的互补策略——文理结合。具体来讲,在团队成员中既要有数、理、化等自然科学相应专业的人员,也要有文、史、哲等社会科学相应专业的人员。除此之外,团队成员中还应当有精通教育管理的人才和一些具有相关专业(领域)背景的专家。例如,有人擅长做思想工作,有人擅长教学管理工作,有人擅长公共关系处理,有人擅长后勤工作,将这些人合理地加以组合,形成复合的知识结构,便能使管理团队的知识多样化,从而对学校的教育教学工作进行科学有效的管理。

第四,工作结构的配套策略——精兵简政。工作结构的配套,主要指学校管理团队的搭配要做到人员精、人数少、工作配套,符合精干有力的原则。人员精是指学校管理团队中每个成员必须具有胜任现职工作的专业知识和组织能力。对于不符合条件,不胜任者,必须及时调整,决不迁就。人数少是指能一个人做的工作决不用两个人,同时要尽量减少成员的职数,减少交叉兼职,不设虚职和闲职。工作配套主要是指在精干有力的原则下,管理团队内部要有配套的工作结构,既有负责学校全面工作的,又有抓教学、抓学生思想教育、抓后勤工作并能独当一面的能手,学校还可设立参谋咨询、监督检查、信息反馈的机构和人员,以保证团队决策的正确制定和贯彻执行。

二、学校执行力的四大"核心要素"

1. 高标准、严要求是实现高效执行力的重大影响因素

高标准、严要求就是指任何值得做的事情都要做好,任何有价值、必须做好的事情都要做到尽善尽美。高标准是一种目标设置。高标准可以影响事情的结果,所以,不管做什么事情,都得设立标准,否则就不能成事。严要求是一种自我行为的约束。严要求就是用严的标准把好质量关,用严的要求把好责任关,用严的制度把好长效关。高标准和严要求相辅相成,彼此互为助力,缺一不可。

2. 全力以赴、志在必得,实现高效的执行

高标准、严要求是执行有力的前提,想要更好地执行任务,还要牢记执行力的核心要素,即积极投身工作,保持良好的心态。发明家爱迪生说:"我不认为我是天才,我只是竭尽全力去做而已。"若无竭尽全力的心态,空有目标和要求,学校组织的目标是永远无法达成的。那么如何全力以赴,最大限度地把事情做好,这就需要处理好人与事之间的关系。①

第一,"规线",就是解决人与事之间的问题。即"什么人管什么事,什么事归谁管",把这些理清之后,形成做事的主线。比如,学校管理中有"教学线""德育线""后勤线",学校的各项工作基本上围绕这三条主线开展,同时,管理者要选择适合在这条线上工作的人来负责各项工作的开展。

第二,"规层",也就是要分层管理,明确每一层的隶属关系,责任落实到人。比如,学校的任何问题处理就一定要采用严格的级别负责制,如果每一级别的负责人职责明确,那

---

① 林文明.学校细节管理的执行力[M].南京:江苏凤凰教育出版社,2017:145.

么层级的管理、事情的执行就会非常流畅。

第三,"规人",也就是领导在安排任务的时候,用什么样的方法、什么样的工具,什么事情由谁来做,都要明确,如此一来,教职工在执行任务时也就更加积极了。"规线""规层""规人"在执行任务前一定要做好充分的准备。

3. 明确分工,避免错位,确定角色的责任是提高团队执行力的重要因素

执行好一件事情,在角色安排上很重要,管理者可以运用"外善变通,内善实干"的管理技巧,提高用人效益。"外善变通"就是在分配工作任务的时候,要看这个人对外部的随机应变能力。如果他在参加外部事务活动时能够灵活运用一定的社交策略或技巧,顺利达到目的,那么他就适合承担执行任务,就有利于任务的执行。如果他对外部事务胆怯心惧,总想敷衍塞责,就不利于任务的执行,也就不适合这样的任务。"内善实干"主要看一个人是否具备工作能力以及工作态度是否积极。如果他能提出可行性的实施方案,做事业干脆利落,对内部的事务应付自如,那么可以担起内部事务的角色。如果遇到问题退缩,态度散漫,说明管理内部事务的角色不适合由他来担当。一个团队只有明确每一位成员的角色,合理为其安排工作,并且充分发挥每个人的不同作用,才有利于事情的顺利完成。

4. 程序流畅,实现公平,明确的工作程序是事情顺利进行的有力保障

流程是一个或一系列的操作,这些行动以确定的方式展开,完成一个或一系列的操作,就会产生特定的结果。处理事务时有流程很重要,特别是面临突发情况时。管理学上有个管理方法称为"切片法",意思是说一个人完成任务时,把这个任务分成若干阶段性任务,并且坚持完成这些阶段性任务。北宋文学家苏轼说:"论事易,做事难;做事易,成事难。"如果没有流畅的程序,整个工作就像齿轮缺少了润滑油一样无法正常运转。执行力不仅仅是工作作风问题,更是能力问题、制度问题、组织问题。

学校管理的平台应该是一个完整的机制,应该有开头、有结尾,是一个闭合的系统;应该有规则、有标准;当然也应该有评价、有奖励。一个组织,应该让组织里的成员了解组织长期设置的稳定的"智慧众筹平台"。即这个平台不分时间、地点、类型,不分昼夜地等待每个人的意见、建议,甚至牢骚,并对其认真梳理、筛选、归类。无论组织内哪个部分,能采纳的建议,立即采纳;不能采纳的,或者暂时不能采纳的,也要向对方反馈,即刻做出诚恳说明,同时表示诚挚感谢。

三、校长执行力管理

学校的发展离不开德才兼备的领导者,领导的质量直接决定教育效能,提高学校领导的专业素养与学校领导活动的科学性有助于推动学校的健康发展。孔子曰:"陈力就列,不能者止。"一位优秀的校长要在自己的职位上展现自己的才智,贡献自己的才能,说到底,就是要有执行力。对学校而言,执行力是关系到其生存与发展的大问题,是实现发展的重要途径和手段,是一个学校核心竞争力的体现。领导者如果拥有高效的执行力,就能领导大家全力以赴完成各项工作,工作起来就会既有速度,又有质量。领导者没有高效的执行力,那么他的决策再科学、措施再高明,也难以取得成效。管理者要坐着思考、走着管

理、跑着服务,边管理、边思考、边落地。管理者用人格魅力、专业能力、做事魄力凝聚人心,与同事们并肩同行。

校长决定着整个学校执行力的强弱,一个成功的校长不仅要懂教育、善决策、会管理,更需具备高效的执行力。校长用权力迫使教职工去执行任务是下等水平的管理;善用人才是中等水平的管理;用精神力量感召大家积极主动做事才是高等水平的管理。校长需要积极培育领导学校团队的心态和能力来不断提升自己的执行力。

校长执行力管理主要指校长通过选人、用人、领人、爱人等领导和管理策略提升教职员工的执行力,落实学校战略发展规划,培育共同负责文化的过程。

(一) 选人能力管理

一个组织有没有执行力,关键看有没有选对人。校长要学会用人,而不只是用自己。即校长的首要能力是知人善用,将每一位教职工放在他们最合适的岗位上,发挥他们的最大功效。选人能力管理就是把合适的人挑选出来做合适的事的过程。汤姆·彼得斯(Tom Peters)说,管理工作就是让合适的人去做合适的事情。杰克·韦尔奇(Jack Welch)说:"作为一个管理者,最重要的工作就是挑选人,一定要把时间花在找人上,只有找到最好的人,你才有可能成功。我们能做的一切,就是把宝押在我们所选择的人身上。"① 用高人和能人是提高学校执行力的重要途径。校长选人能力管理要求校长把好进人关,以丰富的经验、科学的态度和方法识别、选择有执行力的人进入学校。执行力强的人的主要特征有:爱岗敬业、主动自发、承担责任、随机应变、追求创新、终身学习。

用人是学校管理的一个大学问,校长要招到自己能用的人,重用有本事的人,让人才站出来,显示自己的才能。选择正确的人到合适的岗位上去做事,远远比开发一个重要的战略项目重要得多。苹果前CEO史蒂夫·乔布斯曾说过:"(垃圾)是放错位置的宝贝。在一个组织中,没有不适合的员工,只有主管把人放错了位置,以至于该员工无法发挥其专长,这也就要求一个管理者在管理团队时,要充分发挥每一位员工的优势,把他们放在合适的岗位上,以便使其优势得到强化,使其劣势得到削弱甚至消除,从而使团队的力量达到最强!"

学校组织中,每一个平凡人也可以做出不平凡的事。正如我们常说的"唐僧式团队"。唐僧这样的领导,对自己的目标非常执着;孙悟空虽然很自以为是,但是很勤奋,能力强;猪八戒虽然懒惰一点,但是拥有积极乐观的态度;沙和尚从来都不谈理想,却脚踏实地地上班。因此,这四个人合在一起形成了"中国最完美的团队"。校长招聘教职工,是找最适合的,而不是最优秀的。坚信凡人在一起也可以做出不平凡的事,这就要求不仅要把好进人关,还要把合适的人放在合适的岗位上。

选择执行力强的人到学校的重要岗位,做到人职匹配。选人流程包括评估、鉴别与培养等,绩效高者就是执行力强的人。用人需要考虑其执行力与岗位相互匹配的情况,校长

---

① 吕国荣.决定执行力的49个细节[M].北京:企业管理出版社,2004:8.

可以参考以下几种绩效评估方法：①

（1）书面描述法。校长与人力资源管理团队对需要了解的员工写一份记叙性材料，描述一个教师或教辅人员的所长所短、过去的绩效和潜能等，提出予以改进和提高的建议。

（2）关键事件法或行为定位法。校长作为评估者可记下关键事件，注意力集中在区分有效和无效工作绩效方面。可利用两种技术：行为事件访谈法和主题内容分析编码技术。观察和研究被评估者的能力表现等级，从而选择所需要的人。

（3）评分表法。校长指挥人力资源管理团队列出一系列绩效因素，如工作数量和质量、协作与出勤、忠诚、诚实和首创精神等，评估者可用5分制评分。把高分者录用到所需要的岗位。

（4）多人比较法。包括三种方法：分组用排序法把全体成员按特定分组编入前1/5或后1/5的次序中。个体排序法——把教职员工从高到低顺序排列，位置在前的是优秀的。配对比较法将每位教职员工与比较组的其他每位成员结对比较，将每位员工的优点累计，再排列出一个总顺序。学校从中选择胜任者到相应的岗位上。

（二）领人能力管理

校长是学校的领导者，不是学校工作的万能贴，不是学校的劳模，而是一个指挥家、一个率领者、一个能够带领更多劳模创造学校效益的人。在学校日常事务管理中，校长不一定要冲锋陷阵在最前面，但一定要保证冲锋陷阵的士兵完成任务，而且还能毫发无损地回来。即校长的领导力很重要。

所谓领导力，就是在其管辖的范围之内，充分利用人力和客观条件，用最小的成本办成所需要办成的事情。俞敏洪对领导力有过这样的阐释："为人处世很好的人不一定有领导力，但有领导力的人，一定是为人处世很好的人。凡是为人处世有问题的人，他最后一定会出问题。比如说张狂的人、极端的人、不遵守社会公约或者不承担社会责任的人。你可以看到这样的企业家在中国一批一批地倒下去。你说他们没有领导力吗？他们能够把一个企业做成，但他们又把自己做成的企业彻底地毁掉。这就表明，他们的领导力是一种虚假的领导力，只不过是得到一个偶然的机会，抢到一个机会把事情做出来了。所以说，领导力也可以解释为使一个企业或组织平稳发展的能力。"②

作为校长，不要让教职工为了你而工作，而是应该为了学校共同的目标、使命或者是一个教育理想去工作，绝对不要因为简单的校长人格魅力而工作。推动学校发展的重要力量不是校长，而是教师，教师才是学校发展的核心资源。校长一定要重于揽才，明于识才，长于育才，善于用才。学校管理工作千头万绪，关键是做好对教师的管理。校长是学校的领跑者，一个有胜任力和领导力的校长是有洞察力和指导力的校长，是会用人、管人和育人的校长。管好、用好自己所有的教职员工并帮助他们成长壮大，培养有执行力的下属是校长的首要任务。

---

① 李泽尧. 执行力[M]. 广州：广东经济出版社，2008：229.
② 马云. 我的管理心得[M]. 杭州：浙江人民出版社，2009：85.

1. 了解成员个性,因人施策

团队成员个性一般分四种:分析型、友善型、表现型、伺机型。分析型是典型的完美主义者,大多数时候的做法都是对的,如遭遇险境时会躲进掩体。主要特征是:挑剔、吹毛求疵、注重德行、勤奋、执着、认真、井然有序。友善型是典型的群居动物,体贴别人,有同情心。险境中容易屈服,表现为顺从、依赖、不自信、奉承、支持、恭敬、心甘情愿、和蔼可亲。表现型是胸怀大局者,险境中会主动攻击。主要特征是易激动、不羁、以自我为中心、雄心勃勃、有煽动力、充满激情。伺机型是"让我来"型,险境中会变成暴君。主要特征是:咄咄逼人、严厉、不妥协、冷峻、意志坚强、独立自主、注重实效、果断和高效。① 校长应把这些人整合在一起,放在不同的岗位上,相互交流,组建互补型团队,激发员工内在潜力。用人不在于如何减少人的短处,而在于如何发挥人的长处。扬长避短,唯才是用。

2. 注重心态和能力,管理有道

如果从执行力的心态和能力要素来说,学校的教职员工有四种类型:心态好、能力好;心态不好、能力不好;心态好、能力不好;心态不好、能力好。与之相匹配的管理原则和管理风格也有四种。② 对于心态不好、能力也不好的员工,给予明确指示并频繁进行监督。利用单向沟通方式进行告知式管理:我来决定。对于心态好、能力不好的员工,解释你的决策并做出说明。采取双向沟通方式进行推销式管理:我们一起谈谈,我来决定。对于能力好、但心态不好的下属,分享想法并帮助其进行决策。采用双向沟通方式进行参与式管理:我们一起谈谈,你来决定。对于心态好、能力好的下属,由其自己决定并执行。采取单向沟通方式进行授权式领导和管理:你来决定。提升下属执行力就必须向合适的人授合适的权:授权经常性的工作、授权发展机会、授权专业的事情等等。不应该授权的有:上级分配给校长亲自做的工作、学校文化建设、团队建设、机密和人事、危机问题等。以身作则非常重要,如何把工作交给下属也相当重要。管理是通过他人完成工作的一种程序和艺术,只有彻底改变事必躬亲的习惯,有效授权,才能从问题解决者转换为有执行力的管理者。

3. 共同负责,指导有方

校长要带动每个员工共同负责,能够承担起需要承担的责任。一般而言,带动员工共同负责的方法可见表5-4:③

---

① 姚予.执行力[M].北京:中华工商联合出版社,2007:141.
② 陈永亮.团队执行力[M].北京:北京大学出版社,2009:101.
③ 影响力中央研究院教材专家组.绝对执行——高效执行力组织的6大系统[M].北京:电子工业出版社,2009:56.

表 5-4　校长带动员工共同负责的方法列表

方法	措施
鼓励员工独立完成任务	领导把握关键问题并指导员工抓住关键,鼓励员工参与对话
培养员工的自信心	进行大量的教育和沟通,给员工提供更多成功的机会
区别不同性质的工作	日常性工作,创新工作
要求员工工作前做出保证	工作前做出一定完成任务的保证,对工作计划做出承诺
重视不同的观点	重视并倾听员工的观点,通过对话达成共识
允许冒险,给予支持	鼓励员工敢于冒险,勇于承担责任

学校教职员工的执行力体现在完成任务的效率与质量上。承担责任和完成任务需要校长的指导。从内容而言,校长指导包括对下属工作目标、思想、政策、信息、方法等各个方面的指导。从方法来说,校长指导有两个重点策略:[①]一是因人施教——没有经验、缺乏适应能力的员工,需要指导其该做什么、如何做、何时何地做并进行监督;对于缺乏自信的员工,要适当、及时进行个别指导和支援;对于有能力、有意愿的员工,可以授权其自己完成任务,适时监督。二是向员工客观反馈工作表现——根据事实表明意见并举实例证明。良好表现也有需要改进的地方,反之亦然。从指导方式而言,有个体指导和团队指导。学校高层管理者不能当保姆,而是有意和教职员工共同成长。既给自己机会,更为员工成长创造机会。教会下属独立、主动做事,会巧妙而引导性回答下属提出的问题。让下属自己想出具体的操作方案是个好办法,但校长在关键时刻必须指导到位。团队成长指导往往通过分类、分层的培训方式进行。如学校发展规划制定培训、管理者领导力或执行力培训、新教师岗前培训、一般教师或骨干教师专业成长培训、教辅人员礼仪和形象培训等等。

4. 承前启后,继任有人

教育行政部门和学校需要共同负责校长的继任计划。在上级部门领导下,校长积极识别和培养后继人才,才能形成丰富的校长人力资源储备库。国际商业机器公司(IBM)的"长板凳计划"起源于美国的棒球比赛。长板凳上面坐着很多替补队员,要换人时,第一个人就上场,第二个人就到第一个位置上,刚刚换下来的人坐在最后一个位置上。在国际商业机器公司,每个主管以上的员工上任伊始,就有一个硬性目标:确定自己的位置在一两年内由谁接任?三四年内由谁接任?突然离开后由谁来接任?学校组织系统更是如此。一个校长的专业成长至少需要五年的时间,应该提前三年着手培养,而不是等退休了才想起由谁来接任的问题。

(三) 爱人能力管理

校长只会选人、用人、指导人还不够,更重要的是会爱人。爱人是一种意识,爱人是一种能力。爱人就是尊重人、关爱人、激励人和奖励人。校长需要有意识地提升自己的爱人

[①] 影响力中央研究院教材专家组.绝对执行——高效执行力组织的 6 大系统[M].北京:电子工业出版社,2009:37.

意识和能力。

1. 尊重

校长可经常运用听觉激励和视觉激励,让下属快乐地工作。尊重他们的价值,做到在语言和行为上的表现都让下属觉得自己很重要;感谢下属,永远不把他们当敌人。

2. 关爱

很多优秀的企业家,他们都很有人情味,懂得管理人心,令自己在组织内部人心所向。日本的著名企业家岛川三部曾对外界称:"我经营管理的最大成本就是把工作家庭化和娱乐化。"美国著名成功学家戴尔·卡耐基在其著作《关爱人》中写道:"一个能够从细微处体谅和善待他人的人,一定是一个与人为善的人,必定有很好的人际关系,这种人际关系就是他成功的基石。"同样,管理者要想赢取民心,就必须做到以人为本。学校管理者,只有凭着一颗仁爱之心,处处为教职工着想,知道他们的困难所在,并及时予以解决,才能促使他们真正发挥自己最大的作用和能力,最大化地促进学校的发展。

表达关爱可以创造和使用多种方式,经常运用的策略包括:

(1) 创造家庭的策略。假设我们的学校是一个家庭,我们大家就是兄弟姐妹。可以通过语言和行为上的转变加以表达,如握手、拥抱等。学校还可以经常开展有家庭氛围的活动,营造家园感。R中学校长领导教务部门策划了一个"三尺讲台30年"的活动,在学校已经工作30年的几位教师非常感动,表示坚决要站好最后一班岗。学生主任和办公室主任策划了"行政人员的一天"活动,用录像形式介绍了行政人员默默无闻服务的一天,让全校师生了解他们的工作,为工作的顺利开展打下了良好的基础。Y中学在经费拮据的情况下策划了"教师节清晨献花"活动,校长和所有的中层管理者在教师节的早晨六点半站在校门口,为每个员工献上一束价格为5元钱的鲜花,但这束花的价值远远不止这些。

(2) 触摸教师和学生心灵的策略。可用优秀老师名字命名学校文化,如谁的精神、谁的模式、谁的工作室,过生日以学校名义送贺卡,等等。初中学校可以组织"14岁的青春脚步"类的生日活动,让家长亲笔给孩子写信,全班学生共同读信,感受家长和学校的关爱。

(3) 致信或致电家属的策略。让你的员工的喜讯传到他的家庭,或者组织共同的活动。格兰仕的书信文化就很有名。董事长梁庆德在每年岁尾都写一封"致格兰仕全体员工及家属的一封信":1997年《艰难困苦我们一起背》;1998年《给全体员工拜个年》;1999年《接受我最真诚的祝福》;2000年《努力了,心血就不会白费》;2001年《那些欢笑与泪水同行的日子》;2002年《让我们的心贴得更紧一些》;2003年《找到属于自己的一片蓝天》。

3. 激励

激励就是用一种规范化的、固定化的方法,把远大的理想转化为具体的事实。高明的管理者都很善于对下属的功劳和成就给予肯定和认同,可以使下属继续在这样的激励下保持积极行为,提高执行效率。

高明的学校管理者都很善于对教职工的功劳和成就给予肯定和认同,可以使他们继续在这样的激励下保持积极行为,提高执行的效率。激励可以是物质、经济的,或是精神上的奖励,但一定要言而有信。激励不及时且不能满足被激励者的需求,会挫伤教职工的工作积极性,降低工作效率。管理实践中,适当地给教师一些意想不到的奖励,不论是一句话,还是一个动作,都能激发教师们的工作积极性。

日常管理中的激励机制实施,一般有三个具体的原则和技巧:

第一个是被激励者要德才兼备。德和才二者不可偏废,否则这人不是庸才,就是劣才,对其培养的价值不大。

第二个是机会均等。要激励大家一起上进,不能让他们彼此之间有机会上的偏差。如果是奖励,就要落实到每一个真正优秀的人身上,不能因为对某些人不喜欢而剥夺他们受奖励的权利,否则员工的执行力会出现不均衡的情况,进而影响到整个团队的执行力。

第三个是"阶梯晋升"和"破格提拔"相结合。对一般的表现突出者采取"阶梯晋升"的方式,而对特别出色者则要采取"破格提拔"的方式。前一种方式是按部就班的,后一种则是不拘一格的,两者形成了常态奖励和非常态奖励手段的结合,更能激励教职工的上进。

很多时候,完善激励机制不是单纯地优化系统,而在于激励是否产生了效果。有激励机制而没有去激励、鼓舞团队成员,那么,这项激励措施是失败的。

四、中层执行力管理

学校战略管理中,如果没有中层,就无法将一线的操作者和最高管理者连接起来。一个组织中的中层出了问题,整个组织就无法运转。

(一)中层的定位

传统的学校里,学校中层干部包括教学主任、德育主任、科研主任、后勤主任、办公室主任等,年级组长和教研组长也是重要的业务、管理的骨干力量。

也有些学校的"中层管理者"仅仅是指对教育教学一线拥有指挥权的很小的一个群体。对上,他们对校长负责;对下,他们调度和指挥教育教学一线,如年级主任、学科主任。而其余的管理者,大都可以划归组织结构的其他部分,如教务主任、总务主任、办公室主任以及分管他们的副校级领导,应该划归支持人员;课程中心主任、教师专业发展中心主任、科研室主任等类似负责组织研发工作的管理者,则应该划归研发人员。这两类管理者对教育教学一线不再拥有指挥权,属于职能管理者,通过为一线提供相应的支持与服务而发挥作用。

新时代,中国的许多学校给年级主任加了一个副校长的职务。这样一来,作为直接面对教育教学一线的中层管理者,年级主任可以直接进入学校的最高决策层——校务委员会,这客观上缩短了战略高层和教育教学一线的距离,一线师生的需求可以方便地进入学校的决策层。所以,从校级干部到中层副职,统统称为学校的中层,其薪酬待遇可以职级区分,其汇报关系一定要按照有利于资源向教育教学一线的逻辑设定。在特定的管理领域里,谁听谁指挥?谁向谁汇报?谁为谁服务?简单而清晰。只要没有汇报关系,就不应该按级别决定指挥关系,副校长不一定能指挥副主任。这样的服务关系建立起来之后,可以避免行政权力的膨胀和尴尬。

(二)管理跨度

中层部门的数量决定了直接向校长汇报的人数,也就是管理跨度的大小。一般而言,管理学家都主张管理者有6—8位直接下属是比较合理的设计。管理跨度过小,带来的直接问题就是增加了管理层级,且不可避免地增加了大量的管理人员。在一个健康的组织里,可以越级检查,但不可以越级指挥;可以越级汇报,但不可以越级请示。如果破坏了正常的汇报关系,人们就会无所适从;面对多头、多层的指挥,管理也会变得混乱。正常的做法是,找到一些重点工作,尤其是需要协调资源的工作,不管负责这些工作的主管级别高低,也无须改变这些主管的职务级别,把他们和其他副校长一样划为校长的直接下属,校长就可以直接调度他们的工作。比如,校长可以直接把学科组长、年级主任作为直接下属等。图5-3是某学校经过设计的学校中层的管理跨度,这样的管理跨度所形成的下属,大都是教育教学一线的主管,也是年级主任。他们十分了解一线师生的实际情况,对师生的诉求特别清楚,看问题也常常带有一线的视角。

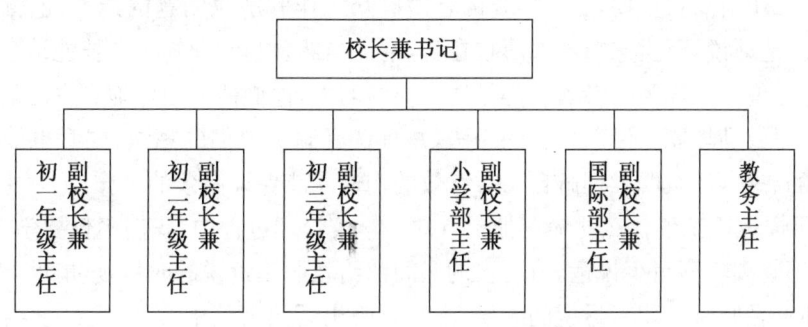

图5-3 某所学校设计的学校中层管理跨度

(三) 中层的作用

学校的发展"赢在中层",而"赢在中层"的关键是中层管理者不断形成合力。中层管理者要发挥桥梁、沟通的作用,处于承上启下的位置,主要任务是下达学校高层管理者的决策,上传教师的意见。在学校中,战略高层把握着一个组织的方向,引领学校的价值观。学校中层管理者的主要任务是能够正确理解校长领导团队的意图,并将目标细化、拆分和最终执行。中层干部执行力决定了职能部门的执行力水平,对于学校的发展举足轻重。

中层最应该做的是在组织高层和一线之间搭建阶梯,在价值观转化为一线方法论中发力,为一线提供原则、要素和模型,避免战略计划在实施层面偏离。同时,中层之间的关系至关重要,影响着一个组织的生态。校长能否合理定义每个中层的岗位,摆正他们的位置,并协调好他们之前的关系,决定着整个组织的战斗力。这既是一种个体执行力,同时也是学校执行力的反映和标志。学校中层必须从以下几个方面加强管理:

1. 建立良好的人际关系是中层的首要工作

管理学者认为,牢固的人际关系在所有的组织中都有强大的力量。"积极向上的团队帮助人们产生积极的改变,尤其是当人际关系中充满了坦率、信任和心理安全感。"在学校建立起高质量、良好人际关系的关键是与所有利益相关者建立互信。学校中层的人际关系会影响到校区内所有其他的关系,其中最重要的是师生关系。学校中层表现出的互信、积极、合作的态度会充分显示出积极的校园文化,所有教育工作者会为了学校和学生的共同发展而协作,因而学习气氛高涨。信任度高的学校更有可能提升学生的学业水平,主要表现为尊重、关注个人、承担核心职责的能力和为人正直。

2. 沟通协调

学校的任何一项工作和任务都需要一个组织来配合和完成。中层管理者是上下级之间的桥梁,负责上下级、部门与部门之间的协调。一个组织内的中层,与没有上下级隶属关系的同级或不同级别的人有诸多联系。在与这些职位的联系中,中层管理者大都是有求于对方。从表面看来,对方根本没有与他们合作的必要性。这时候,他们需要具备的技能就是协商。协商之所以如此重要且成为中层的常用技能,就是因为它可以帮助中层与对方形成合作,其中的关键就是与对方寻求共同利益。

2013年5月14日,习近平总书记在天津和高校毕业生、失业人员等座谈时,重点强调"做实际工作情商很重要,更多需要的是做群众工作和解决问题的能力,也就是适应社会的能力。老话说,万贯家财不如薄技在身,情商当然要与专业知识和技能结合。"所谓情商高,就是会说话。优秀的管理者都是情商很高的人,他们能够很好地和自己的教职工进行沟通,懂得鼓励教职工说出自己的想法,并且认真倾听他们的想法,同时也能很准确地表达自己的想法,让教职工理解自己。有效的沟通才能保证高效的工作。

(1) 听懂教职工说什么比命令他更有效。学校管理过程中,我们不仅要学会说,还要学会听。当管理者懂得少说话,将更多的时间留给教职工诉说的时候,就能够与他们高效沟通。同时,在倾听教职工诉说的时候,不仅要听出话语背后的深层含义,更要理解对方的肢体语言。为了提高执行力和工作效率,管理者必须学会倾听,准确了解他们的想法和意见,进而找到应对的策略。

管理者与教职工进行沟通的时候,需要注意以下几个方面:一是不要在别人说话的时候打断对方。二是在倾听的过程中全神贯注,不放过对方话语中的细节,弄清楚对方的真正目的,分析清楚对方话语背后的意思。三是学会主动,主动表达自己的内心想法。沟通是一个互动的过程,面对教职工的观点,管理者要在恰当的时机主动发表个人的观点,增加沟通的主动性和趣味性,营造一种愉快的沟通氛围。

(2) 沟通的最终目的是为了说服别人。沟通是利用语言和非语言符号进行信息和情感的交流过程。50%的工作问题因管理不善而产生,50%的管理问题因沟通不到位而出现。① 沟通有两种效果,一种是我们说服了别人,别人同意满足我们的要求;另外一种就是我们没有说服别人,反而被别人说服。要达到说服别人的效果,必须要想办法增强自己的沟通能力和语言说服能力。

身为管理者,我们要用什么样的语言方式才能增强说服力呢? 一是用事实和数据说话。事实和数据往往是客观事物的具体表现,比任何的描述和个人感受都更具有说服力。尤其在讨论问题或者汇报工作的过程中,可巧妙地利用数据增强自己话语的可信度和说服力。二是要以理服人,而不是把自己的观点强加于人。沟通过程中,要懂得使用"晓之以理,动之以情"的策略说服对方,让对方心服口服。三是懂得换位思考。沟通之前,我们

---

① 陈水亮.团队执行力[M].北京:北京大学出版社,2009:51.

要全面了解沟通对象,如兴趣、爱好、习惯、需求等,沟通的时候能说到对方的心坎上。四是借助第三方的力量说服对方。对于实在难以说服的对象,我们可以借助第三方的力量间接说服对方,当然这个第三方必须有一定的权威性,而且是对方完全认可和信赖的人。

3. 坚持按照原则办事

邓小平指出:"管干部的干部,要很公道,很正派,不邪,不怕得罪人。"也就是说,管理者要坚持严管与厚爱并重,刚柔相济,引导教职工想干事、能干事、干成事。一个人没有原则,其实就是指他在具体问题的处理上不够稳定,同样的事情在处理的时候常常充满变数。处在中层这个领域的管理者,做任何事情首先要坚持原则。

比如 R 学校在学校品牌推介时就有以下原则:①

能说学生,不说学校。

能说教师,不说校长。

既说业绩,更说策略、方法。

能局外人说,不自己人说。

能一次性说清,不重复说。

能聚焦特定人、在相应媒介说,不大面积狂轰滥炸。

能说成长故事,不说分数、名次。

能让已毕业学生及家长说,不让在读学生及家长说。

同样,在学校课程开发中,该学校的中层严格按照学校的愿景、使命、培养目标这类价值观指引每一位老师坚守"顶天立地"的原则。"顶天"是贯彻落实国家课程方案和各学科课程标准,依据学校育人目标;"立地"则是指基于学生成长的需求,从学校的条件出发,关注学生当下兴趣,唤醒不同学生的潜能,满足学生需求与激发教师的潜能相统一,利用现有资源开发达成育人目标的课程。

五、基层执行力管理

学校基层执行力是指每个教职员工完成任务的速度、质量和力度,也表现为其完成任务的责任心和能力水平。基层教职员工的执行力管理就是在学校的规范和引导下,主动进行做事能力和理时能力建设。

(一)做事能力管理

1. 引导教职工思想上重视执行力

学校管理者最大的难题是教职员工的执行力差,不仅意味着学校要付出巨大的成本,而且也达不到学校发展的战略目标。这就需要加强教职工的培训,让其从思想深处认识到提高执行力的意义,引导他们主动去工作,提高工作效率,对增强学校的凝聚力和竞争力产生积极的影响。

一是严格实施岗位绩效考核制,落实奖惩制度。让教职工对自己很差的执行力所造

---

① 李希贵.学校如何运转[M].北京:教育科学出版社,2019:72.

成的后果有明确的认识。只有学校营造了健康的、适度的竞争文化,如优劳优酬,能者上、庸者下等,当教职工发现很差的执行力会带来严重的后果时,自然会下意识提高自己的执行力。

二是引导教职工发自内心地想要提高执行力。很多时候,学校教职工执行力差是因为他们根本就没有想过要提高执行力,对一切抱着得过且过的心态,执行的目的只是执行。

三是用提高执行力之后的优秀成果来激励教职工。事实上,很多时候,教职工认识不到提高执行力会给自己带来什么样的结果。如果教职工都很清楚自己提高执行力,完成岗位任务之后的荣誉、晋升、评优评奖、职务聘任等积极的变化,他们的执行力自然会提高。

一个没有执行的思想,永远只是空想。只有教职工带着好的思想和智慧的执行力,才能在任何事情上都取得成功。人们常说大脑是人体的司令部,指挥着我们的言行举止,一旦司令部出现问题,我们的言行举止都会变得怪异。反过来说,如果我们员工的执行力很强,动手解决问题的能力很强,同样也会使自己的思想变得更加积极。

2. 锻炼教职工的成果思维

学校中,教职工经常用"谋事在人,成事在天"进行自我安慰,所以很多时候,大家会把失败归结于老天没有成全自己,导致多数教职工在工作中不思进取,自由散漫,执行力很差。

事实上,高效率工作不是为了工作本身,而是为了工作最终的成效,衡量一个员工的工作价值正是以最终的成效为标准。管理者一定要帮助教职工树立强大的成果思维导向,成果思维决定着事情的成败,让教职工明确清楚自己干每一件事情要想达到什么样的结果,对成果有一定的预见性,他们才会深入分析,然后脚踏实地,按照步骤做事,最终一定会成功。

学校管理要以结果为导向,通过有效的教师绩效考核机制,创造良好的教学效益。以结果为导向,教职工才会有动力;以结果为导向的考核才能让成功有效,有利于促进教职工的创造性。做任何事情都应该以最终的成果为考核的标准,如果只注重过程而忽视最终的成果,只能是本末倒置。一个人的时间和精力是有限的,如果在过程中花费很多的时间和精力,却没有很好的结果,执行也是无效的。

3. 树立教职工的赢者心态

成功不仅来源于自己的努力,更来源于自己的心态。吸引法则告诉我们:只有具有赢者心态的人,才具有强大的执行力,才能最终获得成功。

学校管理者要帮助教师锁定目标,营造"幸福是奋斗出来"的氛围,激发教师对成功的渴望,在困难面前毫不屈服,不会因为遇到阻力就轻易放弃自己的目标。尤其在教师职业发展生涯中,管理者引导教师树立高远的格局,让每一位教职工看到自己不仅有今天的任务、明天的计划,还有五年之后、十年之后的规划。凡拥有梦想、对成功充满了强烈的欲望并且执行力很强的人,都会创造一番业绩。

马云说:"判断一个人是不是优秀,不要看他是不是哈佛毕业,是不是斯坦福毕业,而是要判断这个人干活是不是发疯一样干,看他每天下班是不是笑眯眯回家。"任何一个人要把笑脸露出来,如果你的脸看起来很痛苦,那么就不可能给别人带来快乐,快乐是需要展现出来的。态度决定行动,一个人拥有什么样的心态,就拥有什么样的人生。为了避免教师敷衍工作,学校管理者应做到以下几点:首先,因岗择人,人尽其才。只有喜欢自己的工作,教职工才会心甘情愿地为其付出,在执行的过程中才能细致入微,并能够为自己喜欢的事情吃苦。其次,让教职工明白工作能够带给他们最实际的价值。人们工作的真正目的是为了实现自己的人生价值。认真生活,快乐工作。

4. 强化教职工的责任心

一所学校要想提高执行力,不是仅仅依靠校长一个人的责任心,而是要依靠学校中每个人强烈的责任心。责任心是每个员工内心的强大潜能,只有不断激发他们这种潜能,才能使他们充分发挥主观能动性,认真执行工作任务,提高个人的工作效率。

事实上,不敢担当、不愿担当、不善担当是组织中最容易出现的问题。工作无小事,有时候看起来无关紧要的小问题,可能就会导致大问题。因此,管理者在学校管理中,要不断树立责任意识,让我们的教职员工不能有丝毫马虎,在每个岗位,将每个环节严格、彻底地执行到位。坚决杜绝敷衍塞责的现象,无论是否有人监督自己的工作,犯了错误的时候,能够主动承担责任而不推卸责任;当看到别人犯错,也会内疚,即刻反思"是不是我平时哪方面没做好,导致他犯错误?我要从对方的错误中吸取什么教训?我如何改善自身?"这种从大局出发,而不是从自身的利益得失去检审的胸怀和境界就是责任心。提高执行力的核心就在于拥有强烈的责任心。

学校管理者要培养教职工敢于冒险、敢于承担责任的精神。敢于担当,需要勇气,是一种气魄。而有气魄,才能志存高远、脚踏实地,赢得群众的信任和支持。管理者要有包容的态度,为教职工创造"试错"的环境,鼓励其担当的底气,培养他做事的能力。同时,建立奖惩分明的机制,把每一个人的工作结果和每一个工作岗位建立密切联系,培养教职工的责任心。只要员工有责任心,无论是多么平凡的工作岗位都能够干出一番事业,体现自己的人生价值,做出更加出色的业绩。当一个人拥有强烈的责任心的时候,就会努力、认真工作,能主动处理好分内与分外的相关的工作。有勇气、能大气、增底气,教职工就能不辱使命,在工作中尽心尽力,保质保量地完成任务。

5. 激发教职工的创新思维

一所学校如果不懂得创新,只是墨守成规,教学效益一定很有限。而一个人如果没有创新意识,工作也是敷衍塞责,当一天和尚撞一天钟,工作效果也不尽人意。

学校管理者激发教职工的创新思维,必须做到以下几个方面:

一是让教职工变得善于观察和联想。创新不一定从大事情着手,在小事情上运用创新思维更容易提高执行力。每一位教职工具备丰富的联想能力,通过联想让自己的创新思维与具体需要创新的事务联系起来,这样才可以提高自己的执行力,真正做到创新。

二是鼓励教职工打破常规习惯。很多教职工执行力差是不愿意打破自己形成多年的行为习惯,不愿意暴露自己的工作弱点。只要每个人平时多学习、多观察、多实践、多思考、多联想,这样就很容易形成自己的创新思维。

三是教会教职工换位思考。很多事情不是一条道走到黑或者撞到南墙再回头,有时候只需要换个角度思考问题,就能找到解决问题的独特办法,就可以拥有更多的创新思维。而创新思维会增强教职工的个人魅力,让他们变得越来越自信、越来越高效。

如果没有创新思维就很难提高执行力,很多时候教职工遇到一些难以解决的困难,不是他们不想很快解决,而是找不到合适的方法,于是不断地拖延,不去解决,使得执行力下降。如果学校管理者能够激发教职工的创新思维,那么他们也就能很快找到解决困难的途径,尽快解决问题,完成任务,这样他们的执行力就自然而然地提高了。

(二) 理时能力管理

现代管理之父彼得·德鲁克(Peter F. Drucker)说,最没有效率的人就是那些以最高的效率做最没用的事的人。时间管理能力是执行速度和质量的保证。理时能力是保证执行力的基本元素,即学校每个成员都要学会珍惜、利用和合理安排时间。时间管理能力与个人的能力有关。善于驾驭时间的人,能快速地提升自身素质,具有较强的统筹时间的能力,有捕捉机会和做出正确决策的能力。做任何事情都井然有序,计划周详,准备得当,用最快的速度彻底解决棘手的问题。学校管理者要想提高教职工的工作效率,就需要管理者懂得对教职工的时间进行有效的管理。

管理时间最有效的办法就是要让教职工学会对自己的工作时间进行分类,不同的事情花不同的时间来处理,这样不仅可以节省很多的时间,而且还能够充分利用时间,真正实现高效率的工作。管理者可以从以下方面加强教职工理时能力培养:

1. 引导教职工分清楚工作的轻重缓急

学校事务一般都可以分为四种类型,管理者花多少时间,应视其类型而定。① 既重要又紧急的工作。如对上级领导汇报工作,接受上级教育行政部门的检查,研究学校重大事务、教学质量等。完成这种任务需要给教职工留出足够的时间,并且要立即处理,直到解决为止。② 重要但不紧急的工作。因为重要,所以需要教师花费较长的时间去进行规划,然后一步一步去落实,确保高效完成任务,甚至超额完成。有时需要管理者监督完成。③ 紧急但不重要的工作。日常管理中,哪些事情先干,哪些事情后干,直接影响到最终的成果。如果先后顺序合理,那么我们就很容易达成目标。④ 不紧急也不重要的工作。

每一位教职工每天有很多事情需要处理,最好的方法就是列清单,对每一件事情都权衡利弊,根据要达到的目的,由高到低排列事情的重要性。工作的时候,要选取两三项最重要的事情,规定在某一段时间内集中精力完成。重要的事情往往决定着工作目标的实现与否。所以,当管理者需要教职工做很多事情的时候,先不要让他们着急动手,而要帮助教职工理性地分析一下,把这些事情分出轻重缓急,然后针对性地去安排时间做事,引导教职工在做事情之前进行正确的分析。

2. 帮助教职工提高时间的利用率

时间和才能是一个人最大的财富。不同环境的人,不同年纪的人,不同心情的人,对时间也有千差万别的认识,甚至同一个人对时间的认识也是不同的,也可能是矛盾的。而提高工作效率,唯一的办法就是科学合理地分配时间,提高时间的有效利用率,才能让自己变得更有才能,更有价值。优秀的教职工都是培养出来的,如果管理者一味批评教职工的执行力差,而不能帮助他们掌握科学合理利用时间的方法,激发教职工的工作热情,是无法让教职工提高执行力的。

管理者如何帮助教职工提高时间的利用率？

（1）让教职工的兴趣与目标保持一致。当一个人对一件事情感兴趣的时候，自然会花费更多的时间去做，而且效率也会很高。只有当教职工被安排到合适的岗位上，他们才会有更高的热情去完成工作。

（2）让教职工充分利用好碎片化的时间。碎片化的时间很容易被人们忽略，但是日积月累，就是很长的一整段时间，如果很好地利用这一段时间，就能改变自己的人生。管理者要想办法让每个人都认识到碎片化时间的重要意义，同时，一定要让教职工积极行动起来，享受碎片化的时间带来的成果。一个人能够成功，不是看他在工作时间的8小时之内做什么，而是看他24小时都在做什么。只有分配好时间，每一分每一秒才能有强大的生产力，才能够创造出更大的价值，实现目标和梦想。

（3）让教职工走在时间前面半小时。学校管理中，我们常常看到这样的情况：同样的工作量，有的员工能够保质保量地完成，甚至超额完成；但有的员工很努力，却总觉得时间不够用，总是完不成任务。有很多人即使严格按照计划来工作，还是不能准时完成。主要原因是"拖延症"降低了工作效率。有一个好的办法就是提前做好准备工作，什么任务可以提前半个小时进行。不仅是教职工要提前半个小时，管理者在做任何事情时都要提前做好充分的准备。只有提前做好准备工作，遇到突发状况的时候，管理者和员工才能都做到临危不惧，轻松应对。

第三节　学校制度执行力管理

古人云，"仁圣之本，在乎制度而已""不以规矩，不能成方圆"。制度化管理是以群体为参照的行为管理。一个人做事可以凭习惯，一群人做事必须有接口，制度就是最好的接口。好的执行以建立好的机制、制度、流程和标准为基础。战略为学校发展指明方向，制度和流程为人指明路径，提供工具和程序以实现战略目标。而学校战略目标转化为有效的行动结果需要规范的保障。如果说战略执行力和团队执行力解决了执行什么和由谁来执行的问题，那么，制度执行力就要解决怎么执行的问题。这里的制度是一个大制度的概念，包括了学校管理机制、管理流程、规章制度及其执行工具等。

学校制度执行力即学校组织利用制度管人和做事的能力，包括建立合理机制和流程的能力、规范标准的能力、执行规章制度的能力、执行工具开发与运用的能力等。强大的制度执行力可以大幅度提高学校管理效率和效益，同时还可以培育学校以法治精神和技术精神为核心的理性化，因为制度的台前幕后仍然是人的理念和行为。

学校管理中，教师积极性不高、自由散漫、推脱责任，都与学校管理制度存在缺陷有很大的关系。严纪律、讲规矩、加强制度建设、规范内部管理是决策执行的关键所在。规矩也就是规章制度，是我们应该遵守的、用来规范我们行为的规则、条文，它保证了工作中的良好秩序，是事业成功的重要保证。制度的功能在于约束和规范行为，但由于行为主体存在个性弱点、能力差异,同时环境的不断变化也对人的行为有所影响,因此制度规范的功能指向往往侧重于帮助人们克服个性弱点、增强其行为能力,并助其克服客观环境中不利因素的影响。所以,学校管理制度的确立是执行的关键。

一、建立合理机制

人总会犯错,必须建立一套制度来规范和约束其行为。学校由于制度方面存在问题而造成的执行不力状态,就是制度执行力漏洞。包括目标不明、层级不清、分工不明、利益不公、渠道不畅、管理规章不细不实、忽视细节、缺乏检查监督机制、标准不统一、流程烦琐等问题。学校制度执行力管理就是为了预防和弥补上述可能出现的漏洞,通过管理机制、规章制度和执行工具的开发与建设提高学校制度执行力水平,培育以法治精神和技术精神为核心的理性文化的过程。学校机制建设包括激励机制、团队沟通机制和规章制度等的建设。

(一)激励机制合理

实行激励机制的目的是激发学校所有成员的工作动机,发挥积极性和创造性,增加满意度。激励要有多条跑道:

(1)奖赏激励机制。主要奖励为实现学校目标而努力工作并做出成绩的先进个人,以激励教师努力奋进。奖赏激励包含物质奖赏和精神奖励两种。具体内容:一是建立教师奖励制度,奖励在教育、教学、管理、服务等方面成绩突出的教师。设先进班主任奖、教学进步奖、优秀课奖、先进教研组奖、最佳服务奖等,并在每年教师节时进行颁奖。二是健全教师评优评先制度。坚持标准,依照程序,由下而上逐步推荐并对评选候选人予以公示,广泛听取意见。三是根据学校实际情况,以精神奖励为主、物质奖励为辅。四是做到公平合理,不意气用事,对人没有亲疏之分,对事没有抑扬之嫌。

(2)参与激励机制。正如杜威所言:"在人类所有的冲动中,以'希望成为重要人物'的欲望最为强烈。"所以,学校领导要将学校还给教师,明白教师才是学校的主人,不要把教师看作被管理的对象。管理者要关心他们的成长,关心他们的切身利益,让他们广泛参与到学校日常事务管理以及学校大事的讨论和决策中来,保证他们的知情权、参与权;涉及谋福利、评先进、评职称和学校发展等重大事项,不能一人说了算,要集体决定,使大家感到管理者对自己的尊重和信任,感到自己也有一定地位和价值,以增强自己对学校制度的认同感及主人翁意识,从而形成"上下同欲"的局面,使学校各项工作的开展产生事半功倍的效果。

(3)垂范激励机制。古语有云:"律己足以服人,量宽足以得人,身先足以率人。"校长是学校中的"关键少数",只有增强自律意识、标杆意识、表率意识,事事率先垂范,时时以身作则,处处严于律己,才能形成一种人格魅力,让人心悦诚服、上行下效,从而带动整个教师队伍的优良作风。"以身教者从,以言教者讼",只有学校管理者做到"知行统一",深入基层、深入一线,才能及时发现问题并提出解决问题的办法,从而做出正确的决策,做好学校"育人"的本职工作。校长应是师者之首、师者之师、师者之友。苏霍姆林斯基曾深有感触地指出:"如果没有全体教师从精神上对我的校长工作给予支持,那我在学校一天也待不下去。"同时,学校的任何工作要做到事事有章可依、有据可查,领导凭制度说话,教师凭准则做事,依章治校、依章执教,努力形成用规章制度管人管事的管理体制。

(4) 赏识激励机制。人性中最本质的愿望就是得到赞赏,他人的赞赏与期待能给予人无穷的力量。因此,学校管理者在工作中,要充分发挥"罗森塔尔效应"的作用,不仅要求教师赏识学生、激励学生,自己也要赏识教师、激励教师。在日常工作中,及时抓住教师的每一点进步和成功的做法,给予恰当的评价与褒奖,鼓励教师做最好的自己,让每一位教师能从校长的目光中读到被认可的信息。当教师感到被欣赏、信任、尊重、期待时,他们就会备受鼓舞,会焕发出极高的工作热情和创造力。正如哈佛大学教授康特所说:"薪资报酬是一种权利,只有肯定才是一个礼物。"负激励如批评、严厉的惩罚等,尽量少用。①

(5) 公平激励机制。英国学者贝尔纳说:"良好的方法能使我们更好地发挥天赋的才能,而拙劣的方法则可能妨碍才能的发挥。"管理者在学校各项制度的执行中必须做到坦诚相待、论功行赏、互相监督。

古往今来,成大事者都能够尊重他人,对人以诚相待。用人时,首先要信任他、尊重他。同时,以绩效考评为基础,设计能上能下、优胜劣汰的流动机制,保证各职级人员符合职级要求。采取差别化奖励能更好地体现绩效的激励作用。

邓小平同志在论及人事工作的改革问题时,曾非常重视奖惩机制的建设。他强调"要有奖有罚,奖罚分明。对干得好的,干得差的,经过考核给予不同的报酬"②。一个团队不仅需要能取得"好结果"的业务骨干,还需要在执行过程中做得出色的榜样,要褒扬他们并在团队中分享他们的经验。最后,在管理中,牵制与制衡各个部门及区域分支机构,层次分明及权限清晰的授权机制、利益分配机制正是提升执行力的有效武器。

(二) 沟通机制顺畅

学校制度得到落实,必须疏通沟通渠道,建立无障碍的沟通机制。

1. 有效利用各种沟通渠道和方法

学校正式的沟通渠道包括例会、座谈会、说明会、交流会、专题培训、简报等;非正式的沟通渠道包括电子邮件、网站论坛、小型聚会、周末旅游、咖啡屋等。口头表扬、聊天、讲故事、文体活动、拓展活动、内部刊物等都是常用的沟通方式和方法。选择何种渠道和方法,要根据学校文化特点而定。如有的管理者经常使用走动管理方式,随时出现在现场及时解决问题;有的校长与出现问题的教职员工谈话,采取在校园散步方式,气氛轻松,问题容易解决;有的校长在校长室专门放上与沙发高度相似的小凳,为的是和来到校长室的教师和学生谈话,消除对方的紧张感,通过物理距离拉近心理距离。

2. 减少沟通层级

信息传递最快的方式是直接交谈。根据沟通漏斗原理,一个人想表达的内容为100%,另一个人只能听到80%,理解60%,相信40%,记住20%。所以学校沟通需要减

---

① 华东师范大学教科所. 激励法:学校管理研究的重要课题[EB/OL]. http://www.sooxue.com/teacher/ktnw/xxgl/bxyj/200509/14582.html.

② 中共中央文献编辑委员会. 邓小平文选(1975—1982)[M]. 北京:人民出版社,1983:99.

少层级,如直接利用电子邮件、设立校长信箱、设立与师生对话时间、组织校长小助理活动、现场办公等方式,以减少沟通层级来保证信息的准确性。

3. 沟通行为制度化

学校以组织名义把沟通行为规范化和制度化。如建立合理化建议制度,规定教职员工每人每年必须为学校提出1—5条建议,再把这些建议和意见进行专门整理,梳理出前5位的建议,组织研讨,写入学校发展规划,并实施这些建议。建立每周例会制度,如行政沟通会、教研组沟通会等。尤其是教研组沟通会,由教研组长负责,建立组长问责制。组长需要系统考虑研究主题,做到实效、高效、有趣。如某小学建立了每周公开教研制度,每周二下午3:30分开始,共70分钟,前30分钟上课,后40分钟讨论。校长、中层干部、没有课的老师全部参加。同时,这项制度与首席教师工作制结合,教学与研究相结合。学校聘请市级的骨干教师组成首席教师团,每位首席负责两个教研组,研究主题系列化、规范化。研究过程证据充足,效果十分好。

4. 沟通礼仪规范化

学校需要投入成本对教职员工进行礼仪培训,可由专业人员进行培训,也可以采取看录像学习的方式,训练内容主要是态度和日常基本礼仪方面。

态度培训抓住两点:第一点,在人际交往中,要求互动的双方,按照约定俗成的规范和仪式礼貌待人,尊重是其核心要素——人敬人高,敬人者人恒敬之。第二点需要牢记:任何人都不是学校的敌人。

日常基本礼仪包括电话礼仪、鲜花礼仪、握手和介绍礼仪、接递名片礼仪、服装礼仪、文书礼仪、宴请礼仪等等。电话礼仪主要是礼貌用语、接听程序的规范。打电话需做好通话前的准备工作,包括姓名、单位、通话要点、记录本和笔,还有通话的适宜时间;先证实对方的身份并自我介绍,之后可客气几句,也可以切入正题;谈完之后,应该说"再见",礼貌道别①。为他人做介绍的礼仪:尊者在后,内容简洁明了,不要涉及个人隐私。接、递名片的礼仪:双手奉上,避免顺手从口袋里摸出一张,用两只手指夹着递给公众,以避免引起不必要的误会;接名片的时候也要双手去接,不能随意摆弄名片或压在物品之下;名片可以端端正正摆在桌上,待公众走后放在名片簿里。若是第一次见面,可以在名片背后记下首次见面的情景和话题,再次见面时可以复述,对方会觉得很受尊重。教师服饰礼仪:不能过分追求流行,也不能过于落伍;不能过于频繁地更换;款式、颜色大方端庄。

5. 掌握沟通技巧

沟通需要语言和非语言技巧。非语言技巧包括身体语言、空间语言、类语言等的运用。在沟通中常用的技巧是 SOFTEN:S 即 Smile——微笑,是友好、愿意和别人交谈的表示。O 即 Open Posture,代表开放式姿态,是一种欢迎别人和你交谈的姿态。手不能托下巴,双臂不能交叉抱在胸前,而应自然摆放,和对方距离适中。这种姿态表示:我乐意和你交谈。F 即 Forward Lean,指身体前倾。和对方讲话时,身体稍微前倾,表示对对方的讲话有兴趣,专心听讲。T 即 Touch,指握手。和对方见面时,表示友好的最普遍的方式

---

① 邱伟光.公共关系礼仪文化[M].北京:高等教育出版社,2000:143-144.

就是热情有力的握手,象征友好,带来和谐平等的氛围。E 即 Eye-Contact,指视线交流。听对方讲话时,眼睛自然大方看着对方,表示你对讲话的内容感兴趣。N 即 Nod,指点头。和对方交谈时,经常用点头表示赞同或在认真听。①

(三) 执行规章制度

《管子》中有一句话:"有道之君,行治修制,先民服也。"即管理一定要制度化,但制度必须合法、合理、合情。制度的实行是在一点一滴的具体执行过程中坚持下来的,如果只规定制度而不执行,那么这个制度就没有意义。所以,一所学校想要有强大的竞争力,就必须拥有强大的执行力。执行力是学校具有竞争优势的必要条件,可以说,没有执行力就没有竞争力。

学校管理者一定要营造出好的执行氛围,让教职员工切身感受,对工作产生自豪感和使命感,对学校形成认同感和归属感,最终将自己的思想、情感、行为与学校的发展联系在一起。对于教师而言,想要发挥自己最大的价值,就要把自己做贡献的地方完全展现出来,要把对执行力的理解融进自己职业生涯的每一项工作,力求事事做到最好。

符合学校利益的规章制度是团队建设和执行力的保障。学校规章制度分五类:基本制度主要指学校领导制度和决策机制,如校长负责制、教职工代表大会制度等。工作制度是对学校各项工作的范围、内容、程序、方法等的规定。责任制度即对不同岗位上的工作制度、任务、内容、质量标准及所承担的职责做出的规定,如岗位责任制,形成事事有人管、人人有专责的局面。会议制度是对会议出席的对象、时间、性质和权限做出规定,如校务会、教研会、班主任会及全体教职工大会等。全体教职员工集体活动制度,如请假制度等。只有在全面区分各规章制度所对应的各种职责的情况下,对不同职责做出不同规范的同时,对各层次的规章制度进行统筹,才能完善和健全合理的规章制度,综合运用各种管理方法,强化学校规章制度的执行。

1. 用法治

人性上限是慷慨激昂的脉冲状态,下限为自然的原点状态。② 管理要针对下限,就得用制度,培育法治精神和习惯。法治可以使学校组织形成强大的执行力,人治则削弱组织执行力。法治能够让坏人变成好人,其背后的预设是用人要疑。所以,用制度规范执行力的标准,以统一组织和激发员工的执行力。人治可能让好人变成坏人,因为变坏的成本和代价很低。这一管理思想背后的预设是用人不疑、疑人不用。学校用制度管人需要做到:建立职责系统、检查系统和考核系统;建立执行力的激励机制、薪酬体系、绩效管理、奖惩制度、压力管理制度等。

2. 从我做起

遵守制度从校长领导团队开始,学校领导团队要有严于律己的精神,把自己置于制度的约束之中。凡是要求别人做到的,自己就应首先带头做到。建立校长自查和群众监督

---

① 影响力中央研究院教材专家组. 五行管理——卓越团队管理的 5 把利剑[M]. 北京:电子工业出版社,2009:57.

② 李泽尧. 执行力[M]. 广州:广东经济出版社,2008:265.

制度,认真检查执行规章制度情况。必要时,全体领导班子成员,以专题方式自查个人遵守规章和执行制度的情况,追究责任到位。管理者通过检查下属的日程安排、工作日志、工作报表、工作部署清单,以及利用报告和反馈制度、定期检查、工作评估、工作会议等方法进行日常管理和跟进。

3. 落到实处

学校制度落实的重点是接口岗位之间的接口处理:在接口处理上要明确谁负主要责任,分工明确,并且需要有人"唱黑脸"。推行新制度时注意研讨,求同存异,条理清晰。制度推行时遇到瓶颈期要强力推行。维护制度关键在于对违纪者的处理:重罚第一个违纪者;处罚要刚柔相济;公示结果。

4. 先严后宽

千万不要让教职员工认为规章制度只是一种摆设,没有权威性。遵守规章制度的,奖励;违反规章制度的,惩罚。尤其是第一个违反规则的事件需要严肃处理。遵守第一的惩罚原则:严格惩罚第一个犯错误的人,对有错误的,管理者有挥泪斩马谡的精神;要维护规章制度的权威性,就要一视同仁,使其产生"炉火效应",谁摸它都烫手,谁也不例外。经过"循环往复"的奖与惩,最后使其养成遵守规章制度的良好行为,以后不用再监督,员工也会自觉地遵照规章制度来办事,执行力就成为一种组织纪律。

5. 检查和督促

检查是一道防火墙,检查的过程既是揭露问题的过程,也是修正错误的过程。能当场纠正的就当场纠正,不能当场解决的应汇报有关部门抓紧处理。加大检查力,就是推进执行力。有效执行要求妥善处理绩效差的人,把他们换到合适的岗位上。如高职低聘或低职高聘、教学岗转向行政岗或教辅岗、解聘等办法可供参考和选择。①

二、编制和优化流程

学校组织和各个职能部门执行制度会有三种导向:对上负责的官僚主义、部门权威的本位主义、以服务为主的流程导向。学校制度最终服务于全体学生和教职员工,依靠标准和流程规范行为和做事程序很重要。流程是学校内部正式或非正式的、约定俗成的做事方法和程序。流程是战略和人员的结合点,是制度的参照系之一。流程化管理是将任务或工作事项,沿纵向细分为若干个前后相连的工序单元,将作业过程细化为工序流程,然后进行分析、简化、改进、整合、优化。学校领导和老师都能做正确的事情,主要源于正确的流程导向。执行制度必须让流程说话,把靠领导推动的执行变成靠流程推动的执行。流程化管理倡导的是服务精神与简化、干练、高效,即多快好省的工作作风和做事风格。②

(一) 编制流程

有效的执行流程包括人员配置流程、战略制定与落实流程、执行信息流程、执行督导流程、会议流程等等。学校要经常整理和设定做事的流程,如沟通渠道、教学工作、德育工

---

① 吕国荣. 决定执行力的49个细节[M]. 北京:企业管理出版社,2004:30.
② 温德成. 精细化管理——执行力升级计划[M]. 北京:新华出版社,2007:52.

作、科研工作、公共关系工作等。如果学校目前的做事和执行流程不清晰,需要从以下方面着手:

(1) 学校成立流程管理委员会。由校长、中层干部、年级组长、教研组长、备课组长、班主任、科任教师代表组成。可由一名副校长主抓学校流程建设工作。

(2) 列举和编制工作流程。编制流程采取自下而上的策略。组织者负责召集大家研讨和反思:目前学校哪些工作思路不清晰?哪些工作低效?需要哪些工作流程?教学、德育、科研部门负责教学工作流程、德育工作流程、科研工作流程的列举和编制。年级组、教研组、备课组负责年级工作流程、研究工作流程和备课工作流程的编制工作。每类工作流程中都包括若干细致的流程,学校可根据自我需求分类编制,并要求画出工作流程图。

(3) 筛选和确定流程。各部门编制的流程汇聚到学校流程管理委员会,召开多次不同层次的研讨会,让广大师生发表意见,进行论证和筛选工作。决定保留的工作流程汇集成册,进入应用阶段。如决策流程图可见图5-4:①

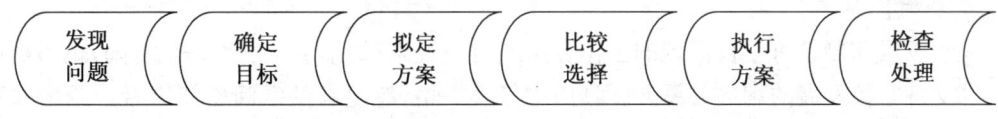

图5-4 决策流程图

(4) 执行监控制度化。建立有效的过程监控,让学校所有事情有人管,控制不漏项。全方位对每人、每天、每件事情进行控制和管理。及时发现执行障碍并尽快排除,发现执行漏洞在第一时间及时弥补。

(二) 检查、优化流程

学校管理的高效来自工作流程的改进与优化,即对已经使用的流程定期检查和调整。流程优化的办法是先简化、后完善、再固化。具体步骤如下(见图5-5):②

(1) 流程描述。即把学校正在运行的各个方面的流程描述和列举出来。学校工作流程主要有两种描述方法:线型描述是把工作或任务细化为若干步骤,用流动方向的线条把各个工作步骤按照先后顺序连接起来;责任矩阵流程描述是在每个流程环节上标出责任人、时间等。

(2) 分析改进。观察和讨论流程各环节的顺序是否需要调整,使流程更加合理化。去除不必要的或可有可无的地方,如不必要的重复检查环节等,以简化流程。缩短执行过程非必要部门的中间审批环节。问题区域也需要简化,清除不必要的规矩,培育学校简洁、高效的文化习惯。弄清楚哪些环节是流程的

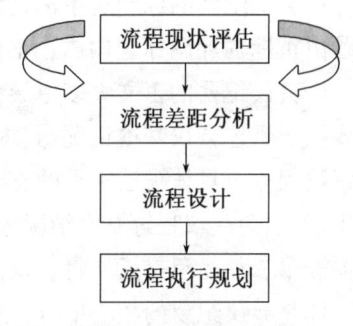

图5-5 流程优化步骤

---

① 严正.四维领导力[M].北京:机械工业出版社,2007:76.
② 影响力中央研究院教材专家组.绝对执行——高效执行力组织的6大系统[M].北京:电子工业出版社,2009:159.

关键环节,最容易出差错的地方需要设置监控点,做到随时纠偏和调整。

(3) 设计、实施新流程。设计新流程,通过对相关人员的有效培训,制作新的工作手册、岗位说明书,贯彻新流程。通过流程管理完成学校例行管理工作的"三化"。格式化:许多工作流程、方法、文案写作与处理、处事方式等,形成固定的格式和规则固化下来。统一化:学校的规章制度、宣传策略、视觉形象、奋斗目标、行动等一致化。标准化:制定各种量化标准作为行动依据和规范。通过流程"三化",学校执行可做到视觉形象统一、对外宣传口径统一、文件格式统一、管理与行动统一。

三、开发和利用执行工具

(一) 创建执行工具

学校主动改造和创建适合自己的执行工具。常用的工具有时间日志、会议纪要、备忘录、任务清单、各类报告格式表、跟催表等。

1. 时间日志

学校可印制带有学校标识的工作日历或时间日志,每个学年发给每位老师,也可赠送校外支持学校发展的利益关系人。日历中每天一格,有足够的空间供使用者记录事项和管理时间。也可在空白处设计校历、每月重要工作提示、岗位责任提示等。

2. 会议纪要

会议纪要是记载和传达会议情况和议定事项的一种行政公文。其内容是纪实的要点,撰写会议纪要应围绕会议主旨及主要成果来整理、提炼和概括。重点应放在介绍会议成果,而不是叙述会议过程。会议纪要一般采用第三人称写法。由于会议纪要反映的是与会人员的集体意志和意向,常以"会议"作为表述主体,常用会议认为、会议指出、会议决定、会议要求、会议号召等称谓。会议纪要通常要在一定范围内传达或传阅,要求贯彻执行。会议纪要一般由标题、正文、落款、日期构成。

会议纪要的标题有单标题和双标题两种形式。单标题由会议名称加文种构成。双标题由正标题加副标题构成。正标题揭示会议主旨,副标题揭示会议名称和文种。

会议纪要的正文大多由导言和主体构成。具体写法依会议内容和类型而定。导言主要用于概述会议基本情况,其内容一般包括会议名称、时间、会址、参加人员、主持人和会议议程等。具体写法常见的有两种:第一种是平列式。将会议的时间、地点、参加人员和主持人、会议议程等基本情况采用分条列出的写法写出来。这种写法多见于办公会议纪要。第二种是鱼贯式。将会议的基本情况作为一段概述,使人看后对会议有个轮廓了解。主体是会议纪要的核心部分,主要介绍会议议定事项。

主体常见的写法有三种:

一是条文式写法,把会议议定的事项分点写出来。办公会议纪要、工作会议纪要多用这种写法。

二是综述式写法,将会议所讨论、研究的问题综合成若干部分,每个部分谈一个方面的内容。较复杂的工作会议或经验交流会议纪要多用这种写法。

三是摘记式写法,是把与会人员的发言要点记录下来。一般在记录发言人首次发言时,在其姓名后用括号注明发言人所在单位和职务。为了便于把握发言内容,有时根据会议议题,在发言人前面冠以小标题,在小标题下写发言人的名字。一些重要的座谈会纪要,常用这种写法。

3. 备忘录

备忘录包括信息备忘录——研究分析、状态报告、业务情况、竞争分析等;建议备忘录——建议目的、背景信息、建议方案和背后的逻辑讨论、下一步做法。如L中学后勤主任在办公室墙上挂一块小黑板名曰"日清板",意为今日出现的与维修或安全有关的事情,必须今日处理完毕,下班前做到黑板上登记的事情做完而且及时擦掉。

此外,还有任务清单(见表5-5):

表5-5 任务清单

项目	工作内容	责任人	完成日	备注

(二) 表格化管理

表格是一项简化技术和工具。学校常规工作有固定程序,用简洁的表格形式管理会高效清晰。教职员工和学校的必要信息由信息管理者保存和提供。

学校管理中涉及的表格主要有如下几类:一是组织结构管理表格,包括管理结构表、分工职责表、日程规划表、发展规划管理表等。二是教育教学质量管理表格,如教学评价表、质量分析表等。三是人力资源管理类表格,如人事档案表、工资管理表、工资制度表、资金制度表、考核与奖惩表、辞职申请表、退休与移交表等。四是办公事务管理表格,如财产管理表、文件管理表、车辆管理表、会议管理表等。五是管理者自我管理表格,包括工作计划管理表、工作日程管理表、日常工作管理表等。这些表格格式化之后,实行计算机模板化管理,以方便教职员工的下载和使用。

有了表格,全校教职员工就可以利用表格明确工作任务,利用日志管理自己的时间。学校科研管理部门可以研究出学校自己的开题、检查、结题表格,并提供范例和模板让老师使用。校长、中层干部和教师都需要形成好的记录习惯,建议把工作日记和跟踪表一体化。

执行是一种纪律,是一种文化认同。随着时间的磨砺和积淀,执行力逐渐成为学校成员的本能和习惯,成为群体无意识,成为工作的DNA,此时学校执行力文化就形成了。每个成员在高执行力文化氛围中自然就会变成高执行力的人。

第四节 学校章程执行力管理

习近平总书记强调,国家治理体系和治理能力是一个国家制度和制度执行能力的集中体现。国家治理体系是在党领导下管理国家的制度体系,包括经济、政治、文化、社会、生态文明和党的建设等各领域体制机制、法律法规规定,也就是一整套紧密相连、相互协

调的国家制度,治理能力就是制度的执行力。国家治理能力则是运用国家制度管理社会各方面事务的能力,包括改革发展稳定、内政外交国防、治党治国治军等各个方面。

学校加快推进教育治理体系和治理能力现代化,是新时代深化教育领域综合改革的目标。学校治理打破传统的自上而下的单一的管理,强调多元共治,形成多主体的共同治理,即政府、社会、学校和社区共同参与学校发展,核心是构建一个多主体参与、多主体监督的现代教育管理体制。联合国教科文组织全民教育全球监测报告《消除不平等:治理缘何重要》指出,教育治理不是一个抽象的概念。它可以影响家长的生活、孩子的在校经历以及教育供给的效率与公平。

加强学校治理,使传统的教育管理走向教育治理,主要目的是为了克服过分浓烈的行政化倾向,使各级各类学校能够真正具有办学自主权,成为真实的办学主体。学校治理直接涉及多元利益相关主体在学校治理中的价值定位、责权边界、治理能力、条件保障、治理思维等方面,为了使学校治理更多地具备完整的基本特征和要件,使学校治理更加有效,现代学校治理需要完善的制度。学校管理者要关注学校章程对学校治理的重要价值,只有完善的制度才能保障学校实现治理。推进学校治理体系和治理能力现代化,关键在于建设现代学校制度,加强中小学学校章程的推行是新时代学校管理者的历史使命与责任担当。

一、学校章程

学校章程是学校依法自主办学、履行公共职能、实施内部管理和运行的基本准则,是各学校规章制度的"宪法"和"母法"。章程是推动学校建立现代管理制度的突破口,规定学校最基本的、最重大的基本规范统领性的内容,主要包括办学定位、基本任务、组织规程、基本运行,内部治理和外部治理等重大的基本规定,对于校长负责制、校务委员会、学术委员会等等另行制定,不在章程中罗列。章程就是学校最基本的、最重大的规定。

学校所有规章制度的统领,是一个母法,是每一所学校设立的必要条件,是依法治校的关键体现。章程是一所学校依法自主管理、依法办学、依法自主发展和自我约束的运行力;依法接受教育行政部门的监督,并且抵御外界非法干预和避免工作随意的依据;提高学校的办学效益,提升学校的办学品位,彰显学校的办学特色,传承和发扬学校的办学精神和办学文化。

学校章程在学校管理者中发挥重大的功能:对学校的成员(教师、学生、校长等)的权力和义务产生效力;学校内部组织、学校机构准则的产生和功能的定位都需要章程规定;对于举办者,即对于学校和行政部门的权责利进行规定,对整个办学者和教育行政部门的规范和办学行为的约束起到效力。

二、学校章程制定的基本依据和原则

1. 制定学校章程的基本依据

(1)法律依据:学校章程作为学校内部管理的"宪法"和"母法",具有法律的效力,义务教育阶段的学校章程一定要参照和遵守《教育法》《义务教育法》《教师法》《未成年人保

护法》等一系列上位法,在教育法律法规基础之上,同时对我国的宪法、民法、行政法等等都要进行梳理并遵照。

(2) 理论依据:深入剖析理论,才能更好地指导实践。制定学校章程时,要对国内和国外的学校章程进行全方位的梳理。对学校章程的含义、内涵、发展的历程、发展的时间和空间等概念明晰,尤其对学校章程的效力来源、执行力、执行的路径和途径,以及影响章程制定和执行的所有因素等各个方面都要进行深入研究。

(3) 借鉴依据:参考已有的学校章程,分析已有章程的优缺点,认真梳理已有章程的内容、体例和特点,在梳理的基础之上,为学校的章程制定提供借鉴。

(4) 特色依据:为了避免千篇一律,学校必须制定有特色的章程,这样的章程才是有生命力的章程。在章程中,可展开介绍学校办学育人特色、办学文化的特色、治理方面的特色,即学校在管理和运行方面的特色。

2. 制定学校章程的基本原则

(1) 合法性原则。合法性原则是整个学校章程作为有法律效力的章程,必须遵照的第一个原则。要法定权限、程序规范、于法有据,符合相关法律的规定,同时要贯彻国家的教育方针和政策。

(2) 基础性原则。基础性原则也就是统领性的原则,是对学校重大基本问题做全面原则性的规定,也就是纲举目张,统领学校整个管理体系,发挥统领性的作用。

(3) 发展性原则。发展性原则强调学校章程的制定一定要有一个前瞻性的目光,要把学校的校情、发展愿景和发展的规划相结合,既体现有效性,又有前瞻性,给学校未来的发展留下一定的空间。

(4) 人本性原则。"育人"是学校发展的根本。学校章程坚持人本性原则,也充分体现了学校的育人功能,"育人"是学校生存和发展的根基,也是新时代学校教育发展的必然趋势。坚持人本原则,强化育人为本,就是要求管理者在制定学校章程中,始终把学生和教职员工放在前面的位置,把学生的发展放在首位。看似是一个规范性的制度文本,但实则反映了一个学校办学的理念、办学的文化。

(5) 改革性原则。以制定新的学校章程为契机,深入对学校管理、学校运行、学校组织、学校机构进行改革,对现有学校规章制度进行重新审定,确保最新的规章制度和国家最新的法律法规政策相适应。在一定程度上,制定学校章程就是立、改、废的一项系统工程,体现学校适应新时代的改革形态。

(6) 特色性原则。特色性是整个章程制定和实施过程中最关键的原则。重点强调通过章程的制定,进一步提炼学校文化,凸显学校精神,反映学校的文脉、发展定位和发展特色。文化具有延续性,学校文化最能够彰显学校的特色。学校文化的凝练和延续都需要通过制度传承。通过学校章程进一步凝练办学理念、办学的校训、学校文化,并且把能够规范的部分彰显出来、传承下去。

三、制定学校章程的基本格式

1. 学校章程标题与题注

章程标题＝学校正式名称＋章程，例：《××省(市)××市(区)××小学章程》。未获得行政部门核准通过的，须在章程标题后加注"草案"字样。如果通过了，需要公布的时候必须加上"题注"，即在章程标题下面用括号注明相关字样，以表明章程制定须经过一定程序。公立学校的章程须经教代会通过，民办学校的章程须经董事会通过，并经教育行政主管部门的核准才能生效。例：本章程×年×月×日经第×届第×次教职工代表大会通过，×年×月×日经××区(县)教育委员会批准。

2. 学校章程的正文

一般规范性文件的表述为编、章、节、条、款、项、目；而学校章程的表述以条文形式，常用章、条、款、项。其中"章"和"条"的序号用中文数字依次表述。"条"是章程的基本单位，其顺序不因分章而中断。"款"是"条"的下一层级，一般不编序号，用自然段来区分。"项"是"款"的下一层级，用中文数字加括号编序，有的条文不分款，直接分项。学校章程是学校的"宪法"和"母法"，具有规范性与严谨性，在处理校内具体事件或正式文书中可援引章程条款。

四、制定学校章程的基本内容

一般分为序言、总则、分则和附则四个部分；也可以把序言归入总则，就只有总则、分则和附则这三个部分。

1. 序言

阐述学校的发展历程、发展目标等。

2. 总则

规定事关学校发展全局的统领性内容。主要包括：制定目的与依据、学校名称、法定校址、学校性质、教育形式、宗旨、办学理念、办学目标、培养目标、办学方向、办学层次、办学规模、学校标识(校训、校徽、校旗、校歌、校色、校花、校树、校庆日)等。

学校章程的制定目的就是要体现依法治校的理念，建立现代学校制度，推动学校健康地发展。依据主要是指依据的法律规定。如《教育法》《义务教育法》《教师法》和《未成年人保护法》等。学校名称包括学校的全称、简称及英文名称和英文简称。法定地址就是学校法定的住所地以及分校的法定住所地，同时，学校的网址也可以加以规定。办学性质要明确学校是公办还是民办。办学理念最能体现学校的特色，也能很好地彰显学校文化。如有的学校提出"六年影响一生""精彩人生由此开始"等等。

3. 分则

分则规定学校管理与运行的具体行为准则及遵守或违反准则的后果。分则是章程的一个重要的组成部分。它规定了学校员工、组织运行、学校组织机构以及学校内部外部关系等一系列的学校运行管理的规则和规章，是一个纲领性的规定。如图5-6所示。

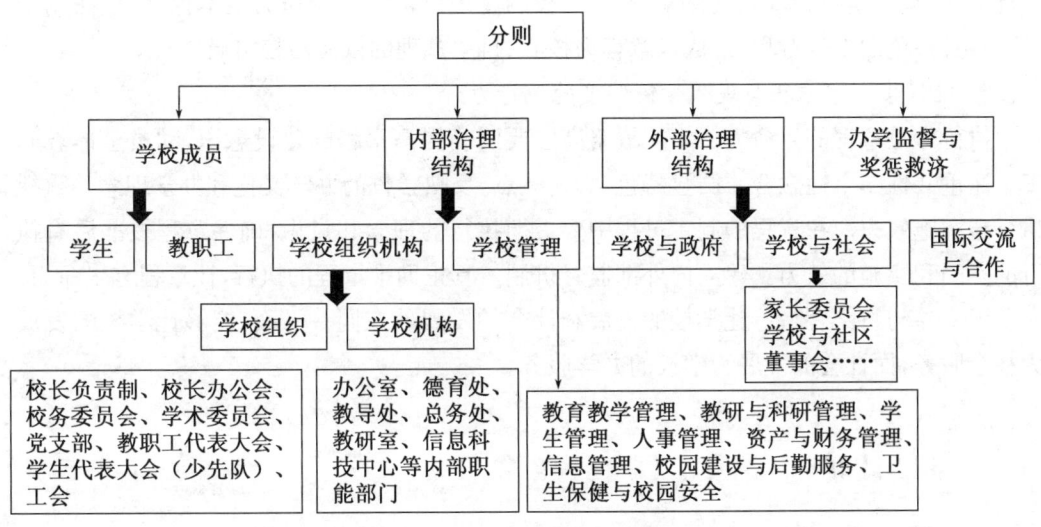

图 5-6 学校章程分则

4. 附则

规定章程生效及修改程序、解释权归属、生效或施行日期等。章程生效就是指经学校教职工代表大会讨论或者校长办公会审定以及教育行政部门核准后生效；中小学施行校长负责制，校长是法人代表，一般认定校长办公会具有章程解释权；施行日期就写某年某月某日起施行。

五、学校章程的制定程序

1. 准备阶段

成立章程编制小组；制定章程编制工作方案；组织培训编制人员、借鉴经验、广泛调研、梳理国家教育法律法规、整理学校内部管理制度等。

2. 制定阶段

制定章程草案：深入研究、分析学校的特色与需求，总结实践经验，反复广泛征求意见。征求意见对象包括：学校内部部门组织、教师、学生、家长代表、社区代表、教育专家、法学专家、教育主管部门、社会知名人士、退休教职工代表、校方代表、董事会以及社会相关方面的代表等。

3. 审议阶段

提交学校教职工代表大会讨论章程草案；提请校长办公会审定；形成章程核准稿上报教育行政主管部门核准。

六、加强中小学章程与现代学校制度建设的建议

1. 优化中小学章程与现代学校制度的关系

学校积极推进章程建设，根本目的是建设依法办学、自主管理、民主监督、社会参与的现代学校制度；中小学校应依据章程，重新梳理学校的内部各项规章制度，进行立改废的

修订工作,健全学校管理制度体系;现代学校制度须以依法治校作为根本保证,依法制定具备自身特色的学校章程,形成以章程为核心、自主管理的依法治校格局。

2. 确保中小学章程与现代学校制度的执行力

执行力是章程的生命力。学校战略高层要明确提高章程的建设意识,动员全体教职工。注重共性与个性融合。凸显特色,彰显亮点,反映学校的办学文化和办学理念。重视执行与实施效力。在章程的制定过程中要贯彻执行的理念和意识,确保章程核准后有执行的空间和实施的效力。建立内外部监督机制。真正助推章程的执行,让章程有生命力。实现民主参与、社会监督,让学校的发展和社会的发展处在同一平面,能够让学校的发展为社会服务,而社会的发展为学校的办学服务。

课堂讨论

1. 简述你对学校执行力理解。
2. 简述学校战略执行力。
3. 简述如何加强团队执行力。
4. 简述如何强化学校制度执行力。
5. 简述学校章程的主要部分和制定过程。

案例分析

学校干部培养的困境

J学校近几年由于发展迅速,需新增设一些管理岗位,并需要有实力、有能力的教师上任。为此,学校充分利用自身资源开展青年教师"干部体验式"培养的探索,以此来促进青年教师的快速成长。学校规定每年8月份,在职的35周岁以下、工作满三年、遵纪守法、品行端正、积极上进、具有良好职业素养和心理素质且身体健康的青年教师,可由个人提出申请,经党组织审核通过后参与培训。

培养的主要策略有以下几种:(1) 组织推动策略。培养年轻干部必须建立一整套合理、适度、实用的制度和激励约束机制,并建立组织机构,落实工作责任制,确保青年教师"干部体验式"培养工作的顺利实施。本着党管干部的要求,学校青年教师"干部体验式"培养工作由党支部牵头,全程设计与指导,行政、工会等部门积极配合,齐抓共管。(2) 目标引领策略。指导青年教师在参加体验式培训前进行自我分析,找出优势与不足,然后确定目标,并在实践中不断修正目标,努力向目标前行。(3) 典型带动策略。目标只是对未来工作生活的一种构想,需要用实际行动来实现。在实施的过程中,学校抓重点、树典型,充分挖掘青年教师在体验过程中的亮点,随时加以表扬、肯定,给后来者树立榜样。(4) 考核评价策略。"干部体验式"培养要求一周一反馈,一月一报告,一年一总结。校长与青年教师一对一、面对面地交流,帮助他们分析工作状况,给予鼓励与支持,激发其潜能,使青年教师始终保持一种"向上"的态势，不断思考怎样发现问题，怎样解决问题，如何解决问题会更好，从而不断自我完善、自我提高。(5)亲身体验策略。"干部体验式"培养的核心点就是亲身经历，强调"以学为主"而不是"以教为主"，让青年教师在现实环境中通过感悟提高认知，并通过双向循环沟通的方式和头脑风暴等方法，查找或总结工作中的绩效增长点和能力提高点。

干部队伍建设是一项整体工程，需要全方位关注。J校校长始终认为青年是学校的希望，青年兴，则学校兴，所以教师一入职就引入培养机制。但也随之出现了一些问题，比如在选拔培训人员上，"35周岁以下"的年龄限定令一些年龄超过35岁的有潜力的优秀教师被拒之门外，失去了培训提升的机会。还有一些年轻教师因为"一周一反馈，一月一报告，一年一总结"的要求而感到压力很大，平时的教学任务本来就很重，干部培训给他们带来的负担超过了他们申请时的预期。而校长的压力也增加了不少，她需要与参加培训的每位青年教师进行一对一的交谈，占用了大量的时间。

(案例改编自《青年教师"干部体验式"培养的探索》，陈娟，https://www.yejs.com.cn/yzz/larticlelid49733.shtm)

思考题：
1. 该校的干部培养模式有什么可取之处？请列举并具体说明。
2. 就该校目前遇到的困境而言，你认为该如何解决？
3. 学校干部培养应只培养青年教师还是不该有年龄限制？
4. 干部培养是学校管理和发展的重要部分，在培养干部时应注意些什么？

 课外阅读

1. 习近平：坚持和完善中国特色社会主义制度，推进国家治理体系和治理能力现代化。
2. 创新学校法人治理结构，构建完善教育制度体系。
3. 探索建构共治共享的多主体领导体系。
4. 教育议事会制度的实践探索。
5. 好校长应具备的四个好习惯。
6. 北京市十一学校战略。

第六章
学校文化管理

配套数字资源

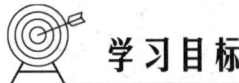

通过本章的学习,将实现以下学习目标:
1. 了解学校文化管理的时代特征和学校文化的变革。
2. 理解学校文化结构及其具体的含义。
3. 明确 21 世纪学校文化构建的核心。

校园文化建设是衡量一个学校德育教育成败的重要标志。良好的校园文化可以有效地调节和激发全校师生的群体意识和集体精神,较好地保持学校的长期稳定和良性发展,成为一个学校可持续发展的重要支撑。人创造了文化,文化也塑造了人。学校以"育人"为目的,师生的世界观、人生观和价值观都离不开学校环境和文化的影响。一所学校的发展必须在充分开掘丰厚和谐的人文底蕴的基础上,关注师生的交往方式、认识活动、实践活动和思维方式,通过优秀的学校文化对师生产生潜移默化、深远持久的影响。创造新的办学特色和品牌,肩负新时代赋予学校的责任和使命。

面对新的管理内涵、新的时代精神、新的发展需求,学校管理正在经历一场革命。在学校外部环境和内部动因发生变化的状况下,学校文化建设已成为一种学校生存与发展战略,学校主体文化建设的自觉性不断增强。学校管理由以往单一的管理主体逐渐走向多元管理主体共同治理,学校治理体系和治理能力现代化亟待解决。加强学校文化建设,认真落实"立德树人"根本任务,关注"人"的主体性,为了人的全面、自由发展而不断探索。

第一节　文化管理与学校管理

一、学校文化管理的时代特征

(1) 市场经济成为经济发展的主流。市场经济是一种以市场为手段的资源配置方式,它使资源配置走出了政府指令性模式。经济生活方式的转变,也造成了人们价值方式的转变。自由竞争、遵守规则、遵循规律成为现代人追求的生活理念。

(2) 知识的迅速积累使人类进入一个"文化的世界"。伟大的科学哲学家波普尔讲,我们的现实由三个世界构成:第一个世界是"物理客体与物理状态、事件和力所构成的物质的世界",包括生物与非生物;第二个世界是"经历和无意识的心理事件所构成的心理世界",包括有意识经历的世界和无意识经历的世界;第三个世界是"心灵产物的世界",或者叫"人类心灵客观产物的世界",包括书籍、交响曲、雕塑作品、鞋、飞机、计算机之类的事物,它不是唯心主义所谓精神创造物质的世界,而是人主观能动性充分发挥创造的一个人化的物质世界。① 三个世界之间相互联系,以某种方式相互作用,也部分重叠。随着人类的进步,第三个世界将不断扩大,其根本原因就是人类知识的迅速积累和发展,人类"通过知识获得解放"。目前,人类正通过自己创造的知识,进入一个广大的"文化的世界"和"知识经济时代"。

(3) 平等民主成为政治天空的大纛。民主是一种现实的自由,对民主的呼唤也是一个艰难的历史过程。与民主相对的强权被动摇之后,人类开始逐步进入现代社会,由于历史与现实的基础不同,目前民主在世界范围内虽然没有彻底实现,但对民主的呼唤却成为时代的最强音。

(4) 多元化成为世界文化的必然走向。随着全球化进程的加速,"人类命运共同体"已是世界的共识。当下世界的特征,文化多元化与经济全球化如同一张纸的两面。经济全球化使地球上的人类从未像今天这样被紧密联系在一起,世界成了一个小村落。但同时,人们也同样拒绝由此而来的对本民族文化的消解,于是,文化多元化的呼声从来也没有如此强烈。思想文化、政治文化、经济文化、生存文化等无不以多元的方式呈现。文化的多元化为人的发展提供了生存和思维的多维度空间,提供了广阔的文化创生舞台。

(5) 独立自由成为人们强烈的精神追求。进入现代社会之后,人类对精神自由的追求愈加强烈。精神的自由是人自身解放的程度,是人对现实束缚的超越。比如庄子可以获得极高境界的精神自由;阿基米德曾说,你可以剥夺我的生命,却不能剥夺我思想的自由。从整体趋势上,现代人已经把精神自由作为一种宝贵的人生追求。

二、学校管理文化的变革②

1. 文化管理是对传统管理模式的历史超越

管理实践和人类的历史一样悠久,可以追溯到几千年以前。从人类的产生到有意识的管理,是人类发展史上的一次质的飞跃,管理是人类走向文明的伴生物。

追踪人类社会生产实践,人类的管理思想沿着时间的隧道穿越了一个世纪。从古典管理理论泰勒的"科学管理原理"、法约尔的"工业管理的一般原理"到马克斯·韦伯的"科层组织理论";从行为科学理论的梅奥的"人际关系理论"、马斯洛的"人类需要层次理论"、弗雷德里克·赫茨伯格的"激励—保健双因素理论"到道格拉斯·麦格雷戈的"X-Y人性假设理论";从现代管理理论切斯特·巴纳德的"社会系统学派"、约翰·莫尔斯、杰伊·

---

① 卡尔·波普尔.通过知识获得解放[M].范景中,李本正,译.北京:中国美术学院出版社,1996:8.
② 孙鹤娟.学校文化管理(修订版)[M].北京:教育科学出版社,2012:18.

洛希、菲德勒的"权变理论学派"到阿尔弗雷德·钱德勒的"战略管理理论",人类管理思想不断地丰富、生成和演进,形成了诸多不同的管理模式。

自1769年世界上第一家现代企业在英国诞生以来,企业管理的全部历史大致经历了经验管理、科学管理、文化管理等三种管理模式的历史迭变。西方管理理论的演进,尽管经历了近百年的历程,但纵观管理发展史不难看出,思想演进与模式迭变之中,存在着由理性的科学管理即物本主义的"硬"管理,向人文管理即人本主义的"软"管理的跨越。这便是文化管理的标志。为此,我们认为文化管理超越了传统的经验管理和科学管理。当下,文化管理正吸引着现代管理者愈来愈关注的目光,文化管理已经被现代管理者奉为圭臬。

文化管理的至高境界在于创造一种促进人不断学习和积极发展的组织氛围,进行内在的知识积累,并在此基础上实现潜力的外化,即创新发展和自我实现,实现"人是管理的目的"。

2. 文化管理取代传统管理模式的必然性

文化管理模式取代传统管理模式已经成为一种必然趋势,管理学界很多学者开始关注这个问题。徐国华、张德、赵平在《管理学》中指出,"走向文化的管理"是"21世纪的必然选择"[①]。他们认为:

(1) 温饱问题解决之后,"经济人"假设就出现了困境。泰勒等人的"经济人"假设,是建立在19世纪末20世纪初生产力低下,工人远没有解决温饱问题的背景下,他们除了挣钱糊口,没有其他动机。而随着社会生产力的发展,社会物质产品的丰富,生活条件的不断提高,工人开始追求社交、自尊、自我实现等高层次的精神需要。

(2) 脑力劳动比重的增加,对传统管理的"外部控制"方式提出了挑战。现代社会脑力劳动的比例越来越大。脑力劳动的特点是看不见、摸不着,其劳动强度和质量在更大程度上取决于人的自觉性和责任感。复杂无形的脑力劳动要求一种自我控制能力的产生,要从满足员工自我实现的角度进行有效的激励,鼓励员工的敬业精神和创造精神,培育共同的价值观念,这正是组织文化建设的核心内容。

(3) 服务制胜时代的到来与理性管理传统的没落。生产力的迅速发展带来了第三产业的兴起。第三产业没有物质产品,其产品就是服务。服务质量的竞争,已成为第三产业竞争的主要形式。第二产业的竞争目前也转到服务上来,随着人们消费水平的提高和消费观念的变化,服务质量已成为产品质量的一部分。在产品的规格、品种、性能、价格不相上下的情况下,对用户的售前服务、售中服务、售后服务的质量就成了产品质量的决定因素。因此许多企业家和管理学家认为:服务制胜的时代已经到来。

(4) 战略管理的崛起与企业哲学的导航作用。当今世界,生产高度社会化及国际化,企业外界环境复杂多变,市场竞争及企业兼并日趋激烈。企业要想立于不败之地,就必须抓住转瞬即逝的机会,避开可能风险,拓展生存空间。为了达到此目的,就必须进行战略管理。战略管理是在复杂多变的竞争中求生存的战略选择,必须以高明的战略观念为指

---

① 徐国华,张德,赵平. 管理学[M]. 北京:清华大学出版社,1998:324-328.

导,必须确立高明的企业哲学,而这只能在文化管理模式下实现。

(5)分权管理的发展与企业精神的凝聚作用。随着市场竞争的白热化、通信手段的现代化,决策加快了,决策的复杂程度空前提高了。对决策的迅速性、准确性的要求,导致决策权力的下放,各种分析管理应运而生。现代公司的规模不断扩大,出现很多跨国公司,由于公司内部空间距离的加大和分权管理实施,泰勒式的金字塔形的等级森严的组织结构很难得以落实,权力和决策只能集中在上层人员,而广大下层职工便需要一种新的约束力,使世界各地不同民族、不同语言、不同文化背景的职工队伍凝聚起来。这种约束力是什么?就是企业精神,也就是文化力。

综上所述,西方企业变革了传统管理方式,生发了企业文化管理的思想,建构了企业文化管理的模型,同样学校管理也面临以下转变。

第一,现代管理呼唤富有人情味的组织。现在是一个软性因素占主导地位的时代,如果管理者一味地依靠指挥和控制是难以达到满意效果的。组织要有骄人的业绩,首先要让员工"感觉良好",视自己为这个"大家庭"中的一员。美国杰克·费茨-恩兹博士在《绩优公司的最佳做法》中指出:"从历史看,美国最成功的公司的创立者懂得,他们必须创造一个让职工们感到他们是一个'家庭'中的一部分的氛围;在公司这一母体中,他们有安全的保障,会取得成功。"这表明它们不仅是一些组织,而且是成功的有人情味的机构。在我国的中小学校,随着教职员工素质的普遍提高,教师的流动性将逐渐增强,那些教学技能突出、有特殊才能的教师将随时有可能离开学校,寻求新的发展空间。如何留住人才,充分激发和调动教师的积极性和创造性,将决定学校的发展和命运。因此,学校领导要尊重教师、重视教师,使教师的个人发展与学校的事业发展融为一体。

第二,人的发展逐渐成为现代管理的最终目的。确立人在管理过程中的主导地位,把人的因素当作管理的本质因素和最终目的,无疑是文化管理的人性观。只把人看作一种具有使用价值的资源,这是传统管理的一个弱点。我们知道,人类的进化包括人的智力的进化和发挥资源配置效率的能力等整体素质的提高和完善。管理是为了提高效益,而提高效益是为了人更好地生活,效益只是一个中介环节,是手段。就学校管理而言,管理的最终目的是为了学生和教师的发展。"为了人而管理""人是管理的目的",这是现代管理的重要理念,这个理念迫切地呼唤着学校文化管理的到来。

第三,教育的发展潮流要求学校管理超越单一的理性传统。教育是种产业,属于第三业——一种特殊服务业。能否培育学校教育市场并保持学校教育市场的稳定,取决于教育服务的质量。没有学校教职员工的敬业精神、对学校的忠诚心、对教育的忠诚心、对社会的责任感和高尚的服务道德,就不能创造优质教育,就会丢失市场。在这个时代,依据泰勒的时间动作研究和外部控制,即运用形体动作的培训和严格的外部监督是无法创造优质服务的,只能通过在长期的管理活动中形成一种共同的价值观,一种良好的传统与风气,相互感染熏陶,亦即形成一种良好的学校文化。

第四,学校管理环境和管理对象的发展要求学校管理哲学必须发展。时代在变,文化观念在变,教师与学生在变,学校管理哲学也必须与时俱进。同时,实行文化管理模式,尊重人的和谐关系,是有一定历史和文化基础的。

3. 文化管理是一种管理模式

文化管理是与经验管理、科学管理同范畴的一种管理理念和管理方式，同时它又是对这两者的超越。经济的全球一体化加速着管理模式的转型，催生着文化管理的诞生，更高级的知识经济时代，更开阔的国际竞争，使经济学家、管理学家以及企业家不得不从文化的角度重新审视和思考企业参与国际市场竞争所面临的一系列问题。文化在管理中的地位得到了前所未有的提升。基于"文化人"的新的管理文化，伴随着管理实践的要求，一种新的管理模式——文化管理便首先在西方企业管理中孕育出现了。

泰勒以来的科学管理思想，使企业走上规范化、制度化和科学化的轨道，极大地提高了生产效率。社会其他门类的管理借鉴其有益成果，也使自身走向完善。但科学管理有一个本质的弱点，就是"见物不见人"。这样，科学管理模式发展的结果就是，一方面是生产的高效率，另一方面就是人的工具化，以及工人对工作的厌烦、劳资矛盾的激化。

20世纪30年代以来的人际关系理论、行为科学理论力图克服科学主义的弱点，开始对人的复杂性和人性进行深入研究，但由于自身视角与时代的局限，还不能超越见物不见人的局限。

20世纪80年代兴起了有关企业文化的探讨，人们开始从文化视角思考管理问题，从而形成了一种与科学管理不同的、相对完整的管理思想和管理框架。这些理论、方式方法以及运作手段等又被应用于企业实践，从而引发并实现了一场深刻的管理革命。这场革命，标志着国际企业管理正在历史性地跃上一个新的台阶，意味着20世纪初从泰勒开始，后人进一步丰富发展的"科学管理理论、方法和手段"，正被日、美管理学家、企业家创立的"以价值观为核心的企业文化管理思潮和管理方式"所取代。国际企业管理正在实现由"科学管理时期"向"文化管理时期"的转变。

文化管理就是"人化管理"，就是以人为出发点，并以人的价值实现为最终管理目的的尊重人性的管理。这种管理是靠管理主体与对象主体（中介主体）之间所形成的文化力的互动来实现的。文化管理与以往的科学管理有着显著的不同，徐国华、张德、赵平等著的《管理学》从九个方面论述了这个问题。

第一，管理的中心。由科学管理的以物为中心（以技术为中心，以生产为中心，以财务为中心等）转变为以人为中心。在文化管理中，人既是管理的出发点，又是管理的落脚点。对内管理，以职工为中心；对外管理，以顾客为中心。如果说，科学管理是非人性的管理，那么文化管理是人性化的管理。尊重人、关心人、培养人、激励人、开发人的潜力，成为组织管理的关键。

第二，管理的人性假设前提。科学管理把人看作"经济人"，以"性恶论"为哲学基础；而文化管理把人看作"自我实现的人"和"观念人"，以"性善论"为哲学基础。在科学管理中，把人仅仅看作成本；而在文化管理中，人是待开发的潜力巨大的资源。

第三，控制方法。在科学管理中，以外部控制为主，重奖重罚是主要手段；而文化管理中心内置，依靠人文关怀等激励手段调动、激活行为主体的内在需求和动力，追求主动发展。

第四，管理重点。在科学管理中，直接管理人的行为，职工的一言一行都有制度约束，是典型的法治;而文化管理中,着眼于管理人的思想(信念和价值观),间接地影响人的行为,是一种新的管理方式——文治,即以文化来治理。

第五,领导者类型。在科学管理中,领导者恰似乐队的指挥,属指挥型领导;而在文化管理中,领导者则像导师和朋友,属于育才型领导。

第六,激励方式。在科学管理中,以外塑为主,依赖于工作的外部条件;而文化管理下,以内激励为主,着重满足职工的自尊和自我实现需要,依赖于工作本身的魅力。

第七,管理特色。科学管理的特色是纯理性管理,排斥感情因素;而文化管理的特色是将理性与非理性相结合,是有人情味的管理。

第八,组织形式。在科学管理中,权力结构明确,是"金字塔形"组织;而文化管理中,权力结构模糊,管理者与被管理者更为平等,类似于网络状扁平化组织,换句话说,是平等的沟通、自我学习的学习型组织。

第九,管理手段。科学管理依靠强制性的制度和物质手段的投入;而文化管理则依靠思想的交流、价值观的认同、感情的互动和风气的熏陶,即依靠非强制性和非物质手段的投入。管理由以硬管理为主,走向软硬结合,再到以软管理为主,这就是管理的软化趋势。①

三、文化管理的本质

在文化管理的语境中频繁出现的是"人与经济""人与企业""人与管理"。种种话语的前提,就是人在现代管理中已被放在了核心的地位。在现代管理观念中突出人对经济、企业、公司等的主体地位和作用,突破了以往"员工是工具、机器""是企业经济附属物"的观念及与之相应的管理误区,从而把对"人"的认识提高到新的境界。人在管理中地位的转变,突出表现在对人的精神功能和价值的认识有了新的突破。正如有的学者所说:人不仅有需要,更重要的是有价值。人的价值主要通过"人与经济""人与企业""人与管理"等一系列关系来认识、体现。企业文化管理就是要通过各种文化手段,调动人的积极性、主动性、创造性,充分实现人的价值,达到发展企业生产的目的。可见,当代企业管理所具有的"文化"特色,就是对人重视,就是以人为本。

对人的管理,西方管理者提出过"经济人""社会人""自我实现的人"等各种不同人性的假设,并以人性假设为前提,采取管理措施,建构管理模式。这些理论只是把人作为一种生产要素来阐述,把调动人的主动性、积极性和创造性停留在创造财富和利润上,把人作为一种物、一种资本来实施管理,是劳动异化的反映,而不是科学意义上的人本管理。

马克思认为,历史的进步是人类的进步。人类社会的进步以人的解放程度为标志,人的解放是共产主义的核心问题。人类社会的发展是人与自然、人与社会和人与自身(人的主观世界)的矛盾运动的历史过程,是人不断地从自然、社会和人自身获得自由和解放的历史过程。马克思关于人的解放和发展的理论,科学地阐述了人本管理的本质。通过管理活动和管理行为,达到完善人的品格、磨炼人的意志、提高人的智力、增强人的体质,使

---

① 徐国华,张德,赵平.管理学[M].北京:清华大学出版社,1998:320-321.

人获得超越生存需要的更为全面自由的发展,这才是人本管理的本质和目的。文化管理所追求的正是这样一种目标和境界,具体表现在以下几个方面:

第一,以文化为基础,强调人的能动作用,是以人为本的更高层次的"人本主义"。知识经济时代,人力资源的作用已大大超过资本的作用。高新技术企业的创建与发展,无不与一些具有较高科技知识、精通现代经营管理的人才有关。企业的成功是知识创新的体现,而知识的载体是人才,所以如何有效地培训及激励高科技人才,是高科技企业的首要任务。以高科技产业为代表的知识经济时代的文化管理中的"以人为本",已不仅仅是传统管理中的将人视为获取利润的一种生产要素,更重要的是将人视为一种文化目的,既是某种特定文化的产物,又是一定文化的创造者,其意义在于价值的追求与自我实现。文化管理把人力资源作为第一资源。因此,文化管理的"人本主义"是更高层次的人本主义。

第二,组织结构呈现扁平化,具有灵活性、柔性、跳跃性和速变性的特点。为适应文化管理的要求,管理者与员工之间的感情达到充分交流与沟通,等级森严的科层制不再适合企业的管理,管理层级减少,组织结构呈现出扁平化与多样化。

第三,强调团队精神和情感管理。文化的作用在于使人们产生强烈的归属感、自豪感,从而形成一种凝聚力,即团体精神。文化管理就是强化这种团体精神,使人们有"家"的归属感和主人翁责任感。

第四,以企业文化构建为主要手段。塑造企业文化是文化管理的核心,企业文化是由企业物质文化和企业精神文化组成的。物质文化的主体是"物",包括企业特定的个性化的厂房、技术设计、产品以及与之有关的企业形象因素;精神文化的主体是"人",包括企业的价值观、信念、企业精神、传统、风气以及与之相应的组织机构、规章制度、行为规范等,其核心是价值观。物质文化与精神文化二者相互制约、相互作用,构成企业文化的特定模式。企业文化将企业的"硬"管理和"软"管理结合起来,以"软"管理为主,使各种精神要素同企业内部的设备、制度和组织机构有效地连接起来,达到内在平衡,从而使企业内形成一个良好的"小环境",即心理上达成共识、感情上交融、人际关系上和谐的境界,以满足职工的精神需求,使其精神振奋,奋发向上,积极性得到极大提高。

文化管理集各种管理理论于一体。理性与非理性相融合、经济与文化一体化。在知识经济时代,文化管理成为各种管理的首要战略选择,也是我国管理现代化的必由之路。

第二节　学校文化结构

学校文化是驱动学校持续、稳定发展的动力,是学校获得凝聚力、竞争力和打造学习共同体的必由之路。学校文化管理让学校从经验管理和科学管理延伸到更高的文化管理阶段,以保证学校教育实现人在中央的教育理想。本节从文化与文化管理、学校文化结构和学校文化管理三个方面诠释和呈现文化立校的时代价值取向及其丰富的实践。

一、学校文化辨析

文化是非常广泛和最具人文意味的概念,简单来说,文化就是地区人类的生活要素形态的统称,即衣、冠、文、物、食、住、行等。给"文化"下一个准确或精确的定义,的确是一件非常困难的事情。对"文化"这个概念的解读,也一直众说不一。但东西方的辞书或百科中有一个较为共同的解释和理解:文化是相对于政治、经济而言的人类全部精神活动及其活动产品。

学校活动是整个社会在文化活动中最具有效力的一种文化活动,学校的文化功能是其他任何社会组织所不能比拟的。现代学校的一个重要功能就是将上一代的文化内容经过价值批判和取舍,去粗取精,去伪存真,传播给下一代。为了达成学校教育的以上功能,学校必须充分地利用各种因素,形成具有自身独特的价值观、信念、手段、语言、环境和制度的文化特质。学校文化具有导向功能、凝聚功能、规范功能。学校文化的核心是学校各群体所具有的思想观念和行为方式,其中最具决定作用的是思想观念,特别是价值观念。

组织文化的定义关注了组织文化的构成和核心所在。文化不仅是事实的,而且是价值的。组织文化的核心是组织成员共享价值观,是指导人的行为的哲学。要定义学校文化,需从它的概念的发展和几个相关的概念谈起。

1. 校园文化

在学校文化概念及其实践的发展过程中,校园文化概念占有重要的一席之地。20世纪80年代中期,我国首先在大学的学生活动中使用"校园文化"这个概念。在实践方面有两个标志性事件:1986年11月,上海交通大学举行"上海市高校校园文化专题研讨会";1990年4月,中国高等教育学会、中国教育学会、共青团中央宣传部在北京联合召开"全国校园文化理论研讨会",[①]关于校园文化的研究分为明显的两个阶段:初期的校园文化在实践和研究领域都基本等同于校园精神,或者等同于艺术教育、文化活动,校园文化的研究也局限于艺术教育和社团活动的范围之内。

随着实践的丰富和思考的深入,校园文化研究步入第二阶段,即校园文化成为学校文化的同义语,虽然社团活动和校园环境仍然占有很大比例,但已不是唯一。学者和学校主张并拥护从校园文化研究走向学校文化研究,因为二者还是有区别的。

"校园"更多指向一种空间维度内的区域或者一种场所,而"学校"更多指向的是一种培养人、教育人的组织机构。校园是学校的组成部分之一,更多体现的是一种静态的学校实体式的文化概念。研究学者赵中建指出,校园文化是以校园为主要空间、以学生为主体、以校园精神为主要特征的一种群体文化;学校文化具有统整性,是学校主体在整个学校生活中所形成的具有独特凝聚力的学校面貌、制度规范和学校精神气氛等,其核心是学校在长期办学过程中所形成的共同价值观念。校园文化常指学生活动,学校文化却涵盖了教师文化、学生文化、课程文化、组织文化和环境文化等。校园文化是学校文化的子系

---

① 余清臣.学校文化学[M].北京:北京师范大学出版社,2010:1.

统,使用学校文化概念更利于问题的深入探讨。① 如何更准确地体现学校文化建设的动态实践过程呢？与世界教育发展趋势一致,我国也开始重视学校文化在学校发展中的作用。如郑金洲的《教育文化学》从组织学、文化学的角度探讨了学校文化以及学校亚文化组织;范国睿的《学校管理的理论与实务》专门用一章探讨了学校组织文化。与此同时,中小学教育实践仍然大量使用"校园文化"概念,但内涵和实践已经指向了学校文化。学校文化的确比校园文化更能够体现一所学校的内在品质和发展趋向。

2. 学校精神

学校精神的概念与学校文化密切相关。学校精神是学校在长期的教育实践中精心培育与学校个性相结合而形成的一种学校主导意识。每所学校都有自己各具特色的文化精神,通常借助简洁而富有哲理的语言形式加以概括,也可借助校歌、校训、校徽等形式加以表达。学校精神应该是务实和求实的。② 学校精神即学校的文化精神,是学校文化的凝聚,也是学校文化特征的凝练表达。

3. 学校氛围

学校氛围和学校文化之间存在区别。学校文化是从社会学和人类学角度看待学校,在研究过程中多采用定性的研究方法,倾向于采用深度描述的方法来理解学校作为一个整体是如何向外界传送自己的象征意义的。学校氛围是从心理学角度看待学校,在研究过程中更多采用量化研究的方法,倾向于采用调查研究和多因素统计分析方法来确定影响学校发展的行为类型。与学校文化的抽象性相比,学校氛围的研究更具体,可操作性更强。

卡梅隆(Kim S. Cameron)和奎因(Robert E. Quinn)对组织文化和组织气候的区分让我们也很有启发。根据他们的研究主张可以推断,学校文化与学校气候是不同的。学校文化是一系列经久不衰的价值观、信仰和表现学校及其成员特点的设想;学校气候指的是短暂的态度、感觉和个体理解。学校文化是一种持久的变化缓慢的核心品质;学校气候是以态度为基础的,能够迅速而戏剧性地变化。学校文化是内在的、难以辨识的组织特点;学校气候是更明显的看得见的组织特征。学校文化包含了核心价值观和对于事物的一致意见;学校气候则包含了在时局变化和遇到信息时常常变化的个人观点。

4. 学校文化

学校文化是精神性的引导力量,是一种独具特色的制度方式和行为方式。最早提出学校文化概念的,是美国学者沃勒(Willard Waller)。他于1932年在其《教育社会学》中使用"学校文化"一词:学校中形成的特别的文化。这种文化即不同年龄儿童将成人文化变为简单形态,或借儿童游戏团体保留成人文化;同时由教师设计、引导学生活动文化的形成。③ 赫克曼(Paul E. Heckman)认为,学校文化是校长、教师和学生所共同具有的信念,这些信念支配着他们的行为方式;学校文化和学校的传统与历史密切相关。

---

① 赵中建.学校文化[M].上海:华东师范大学出版社,2004:95.
② 赵中建.学校文化[M].上海:华东师范大学出版社,2004:307.
③ 钟启泉.新课程师资培训精要[M].北京:北京大学出版社,2002:100.

顾明远主编的《教育大词典》对学校文化的定义是：学校内有关教学及其他一切活动的价值观念及行为形态。① 赵中建指出，学校文化是学校规范性和传承性的价值观、思维和行为方式的总和，其内核是管理哲学和学校精神，外显是学校风范。② 郑金洲认为，学校文化是学校全体成员或部分成员习得且共同拥有的思想观念和行为方式等。③

杨全印、孙稼麟在总结诸多研究成果的基础上，指出学校文化包括内外两个部分，内在部分是价值观；外在部分是表现形式，包括行为规范、仪式、视觉符号等。其中，价值观是核心，表现形式是外壳；价值观是本，表现形式是末。④

王继华提出教育新文化的概念。他认为，教育新文化是一种以教育的价值取向为核心，以校长文化为总揽，以教师文化、学生文化为人本载体，以静态校园文化为物本载体，以幼儿园文化、班级文化、动态校园文化、学校文化为传承载体，以考试文化为创新的突破口，由九种文化形态构成的一个具有生命活力的有机整体。学校文化是一种体现多种教育文化形态的文化场，反映着学校发展的方向。学校文化在宏观上指引着校长文化、学校育人取向文化、教师文化、学生文化、动静态的校园文化、班级文化、考试文化的发展方向。学校文化的运作必须通过一定的载体得以物化，载体的设计又体现出学校发展的文化策略，学校文化包括六种载体⑤：环境载体、理念载体、活动载体、教学载体、制度载体、行为载体。

综上所述，本研究认为学校文化是一种组织文化，是学校核心价值观主导下的全体成员的行为方式与物态形式的总和，包括精神文化、制度文化、行为文化和物质文化。其中，价值观是学校文化的核心和灵魂。学校文化是可以创建和生长的，也是可以凝练和阐释的。但学术定义的学校文化在现实中是无法遇到的，更是无法套用的。研究者和实践者都需要牢记的是：学校文化是活着的、能动的，也是情境的、事实的，不是来自外面的和概念的。管理者需要在情境和事实中构建、滋养和培育学校文化；研究者需要在事实和情境中考察文化；能动者通过改造和变革环境形成学校文化，通过管理学校文化促进环境变化和学校发展。

二、学校文化类型

根据不同标准把学校文化分为不同的类型。从学校文化形成的影响因素考虑，学校文化与学校管理方式、组织氛围、领导风格等因素密切相关。每所学校有不同的管理方式。布什(Tony Bush)提出五种管理模式及其特征：常规型管理以分级管理、理性方式实现学校目标；民主型管理主张教师分享权力和决策；政治型管理的特征是决策之前讨价还价；主体型管理鼓励发挥个体作用以实现他们的目标；模糊型管理的决策是由不同委员会

---

① 顾明远．教育大词典：第 6 卷[M]．上海：上海教育出版社，1992：426．
② 赵中建．学校文化[M]．上海：华东师范大学出版社，2004：99．
③ 郑金洲．教育文化学[M]．北京：人民教育出版社，2000：240．
④ 杨全印，孙稼麟．学校文化研究：对一所中学的学校文化透视[M]．北京：教育科学出版社，2005：46．
⑤ 王继华．教育新文化执行力[M]．长沙：岳麓出版社，2008：1-11．

和工作小组决定的。不同的管理方式形成不同的组织氛围,关注学校氛围类型的研究就可以把握学校文化的类型及其特征。哈尔平(Andrew Williams Halpin)和克罗夫特(Don B. Croft)提出四类组织气氛:教师之间关系亲密、互相合作、互相尊重的开放型;教师之间缺乏承诺、各自为政、漠不关心的封闭型;校长调节教师行为,使得到高水平发挥的忙碌型;校长积极给教师提供支持,教师之间缺乏合作、互不承诺的松散型。不同的组织气氛,就形成了不同的学校文化。奎因和麦格拉思(Michael MoGrath)提出的学校文化分类如表6-1所示。

表6-1 学校文化分类及其特征

学校文化类型	价值取向	基本特征
理性型文化	效率、成就	中央集权,常规型管理方式+忙碌型组织气氛
分级型文化	责任明确	中央集权,常规型管理方式+封闭型组织气氛
契约型文化	参与讨论	权力分化,民主型管理方式+开放型组织气氛
发展型文化	创新变化	权力分化,模糊型管理方式+开放型组织气氛

根据学校文化的创建过程和发展阶段,可以把学校文化分为成长型、成熟型和衰退型学校文化。根据主体不同分为校长文化、教师文化、学生文化或正式小团体与非正式小团体等亚文化。组织文化类型的研究为我们分析学校文化类型提供了有益框架。哈尔平与克罗夫特提出的"开放—控制型"学校氛围,把校长行为和教师行为特征联系起来研究,按照从开放封闭的顺序分为六种学校氛围:开放的、自主的、控制的、放任自流的、家长式的、封闭的。霍伊(Wavne K. Hoy)等人提出学校组织的"健康—病态"学校氛围分析框架,着眼于学生、教师、管理者和社区成员之间人际关系的健康性,将学校划分为健康的和病态的学校。沃勒认为学校文化包含两种根本对立的文化:一是教师代表的成人社会的文化,一是学生代表的同伴团体的文化。两者之间存在种种文化冲突。冲突的结果往往以成人文化的胜利、学生被社会化而告终。通过考查学生控制的形式考察学校文化是一条有效途径。埃德尔(Conway Edel)设计了从监管到人本主义型的学生控制连续体,提出监管型和人本主义型学校氛围。李克特(Likert)根据组织中上下级关系的特征,提出四种管理类型和匹配的组织氛围:严厉权威型、仁慈权威型、协商型、民主参与型。

三、学校文化发展阶段

1. 初创阶段

初创阶段指学校初创时期或学校进行文化变革初期,这一阶段需要1—2年的时间。初创阶段学校文化发展的特点有三点:

一是校长谨慎主导。有一种观点认为,学校文化即校长文化,学校文化经常反映了校长的价值观念和领导风格,校长的见识和品位往往奠定了学校文化的最初基调。校长对于学校文化创建和管理起着核心领导作用。如果一个校长新到一所学校,或者在原来的学校进行文化变革,需要谨慎发挥这种主导作用:尊重学校历史和传统,以充分调研和科学诊断为基础开始工作。

二是校长需要在调研和诊断基础上,汇集学校各层次的意见和建议,带领学校成员初步总结、反复修正后明确提出学校的核心价值观,并将其努力灌输给组织,积极向教师和学生传播。同时,校长需要在了解大量信息的基础上,思考如何执行变革,从而让学校文化理念体系和实践体系更加协调、完美和出色。

三是围绕学校核心价值观初步进行规章制度的整理和制定,借鉴和效仿成分居多。这一时期,学校成员还不熟悉新校长或校长进行文化变革的新想法,大多数处于观望阶段,学校文化管理很像是校长"一个人的战斗",校长是一个"孤独的思考者"。

2. 成长阶段

学校经历了创建初期后,很快进入一个飞速成长和发展期,这一阶段需要3—5年时间。成长期的学校文化发展的特点有三个:

一是校长中间领导。校长已熟悉学校各项工作和所有成员,初步奠定了领导权威,可以站在中间指挥、帮助、指导追随者。

二是学校文化建设团队初步形成。以校长为中心的领导队伍初步稳固,目标一致。学校在此阶段会考虑和着手制定学校的战略规划,学校的办学目标和培养目标明确,发展愿景清晰。以战略规划制定为抓手,降低决策重心,所有教职员工广泛参与其中,就学校战略规划和各部门计划发表意见和建议,并不断宣传、修正和推广核心价值观。

三是在广泛征求意见的基础上完善学校规章制度,使其更加合理,为人的发展和学校发展服务。这一阶段,人的激励和制度建设是重心,各种规范开始稳定运行。学校全体成员在校长的激情领导下,各得其所,各司其职。校长成为一个充满激情的"旗手"和"教练"。

3. 成熟阶段

经过了规范阶段,学校文化发展进入成熟阶段。这一阶段需要2—4年的时间。这一阶段学校文化发展的特点有四个:

一是校长沉稳推进。学校全体教职工的积极性被充分调动起来,授权成为校长乐意做的事情。领导主观影响退居次席,转入幕后,掌握方向、提供资源和条件、重新系统思考学校文化成为其主要任务。长期沉淀下来的文化定式将牵引学校发展。

二是围绕学校核心价值观和发展规划的落实,人际文化和行为文化建设成为重点。战略规划和部门计划被分解落实在每个岗位上,责任落实到每位教职员工。校长领导团队行为,中层管理队伍行为、教师行为和学生行为,不仅有自己的规范,更重要的是有本校个性。同时,活动、仪式设计需要精益求精。

三是学校英雄人物已经产生,教师、学生、领导、教辅人员的榜样已分别树立起来,他们对内诠释学校的价值观,对外代表学校文化标准和成就。优秀凝聚在榜样身上,教职员工的"看齐"意识可以有效推进学校文化建设。如果说价值观是文化的灵魂,学校的标杆人物就是这些价值观的人性化体现和组织力量的集中缩影。在强文化学校中,榜样的示范引领很重要,因为他们传递的"正能量"看得见、摸得着,教职工在耳濡目染的氛围中更能激励自己努力工作。

四是学校开始进行物质文化建设。在核心价值观和办学实践思路明确的基础上,学校着手进行视听觉识别系统设计,以物态方式表达和丰满学校精神与文化。在成熟阶段,学校文化有充分的层次感,从精神文化、制度文化到行为和物质文化各种体系都已经形成。学校文化形成后,学校教职工共同浇灌、培植、吸纳新成分,形成开放型、发展型文化体系。

4. 凝练阶段

如果说学校文化发展的前三个阶段是向前看的阶段,凝练阶段就是前进中向后看的回顾阶段。学校文化形成稳定特征后,可以进一步凝练和提升。在凝练阶段,学校文化逐渐呈现连续特征,数据点逐渐补齐和完善,学校文化发展呈现出以下三个特征:

一是校长权变领导。文化成熟的学校的校长会根据情境变化驾轻就熟地选择和使用权变领导方式。"权变"就是通权达变的意思。权变领导包括三层含义。在时间意义上指的是随着时间的推移和学校环境的变化,引起管理方式和手段的变化。在空间意义上指学校所处环境不同和管理者所处环境不同,导致管理方式和手段上的变化。在对象意义上指管理者因下属的多样性和变化性而相应地在管理方式和手段上的改变。在学校文化凝练阶段,校长的领导根据情况、环境、对象等的变化,可以是走动地管理,也可以是沉静地思考,更可能是激情地推进和有效地指导。校长时而在台前,时而在幕后或走在中间进行领导。

二是学校文化体系逻辑化。在成熟阶段,需要有意识地提炼和总结出学校文化的"面",即学校文化的逻辑体系。可采用叙事研究方式进行。在经历了数年的发展和沉积之后,校长带领全校人共同思考:我们都做了什么?在学校发展史中,关键人物有哪些?优秀教师和学生有哪些?学校经历了哪些关键事件?它们是如何得到解决的?学校以前的校长、教师和学生是什么样的?学校建筑要传达什么信息?学校流传的故事和仪式是什么?这些和学校的核心价值观之间是什么关系?鼓励大家畅所欲言地讲述故事,找出重复率最多的故事,将之加工成为一个完整的学校故事。把学校故事以及师生感受或叙事整合在一起加以研究,提炼出使用最频繁的、最能够代表学校精神的词汇,每一种精神都应该至少有一个经典的学校故事作为解释。

三是学校文化的差异化。提炼出学校文化的"面"之后,还要重新思,学校文化的"点",即学校文化中与众不同的个性点或特色项目。这些"点"或是制度,或是仪式,或是活动。要让这些"点"放出光芒,传诵和营销学校文化精神;要让这些"点"成为卓越的经典,成为学校文化的标志。

每所学校文化发展的四个阶段构成一个文化发展周期,这个周期一般会经历数年时间。一个周期完成后,学校文化发展进入下一个周期,周而复始。几个周期会构成一个学校文化发展的时代谱系,这种时代特色是社会结构及其意识形态在学校中的清晰反映。

四、组织文化结构

学校文化结构是指学校文化的组成部分或构成成分。对于学校文化结构,从不同角度看有不同的构成,不同学者有不同的说法。目前,关于学校文化结构的研究有二分说、三分说、四分说和六分说等。

(一) 学校精神文化

学校精神文化是学校文化的深层表现形式,是学校在长期的教育实践中,受一定社会文化背景、意识形态影响而形成的为其全部或大部分成员所认同和遵循的精神成果与文化观念。学校精神文化也被称为学校理念系统或者意识形态系统,是一条学校文化的价值链条。学校理念的高度,决定学校成就的高度。它是学校文化的核心,包括学校核心价值观、基本价值观和事业发展观等部分。其中,核心价值观及其阐释与表达方式、学校培养目标、学校发展目标、学校标识设计等是关键要素。

1. 学校核心价值观

在长期的生活工作实践中,价值主体对价值客体有用性的看法构成了价值观。学校价值观是学校师生员工在教育实践过程中所推崇的基本信念和奉行的目标,是全体成员一致认同的对学校教育意义的终极判断。价值观会产生持久的精神支撑力,对学校所有成员的行为具有引导和规范的作用,为学校的生存和发展确立了精神支柱。

学校核心价值观即学校教育哲学,也称作办学宗旨,可以用短语或句子以口号的形式表达出来,学校标识、校训校歌等都是其直接载体。学校标识是学校形象视觉识别系统的基础要素之一。每个学校都应该有自己的标识,它代表学校实体,表达独特含义,突出个性特征,被视为学校精神文化的第一具体表达。标识的设计可分为具象类和抽象类。具象形式假物衬托标志,用于表达一种精神与文化的内涵。抽象形式通过使用抽象的图形或符号使人产生联想来诠释所要表达的核心价值理念。

2. 学校基本价值观

学校基本价值观是围绕核心价值观,构建、分解和实践这一价值观的具体工作领域的系列价值观,包括管理观、教学观、学生观、课程观等等。如北京市中关村第四小学强调每个人都是重要的,所以其管理信奉的是"鲸鱼哲学":永远强化和激励每个人的正面行为,学校的校歌是《我们一起追梦》。北京市朝阳区虎城中学的学生大部分是来自五湖四海的打工子弟,为了体现有教无类的核心思想,校歌名为《虎城,美好家园》,第一句就是"你来自天山,我来自东海"。

3. 学校事业发展观

学校事业发展观是与学校发展密切相关的一组价值观。包括学校发展目标、学校培养目标、学校特色项目、学校品牌与学校形象等等。"两个目标"至关重要,乃学校发展和前进之舵。北京四中的培养目标是培养优秀的中国人。北京十一学校的发展目标是建设一所受人尊敬的学校。北京朝阳区樱花园实验学校的发展定位是建设一所开发学生潜能的研究性实验学校。这个定位也和当前所提倡的素质教育不谋而合,学校将这一发展定位逐步细化,形成被绝大多数教职工认可的使命和责任,即:"坚持'造就教育',不求学生个个全优,但求学生人人进步。让每一个学生的个性得到完善与发展,让每一位家长感受到孩子的进步,使樱花园实验学校成为教师,特别是青年教师成长的摇篮。"这一定位及其理念已被全校员工及家长认同和拥护。

(二) 学校制度文化

学校制度文化是学校在实践精神文化的过程中所形成的管理制度、管理文化及其实施的保障机制等的总和。它是学校精神文化的落实和表达形式之一,是学校文化之鼎的"第一足"。制度文化通过明确告知行动者什么是应该做的和被鼓励的,为学校的价值系统外化为师生员工的自觉行为起到规范和保证作用。

1. 学校管理制度

学校管理制度是学校在教育实践过程中所制定的规范行为的规章或条例。从制定者角度,学校管理制度分为国家制定、地方制定和学校制定的管理制度。从管理对象角度,学校管理制度分为干部管理制度、教师管理制度和学生管理制度等。从职能部门工作角度,学校管理制度包括教育教学管理制度、教研管理制度、人事管理制度、班级管理制度、后勤管理制度等。从学科和目标角度,学校管理制度包括德育制度、教学制度、体育制度、美育制度、劳动信息教育制度等。制度文本形成过程一般是这样的:责任部门起草—广泛调查研究—骨干研讨—教代会通过。

2. 学校管理理念

学校管理制度的支撑理念是学校管理制度背后的观念和预设。人本、人格、发展、质量效益、纪律等理念,往往是站在制度背后的东西。制度不是条条框框,而是由价值观整合起来的一整套体系化的东西。制度是有灵魂的——学校制度的制定和执行是从学校核心价值观、培养目标和发展目标出发的。制度不是挂在墙上的,而是做的标准和行动指南,人性化管理越来越受到推崇和提倡。校长要做"鲸鱼哲学"——"发现别人做得正确的事情"的专家,而不是玩"猫捉老鼠"——"发现别人做错事"的游戏。"鲸鱼哲学"是沟通的理念基础——只有在你真诚和诚实的时候,"鲸鱼哲学"才会奏效。① 华东师范大学第一附属中学的管理文化就是以服务为支撑点;北京市中关村第四小学在其鲸鱼哲学的管理文化中探索出独具特色的招募制度、且行且思制度等,充分体现其研究、自主和首创的学校精神。

3. 学校管理制度实施的保障机制

学校管理制度实施的保障机制为制度落实提供组织保证,主要指向学校领导体制和组织结构。我国的公办中小学实行校长负责制,即上级机关领导、校长全面负责、支部监督保证、教工民主管理的领导体制。校长是学校行政的最高负责人,是学校的法人代表,对外代表学校,对内全面领导以及负责教育、教学、科学研究和行政管理工作。

学校组织结构是指学校组织内部纵向各层次工作群体和横向各个部门的设置及其关系的总和。包括机构设置、职位、权力关系、沟通网络等正规部分和技术、组织内部的社会心理等非正式部分。② 学校组织结构类型主要有直线型、职能型、直线—职能型、事业部型、委员会型、矩阵型等。学校组织结构的设计要符合学校精神。如北京市海淀区农业科学院附属小学为了体现"管理就是服务"的理念,学校职能部门的名称做了改变,都加上"服务"二字,变成教学服务部、科研开发服务部、后勤服务部等。

---

① 肯·布兰佳,萨德·拉辛纳克,等. 鲸鱼哲学[M]. 张鸿斌,译. 北京:中国人民大学出版社,2004:33-38,59.

② 陈孝彬. 教育管理学[M]. 北京:北京师范大学出版社,2005:403.

(三) 学校行为文化

学校行为文化是学校全体成员在精神文化指引下和制度文化规范下所形成的为社会认可的行为方式及其承载和表达这些行为方式的活动的总和。学校行为文化是在教育实践过程中产生的活动文化,具体可分解为人的行为方式、活动或仪式、学校特色项目等。行为文化是学校文化的"第二足",是学校文化重要的外显方式,表现着学校不同于他者的个性风范,是学校精神文化的折射。

行为方式是人们的言谈举止、待人接物、交流沟通等所遵守的礼仪与规范。学校行为方式主要包括以校长为中心的领导与管理团队的行为方式、教职工的行为方式和学生的行为方式。我们可以把这几类行为方式与适当的活动或仪式结合起来考察学校行为文化。

1. 管理者行为方式

校长文化是一所学校发展的灵魂,是在学校文化进程中所折射出来的校长独有的精神追求和行为特征。① 校长行为方式主要指向其领导方式及领导风格,包括校长的自我领导、领导他人和领导团队的方式。校长行为建设主要指向其领导力的提升。学校中层干部行为方式主要指向其管理方式及其风格,包括自我管理、管理他人、管理部门等,其行为建设主要指向管理能力和执行力的提升。校长和中层构成学校管理和领导团队,其行为方式上连着学校培养目标和发展目标,其行为方式的展开是和学校的活动或者特色项目结合在一起的,可以抓住学校的强势项目或传统特色彰显文化的韵味。

2. 教师行为方式

教师文化是教师群体公认的价值观,包括教育思想、教学境界、职业情操、文化素质、品格修养在内的行为准则,是教师群体遵循推崇的潜规则。② 教师文化是教师行为方式的总和。教师行为方式主要指向围绕其专业发展所建构的行为规范与活动等,包括教学行为、研究行为课程文化等,与学校的目标、管理制度、管理方式、管理活动等密切相连。个性特色突出的教师行为方式能够切实反映学校行为文化特色。所以,在教育教学管理中,常规管理抓规范,规范之上做特色。管理应为教师专业成长服务,如抓住教师教学风格教研特色、名师、教学关键事件等努力打造有个性特色的活动或项目。

3. 学生行为方式

学生文化是指在特定的社会空间内,全体学生在学习、生活、工作中所共同拥有的价值观和文化取向在形态和行为方式上的反映。③ 学生行为方式主要指向围绕学生健康成长与发展所建构的行为规范与活动、仪式等。可落实到这样几个点上:班级文化、模范学生、特色活动和仪式、故事传奇等等。

班级文化是由班主任、任课教师及全体同学共同营造出的一种带有归属感的氛围,是

---

① 王继华. 教育新文化执行力[M]. 长沙:岳麓出版社,2008:11.
② 王继华. 教育新文化执行力[M]. 长沙:岳麓出版社,2008:12.
③ 王继华. 教育新文化执行力[M]. 长沙:岳麓出版社,2008:13.

一种文化形态,是一种共同默认的价值取向。① 开学典礼、毕业典礼、校本课程等都可以成为承载特色的活动和仪式。

(四) 学校物质文化

学校物质文化是学校文化的外在标志,是在教育实践过程中由学校成员创造的以物质形式表达的学校表层文化。学校物质文化是学校文化的"第三足",往往与视觉识别、听觉识别系统联系在一起,是学校文化的物化表达形式,能够让学校文化和学校精神可见可闻,主要包括学校物理环境和文化设施等物质载体。

20世纪初,众多学校的教学楼的设计和构建遵循泰勒工厂模型的"效率",学校管理者也简单地认为所有的学生必须从同一时间、同一地点学到很多的知识,学校的基本任务也只是传授基础的知识与技能,而学生之间的差异不会妨碍学生对基础知识的接受和基本技能的训练。20世纪70年代中期,随着开放式课堂理念的出现,管理者尝试将学校设计与以学生为中心的教学方法联系在一起。学校管理者更加清楚地认识到学习是学习者、引导者、教学实践、社会氛围和学校环境之间互惠的一个过程。学校入口、教学楼、图书馆、楼道、教室及餐厅这些校园中最重要的物质标志都要体现"育人",为更好地实施教育而设计。学校物质文化设计策略始终遵循以学生为中心,便于教师合作和课程灵活安排,营造一种安全、积极的校园氛围,体现环境、社区和全球网络的联结,不仅能给予学生学习支持,且能够培养学生社交、情感、道德以及学术方面的技能。

新的时代,学校管理者更需要重新学习表达空间的语言,着力解决物理空间问题,实现与现代教育技术无缝衔接,让学校不再只是一个地点的标记,而是一种空间的选择;让学习与学校环境的互惠年复一年地迭代;让学校的建筑物等物质文化塑造师生的精神文化和行为文化。

1. 学校入口

近二十年,学校附近的区域变成了学校最有争议的空间之一。发生在个别学校门口的极端暴力事件迫使学校大量设置安全措施,如多种监控器、制服保安、智能卡、视频监控、障碍物等。事实上,各类科技监控系统并未制止极端的恶性事件,而常见的校园欺凌事件却是各个学校面临的最大安全问题。学生在校的行为举止与学校各种物质标志传递的隐含信息有很大的关系。大量监控设施的使用本身就暗示着对学生的不信任,会令学生对学校产生抵触。最好的办法是管理者通过物理空间的设置,创造一个学生可以在其中接受教育并茁壮成长的氛围。

学校的入口要营造一种宾至如归的氛围,让师生和来访者以积极的、社交的方式进入学校。入口处应是暖色系,安排专人招呼师生有序入校,入口处的区域可以设置一些有关学校文化或历史的标志性元素,让其成为师生为之骄傲和产生主人翁意识的源泉,从师生步入学校开启新的一天就有积极向上的氛围。标志性元素展示学校的个性,彰显学校的与众不同,学校可以通过标志展示学校骄人的业绩和学生的成就,比如展示艺术作品、雕

---

① 王继华. 教育新文化执行力[M]. 长沙:岳麓出版社,2008:14.

塑喷泉及欢迎标志等。同时,可以设置一些舒适的来访者等待的区域,有条件的学校可以提供茶水、咖啡和杂志,摆放着鲜花等,让所有来到学校的师生都有一种认知并产生归属感,为来访者设下愉快的基调。校长或者值班教师的一句问候、一次握手或者叫出每个学生的名字,学校通过尊重学生个体,凝聚师生的力量。对于学生而言,以积极的社交体验开始新的一天,形成一种和学校达成个人认同的感觉,并让学生为一个更好的学习体验做好准备。

很多学校,学校入口处的正前方空间实用性很强,学生迅速涌入建筑大楼,生生之间很少互动沟通,感触不到受欢迎的氛围,反而会急剧产生一种心理压力。更好的解决方案就是逐渐过渡,按年级分流,分成两个通道,或者改变入口通道处的装饰。比如设置一些台阶、凳子,让师生随意休息或者等朋友,如此正式、非正式的、不急不躁的环境让学生在进入教学楼之前心情更加畅快。

表6-2 营造宾至如归的入口设计方案①

描述	判断
每个学校入口处有大小合适的顶篷,当人们等候、会面以及在学校主入口外面跟朋友们打招呼时不会被太阳晒到或被雨淋	□是□否
年纪较小和年纪较大的学生从不同的入口进入学校	□是□否
年纪最小的孩子们可以让父母把自己送到有老师的地方或某个接待处	□是□否
途经保安处有清晰可见的欢迎语	□是□否
行政区的成人能够看到学生从入口走到教学楼	□是□否
美观且通俗易懂的标牌清楚地指引来访者去相应的目的地	□是□否
展示学校精神的标志性元素在学校的主要庆典入口处清晰可见	□是□否
通往学校每个入口处的路程都是愉快的,不会被太阳晒到,而且还可以看到绿植区域	□是□否
行政区透明化,这样职员或志愿者可以督视进入学校的人	□是□否
来访者一进入教学楼就有人跟他们打招呼	□是□否
在主要入口处以及每个次要入口处的墙上安装展示板,以及设置展示学生3D项目的地方	□是□否
有特殊陈列区展示校史	□是□否
欢迎语指引父母和社区居民到社区专用会场,备好设备及饮料	□是□否
有社区聚集区以及等候区,配备舒适的椅子,而且声响得到控制	□是□否
在办公室外面有自动服务的咖啡车,或者对家长开放的校园咖啡屋,在早上或下午提供咖啡、茶水和零食	□是□否
区域有很不错的采光及合适的人造光	□是□否
入口附近学生下车的地方早晚保持交通顺畅,避免拥堵	□是□否

---

① [美]普拉卡什·奈尔.重新设计一所好学校[M].林文静,译.北京:中国青年出版社,2019:84-85.

2. 教学楼

学生在校的行为举止与教学楼传递的隐含信息有很大的关系。视觉认知指对个体所见现象的深层次理解。事实上，管理者每天都看到教学楼，但是没有真正理解它们。有人说，我们塑造了建筑物；反之，建筑物塑造我们。21世纪的学校管理者都应该树立"学习型教学楼"的设计理念，即教学楼可以满足师生的基本的需要，诸如尊严、社会福祉以及情感的发展。通过满足这些需要，创造一个学生可以在其中接受教育并茁壮成长的氛围。

以学生学习为中心的建筑物，体现本身就能够"学习"，可以支持各种学习活动并能够传递关于活动和行为的积极信息。进一步说，建筑物从一开始就代表设计师和建造者的愿望与志向，但是，随着时间的流逝，它却塑造了居住者的心态和志向。学校的教学楼是否以学生为中心，是否有效促进教与学的现代化，管理者需要注意这几个方面。

（1）教室和过道

教室是学习空间，过道是实用空间。教室不能简单地以容纳多少学生来判定其好坏。传统学校建筑把老师限制在各自像"装鸡蛋的条板箱"的教室里，限制了教师之间的合作与交流。泰勒工业模式的高效率对学校也是可行的，但在这个模式下，学习被定义、量化、控制以及大批量生产，以教师为中心的学习设想教师必须不断指导学生才能让他们更有效地学习。学校的主要目的是把提前设定好的材料——大部分是课本上的知识传授给学生，学生知道的材料越多，他们受到的教育越多。在以教师为中心的教育模型学校，教师的职责是确保所有学生，不管他们能力如何，都能够获得同样关键和基本的知识。而这与学习是一种让学生积极参与学习的教育哲学相违背，所以，学校需要重新设计学习和教学空间，让教室的空间增加新的价值，落实以学生为中心的目标，实现育人的目的。

教室空间的设计就单纯视觉上的细节而言，将直接影响学生行为的好坏。管理者要关注这些视觉上的细节。如从教室外部可以清楚地看到教室内部的情况；各种陈列物学生触手可及；白板的高度方便学生在上面写字；教室的自然光或者照明要充足；教室内设有小组学习或独立学习的各种空间；学生能够使用无线科技；教室配有特殊儿童的学习空间等。

舒适的室温和空气质量、采光和声响对学生的学习直接产生影响。生理学研究表明，室内温度会影响人的体温调节功能，舒适的室温可以提高学生的学习效率。教室要设置足够的窗户，以便随时打开窗户带来新鲜的空气。从视觉认知的角度来看，与采光相关的一个重点是每个关键的学习区域都有充分的日照。任何一个特定空间，日照越多，学习效果就会越好。从学习的角度来看，学校设计的各方面当中采光和声响相当重要。日照是学生在学校可以享受的最珍贵的光线，因此应该尽全力来增加学生活动区的日照。

教室的声响质量决定着学生的听课质量。教室墙壁的表层往往具有反射性，很少起到吸音的作用。建议教室的墙面采用能够吸收声响的材质，即通过柔软或可渗透的表面，吸收而不是反射声音。

学生的座椅是学校最重要的硬件设施，也是好的学校设计的最重要的元素之一。学生的座椅和位置的布置对于创造舒适的学习环境非常关键，但是，多数学校的椅子都是便宜的、硬塑料材质的。学生每天有四到六个小时坐在椅子上，如果再乘以一名学生在学校的天数和年数,学生座椅的重要性就不难理解。当前,学生坐的椅子很少是结合人类环境改造学设计的,而遵循人类环境改造学研制而成的椅子或可移动的椅子能够提升学生的注意力。有一个被称为认知工效学的领域探讨了精神活动的过程,比如感知、记忆、推理等元素都受物理环境的影响。当然,21世纪的教学目标之一是让学生减少坐在椅子上的时间。

创造色彩缤纷的环境,让色彩对学习产生影响。许多研究发现,色彩影响学生的行为、态度、创造力、学术环境以及注意力持续的时间,甚至影响老师对时间的感觉。有报告展示了单调环境产生的消极影响,包括焦虑、压抑、烦躁以及注意力不能集中。教室墙壁应该选用浅色的油漆,让空间看起来更明亮,也能反射更多的日光。需要强调的是,对前面的墙,即"教学墙"的处理方法是采用中色调,"教学墙"紧挨着色彩中和一点的墙,这样可以减少视觉疲劳,增强注意力和大脑的活动。明亮的色彩可以在楼梯、过道使用,从而体现色彩的多样性,对学生有所激发,也有助于为大家引路。使用色彩和图表引路,对于低年级的学生尤其重要,因为小孩能够对具体的色彩和符号赋予意义与理解。将色彩和图表用于引路也促进了对地点的认知及安全感,并允许学生在他们的环境中自信地游走。

(2) 非正式学习区域

空间规划包括如何规划学校实体空间的各个元素。想让学校更好运转,不仅需要足够的空间,而且要使空间规划有益于学习。空间规划包括空间的规模、多样性以及灵活性,还有非正式的学习区域。非正式学习区域也称为"第三空间",心理学家把其描述为家庭和工作之外的一个场所,在那里,人们交谈、饮食、阅读和学习,以及在他人的陪伴下放松身心。第三空间是开展非正式学习的地方。因此在学校环境中允许社交与非正式交互学习,也很重要。如:在过道、楼梯、树下、草坪上以及学生可以坐下学习的任何地方。新设计的教学楼一定要关注教室之外的非正式学习空间的需求。很多学校老教学楼楼道太窄、太小,而新建教学楼的大型、壮观的中庭又没有使用价值,学校卫生间集中在一起,过道太长、太窄,食堂又大又吵等。

管理者要处理好规模、多样性和灵活性。规模是指供不同年龄的孩子使用的不同物品。对于低年级的学生来说,规模意味着学习环境的设计能让学生感到方便使用,而且需求都能够得到满足。规模与作为整体的学校各元素之间的平衡有关。一个空间提供的多重可能性对于提升真正的灵活性不可或缺。科技的发展使得学习在"任何地方、任何时间"都能进行。学生都更喜欢他们可以掌控的陈设,各种各样的材料、教具和陈设使得学生和老师都能够改变空间的样子以及使用的方式,多样性促进学生的能力发展。

3. 图书馆

图书馆是整所学校着重设计的建筑。在过去,图书馆作为一个联结人与思想的场所很有意义——把实体媒介归类排序放置在一个场所,让人们找到所需要的信息。互联网出现之前,所有人文知识不是存储在人们的大脑里,就是通过某种实体的媒介记录,譬如书本、杂志、日记、电影、CD、DVD、磁带、黑胶唱片、微缩胶片等等。图书馆的核心是储藏书,而不是人与思想联结的地方。

近二十年,随着信息创造、储存以及获取方面的重大变革,越来越多的信息与沟通通过互联网进行。这种变革的一个现实聚焦点是图书馆。不能说互联网毁掉了或将毁掉图书馆,但图书馆需要重大的改变来保持其联结人与思想的目标。在数字化时代,图书馆的角色受到质疑——如果搜索引擎可以让我们接触所有需要的信息,并且越来越多的书可以在移动设备上而不是在书架上找到,那么我们为何还需要图书馆?事实上,好的图书馆是个性化学习的地方,更多的是关于学习而不是教课。在图书馆里个体或群体可以做研究,可以提出各种问题,探索每天的突发奇想和一生的热爱。

21世纪,学校图书馆的设计大体分为以下四种类型:一是选择保留并提升他们现有的图书馆;二是选择关闭现有的图书馆并将图书分散放置在各个地方;三是改变图书馆将其变成一个大型活动中心;四是建立一系列的小型图书馆,把图书资源分配至校园各处,图书馆只保留可以查阅的藏书。一个设计得好的学校图书馆容许学生随时随地获取学校的电子书、音乐以及收藏的电影,毕竟,图书馆就是专门联结人与思想的,不管学生身处学校的哪个区域,都可以让学生从笔记本电脑、平板,甚至智能手机上获取这些资源。

教育工作者明白互联网搜索引擎可以把人和思想联结起来。搜索有效信息最大的障碍实际上不是搜索工具,而是用户。由于许多原因,学生需要帮助来得到他们所需的信息,可能是因为他们在搜索方面缺少经验,不知如何从搜索的结果中排除某些类型的网站,或者不能区分信息的用途。但是学生的学习指导、知识领悟以及创造力如此复杂的学习过程,需要一位受过特殊训练的教育工作者。在这个能力范围内,教师兼图书管理员是一个理想的职位,跟老师和学生一起学习来帮助他们获取并评估所有相关的资源。这位受过特殊训练的教育工作者也很独特,适合与其他老师合作,利用资源来发展学习单元。

未来的图书管理员是一位指导领袖,也是大家的伙伴,与教师行政人员一起建立学校范围内的资料收藏,这些资料也可以在图书馆外获取,而且挑战传统的信息传递方式。未来的图书管理员构建了这样一个兼备实体和数码空间的图书馆,大家可以在里面交谈、创造以及合作。未来的图书管理员拥抱社交媒体,并用它搭建学生、老师以及世界之间的桥梁。

第三节 学校文化建设

学界的研究成果认为:管理科学经历了三个发展阶段,实现了两次飞跃——从经验管理到科学管理是第一次飞跃,从科学管理到文化管理是第二次飞跃。管理学的发展历程表明:对人的解读是管理理念的哲学基础,人性预设是管理方式产生的前提。人是管理的逻辑起点,它随着社会历史的发展而不断前移,从而也带来了不同管理模式的演进和发展。

一、学校文化管理的原则

学校文化管理的核心理念就是以人为本,在操作层面可以具体化为追求发展、崇尚尊重、适应变化、达成和谐等四个方面。追求发展是学校文化管理的目的追求,崇尚尊重是强调人在管理关系中的理性位置,适应变化是强调人与组织外部环境的联系,达成和谐是强调人与组织内部环境的良性关系。四者结合在一起构成了以人为本的具体操作原则。

(一) 追求发展

区分学校的管理方式是文化管理还是非文化管理,其衡量的原则主要是看管理的目的和态度,如果管理的最终目的是为了实现人的发展,就是文化管理;如果管理的最终目的是为了效率之类,就是非文化管理。

1. 追求人的发展是文化管理的主要原则

学校文化管理与以往的管理理念相反,文化管理把被管理对象的发展作为目的追求。学校的文化管理强调教师、学生和学校三方面的发展,而学校发展的前提还是教师和学生的发展。学校文化管理中,要关注教师和学生发展的四个维度,即自主发展、个性发展、可持续发展和全面发展。

(1) 自主发展是与被动发展相对的,强调学生和教师不是按照外在的模式去发展,而是按照自己科学合理的意愿去发展。对教师而言,要尊重学生的爱好、特长;对学生而言,自己的理想要自己去定位,自己去追求。

(2) 个性发展就是要克服工业化带来的发展的模式化。可以说,没有个性,便没有独立个人;没有个性,便没有主体性。个性的差异,就是个人的主体性差异,尊重学生的个性就是尊重其主体性。我国基础教育不足之处,很重要的一点就是缺少对学生个性的培养。我们要实现个性发展,目前关键要做到两点:一方面教学过程中要尊重学生的自由思想的权利;另一方面要重新界定基础教育中的学校纪律,把许多非纪律性规范从学校管理中剔除,还给学生更多的个性发展的自由。

(3) 可持续发展就是坚持发展的连续性,使每一阶段的发展保持一定的连续性。不能只注意到某一阶段的现实需要,而忽略了以后发展的需要。就学生而言,不能只追求升学率,而忽视了其生存能力和基本素养的建构;就教师而言,不能只因为眼前的工作需要,而忽视了其进一步发展的潜力。

(4) 全面发展就是要注重德、智、体、美、劳平衡发展。个体发展愿望、学校的文化管理就是要适应和尊重这种需要。

2. 创设学习型组织是学校文化管理的保障

要实现教师、学生和学校三方面的发展,必须有一个有利的环境与有利的机制,这个环境和机制就是把学校建设成一个学习型组织。学习型组织就是"通过不断学习来改革组织本身的组织"。这种学习行为在个人、团体、组织或组织相互作用的共同体中产生。学习是持续性的并可以战略性地加以运用的过程,而且可以统一到工作中或者跟工作同时进行。学习不仅能带来个体知识、信念、行动的提升,还能增强组织自身的革新能力和成长能力。

21世纪是强调"把人作为发展中心"的世纪。人的发展需要学习型组织。学校通过用人机制职称制度的改革,搭建各类平台,为教师成长提供空间;可以通过学科建设、学术扶植创建一个适合创造的环境。管理的基础是由体制、机制、文化和管理理念构成的,而学校文化建设的核心是价值观的认同。价值观是人的行为动力和行为方向。

（二）崇尚尊重

崇尚尊重是文化管理的第二条原则，因为尊重是实现发展的手段。崇尚尊重的教育是一种人本化的教育，崇尚尊重的管理是人性化的管理。尊重就是把人当人，离开尊重就无从实现文化管理。

学校管理对象包括教师和学生，管理者包括各层面领导干部。学校的文化管理要基于这三部分人群建构"三维尊重管理模式"。就学校管理者角色而言，要求尊重管理对象——教师，完善尊重人性的管理模式；就教育工作者角色而言，要求尊重教育对象——学生，建构学生自主管理模式；就受教育者角色而言，要求尊重教育者——教师及其教育行为。具体为以下三个维度：

1. 第一个维度：学校管理者要尊重直接管理对象——教师

管理者尊重教师对多元的、多层次利益需求的追求。就教师管理而言，随着学校相应的人事制度、工资制度、职称制度、绩效考核等的改革，学校利益的主体也日趋多元化，一线教师与非一线教师、校聘高级职称者与低级职称者、身兼多职与只兼一职等，所付出的劳动不同，因此工资水平不可能一样。学校要尊重利益主体的多元化，要适度引入市场竞争机制。坚持优劳优酬、高职高薪，确保每一位教师的责权利相统一。

2. 第二个维度：教师要尊重教育对象——学生

要尊重教学规律，关键就是要把握真规律，辨别假规律，反思旧规律，探索新规律，而不墨守成规。要尊重人才成长规律，这是尊重教育规律的关键。尊重人才成长规律的实质就是眼中要有人，要把教育对象当作人去理解、去宽容、去赏识，也要把教育对象当作人去约束、去规范、去规划。尊重人才成长规律就是要认识到学生成长的复杂性、阶段性、全面性。教师要从观念认识上建立一种尊重的理念，实施一种真正的尊重的教育和管理。

3. 第三个维度：受教育者要尊重教育者——教师及其教育行为

尊重和爱是相互的、平等的，不能只强调一端，忽略了另一端。学生要尊重教师的劳动成果，要与教师达成一种相互的尊重。学校要营造一种尊师重教的氛围。管理者与被管理者以及被管理者彼此之间都是平等主体，这是尊重的哲学依据。实施尊重的管理对学校而言，主要体现为尊重员工的主体性和尊重学生的主体性两个方面。

（三）适应变化

斯宾塞·约翰逊在《谁动了我的奶酪》中提道："变化总是在发生——他们总是不断地拿走你的奶酪。预见变化——随时做好奶酪被拿走的准备。追踪变化——经常闻一闻你的奶酪，以便知道它们什么时候开始变质。尽快适应变化——越早放弃旧的奶酪，你就会越早享用到新的奶酪。改变——随着奶酪的变化而变化。享受变化——尝试冒险，去享受新奶酪的美味！做好迅速变化的准备，不断地去享受变化——记住：他们仍会不断地拿走你的奶酪。"①

约翰逊博士的思想也为现代学校管理提供了崭新而有益的视角。随着国际、区域间

---

① 斯宾塞·约翰逊.谁动了我的奶酪[M].吴立俊,译.北京：中信出版社,2001:69.

的教育竞争日益加重,教育市场资源、师资力量的争夺战日益激烈,学校发展时时都面临着变化和危机,变化是世界的本质,更是时代的特征,究竟谁动了我的奶酪,是一个应该永恒思考的问题。

学校的文化管理强调学校本身要预见和适应这种变化,实行战略管理、危机管理,使自己永葆发展优势,长立不败之地。同时更要引导具有独立精神和发展意识的员工适应这个变化。脚下的路在走,身边的水在流,外面的世界在变化,在学校文化管理模式下所培育的员工应该是具有应对变化能力的员工。学校的文化管理必然要伴随着一系列的体制改革,为学校中的个体发展创造一个良性环境。但同时也必然会带来一定的紧张。社会的高标准需求,学校内部个体之间的发展竞争,对每一个员工而言都构成一个变化不定的环境。因此学校的文化管理也要通过竞争机制的运行来培育员工的战略意识、发展意识、危机意识和学习意识。权变理论的代表人物卡斯特和罗森茨韦克说:"权变观点强调的是组织的多变量性,并力图了解组织在变化着的条件下和在特殊的环境中运营的情况。权变观点的最终目的在于提出最适合于具体情况的组织设计和管理行动。"①

强调变化的理念就是实施战略管理。战略计划相对稳定,作业计划相对活跃。两者变中有不变,不变中有变化。作业计划是实现战略计划的,因此它受到客观因素的影响,可能发生变化,但它围绕和服务战略计划的原则和趋势没有变。战略计划随着客观情况的变化可能也要做相应的调整,但其基本出发点是不变的。学校的文化管理也要把学校战略放在变化的环境中建构,这个环境包括教育发展走势、生源变化趋势、社会对学校组织的性质和功能的重估,以及更大范围的政治、经济环境等。

所谓"他山之石,可以攻玉"。"菲德勒权变模型"启示我们,学校管理者必须根据自己所处的情境来采取相应的管理策略。学校管理策略必须考虑自己的威信程度、人物的复杂程度和自己的权力程度这几个条件,而不能一厢情愿,不顾实际,滥用行政命令,否则达不到管理效果,甚至会引起负面作用。赫塞-布兰查德的"情境领导理论"告诉我们,学校管理要考虑师生的能力素质、习惯养成和培训程度的问题,对自己的员工和学生既不要过于相信,急于求成,也不要轻视低估,不敢放手。豪斯的"路径—目标理论"表明,学校管理中,管理者与被管理对象之间必须建立必要的沟通,管理者的计划、情感、建议和意图必须让教师和学生了解,否则就会出现管理梗阻。从弗罗姆和耶顿的"领导者参与模型"中我们看到,学校管理者的决策行为要细化和科学化。

(四)达成和谐

文化管理的重人本质,要求学校中的每个个体之间必须保持和谐的关系。和谐的理念是东西方管理思想的重要内容。《论语·学而》说:"礼之用,和为贵。先王之道,斯为美。"《论语·季氏》又说:"盖均无贫,和无寡,安无倾。"《孟子·公孙丑》讲:"天时不如地利,地利不如人和。"《荀子·王霸》讲:"上不失天时,下不失地利,中得人和,而百事不废。"

在西方,和谐成为正式的管理理念是在现代,1857年,西门子公司的创始人冯·西门

---

① 弗莱蒙特·E. 卡斯特,詹姆斯·E. 罗森茨韦克. 组织与管理——系统方法与权变方法[M]. 北京:中国社会科学出版社,2000.

子在给其弟弟卡尔·西门子的信中就教导他说:"我认为:与工人保持良好关系至关重要。要和他们交谈,对于他们有限的需求和愿望要真正给予关心,要鼓励他们施展抱负。如果不提供机会使工人与公司休戚与共,那么企业一旦陷入困境你也无法指望他们坚定不移,保持忠诚。"并且引导员工确立这样的信念:"一个公司要兴旺发达,每个员工都必须为着个人利益团结一致,愉快而高效地工作。"英国铁路公司总裁彼得·派克认为:"唯有劳资关系和谐,双方同心合作,企业才会有蓬勃发展。"英国一位公司总裁皮京顿也指出:"在一个大企业中,如何创造合作亲善的关系,便是管理者的重大责任。"

在学校管理中要倡导和谐,促成和谐,应注意以下方面:

(1) 要建设和谐的人际关系,管理者必须具有一种关系管理智慧(NQ),它是相对于IQ、EQ而言的。在21世纪的管理中,NQ越来越重要。具有关系管理能力,形成良好的人际关系理念,建立良好的人际关系也是干部队伍建设的一个重要方面。我国台湾研究关系管理的学者罗家德说过,"NQ高手不搞关系","NQ高手会变关系而为口碑"[①],学校文化管理强调观念的现代化,冲破了我们平时忽视了的落后的积习,把关系管理智慧提升到更高的境界。

(2) 价值观要"和而不同"。《论语·子路》中孔子说:"君子和而不同,小人同而不和。"价值观的管理是实现和谐的重要途径,文化管理要实现价值观的整合,强调在尊重主流价值前提下,尊重个体的多元价值。

学校管理中,学校管理对象的价值观处于多元状态。如果这种价值观与组织目标不违背,管理者就要尊重,要在主流价值趋向的前提下尊重他人的不同价值取向,因为文化管理就是要尊重人的价值观和复杂性、多元性。我国著名社会学家费孝通先生提出"各美其美,美人之美,美美与共,天下大同";当年蔡元培先生在建设北大时提倡"兼容并包"的思想,校园中既有主张弘扬国故的复古派,也有提倡民主科学的新文化派,更有宣扬马克思主义的激进革命派,不同的思想针锋相对,相互竞争,正是在这种包容中形成了北大的精神和学术品格。保罗·格里斯利说:"支撑个人价值观的平台,是一个由多种引导并持续维系个人信念的不同因素组成的混合体。"[②]这个混合体就是每个人所拥有的需要和愿望体系,它与环境条件密切相关。由于需要和愿望不同,所以同样的行为也可能体现为不同的价值观。因此,在一个组织中只有相互认同的主流价值,而不存在完全趋同的一元价值。在一些组织,外显的也许只是一元化的价值,也存在其他的价值。

学校的文化管理则特别强调价值和价值观的多元性,这也是文化管理的本质要求。学校的文化管理关注人、尊重人、发展人,但不是一团和气、好坏一样。学校文化管理强调软性管理和刚性管理的结合,其目的就是要保证公正公平,而只有做到公正公平,才能使组织干群关系和谐,人气旺盛,士气高涨。因此说,公正公平在管理学的意义上是一种重要的激励机制和管理手段。

---

① 罗家德.NQ风暴:关系管理的智慧[M].北京:社会科学文献出版社,2002:113.
② 保罗·格里斯利.管理价值观[M].徐海鸥,译.北京:经济管理出版社,2002:210.

二、学校文化管理的方法论特征

从行为管理向文化管理转变,体现了以人为本的管理理念,是现代管理的重要特征。深入认识文化管理的重要内涵、意义和作用,创新学校管理,是学校管理改革的重要内容和任务。

1. 理性与非理性的统一(不规则性)

如前所述,文化管理是一种尊重人性的管理。尊重人性首先要尊重人性的复杂性。人性的复杂性无非就是既有理性又有非理性。

理性就是人类以唯物的态度对事物进行观察和研究,从而发展成科学,形成了逻辑。这种科学和逻辑,就是理性,而尊重科学和符合逻辑的行为方式,就是理性的表现;非理性就是指人的直觉、意志、欲望、本能、灵感等,它不以科学为前提,也不重视逻辑。历史证明,人类的许多成就都来自人的非理性,非理性是人的创造力的重要源泉。

在学校管理中,非理性必然成为文化管理模式的重要的方法论特征。

第一,从管理要素的角度来看,学校管理的核心要素是人而不是物。人是最复杂多变的,人有不同的感情、心理、性格,管理者必须考虑到被管理对象的这些主体差异。每一个人都具有烦躁、愤怒、嫉妒、沉默、气馁、自卑等情绪,对人的管理不能用管物的思维来进行,而是要关注人的非理性特征。而在现代的学校管理中,尤其要考虑到管理的思维背景和个性差异的问题,采取一种非理性的管理方式。

第二,从管理的手段来看,学校管理的手段不能以行政命令为主,也不能简单以规章制度、纪律处罚为主,因为学校管理首先是一种教育行为。这样的管理必须通过唤起被管理对象的内在自觉才能实现。管理不仅要晓之以理,更要动之以情。

第三,如果学校管理过于理性化,就会导致学校管理的一种强制性,造成被管理者的逆反心理,甚至是对多元主体特征的一种扼杀。

理性与非理性是相对的。理性是对非理性的一种约束,因为没有理性的约束,只有非理性的人是可怕的。学校的文化管理,要考虑到人的复杂性,既应该尊重人的非理性,同时也要张扬人的理性精神,把握好不规则与规则之间的度。正如法约尔所说,没有规则,我们就会在黑暗和混乱中工作;没有经验和判断,即便有最好的规则,我们仍会在极大的困难下工作。规则就像是灯塔,它可以使我们把握自己的方向,但它也仅仅能帮助那些知道进港路线的人。

2. 规律性与权变性的统一

1969年,麦格雷戈为验证自己在1957年提出的X-Y理论而进行的合理性的实验最为有名。莫尔斯和洛希对两个工厂和两个研究所分别按X和Y理论进行实验,其中一个工厂和一个研究所按X理论以严密的组织和监督为主,另一个工厂和研究所按Y理论以松弛组织和严格监督参与管理,以诱导、鼓励为主。实验结果是,在研究所里实行Y理论的效率较高,在工厂中实行Y理论效率低;而在以工人为主的工厂中实行X理论效率高,在以研究人员为主的研究所里实行X理论效率低。这样得出的结论就是:Y理论并不是在所有的情况下都比X理论效率高,管理思想和管理方式应依据成员的素质、工作特点和环境而定,不能一概而论。根据这一实验,莫尔斯和洛希在《超 Y 理论》一文和《组织及其成员:权变方式》一书中,提出了超 Y 理论。

权变理论还利用系统论的观点,提出了关于企业结构方面的特点,即把企业看成一个受外界环境影响而又对外界环境施加影响的开放系统。权变理论对学校的文化管理是一个有益的启发。

首先,学校的文化管理必须根据被管理对象的差异采取不同的方式。文化管理是尊重人的管理,但不等于柔性管理,而应是柔性管理与刚性管理相结合。学校管理应该考虑到被管理对象的个性差异,采取因材施教、说服诱导的方式,但也不排除批评和教育、纪律和制度的约束,因为学校的文化管理既要培养被管理者的个性,又要培养其纪律性。纪律性是群体利益的要求,个体要想在群体中生存,必须培养一种纪律意识、法律意识。

其次,学校不是一个独立封闭的个体,它要受社会大环境的影响。学校必须根据外界环境的变化来调整自己的管理思想和方式,即管理要因外界环境的变化而变化。知识经济时代,互联网的快速发展,使学校、教师已经不是学生获取知识信息的唯一渠道,学生与社会之间的关系日益密切。管理者就必须采取权变管理的策略,根据学校内外环境的变化来调整自己的管理方式和技术。

学校的文化管理在强调权变的同时也必须强调规律性,否则就成了经验主义的管理。所谓的权变,就是面对新问题,探索新规律;就是根据内外环境的变化打破旧模式,探索新模式。权变性要与规律性互为前提,不站在规律的基础上就不能权变,就不能发现新的规律。总之,学校的文化管理是权变性与规律性的统一。

3. 前瞻性与实践性的统一

文化管理作为以人为本的管理,必须以一种发展观来管理人。文化管理的目的就是为了实现人的发展、实现人的价值,因此文化管理所管的人不单是现在的人,同时也是将来的人,这个方法论特征是与其他管理显著不同的。

学校的文化管理也必须具有这种前瞻性。前瞻性的第一层含义是,管理主体要以一种动态观和发展观来看待被管理对象。无论学生,还是员工,都不是静止的,每一阶段有每一阶段的心理和思想特点,他们的低级目标实现之后还有更高级的目标,他们的旧的需求满足之后还有新的需求,他们固有的思想受到环境或偶然因素的影响,可能发生这样或那样的波动。因此学校的管理要有一定的预设性,要考虑到被管理对象的动态特征。

学校文化管理前瞻性的第二层含义是,要立足现在来规划被管理对象的未来,也就是要规划被管理对象的成长问题。对学生群体而言,要规划其知识和能力的建构,要规划其行为习惯的养成,要规划其正确的世界观、人生观、宇宙观的形成。对于教师队伍而言,要规划其业务培训,要规划其职称的晋升,要规划其在同行业竞争中脱颖而出。作为文化管理,对这些都应该有着前瞻性的考虑。

学校文化管理的前瞻性的第三层含义是,要站在未来需要的高度,规划被管理对象的现在。以"为学生一生奠基,为民族未来负责"的教育理念来管理学生就具有一种前瞻视角,就是站在学生未来的角度来考虑现在的管理。同时,从学校发展和教师发展的角度,对教师当下存在方式的一种规划,是对教师在学校管理中重要意义的重估,这个观点的话语内涵就是学校的发展必须以教师发展为前提。

科学管理模式也强调前瞻性,但它是以物为中心的前瞻,它强调的是产品的发展远景;而文化管理是以人为中心的前瞻,它重视的是人的发展和价值的实现。文化管理强调前瞻性,同时也强调实践性。它的前瞻是立足在实践层面的,不是好高骛远的理想主义,也不是抽象的观念。它强调远景规划和现实操作的统一,强调远期目标与近期目标的结合。

三、学校文化管理的策略

教育发展趋势表明,学校人事管理正在走向人力资源领导,其标志就是文化领导与管理走入了学校实践和研究视野。因为学校文化领导是为了发展成功的优质教育和最大限度发挥人的潜能的要素,旨在提供一个从人事管理到人力资源领导的理解框架。学校文化管理是把学校从经验管理和科学管理带到更高的管理阶段,以配合和保证学校教育中人在中央的教育理想的实现。

学校文化是"我们在这里做事的方式",体现在学校教职员工的生存状态和生活方式中。学校文化管理过程就是学校文化的创建和培育过程,这是一个多结构、多因素、多层次的系统工程,是在学校师生员工中培植学校价值观、造就学习共同体的过程。学校文化领导与管理是手段,以此达到驱动学校和人的发展的最终目的。反过来,依靠能动者进行学校文化建设又是最好的途径。本部分重点探讨学校文化领导与管理即学校文化建设的三个能动策略:

(一)齐步走策略

齐步走策略是指学校文化建设必须坚持两条腿走路的方针和策略,包含如下含义:

1. 领导与管理齐抓

领导意味着一种行动或行为;领导意味着一种权力关系;领导意味着一种实现目标的手段。各种各样的领导定义包含着共同要素:领导是一个过程、领导包含影响、领导出现在一个群体环境中、领导包含目标。管理是管理人员领导和组织人们去完成一定的任务和实现共同的目标的一种活动。领导和管理有所区别。本尼斯和纳拉斯(Bennis & Nanus)认为,管理是正确地做事情,领导是做正确的事情。科特(John P. Kotter)指出,管理压倒一切的任务是保证组织的秩序和一致性,领导的主要职能是产生变化和运动。管理寻求秩序和稳定,领导寻求适应性和建设性的变化。

学校文化领导是把握学校文化建设方向的正确性和先进性,并激励全体成员为之努力和奋斗的过程。学校文化管理是确保每个措施和步骤有效落实和实现的过程。学校文化建设需要高屋建瓴和脚踏实地的结合,需要战略和战术的配合。

2. 思考与行动共在

在执行意义上,理论不是第一位的,实践才是第一位的。学校成员也是讲究"述而做"的务实的行动者,主张及时行动,行动思维发达。学校文化建设不能等待,在适当的条件下需要边做边思考,把学术思考和行动思维完美地结合起来,有系统的沉思,更有有力的行动。没有目标的行动是盲目的,没有行动的理想是空洞的。理论和实践在学校文化创建中将自然接轨和吻合。

3. 事实与概念同构

学校文化是一种内发的事实文化和情境文化,而不是由上而下的可以外部直接建构的纯粹的概念文化。因此,建设者需要在学校组织的历史事实和情境中寻找文化。就是说,进行学校文化创建必须从事实文化入手,无须从已有的各种文化定义出发,而应直面自身所处的组织现实,体会组织活动和历史事实中的文化内涵,进而寻求或建构能够用来推动组织活动的精神动力。在学校文化发展的成熟阶段,可以参考合适的概念来概括和提炼文化,为表达文化提供词语参考,构建学校文化体系和逻辑,并且不断修正和完善。

同时,我们也应看到学校文化的二重性和自我更新的过程。学校文化包括学校传统和学校残余两种成分。学校传统为学校全部或大部分师生员工所认可,在学校文化中处于显性系统地位,规定了学校的边界,给予学校师生员工必要的认同感和归属感。学校残余不同于学校传统中的过时文化,相反是一个积极因素,是对学校传统没能完全调停的价值与经验的表达,处于隐性系统地位,给予学校文化以创新的可能。二者是一对矛盾:学校传统稳定,学校残余灵活;学校传统不断对残余施加压力,残余则据理力争。双方的斗争结束于对传统的修正和学校文化创新的时候,然后,下一轮的斗争就开始了,二者始终处于构建过程中。①

(二) 三人行策略

三人行策略是指校长、教师和学生等都是学校文化的能动创建者,学校文化建设需要他们共同参与、各司其职、齐心协力贡献智慧和力量。这是所有能动者全部参与的全员投入策略。

1. 校长领导学校文化创建

王继华认为,如果要考察一所学校的文化战略构想,实质就是看校长的办学理念和心态。理念是职业能力下必备的哲学思维,心态则是一种文化的引领。②

(1) 校长是学校文化建设的设计者和倡导者

校长的知识、学识和胆识决定着学校文化的品位,校长的精神状态、人格魅力和工作作风决定着学校文化根基的深浅。因为学校文化建设最初不是一个自动有序的过程,需要通过系统内的变革加以推动,并由校长带领班子和大家经历一个不折不扣的实践过程,校长就是学校文化建设的领导者、推动者和实践者。校长领导学校文化,意味着校长的责任在于对人的影响和引导,重视人的需要、情感、兴趣、人际关系的社会属性,确定方向,构建愿景,制定战略以引起学校组织必要的变化。确定学校价值观、发展目标和办学培养目标,通过文化驱动学校发生变化,构建适合人发展的环境。建设学校文化的主要目的是把办学思想和理念转化为教师的共同追求。校长从抓具体事务的学校管理者向学校文化的思想者转变,本身就是学校文化转型的重要内容。

做一个文化领导者是必须有资格的。校长在务实的同时,必须"务虚",能够望尽天

---

① 特瑞·伊格尔顿.文化的观念[M].方杰,译.南京:南京大学出版社,2003:142-143.
② 王继华.教育新文化执行力[M].长沙:岳麓出版社,2008:6.

涯,却又行于地面;对原有文化的批判、继承和进行新的阐述都需要有足够的洞察力和说服力;有能力不断推出新的文化参考概念和框架。校长需要不断提升自己的文化领导力。

(2) 做一个善于关照的领导者

善于关照的人是善于自我诊断,反思自己的性格、领导方式与领导风格,并善于激励别人的人。不同的领导方式与风格会形成不同的学校文化和组织氛围。校长的领导风格对于学校文化的形成起着巨大作用。研究者依据利思伍德(L. Leithwood)的研究阐述了校长领导风格与创建学校文化的关系。利思伍德1990年对校长的领导风格进行了分类:①

A风格:人文主义领导风格。特色是瞄准人际关系,即通过形成学校中真正的合作性氛围、多样的沟通与学区办公室的合作关系,谋求改善。校长会认为这种合作关系对于学校的发展与成功至关重要,而且这也是学校完成更多工作的必要出发点。

B风格:解决问题领导风格。焦点是学生的学习成果及其发展。采取这种风格的校长把学生的成就与发展作为领导行为的目标,并采取多样的手段。

C风格:计划程序领导风格。以课程为关注焦点。采用这种风格的校长为了确保有效的课程,致力于开发改进教职员工能力的工作步骤。

D风格:行政领导风格。专注于学校日常的组织运作,谋求在经费预算、日常事务、人事管理、来自他人的信息要求等方面发挥领导作用。这种风格在教学法、课程的决策之类的工作上不太花费时间,表现出应对危机、应对学校各种要求的倾向。

研究结果表明,B、C风格对于学校改善的效果大,尤其是B风格。B风格是担负教育目标具体化的领导行为。而B风格的学生发展的内容是以课程开发的形式同C风格联动的。支撑B风格与C风格的是合作性人际关系A风格的形成。D风格作为运作手段的管理技术,则是A、B、C风格的基础。

校长不但要善于自我反思、提炼理念,更要善于激励别人。从一定意义上说,校长能想多远,学校就能走多远。描绘和传递愿景的领导力是形成学校团队士气及其凝聚力的重要因素。校长要做语言和非语言技巧运用的行家。要语气肯定地说话;态度热情,用微笑和眼神交流;用倾听和走动的方式表达关心和诚意;养成说"对"的表达习惯,不说"但是"——肯定别人是很重要的领导技巧。通过表彰个人的卓越表现,就能够认可他人的贡献。因此,校长要不断提升对下属贡献的认可能力。勇于公开承认别人的贡献,首先不要吝啬表扬和感谢的话;然后要鼓励对方,以之为榜样,通过仪式鼓励其先进性;向模范行为颁发具有纪念意义的奖项,如领导成就奖、教学成就奖、育人成就奖等。建立利于沟通与理解的制度、程序,才能让教师文化与校长倡导的学校文化兼容和靠近。校长必须通过分享权力帮助他人强大,让人们主动采取行动,这是一个把追随者变成领导者的基本过程。建议校长建立关注收获而不是损失的习惯,要经常做加法而不是减法。善于把握人性化时刻,校长要有意识地注意与员工、学生面对面的交谈。

---

① 钟启泉.校长领导风格与学校文化的创造[J].教育参考,1999(5).

(3) 做一个道德领导者

萨乔万尼(Thomas J. Sergiovanni)认为学校的本质是一种学习共同体。共同体的团队精神来自成员间的相互依赖感、彼此间的责任感等情感和规范方面的因素,需要有适合于共同体的领导理论,即道德领导。他指出领导的五种来源是科层权威、心理权威、技术—理性权威、专业权威、道德权威。前三种权威构成领导的工作维度,后两种权威是对传统领导权威来源的扩展,是道德领导的工作维度。将道德领导置于首位,不是抛弃领导的工作维度,而是对现有的工作维度加以扩展。①

校长在学校文化建设中扮演的角色是文化领导、文化伙伴和文化侍者三重角色。文化领导注重学校文化愿景的研究和展望;解放每个教师和学生,使其成为学校文化建设的主人;主张吸引和激励所有成员参与文化建设的过程并体验快乐,注重学校文化建设的方法、策略和路径的研究。文化伙伴指校长在学校文化建设的过程中成为成员的三友:工作和学习中的战友、业余时间的朋友、帮困解难的亲友。文化侍者角色是指校长为学校文化建设过程提供全员、全面、全流程的服务。所以,校长必须严于律己,言行一致。校长的信誉对员工的态度和行为有深刻影响。要得到和维持这种道德上的领导权力,最基本的要求是言行一致,以身作则,说到做到,把理念与行动结合起来,把"我的信念"转化成"我们的信念"。

(4) 做一个变革领导者

沙因(Edgar H. Schein)在著作《组织文化和领导》中专门从领导者视角探讨了组织成长阶段和文化变革机制,对组织的创始者如何创造文化、领导者如何根植和传达文化等问题进行了论述。沙因认为,在变革组织文化之前,必须首先理解组织现有文化的本质以及它是如何被保持的。可以通过分析控制行为的价值观和发现组织中人是如何思考的假设来达到。如:分析新员工招聘的引入的过程;分析对组织历史中关键事件的反应,因为这些经常被解释成非书面的,但却是非常强烈的行为规则;分析被认为是组织文化的捍卫者或促进者的信念、价值观和假设;与组织中的成员讨论上述工作结论并特别注意观察到的反常之处或令人困惑的特征等等。② 在学校文化建设过程中,校长应该更多地成为变革型领导方式与事务型领导方式并用的双重领导。事务管理是必要的、必需的。变革型领导要求校长帮助员工形成并维持一种合作的专业的学校文化;以教师发展为重心;帮助教职员工共同更为有效地解决问题。

2. 教师创建学校文化

教师文化是学校教师共同体的价值体系与行为规范的综合,包括教师团体的信念、价值、态度、习惯和行为规范,也包括教师之间关系形态以及集体成员的结合方式。

教师是学校文化建设的主体之一,可以对学校文化建设进程起到积极推动或者消极阻碍的作用。教师对学校文化的正面态度表现在信念、态度和行为规范上面。其发挥作

---

① [美]萨乔万尼.道德领导:抵及学校改善的核心[M].冯大鸣,译.上海:上海教育出版社,2002:41-42.

② Bernard Burnes.变革时代的管理[M].任润,方礼兵,译.昆明:云南大学出版社,2001:23-224.

用的方向与程度取决于教师权威的发挥方式和师生关系、师师关系的构建。教师建设学校文化需要从其自身做起：

(1) 做善于沟通者

教师是师生关系的经营者，教师必须是一个善于沟通的人。李皮特(Ronald Lipper)和怀特(Ralph K. White)的研究表明，教师的领导方式及行为方式是课堂气氛及师生相互作用模式的重要因素。他们提出四种师生关系及其导致的学习行为：①

强硬专断型：教师对学生时时严加监视，认为表扬可能会宠坏儿童，没有教师的监督，学生就不可能学习。学生屈服但厌恶这种领导方式，对此的反应为推卸责任、易怒、不愿合作，一旦教师离开课堂，学习明显松垮。

仁慈专断型：教师不认为自己是一个专断独行的人，能够表扬并关心学生，并以自己为班级一切工作的标准。大部分学生喜欢教师，但学生依赖教师就没有创造性；班级工作质高而量多。

放任自流型：教师在和学生打交道的过程中没有什么信心，或认为学生爱怎样就怎样，很难做出决定，没有明确目标，不鼓励也不反对学生，不参加学生活动也不提供帮助和方法。学生的道德和学习都很差，学生中有许多推卸责任、寻找替罪羊、容易被激怒的行为，学生之间没有合作，谁也不知道应该做些什么。

民主型：教师和集体共同制订计划和做出决定，在不损害集体的情况下，很乐意给个别学生以帮助和指导，尽可能鼓励集体的活动，给予客观的表扬和批评。学生喜欢学习，喜欢同别人尤其喜欢与老师一起工作，学生学习的质和量都很高，学生互相鼓励而且独自承担某些责任，无论教师在不在课堂，需要引起动机的问题很少。

(2) 做善于合作者

教师也是师师关系的维护者。教师之间的相互关系和交往特性体现出教师文化。哈格里夫斯(Hargreaves)根据师师关系把教师文化分为4种：②

离散文化：大部分教师以独立方式工作，独立王国，不愿与他人合作和互动。

巴尔干式文化：学校被分裂为独立的甚至相互竞争的多个团体，教师个体分别忠诚归属于某一派别。派别之间互不交流、漠不关心。利益冲突趋于恶性发展时，派别之间产生摩擦甚至通过损害别人而获得自己的最大利益。

自然合作文化：教师既公开接受别人的观察，又观察别人，同事之间相互讨论观课的体会。教师愿意积极尝试改革。

人为合作文化：教师之间的文化氛围是通过一系列正规、特定的官僚程序，以增加教师联合计划和相互讨教的机会而形成的。强迫的小队教学，为合作计划提供条件，为新教师安排指导教师等。鼓励教师之间的联系，鼓励专业经验的分享、学习和提高。协助新方法和新技术的实现。

期望教师文化从人为合作文化发展到自然合作文化状态。教师发展新专业主义主张

---

① 郑金洲. 教育文化学[M]. 北京：人民教育出版社，2000：274-275.
② 赵中建. 学校文化[M]. 上海：华东师范大学出版社，2004：396.

从以往关注教师的自治个体发展转向强调教师专业发展的同伴互动和合作文化。引导建立积极的伙伴关系,开展多向学习。加强专业对话沟通和合作,共同分享经验。领导者让教师参与并接纳学校愿景,领会自己在完成愿景中的角色,在执行愿景时应做出的贡献,并且相互合作。校长应领导团队分享权力和推动学校发展,使教师感受到来自校内的有力支持,同时鼓励教师肩负领导责任,尊重教师自主性。

3. 学生创建学校文化

学校应该保持领导、教师和学生三种文化之间的张力与弹性,形成学生、教师、领导文化主体之间的主体间性。学生参与创建学校文化的程度是检测文化活性的重要指标之一。学生是学校文化主要的创建者之一,其作用体现在对学生文化的建构上。哈格里夫斯把学生文化分为学术型文化与反学校文化。前者通常指那些好学生所具有的文化类型,师生关系良好,学生一心一意支持学校的立场。他们也取得学术成就,视学术本身具有宝贵价值。反学校文化的学生喜欢嬉戏和瞎闹,表现出反抗学校的态度。反学校文化类型包括:疏离冷漠型——对社会漠不关心,无法接受社会所交付的责任和角色期望,表面遵守学校制度,心里不认同学校目标。偏激反抗型——对社会状况具有高度不信任感,处处表现不满的态度和行为,反感学校,不服从,偏激。游戏玩乐型——通过到处闲逛和开玩笑消磨时间,追求快乐,缺乏容忍力,忽视责任感,强调在群体生活中的身份地位,不重视学术目标。[①] 领导和管理学生文化需要以育人为目的。

(1) 树学生楷模

没有楷模的文化是不完备的学校文化。发挥学生楷模的作用是建设文化的重要途径。把最能够体现学校价值观和学校精神的学生树立为楷模,进行宣传和表彰,利于学校优秀文化的形成和积淀,具有引导作用、聚合作用和调和作用。学校善于发现学生楷模原型,注意培养、激励和塑造楷模。塑造学生楷模的方法多种多样,如象征性行为——设立校长奖;学校的仪式——升旗、毕业和开学典礼等;学生故事——知名和英雄校友的故事流传下来,等等。学校要抓住学生楷模及其标准体系,不放过任何一个可以宣传的机会。没有什么机会是微不足道的,所有的机会都是重要的。

(2) 营自主空间

学生在成长的过程中总会出现这样或那样的问题,老师们不是简单地批评和告诉学生应该这样去做、不应该那样去做,而是跟学生一起召开圆桌会议,讨论存在的问题,制定措施。"问题与策略墙"就这样诞生了。同学之间发生争执应该怎么办?学生通过圆桌会议,得出了"各自退让一步""换位思考""找同学调解""寻求教师的帮助"等解决措施;"小组合作学习存在什么问题?如何解决?""新学期我还存在哪些不足?应该如何改进?"等内容都是学生针对自己的问题提出来,并且讨论制定出相应的措施。学校为每个孩子创造发展和表现的舞台。学校校报的刊头题词也是来自学生的作品,喜欢书法的还有个人书法展;热爱数学的,学校专门开辟了数学工作室。学校为全体学生的成长搭建平台。如每学期班干部都要轮换三分之二的学生,每学年大队干部也要新补充不少于三分之二的

---

① 吴琼洳. 学生反学校文化之研究[EB/OL]. http://www.nioerar.edu.tw/basis3/30/a11.html.

新面孔,以使尽可能多的学生获得锻炼的机会,同时让学生在领导与被领导的角色对换中,体验合作、宽容、欣赏、责任、诚实、服务等现代公民的必备素养。学校规定每周一个班承担升旗仪式,而且鼓励每次轮到的班级要有新面孔。①

(三) 四抓手策略

四抓手策略就是以精神文化、制度文化、行为文化和物质文化四个点为抓手,有序、有效地落实学校文化建设的管理策略,包括明理、善人、治事、化物的策略。

1. 明理

明理是创建和明确学校精神文化体系和逻辑的策略。精神文化的创建过程是在充分成熟的文化事实基础上,总结和寻找学校教育哲学或教育宗旨的过程,是把学校理念体系化的过程,也是学校精神获得标签式表述的过程。明理的四部曲是:

(1) 在事实中寻找和提炼学校的教育哲学

学校文化建设是一项长期的任务,文化凝练也是一个并不轻松的过程,需要时间和智慧。提炼者可以是学校成员,也可以邀请教育专家与学校共同工作;提炼者必须尊重学校文化事实,利用历史叙事方法,挖掘原有经验和传统;让学校成员都参与这一过程,让他们陈述学校现有的所有理念,讲述过去和现在的故事和传奇;运用调研方式让干部、教师、学生写出能够表达学校精神的关键词;开展头脑风暴,让大家七嘴八舌贡献灵感;大家共同凝练和明晰出学校的核心价值观,合适的时候可以修正和完善这一价值观;用一个或几个短语或句子把核心价值观朗朗上口地表述出来。

校训是综合体现学校核心价值观的训词,是师生员工的座右铭,尤其对学生有指导意义:教诲勉励、训导和教育。它不可能面面俱到,也不能泛泛而谈,要有明显的个性而不是似曾相识。校训是指学校确定的对师生具有指向和激励意义的高度凝练的词语或名言。在整个学校精神文化体系中,校训是最精彩的,最富个性的,传播频率最高的。透过校训,往往能直接感受到一所学校的理念和宗旨、历史传统、办学特色,以及校长的风格和品位。

(2) 把学校精神文化体系逻辑化

找到学校教育哲学这个核心线索之后,就可以围绕该线索组织学校的精神文化体系价值系统,使其逻辑顺畅、合理、一致。学校核心价值观、学校培养目标、学校发展目标、标识、校训是几个必要而关键的要素。

(3) 提炼出学校精神

在全面了解学校文化发展状态的基础上,高度概括出与学校教育哲学一致并符合学校文化事实的学校精神。可以用一个或几个准确的词语或句子表达,其难处在于既要尊重经验又要跳出经验。如某学校的学校精神"唯实、尚和、同济"。唯实即务本求实,是学校的核心价值观;尚和即崇尚和谐的人际文化;同济即谋求合作的任务文化。

(4) 获得合适的概念

学校文化是活的事实文化,在时机成熟的时候可以考虑一个能够表达学校文化的概

---

① 刘可钦.探寻师生共同成长的场域——我做校长的实践与思考,选自 2009 年 12 月 11 日北京市海淀区教育委员会召开的中关村第四小学刘可钦校长办学实践研讨会上刘校长的发言。

念。如某小学在自身文化积淀的基础上将学校文化概括为童心教育：创享求索乐园，共建真爱学苑，点燃童心人生。还有的将学校文化概括为幸福教育，对幸福教育的诠释为：激扬自我，共建关爱，创造精彩，积淀幸福。口号是：我精彩，我幸福！幸福是人生的终极追求，也是学校对学生的最大关照。激扬自我是幸福教育的起点。幸福是个人的体验，也是个人创造的结果。因此，幸福教育首先激励学生创造幸福的愿望。共建关爱是幸福教育的基础。互助的环境是每个人成就幸福的坚实保障，因此，共建关爱的群体是每个学生创造幸福的基础。创造精彩是幸福教育的实现途径。幸福的人生需要由每一个精彩来充实，创造人生的每一个精彩是幸福教育的基本途径。积淀幸福是幸福教育的目标。幸福是学生创造的结果，也是学生一点点积淀的结果，幸福教育的一切努力都围绕积淀幸福而进行。

2. 善人

善人是以促进教师和学生发展为本的行为文化管理策略。善人是塑造教师文化和学生文化的过程，也是贯彻和积淀学校核心价值观的过程。善人的两步棋是：

（1）促进教师专业发展

建设优秀的教师团队，建立学习共同体，促进教师的专业发展是校长和学校的任务之一。校长应领导教师团队积极尝试，搭建平台寻找机会，培育教师领导，自主研究和教学，让他们领会自己在学校愿景中的角色、责任和领导任务。

（2）促进学生健康成长

培育学生和谐人格，引导学生在身体、心理、德行、社会适应性等方面的健康成长是学校存在的根本目的和最必要的理由。

3. 治事

治事是学校进行制度文化建设的管理策略，包括组织设计、学校制度安排、文化网络的管理等方面。

（1）组织设计

学校组织设计是学校正常运转的框架，是制度文化建设，也就是治事的第一步。组织结构分为机械式组织结构和有机式组织结构两类。机械式组织结构也称官僚行政组织结构，坚持统一指挥，有正式职权系统指挥链，形成窄跨度、高耸、非人格化结构，规则很多。包括职能型组织结构、分部型组织结构。在实践中任何一个组织都不会具有纯粹机械式组织结构的所有特征。有机式组织结构也称适应型或参与型组织结构，具有结构松散、灵活、高度适应性、低复杂性、低正规化和分权化等特点。包括直线型学校组织结构、矩阵型学校组织结构。

组织设计是管理人员设立或变革组织结构并做出结构决策（决策权分布、建章立制等）的工作和行为过程。学校组织设计是指以校长为首的领导者和管理者设立或变革学校组织结构并做出结构决策的工作和行为过程。学校组织设计可以参考如下程序：

① 确立组织框架。李·鲍曼（Lee G. Bolman）和特伦斯·迪尔（Terrence E. Deal）提出四框架模型，分别把组织看作工厂（结构框架）、家庭（人力资源框架）、丛林（政治框架）和庙宇（象征框架）。

组织是工厂的结构框架取自社会学和管理学。这种框架强调目标、具体化的角色和正式的关系。组织将责任分配给组织的参与者并创建规则、政策、程序和等级,协调各种活动。当结构不适合当前形势和要求时,可矫正或重构。

组织是家庭的人力资源框架是以心理学为基础。组织是个大家庭,住着有需要、有感情、有成见、有技能,又有局限性的一群人,他们有学习能力,有保卫家的态度和信仰的能力。这一框架的最大挑战是:学校组织应该适合于人——找到让每个员工有工作又对工作感觉良好的组织方式。

组织是丛林、竞技场和赛场的政治框架植根于政治学研究。认为组织是竞技场、赛场或丛林,为了权力和稀缺资源,各利益集团展开竞争。还价、谈判、强迫和妥协是日常生活的一部分,人们围绕特殊的利益结成联盟,发生问题时组织重构依赖于政治上的技巧和灵活。

组织是部落或是剧院的象征框架源自社会和文化人类学研究。抛弃了其他框架中的理性假设,把组织看作文化,更多地靠仪式、典礼故事、英雄和神话来推动,而不是规则、政策与管理权。组织也是剧院,演员扮演各自的角色,观众根据所看到的形成印象。出现问题时,领导者用象征、神话和奇迹重构组织富有意味或神圣的一面。

② 选择合适的组织结构。每种组织结构形式都有各自的适用条件,根据条件进行选择。大型学校适合选择职能型结构和分部型结构。小型学校或新建学校适合简单结构,因为小规模使标准化不具有吸引力,非正式沟通更加方便有效。采用职能结构的大型学校可同时使用矩阵结构。

③ 设计有机的附加结构。管理者保持学校总体上的机械式结构,同时需要获得有机式结构的灵活性。有效选择是将一个有机式结构单位附加在机械组织之上。任务小组和委员会结构就是有机的附加结构设计。任务小组是一种临时性结构,是临时性矩阵的简版,来达成某特定的、明确规定的复杂任务,目标完成后就解散。如学校课题小组就来自各个部门。形式有正式的和非正式的,临时的或永久的。这种形式可集思广益,使决策接近合理;能够调动组织成员的积极性;避免专权,促进沟通和协调。委员会制是将多人的背景和经验结合起来,跨越职能界限处理一些问题的设计选择。其形式有正式的和非正式的,临时的和永久的。这种形式可以集思广益,使决策接近合理,能够调动组织成员的积极性;避免专权,促进沟通和协调。在学校中常见的教职工代表大会,人事、管理、学术等方面的委员会就是这种形式的应用。

(2) 文化网络的管理

文化网络管理也是治事的重要内容。文化网络是学校重要的沟通工具和路径,包括在组织文化中扮演不同角色的人。校长和领导团队要掌握和管理学校文化网络,明确意识到文化网络的存在及其重要性。通过培育文化网络,与教职员工保持良好关系,培育向组织各阶层揭露事态的人,广泛运用故事和逸事提高所关注的价值观,依靠文化网络在组织中扩大与人们之间的交流等。

4. 化物

化物是学校物质文化建设策略,是学校文化建设的第四个抓手和着力点,是由学校师生员工在教育实践过程中创造的各种物质设施,是学校精神文化的具象表达。化物需要

做好三件事:

(1) 设计并物化学校标识

学校如果没有标识的话,可以着手进行设计。可以与学校重点活动结合起来,发动全校师生进行设计,也可以请专业公司进行设计。无论设计主体是谁,都需要形成多个备选方案。必须经过全校的充分讨论、论证和认可,选择一个合适方案。一旦学校标识确定,可以应用在学校办公系统和宣传系统中,如PPT模板、杯子、纸张、笔、台历、校车等等。除了标识设计,还有许多基础要素需要精心选择,如学校的标准色、标准字体等。校名、学校核心价值观、校训、校风等的书写可尽量争取名人来题词。

(2) 美化学校环境

包括为学校建筑物选择颜色及寄语意义;为学校楼宇和道路命名;增添人文景观;设计楼道、图书馆、校门和教室的文化;等等。

(3) 管理文化设施

学校网络是对外联系和使外人了解学校的窗口,其设计需要带有学校特色。需要有专人管理和维护,定期更新信息,信息全面,布局合理。学校图书馆是最有文化的地方,管理者要结合人工智能时代的特色,创造性地变革图书馆,一定要坚信"图书馆不是简单藏书的地方,而是思想碰撞的地方"。

课堂讨论

1. 简述学校文化管理的时代特征和学校文化的变革。
2. 简述学校文化结构及其具体的含义。
3. 简述你对学校治理体系和治理能力现代化的认识。
4. 简述21世纪学校物质文化建设的主要内容。

案例分析

学校文化特色

某年冬天,孙校长受任于危难之际,带着区教委对她的期望来到了这个乍看起来并不起眼的B小学。之所以说危难之际受命,是因为当时学校教学质量低下,教师无心教学,学生无心学习,整个学校一盘散沙。究其原因,乃是教师们不满前任校长,其反抗方式以"非暴力不合作"为主(不认真备课,不好好上课),向上级打报告为辅,折腾至此,前任校长自然被罢免。

但是群龙不可无首,教委经再三挑选,派孙校长前来任职。新官上任三把火,孙校长一来到学校就严抓教育质量,对个别不认真备课的教师也曾痛斥过。当然,也不能全来硬的,由于之前教师与校长之间的关系比较紧张,孙校长就一一与教师谈心,努力解开每个人的心结。来到学校没多久,孙校长发现这里的孩子个个都很好动,上课的时候总是难以静下心来。当然,活泼是孩子的天性,但是过于活泼以致影响学习,总归是一件让人头疼的事情。话说也是一次偶然的机会,孙校长发现朋友家9岁的儿子,这个去年还经常调皮捣蛋、在椅子上坐不住3分钟的孩子,竟然在短短一年内变得彬彬有礼,很是安静。孙校长带着不解与疑惑再次拜访,原来"秘诀"是将孩子送去学围棋。孙校长内心非常激动,此刻心中沸腾的是或许找到了帮助教育几百个孩子的办法!

回去后,孙校长立刻查找围棋的相关资料:作为我国一项古老的运动,围棋主静不主动,主和不主杀,从事此项运动的人必须凝神静气,清除杂念,方能运筹帷幄之中,决胜千里之外。了解到这一点,孙校长知道,她的机会来了。很快,她在学校创立了围棋社,提倡每个B小学的学生都会下围棋,并将此作为学校的特色。一开始孙校长只是很简单地请社区围棋学校的老师来给学生上课,后来她逐渐开始研发与围棋有关的校本课程,并且自编了《走进围棋》的校本教材。其中就有针对低年级开设的将围棋与美术教学相结合的棋子画,以及将围棋特色与体育课程相结合开发出的围棋皮筋操。

几年下来,B小学成为该区第一所围棋特色学校。如今的B小学彻底摆脱了过去一盘散沙的状况,人心凝聚在一起,在周围社区也树立了良好的形象。不仅如此,孙校长在学习围棋的过程中发现围棋的最高境界是和谐,虽然黑白二子的厮杀不亚于千军万马对阵,但是对弈双方在这个过程中不伤和气,以和为贵。在下围棋的过程中,孙校长想到了曾经火药味十足的小学,她深知和为贵的意义所在。逐渐地,她提出"和谐共成长"的办学理念,希望全校师生能够在和谐、融洽的氛围中共同成长。植根于传统围棋文化,学校采取问卷以及征文的形式向全校教师、学生以及家长征求意见,以期共同打造B小学的文化建设方案。

(案例改编自《学校赢在文化》,马健生等,教育科学出版社,2013年)

思考题:
1. 孙校长将围棋作为学校发展的特色,这一做法合适吗?
2. 校长在学校文化建设过程中应该扮演怎样的角色?
3. 你认为,学校文化建设应从哪几个方面着手?
4. 如何看待学校特色与学校文化之间的关系?
5. 请运用相关理论,对孙校长的管理方式和领导风格进行简要分析。

课外阅读

1. 教育部关于大力加强校园文化建设的通知。
2. 教育部针对校园欺凌行为发布通知。
3. 教育部等十一部门联合印发《加强中小学生欺凌综合治理方案》。

参考文献

1. 张东娇,徐志勇,赵树贤.教育管理学[M].北京:高等教育出版社,2011.
2. 萧宗六.学校管理学[M].5版.北京:人民教育出版社,2018.
3. 丹东尼·A.雷恩.管理思想的演变[M].李柱流,等译.北京:中国社会科学出版社,1997.
4. 法约尔.工业管理与一般管理[M].北京:中国社会科学出版社,1980.
5. 褚宏启,张新平.教育管理学教程[M].北京:北京师范大学出版社,2013.
6. 张东娇.学校文化管理[M].北京:教育科学出版社,2019.
7. 程凤春.学校管理的50个典型案例[M].上海:华东师范大学出版社,2018.
8. 张东娇,程凤春.学校管理学[M].北京:北京师范大学出版社,2014.
9. [美]罗伯特·佩尔斯蒂尼.学校管理学[M].吴晓伟,译.北京:北京师范大学出版社,2017.
10. 姜朝川.执行力[M].北京:民主与建设出版社,2018.
11. 吴志宏等.新编教育管理学[M].上海:华东师范大学出版社,2008.
12. 褚宏启,刘传沛.校长的管理智慧[M].北京:教育科学出版社,2011.
13. [美]普拉卡什·奈尔.重新设计一所好学校[M].林文静,译.北京:中国青年出版社,2019.
14. 靳希斌.教育经济学[M].北京:人民教育出版社,2005.
15. 彼得·德鲁克.非营利组织的管理[M].北京:机械工业出版社,2009.
16. 司晓宏.教育管理学论纲[M].北京:高等教育出版社,2011.
17. 李希贵.学校如何运转[M].北京:教育科学出版社,2019.
18. 陈孝彬.教育管理学[M].北京:北京师范大学出版社,2003.
19. 芮明杰.管理学:现代的观点[M].上海:上海人民出版社,2005.
20. 周三多,陈传明.管理学原理与方法[M].上海:复旦大学出版社,2008.
21. 郭秉文.学校管理学[M].上海:商务印书馆,1916.
22. 郑金洲.教育文化学[M].北京:人民教育出版社,2000.
23. 王嘉德.现代教学管理实务[M].北京:科学出版社,2007.
24. C. I. 巴纳德.经理人员的职能[M].孙耀君,等译.北京:中国社会科学出版社,1997.
25. 彼得·圣吉.第五项修炼——学习型组织的艺术与实务[M].郭进隆,译.上海:上海三联书店,1998.
26. 吴霓.学校教育质量管理体系文件范本[M].北京:教育科学出版社,2005.
27. 马云.我的管理心得[M].杭州:浙江人民出版社,2017.
28. 孙鹤娟.学校文化管理(修订版)[M].北京:教育科学出版社,2012.
29. 影响力中央研究院教材专家组.绝对执行——高效执行力组织的6大系统[M].北京:电子工业出版社,2009.
30. 王刚.我国中小学校长职级制改革研究——以中山市为例[D].北京师范大学博士论文,2010.
31. 陈永亮.团队执行力[M].北京:北京大学出版社,2009.
32. 赵中建.学校文化[M].上海:华东师范大学出版社,2004.
33. [美]伦恩伯格,奥斯坦.教育管理学——理论与实践[M].孙志军,等译.北京:中国轻工业出版社,2003.
34. 温德成.精细化管理——执行力升级计划[M].北京:新华出版社,2007.
35. [美]戴维·霍瑟萨尔.心理学史[M].4版.郭本禹,等译.北京:人民邮电出版社,2011.
36. 斯蒂芬·P.罗宾斯等.管理学[M].7版.孙健敏,等译.北京:中国人民大学出版社,2008.
37. 劳凯声.中国教育改革30年——政策与法律卷[M].北京:北京师范大学出版社,2009.
38. 马健生.比较基础教育[M].南京:江苏教育出版社,2008.
39. 张俊华.教育领导学[M].上海:华东师范大学出版社,2008.
40. 影响力中央研究院教材专家组.五行管理——卓越团队管理的5把利剑[M].北京:电子工业出版社,2009.